東條英機と天皇の時代

保阪正康

筑摩書房

目次

単行本まえがき

〈なぜ東條英機を書くのか〉――この五年間、私はしばしば自らに問うた。

東條英機という人物を、私は、戦後民主主義のもつ概念（自由とか平和とかヒューマニズムといったものだが……）の対極で捉えていた。昭和二十年代、私は小学校、中学校教育を受けたのだが、そのとき〈東條英機〉は前時代を否定する象徴として、私の目の前にあった。学校教育でそうあっただけではない。当時の社会情勢においても、東條はそのような位置づけをされていたと思う。

正直に告白すれば、私の潜在心理には嘔吐感の伴なった人物として、〈東條英機〉が存在しているのを隠そうとは思わない。いやそれは、私の前後の世代に共通のものではないかとも思う。

しかし、日本近代史に関心をもち、多くの資料、文献を読み、当時の関係者に話をきくにつれ、実は、東條英機をこうした生理的感覚の範疇にとどめておくのは、戦後日本の政治状況の本質的な局面や、そこから生じる課題を隠蔽しておくための効果的な手段ではなかったかと、私は考えるようになった。

東條英機と陸軍中枢をスケープ・ゴートにすることによって、極東国際軍事裁判の論理は一貫しているし、その判決文の断面は戦後民主主義の土台をもなしてきた。私は、民主主義のイデーが現実の社会から乖離していくのを自覚するたびに、極東国際軍事裁判と連結した戦後民主主義の詐術と作為と、そしてその脆弱さをはっきりと意識するようになった。

当時東條英機に抗したことが、なぜ戦後の一時期、指導者たりうる効果的な条件のひとつになったのか。アメリカを中心とする連合軍は、「デス・バイ・ハンギング」と、東條英機と大日本帝国を断罪したが、はたして彼らに断罪するだけの歴史的役割が与えられていただろうか。

ひるがえってここから、私はふたつの問題をひきだしてきた。

ひとつは、東條英機と陸軍中枢だけが、昭和前史における全き否定的存在なのか否かという問題である。それともうひとつは、東條英機の指導者としての資質や性向を、巧みに近代の政治・軍事形態の負の局面に重ね合わせることによって、問題の本質が歪曲されていないかという点である。

東條英機を悪罵する論者も、肯定の側に立つ論者も、意図的と思われるほど、しばしば論理が類似しているのは驚くべきことだ。そのことは近代日本の政治・軍事形態が、制度的に明確さを欠いていたことをものがたっている。統帥権という、だれも理解しえない魔物の存在などその例だ。

具体的にいえば、昭和十九年二月に、東條が首相・陸相のほかに参謀総長を兼ねた状況は、「東條が権力欲に憑かれて独裁体制を布いた」という側面と、「大日本帝国憲法を現実的に運用して、東條は国務と統帥の一体化をはかった」という側面の、ふたつの論で比較できる。実際このふたつの論は、基本的には異なっているのに、論理構造だけは表裏のように類似しているのである。

東條英機をとにかくいちど解剖する必要を感じるのは、この段階にとどまっていてはいけないと思うからだ。そして東條英機を〈普通名詞〉から〈固有名詞〉に戻し、そこで東條の性格と東條がなしたことを明確に区分しておくことが、ふたつの問題をみるうえでの前提になる。東條英機は、歴史的には山県有朋や伊藤博文がつくりだした大日本帝国の〈拡大された矛盾の清算人〉であったと思う。誰かがどこかの地点で、清算人になる宿命をもっていたのだ。そのことを踏まえつつ、東條英機の性格が権力者としての立場にどう反映し、時代の様相をどのように変えたのかを検証していきたいと思った。

構成は、第一章から第四章に分かれている。第一章を「東條英機と彼をつくった時代」、第二章、第三章は「東條英機と彼がつくった時代」、そして第四章には「東條英機と彼を捨てた時代」の意味をもたせて執筆した。

保阪注・本書は単行本として、昭和五十四年十二月に上巻が、五十五年一月に下巻が伝統と現代社から刊行された。文庫化にあたっては、上巻・下巻を一冊に収めてある。

このうち上巻には、第一章と第二章を収録している。大日本帝国の勃興は、そのまま東条英機の成長と軌を一にしている。そこを踏まえたうえで、東條が陸軍内部の抗争を経て最高指導者となり、日米開戦にゆきつくまでの軌跡を追った。開戦前夜、首相官邸別館でひとり号泣する場面で筆をとめた。

さらに下巻には、つづく第三章、第四章を収めた。大日本帝国は東條英機そのものとなり、戦時指導者としての東條の特質が時代をつくり、やがて敗戦となって大日本帝国が崩壊していくまでの過程である。それは東條英機の終焉でもあったが、彼がのこした最後のつぶやきは何であったのか、彼の刑死は何を意味したのかを、着実に辿ってみた。いうまでもなく上下巻とも、東條と天皇の関係が基軸になっている。

もういちど冒頭の〈なぜ東條英機を書くのか〉に戻る――

私は、東條英機を知る多くの時代共有者に会って取材を進めてきたが、実は彼らからも、なんどもこの質問を受けた。東條英機などしらべても何の意味もないというニュアンスが、言外にあった。要職にある人物が、「東條を語ることはわれわれの恥部を語ることにもなる」と本音を洩らしもした。

そういうとき、時代共有者にとっては東條を語りたくないだろうが、しかし私は、もういちど語りたいのだ、と答えるのが常だった。東條英機をあますところなく語りつくすことこそ戦後日本の軌跡を再検討する必須要因になるはずだと、私は答えつづけた。

「東條という人物は、実は、なにひとつ語られていないのではないですか」

そのうち、私はそう答えるようになった。実際、調べれば調べるほどそう思ったのである。

本書では、東條について語られている〈事実〉をひとつずつ点検した。その過程で、東條が在任時に書きのこしたメモ、日記、さらに巣鴨拘置所での所感を綴った「東條日記」、秘書官、副官が書きとどめていたメモ類など、新しい資料も少なからず発見した。

そしてこれらの資料の分析をつうじて、私は、昭和前史の〈基礎資料〉と称するもののなかに、東條英機について語られている部分のいくつかが、虚偽ないし誇張に満ちていることに気づいた。あるいは戦後になって改めて手をいれたと考えても不思議ではない〈資料〉さえあるように見受けられた。はなはだしいのは東條を罵倒するのに急なあまり、歴史的経過を歪めている著作さえあった。

東條を擁護する資料のなかにも、こういった例はみられる。意図的な事実の改変、職務権限を無視して行なった東條の専横的言動などには口をつぐんでいるのだ。また東條擁護論者がその論のなかで、東條英機は常に〈承詔必謹〉であったと強調すればするほど（それもいささか誇張なのだが……）、東條が無思想、無定見だったと間接的に語ることになっているのは皮肉なことだ。その結果、この論者たちがもっとも嫌う〈天皇の責任〉を彼ら自身が逆説的に〝証明〟することにさえなっているのだ。

〈なぜ東條英機を書くのか〉——という私自身の問いにたいする私自身の回答は、戦後民主主義は虚妄や不毛であったと思いたくない私自身の願望と、この理念を徹底的に貫徹する以外にないという私自身の信念を土台にしていると答える以外にない。

著者識

まえがき（補）

近年、東條英機についてきわめて皮相的な見方が露出してきている。全体に戦後民主主義そのものの問い直しが起こっているのは、〈同時代史〉から〈歴史〉への移行期とあるのだからやむを得ないともいえるが、その流れに乗って東條が現実とは異なる姿で語られる傾向がでている。

たとえば、東條は東京裁判（正確には極東国際軍事裁判）で堂々と「大東亜戦争」の正当性を訴えたとか、天皇を免責にするために身を賭しての証言を行ったとか、はては東條のいう「大東亜共栄圏」は「東亜の解放」に通じているとか……東條という指導者の実像を本音でえがいた私にとっては、笑止のことばかりなのである。東條像をなぜ歪めて語ろうとするのだろうか。何を意図しているのだろうか。

こうした論者に共通しているのは、東條英機という軍事指導者のその思想、歴史観、そして戦争観の曖昧さや不透明な部分、さらには国民に対しての責任感に欠けることなどが具体的な史実をもって語られていないということだ。私は、二十五年前に本書を著して以来、東條についての新資料、新証言も数多く検証してきたが、この指導者のもつ基本的な欠陥が、昭和という時代の前期（昭和元年から二十年八月までということになるが）を不幸なものにしたと確信している。東條ののこした記録や証言を見ていくと、この軍事指導者は、政治と軍事の関係について無知だし、国際法規にもほとんど関心をもたない。軍人こそが〝選ばれた民〟であると考え、国家を兵舎に変えていき、国民を軍人化することが自らの信念だというのだから、少なくとも二十世紀前半の各国の指導者と比べるとあまりにもお粗末である。

なぜこのような指導者が時代と歴史を動かしたのか。それこそがこの国のもっとも重大な反省点である。

昭和の十五年に及ぶ戦争から真に教訓を学ぶとするなら、東條英機の実像を明確に歴史に刻んでおかなければならない。本書は、二十五年前に書かれているが、この間に発見されたと称する資料もすでに用いて記述を進めた。骨格はまったく変える必要がないことを著者として明確にしておきたい。本書が〈同時代〉から〈歴史〉に移行するときの重要な道標となってほしいというのが、私の願いである。

平成十七（二〇〇五）年九月

保阪正康

第一章　忠実なる信奉者

父親の遺産

霜夜の影法師

巣鴨拘置所は、明治二十年に警視庁巣鴨監獄支署としてつくられた。

東京府武蔵国巣鴨村向ヶ原にあったため、近在の農民には、通称「向ヶ原監獄」といわれた。この通称には、とくべつの意味がこもっていた。自由民権運動の闘士や各地の不平士族の反乱を指揮した首謀者たちが、この監獄には収容されていたのだが、看守に雇われた農民は、これら確信犯のゆるぎない言動に打たれ、すぐにその職を離れた。そしてそれを語り伝えた。

昭和にはいっても、いくにんかの大物の政治犯がここで服役した。大本教の出《で》口《ぐち》王仁《おに》三《さぶ》郎《ろう》、帝人事件の河合良成、企画院事件の〝赤化〟官僚たち、「戦時宰相論」で東條英機と衝突した東方同志会の中野正剛。——巣鴨拘置所は、歴史の葛藤の局面を背負っていたのだ。

はじめレンガづくりだった拘置所も、昭和十二年五月には、コンクリート建て三階の近代的な建物にかわった。つけ加えれば、戦災に耐えたのもまだ新築して八年足らずだったからである。三万平方メートルの敷地内の建物は、周囲が焼け野原になったにもかかわらず、ほとんど無傷で残ったのである。

占領軍は、日本に進駐するやすぐにここに注目し、接収した。名称も巣鴨《スガモ》プリズンとかえた。二千名近い戦争犯罪人容疑者を収容するのに、ここはあらゆる利点をそなえていたのが接収の理由だった。昭和二十年十二月、占領軍はこの拘置所内部の照明、採光、壁の色、間取りを、彼らの好みにあわせてつくりかえ、A級、B級、C級の戦争犯罪人容疑者を収容していった。以来、昭和三十三年までこの拘置所は接収状態にあった。

東側にある表門をはいり、監房沿いに歩いて二百メートルほど進み、それから左折して五十メートル行くと本館の建物がある。収容者に「仏間」といわれたその部屋は、本館の二階にあった。占領軍に接収されるまでは、職員の会議室として利用されていて、正面に二尺四方の演壇があり、あとは粗末な長椅子が二列に五つずつ並んでいる殺風景な部屋だった。

仏間といわれるようになったのは、教誨師の花山信勝があらわれてからである。東大で宗教学を講じ、自らも僧侶である花山は、占領軍の意を受けて、この部屋で法話をはじめた。殺気だっている戦犯容疑者の気持をなだめるために、彼は、仏壇や仏式の小道具をもちこみ、宗教的な嗅いを発散させた。

やがて仏間は法話だけの部屋ではなくなった。BC級の戦犯容疑者の裁判がはじまり、死刑を宣告された若い収容者が、この部屋で花山に別れを告げ十三階段を昇っていくことになった。その儀式が重なるにつれ、部屋の空気は血なまぐさくなった。

昭和二十三年十二月十日午前九時半、この部屋にふたりのアメリカ人将校につきそわれて、東條英機がはいってきた。仏壇のまえの椅子にすわっていた花山は、三メートルほどはなれた椅子に腰をおろした東條と視線を合わせ、いつもそうするように軽く頭を下げた。前月十二日に、市ヶ谷の極東国際軍事裁判（東京裁判）の法廷で死刑の判決を受けて以来、五回目の面談である。回を重ねるにつれ東條が仏教への傾斜を深め、信仰の昂まりをあらわすことばを吐くことに、花山は充足感を味わっていた。

この日も東條は「仏教を知ってよかった」といった。それから一方的に信仰の奥儀を語りつづけた。

饒舌に疲れがきた。沈黙があった。そのあと東條は声を落とし、ゆっくりとつぎのようなことばを吐いた。

「私の家の墓碑面にひとつの句が刻んであります。我ながら　すごし霜夜の　影法師……という句です。私の父が、東條家の墓碑を建てるときに、盛岡の曾祖父の墓碑から写してきたといっていました。曾祖父英政がつくった歌で、祖父も大事にしていたときいています」

「……」

「私は最近までこの句に何の関心もなかった。ところが死が近づいたいま、この句の意味がなにやら判りかけてきたんです」

なにがどのように判りかけたのか、東條は言わなかった。花山もたずねなかった。面談の時間が切れたからである。この日から二週間後、東條は処刑された。

……昭和五十年十月のある一日、私は、東京の郊外・東久留米にある花山信勝の家をたずねた。東條英機の取材をはじめるにあたり、東條の最期を看た花山から話をきくことにしたのである。ひととおり話が終わったあと、花山は、「我ながら　すごし霜夜の　影法師」と口ずさんだ。しばしばこの句を思いだすというのである。

「東條さんはなにがわかったのでしょうね」

花山は言った。表情に心のこりがあった。

東條はなにをいわんとしたのか。

霜夜に長く伸びる影法師。それは自らの身体を何倍にも拡大する。だがそれは虚像、月光に照らされた虚像にすぎない。拡大されればされるほど虚像は大きくなる。もし私に推測が許されるなら、東條英機は、曾祖父錠之助（英政）、祖父英俊、父英教《ひでのり》の軌跡が、この句に象徴されていると感得したにちがいない。江戸の能楽師として嘱望されていたが、南部藩に招かれ、志半ばで逝った曾祖父。藩主の失脚で能楽師の地位を奪われ、維新でもろくも崩れた東條家の悲哀を味わった祖父。家から脱け出て独力で日本陸軍の要職に就いたが、長閥によって追いだされた父。彼らの共通点は、己れの実力と支援者の力で成功者の範疇《はんちゅう》に入りかけたとき、時代の波を受けて崩壊したことだ。それは月光が照らしていた影法師が、月が雲に隠れた瞬間、消え失せるのに似ていた。

父の意思を継ぎ、軍人として生き、やがて軍事と政治を動かす最高位に就いたが、そのとき自らは実は日本陸軍七十年の矛盾の清算人の役割を担わされていたと、東條は思い至ったにちがいない。死をまぢかにして、彼は自らの実像を知ったにちがいない。人生のほとんどが影法師のようであったと悟ったにちがいない。

私はこれから東條英機と彼の生きた時代をいくぶん批判的に語りつづけていく。そのために東條英機の曽祖父とその時代の様相から筆を起こしていきたい。昭和前史でもっとも汚名を浴びている指導者、そして彼を生んだ状況は、ひとり彼の責任に帰するわけでもなく、近代日本の矛盾が集約化されたものであり、その細部をうかがうことなしに〈東條英機〉を分析するのは、依然としてこれまでの東條英機論を踏襲することになると思えるからである。

父・英教の経歴

東條英機の家系は、能楽の春藤流宗家に辿りつく。

ワキ方春藤流の祖・春藤六郎次郎の四代目六右衛門の三男権七が宝生流座付本ワキ方下

懸り宗家として独立した。三代将軍家光の時代である。権七から数えて三代目からは宝生姓を名のり、以後、長子には「英」をいれた名がつけられ、ある年齢に達すると新之丞を襲名した。五代目新之丞（寛政四年没）は英蕃《ひでしげ》、六代目新之丞（寛政十年没）は英孝という名をもっていた。

七代目新之丞は、寛政十年に襲名したが、それまでは英勝と名のっていた。

また権七のつぎの代からは、長子以外の男子は東條姓を名のって能楽に精進するも、別に生計を立てるも自在となった。

天保三年一月、能楽の隆盛に熱心な南部藩から、七代目新之丞のもとに南部宝生を興したいという申し出があった。南部藩では、かねてから宝生流に関心をもち、家臣の子弟を江戸に送って入門させていたし、能楽師へも応分の扶持を行なっていた。このときの藩主第三十八代南部利済は、とくに能楽師招聘《しょうへい》に熱心だったのである。「計画の壮大華美なるを喜べり。熱い奢侈《しゃし》に流れ、近臣諫むるも却って説教されてやむを常とす」（『南部藩史』）とあるように、利済の性格は華美と剛直が柱だったのである。そのうえに藩の財政は豊かだった。

新之丞は、次弟東條錠之助を南部藩に推挙し、「御家来同様被仰付置候処永く被召出旨被仰出」と伝え、あわせて「兄新之丞申出候趣も有之に付向後苗字改宝生為相名乗可申旨被仰出」と申し出た。こうして宗家相続者だけに許される宝生姓を、南部藩においてのみ名のることが許された。

天保三年の夏、宝生流の能楽師の一団が、錠之助を先頭に江戸から盛岡に着いた。能楽師の立場は、家臣に匹敵するほどの南部藩だから、錠之助にも百六十石が与えられ、家臣の立場が保証された。彼は藩内の有力者やその子弟に、能楽の指導を行なった。

錠之助には後継ぎがいなかった。そこでひとり娘に、南部藩士野村政矩の三男を迎えた。この三男に英俊の名を与え、能楽を教えこんだ。南部藩に来て十四年後の弘化三年十二月、錠之助は病死した。そのあとを英俊が二代目宝生錠之助を継いだが、彼はこのころには、能楽師として自立できる腕前をもっていた。

南部宝生は順調に藩内での実力をもったが、一方で能楽師を異常に優遇する利済の立場は、嘉永末期から安政にかけて弱まった。財政悪化も省みず奢侈にふけっているというのである。

家臣は利済の長子利義を盛りたて、利済に退陣を迫った。学問への造詣も深く、水戸藩の水戸烈公に嘱望されている利義に、家臣の信頼は傾き、利済は孤立していった。しかも利義を支持するがわに江戸の儒学者東條一堂がいた。南部藩の家臣の子弟は、江戸で一堂の門をくぐり、東條学を学ぶ不文律があった。家臣の多くは、一堂からの助言と保身で利義のがわに立った。利済は東條学を弾圧することでそれに応えた。

嘉永六年、藩内の農民二万数千名による一揆が起こったのを機に、幕府は利済に謹慎を命じた。合わせて利済の二子利剛が藩主になることを認めた。喧嘩両成敗であった。利剛は利済の路線を捨て、利義の政策を採った。東條学の復興をはかり、一堂の門弟を優遇し、同時に「鳴者普請ノ一切ヲ遠慮スル」と布告して、能楽の自粛も求めた。敗政建て直しのために華美な風潮を絶つことにしたのだ。能楽師は失職し、江戸に帰った。だが英俊は能楽師を辞めても、家臣の子息であったのが幸いして、この変革のなかでも家臣として仕えることができた。そのうえ安政三年八月には、

「芸姓宝生を止め、本姓を東條と改めるように……」

と、利剛から命じられた。

この事実は、明治三十三年に英俊が自ら著わした書きもの（『家系—東條氏』）のなかで語られている。実際にこのとおりであったとするなら、利剛が命じた裏に、ふたつの根拠が考えられる。ひとつは能楽から離れたのだから、旧来の慣習であった東條姓に戻すようにという意味である。もうひとつが、自身東條学に傾倒していた利剛が、失職した能楽師の幾人かに東條姓を名のらせ、東條学の奥儀を究めさせようとしたのではないかというのである。

とにかく英俊は、東條学の熱心な信奉者となった。「盡忠報国ノ至誠ヲ諭サムト欲スル者ハ忠ノ観念ヲ明徴ニシナケレバナラヌ」という訓えを己れのものとする忠君思想に富む士族へと変貌したのである。

英俊夫婦には、安政二年十一月に長男が生まれた。英教と名づけられたこの児は、生まれながらにして、父親の忠君思想と一徹さを受け継ぐ運命にあったといえる。東條姓を名のってまもなく生まれたとあって、東條学の真髄がまるで子守歌のように彼の耳に囁かれ

たからだ。

慶応四年五月、南部藩は仙台藩、米沢藩と奥羽越列藩同盟を結び、会津藩を支援し、官軍に対抗した。官軍の切り崩しと会津城の落城で、東北一帯は官軍の支配下に入ったが、南部藩は最後まで抵抗し、降伏したときは明治元年に入っていた。不器用で融通のきかぬこの藩は、報復として十三万石に減封された。

東條英俊は家臣の地位を失なった。盛岡の一角に、能楽伝授の看板を掲げ、あわせて東條学の塾も開いた。だが生活は楽ではなかった。英教の下には弟二人、妹四人がいた。落魄の身にある英俊のもとを、英教が離れたのは廃藩置県の翌々年明治六年である。十八歳になった青年は、東京での新しい生活に賭けるべきものを見出そうと旅立ったのだ。時代はこういう青年の野望を満たす節目にあった。

彼が辿りついたのは、創設されてまもない陸軍教導団歩兵科である。東京・青山にあった教導団は、東京兵学寮内に設けられた下士官の養成機関だった。

明治初期から中期にかけて、日本陸軍の指導者養成は、四分野で行なわれた。武士階級出身者を登用したのがそのひとつで、山県有朋、大山巌、西郷従道、川上操六、桂太郎らがそうである。ついで大村益次郎が創設した兵学校・兵学寮。ここからは児玉源太郎らが輩出している。陸軍士官学校は明治八年に設立され、大迫尚道、木越安綱、上原勇作、伊地知幸介らが送りだされた。明治中期以後はこの士官学校卒業生が主流となる、この三分野にたいし、陸軍教導団はいくぶん格が低く見られていた。下士官養成を狙いとしていたためで、官軍の軍事力整備の一環にすぎない扱いを受けていた。ここには下級武士の子弟や栄達をつかむのに特別の縁をもたない青年たちが集まった。

英教は、教導団で一年半の教育を受けた。卒業するや一等軍曹として熊本鎮台歩兵第二十六大隊付を命じられた。官軍の威令が充分に浸透していない九州の一角に、教導団出身の下士官がぞくぞくと送りこまれたが、英教の転属もそうであった。まもなく西南の役が起こった。英教はわずかの兵を率いて植木・田原の激戦に身を投じた。その指揮が認められ、官軍の勝利となるや少尉に任じられて、小倉の歩兵第十四連隊に移った。移って五カ月後、連隊の脇にあった万徳寺の住職に、いつも軍学書を開いている努力を見込まれ、その娘徳永チトセと結婚した。英教は二十五歳、チトセ十九歳である。

小倉での勤務十カ月で、英教は東京に呼び戻され、陸軍省に勤務（陸軍戸山学校教官）した。西南の役で功を認められた下級将校三百名余、さらにそのなかから能力を認められて陸軍省勤務を命じられたのは数名だった。この数名が陸軍の要職にはいりこむ資格を握ったのである。盛岡から東京に出て八年目であった。明治十三年一月には参謀本部勤務となった。

数名の中で先頭を走っているのは東條英教だと衆目に認められるときがきた。明治十五年に陸軍大学校が設立されたときである。

陸軍大学校は、次代の高級指揮官に必要とされる軍事教育を施すのを目的とした。山県有朋、桂太郎ら陸軍の首脳は、軍内の優秀な将校十四名を選抜し、第一期生として入学を命じたが、十三名は陸軍士官学校の卒業生であるのに、ただひとり東條英教だけが教導団出身者として選ばれた。山県や桂は、英教の軍人としての才能に卓越したものがあると判断したのである。

陸大に入学してからの英教は、ひたすら勉強に明け暮れた。

〈士官学校卒業生には負けられぬ〉

下士官からのたたきあげである英教は、意地になって勉強した。その勉強ぶりが徹底していたため、同僚の反感を買ったと当時の軍事研究誌は伝えている。のちに英教は、「協調性がない」「部下の信望がなかった」と陸軍内部で人物批評をされるが、もしそうした点があったとするなら、十八歳で単身上京し、己れの実力だけで道を拓いていった人物にありがちな、果敢さと偏狭さが一体となった性向をもちあわせていたためであろう。

明治十八年十二月、英教は陸軍大学校を最優秀の成績で卒業した。同じ第一期生の山口圭蔵、仙波太郎とともに恩賜の望遠鏡を受賞した。戦術戦史観にすぐれ、戦場での作戦用兵に携わるのに最適という証書も受けた。陸大第一期生、卒業時の成績一番、しかも軍人としての能力最優秀（参謀職務適任証書第一号）——これらは日本陸軍が存在する限り、「不滅の金字塔」として彼のものとなった。そのことはまぎれもなく将来の陸軍幹部になることを裏づけるものだった。実際に彼は、卒業と同時に陸軍大学校教官の辞令を受けとった。このとき英教は三十歳だった。

だが彼の私生活は恵まれているとはいえなかった。

結婚してまもなくの明治十三年四月に長男英夫が生まれたが、一歳にならぬうちに病死した。明治十五年には二男英実が、やはり誕生日をむかえぬうちに死んだ。チトセの乳房に化粧品の鉛毒が付着していたためという。

明治十七年七月三十日、三男が生まれた。英教夫婦は医師の忠告をいれ里子にだした。丈夫に育つのを見届けてから、英機と名づけて役所に届けた。そのため英機は、戸籍上では五カ月後の十二月三十日が誕生日となった。

英機の誕生時は英夫や英実よりは身体も小さく弱々しかったが、手元にひきとってからは英教夫婦は気をつかいながら育てた。長男、二男を失ない神経質になっていたチトセは、英機にあらゆる期待を寄せて育てた。当時、将校の家では女中を置くのがふつうだったが、自らの手で養育するといい、他人にはけっして抱かせなかった。良い環境を求めて軍人や官僚の住む四谷区左門町に移り住んだ。

英機が元気に育つと医師が確約し、英教も少壮の陸大教官としての地歩が固まると、彼は盛岡にいる英俊夫婦を東京に呼び寄せた。それが盛岡を出るときの、彼の願いであった。

長閥への抵抗

陸大教官としての英教の能力には非凡なものがあったらしい。日本陸軍にドイツ陸軍の戦術教授のために、明治十八年三月に赴任したメッケル少佐が、教官室で隣りに座っている英教に注目したのである。普仏戦争での兵士動員、命令と服務、戦闘形態からドイツの歩兵操典、果ては教練の方法と、英教の質問を浴びながら、メッケルはこの将校に軍制の理想的な姿としてドイツ参謀本部の形態を説明した。

メッケルの赴任は日本陸軍がドイツ陸軍を模倣することを意味していた。近衛師団兵士が勲功への不満で起こした竹橋事件、それに驚いた陸軍卿山県有朋は、明治十一年に軍人訓誡《くんかい》を配布した。そして明治十五年には陸軍卿大山巌が軍人勅諭を訓示したが、これもドイツ陸軍の軍事綱領を下敷きにしたものだった。この勅諭の忠節の一項「世論に惑はず、政治に拘らず、只一途に己が本分の忠節を守り」は、軍人が政治に関与するのは刑罰を伴う犯罪行為としているドイツ陸軍の模倣だった。

建軍当時のフランス陸軍の影響は急速に失なわれていった。

「軍制を担当するのは陸軍省、作戦用兵は参謀本部、そして軍人の教育を受け持つのは教育総監部、軍隊の組織はこの三位一体でなければならぬ」

さらにメッケルはそう強調し、山県有朋を説得した。山県もこれには異論はなかった。すでに陸軍次官桂太郎、参謀本部次長川上操六に軍令と軍政の分離を研究するよう命じていた。桂と川上はそろってドイツに研究にでかけ、明治十八年に帰国してからは、参謀本部の改革を進めていたが、メッケルの言をいれて明治二十二年には参謀本部条例の改正も行なった。これによって、軍令の責任者である参謀総長は天皇のみに直結することになり、軍の作戦用兵には政治の側が容喙《ようかい》できぬ形態ができあがった。これに四年遅れて海軍軍令部条例ができ、軍令部長も天皇直属となった。

明治二十一年三月、メッケルは三年間の日本滞在を終え帰国した。陸軍首脳は日を置かずに陸大第一期生の恩賜組——東條英教、山口圭蔵のほか井口省吾の三人に、さらに知識の研鑽を積むようにドイツ留学を命じた。メッケルの示唆によるものだった。

四谷の自宅に妻と三男の英機と、つづいて生まれた長女初枝、それに英俊夫婦をのこし、彼は勇んで横浜からドイツにむかった。

家庭への不安をもちながらも、しかし新しい軍事知識の吸収に心は震えたと、のちに彼は英機に述懐したという。


陸大第一期生三人が、ベルリンでどのような研究をしたかを判断する資料はない。軍医として一足先にベルリンにきていた森鷗外と交流があったともいうが、それも明らかでない。森の滞独日記には、彼らの名前はでてこない。

だが東條英教は、ドイツ陸軍の戦術を徹底的に研究しつくしたといい、ドイツ参謀本部勤務になっていたメッケルが、

「もうドイツには学ぶものがない」

と太鼓判を押したとの言い伝えが、明治時代の陸軍内部では語り継がれている。しかしそのいっぽうで、英教は、ベルリンでその人生でもっとも象徴的なことも行なっていたのである。

――山県有朋がベルリンを訪れたのは、明治二十二年の九月。内務大臣として、ヨーロッパ各国の地方行政制度視察のため、十一カ国に及ぶヨーロッパ旅行の最後にベルリンに立ち寄ったのである。

日本最初の陸軍卿、それに参謀総長を歴任した山県は、軍人にとっては大先輩である。それだけではない。長閥の頭領として、明治政府を牛耳っている。当然のこととして、英教は井口省吾とともに、ホテルにこの大先輩をたずねた。だが彼らは、山県に甘言を弄するために行ったのではなかった。

「陸軍の人事がはなはだ公正を欠いているように考えます。とくに閣下の出身地である山口県人を、ことあるごとに重用されているのは、陸軍の近代化を阻害するものです」

ふたりは語気鋭く、山県につめよった。

井口省吾は静岡県出身であった。ふたりの少壮の軍人には、長閥優先を公然と唱えるこの大先輩が日本陸軍の近代化を阻む元兇に思えたのだ。このときふたりの話に山県はとくに反論はしなかった。山県はいちどや二度の接触では心を開く人物ではなかった。五十歳代の山県からみれば、三十代のふたりの言に声を荒らげるなど幼稚に思えたにちがいない。しかし腹の中は煮えかえる思いであったろう。以来、彼は「東條英教」と「井口省吾」の名前を仇敵であるかのように周囲には洩らしたからだ。そういう粘着質な性格こそ、権力の座に到達した彼の最大の武器であることを、ふたりは知らなかった。

帰国してまもない明治二十二年十二月、山県は第一次内閣を組閣する。翌二十三年には陸軍大将に推され、政治家、軍人として最上級の地位に就いた。「一介の武弁」を口癖にしながら、しかし彼の権力はあらゆる面に及んだ。まもなくベルリンにいる英教と井口に、本国帰還の命令が伝えられた。かわって陸大第一期生の恩賜組である仙波太郎がベルリンにむかった。英教の厳しい難詰が、山県の逆鱗にふれたということができる。

東京に戻った英教の軍内の地位は不安定なものとなった。山県が威令を誇る限り栄達は望めない。それでも英教は、かろうじて陸大教官を兼ね参謀本部にとどまることができた。参謀本部次長川上操六が呼びいれたためだった。精神論や意気込みをふりまわすだけの軍人を嫌う川上は、知識の豊富な軍人を重用し、山県や桂らの長閥優先を無視した。英教がドイツで学んできた軍事知識は、参謀本部が必要としている、というのが川上の英教重用の理由であった。だが軍中央に残ったものの、英教には悔しさがのこっただろうことは想像に難くない。

その悔しさは家庭に向けられた。厳しい父親として、英機のまえに立ち、帝国軍人としての誇りをそそぎこもうとした。

英機は父親のベルリン滞在中の明治二十三年九月に、四谷小学校に入学した。ところが英教が帰ってからの初めての新学期に学習院初等科三年に編入した。初等科の本院は四谷区三年町にあり、通学には便利だったが、それは社会的権威を求めての転校であった。チトセが英教を説き伏せ、英教がまた自らの挫折の結果としてそれを受け入れたと想像される。

明治十七年に宮内省直轄になった学習院には、上流階級の子弟が多く、通学は人力車、昼には女中が炊きたての弁当を届けた。が、英機は弁当をもち、人力車にも乗らずに通学した。軍人として育てるためには甘えは許さぬというのであった。まもなく四谷から西大久保に家を移したが、やはり人力車に乗るのは許されなかった。

小学校時代の東條英機は負けずぎらいのきかん気の少年だった。自宅周辺ではガキ大将だった。当時は対校喧嘩が盛んで、近くの小学校と初等科が喧嘩をすれば、この小柄な少年は数人の相手方にむかっていった。いくぶんの弁護を試みるなら、気性の激しさと反抗は彼自身の意思表示といえた。軍人としての心がまえを説く父親、つぎつぎ生まれた弟妹の世話に明け暮れる母親、溺愛するだけの祖父母、こうしたなかで自己主張するとすれば、喧嘩という素朴な手段しかなかったのかもしれない。加えて学習院の贅沢なふんい気と自らの身とを比べての落差もあっただろう。

現在、学習院にのこっている成績簿では、四十名の同級生のうち、彼の成績は三十番台である。明治二十六年五月一日の成績順では二十五番、英機の学年では細川護立が一番、武者小路実篤が五番である。

明治三十一年九月、英機は城北尋常中学校（のち府立四中）に入学した。この中学は、毎年多くの生徒を東京陸軍幼年学校に入学させているからである。一年生の課程を終え、幼年学校の受験資格を得ると、英機はすぐさま受験、合格した。むろん英教の喜色は頂点にたっした。こうして十四歳で陸軍にはいり、そこの空気しか知らずに人生の大半を過ごすことになる。

陸軍幼年学校は、日清戦争後の軍備拡張の一環として、東京、仙台、名古屋、大阪、広島、熊本と、かつての鎮台所在地に設立された。六カ所の幼年学校は定員五十名、総数三百名。二年間はそれぞれの地で学び、三年目だけは東京で教育される。この三年目だけを中央幼年学校と称する。中央幼年学校を卒業すると連隊に配属され、その連隊名を背負って陸軍士官学校に入学する。士官学校の修業年限は二年間、卒業後は連隊に戻る。そのとき彼らは二十歳で少尉になっている。徴兵で入隊した新兵と年齢は同じ、しかし身分の上では大きな開きができている。

さて地方幼年学校といえども軍隊内の組織である。日常生活は規律によって動く。朝五時半の起床、夜九時の消燈まで学課、教練がつづき、就寝もシャツとズボン下をつけたまま、いったん事があれば軍人はすべてを投げ出して死地に赴かねばならぬと教えこまれる。おまえたちの命は大日本帝国の天皇陛下に捧げたものと、徹底して教育される。軍人勅諭の復唱が執拗に求められる。

幼年学校では、土曜日と日曜日は自宅に帰ることが許された。

東條家では、英俊が孫の幼年学校の制服姿を待ち、五人の弟妹も誇るべき兄の姿を認めてまとわりついた。そして英教が、敬礼の仕方、動作を点検して息子の一挙手一投足に目を細めた。夕食のあとは、自室に英機をつれていき、世界地図を広げ、日清戦争後の情勢を説明した。ヨーロッパは日本より格段に進んでいる。これらの国に伍していくのはそれなりの覚悟が必要だと説き、英機の意欲を刺激する。視野の広い軍人に育てあげようとする父親の英才教育だった。

このころ英教は参謀本部の第四部長である。第四部は戦史や戦術の研究部門で、陸軍中枢から外れていたが、英教はこの地位を好んでいた。彼の能力は軍事政策や政治との調整よりも机上で戦術を研究し、戦史を記述するのに適していたからだ。すでに彼は「ドイツ陸軍野外勤務令」を日本語訳し、ドイツ陸軍の作戦を紹介していた。陸大教官兼任になってからは、これらの資料を講義用につかい、次代の指揮官養成に意欲を燃やしていた。

彼は川上操六直系を自認していた。そこには山県の東條嫌いを川上が盾になって防いでくれているという恩義もあったが、川上の性格や理念に打たれたという面もあった。明治二十七年の日清戦争では、英教は大本営参謀として、広島で陸軍上席参謀の川上を補佐した。そこでいっそう傾倒していった。

「三国干渉は世界情勢から見て止むを得ぬ。日本は自重して軍備拡張をはかるのが得策だ。いまは六個師団が必要だ」

日清戦争後の日本の軍備を、川上はそう英教に語った。「アジアはヨーロッパ列強の横暴に一致して当たらねば……」と、この期の軍人には珍しい東亜思想も披瀝していた。執務態度も迅速を尊び、部下の問いには即座に決断を下し、事務の停滞を嫌った。

土曜日と日曜日には自宅に戻ってくる英機に、英教は川上操六の人間性を語り、彼の思想を説いた。それがどのていど英機に理解されたかはわからない。しかし東條英機の胸に、川上操六の名前がしみついたのは確かだった。後年、東條英機は、首相、陸相、内相を兼任し、あらゆる書類に目をとおすが、そうしたときも書類のひとつずつに、それを見た日時、即決した日時を書きこんだ。それを秘書に問われたとき、

「実は、父が川上操六将軍から常々そうすべきであると教えられたという話を、幼ないころによく聞かされた。それをずっと守っている」

と答えた。東條が首相になってまもなく、東條内閣の顧問的存在であった徳富蘇峰が『陸軍大将川上操六』の執筆にはいったのも、あるいは東條の意を汲んだためかもしれない。

明治三十二年五月、川上操六は参謀総長在任中に五十三歳で病死した。英教の立場は微妙になった。軍内にとどまれるか否かの瀬戸際まで追い込まれた。川上の死後、彼は心を許した友人につぶやいている。

「腹背に敵の攻撃を受けた。なに、今さら恐れるものか。負けやしない」

そのつぶやきは、英機にも吐かれた。父親の側に理があるのに、しかし、その父親が不遇なのはどういうことか。憎いのは長閥の連中だ……英教が後ろ盾を失ない、軍内での要職から外されていくのに符節を合わせて、英機の心理に微妙な変化が起こった。

このころのことだが、英機の長閥憎悪がいかに激しかったかを物語る挿話がある。東京幼年学校に寺内正毅陸相が来て講演したことがある。講堂に集められた幼年学校生徒の前列で、英機は寺内の話を聞いたが、その内容よりも「これが父親をいじめている張本人

か」と、講演の間、にらみつづけたと母親のチトセに語ったことがあるという。

英教は、露骨にエリート街道から外された。

参謀本部部長から姫路の歩兵第八旅団長に転属になったのは、明治三十四年五月である。考えられない人事の一例として、軍内では噂された。

「山県閣下に直言した士だ。人格も高潔であるが、それがかえって災いした。しかも頭がよく何事も理論どおりに行なわなければ承知せぬ性格は大人物ではない」

それが当時の軍内での英教の人物評であった。英教に好意をもつ将校もまた、それを認めて忠告をくり返したが、「持って生まれた性格は変えられぬ」と一蹴されるのが常だった。

日露戦争出征

折りから第四次伊藤内閣が倒れ、桂太郎内閣が誕生した。桂太郎は自他ともに認める山県有朋直系で、世上、この内閣は「小山県内閣」と噂された。事実、山県の息のかかった軍人、官吏が閣僚の椅子を占めた。

陸軍内部も山県色が強まった。長閥優先が露骨になり、出身地閥と血縁閥が横行した。寺内正毅陸相は、山県、桂、児玉源太郎を支えに長州出身者以外を冷遇し、反山県色の井口省吾、秋山好古《よしふる》らの中堅将校を軍中央の要職から遠ざけた。それでも彼らは陸大教官や清国駐屯軍参謀長だったが、東條のような経歴で旅団長に格下げされた将校はいなかった。「山口県閥こそが陸軍人事の不明朗さの根源である。この是正なくして帝国の真の姿はない」

姫路に単身赴任した英教は、ときおり帰京しては、英機にそう語った。その恨みを自らのものとしながら、英機は軍人として育っていったのである。

明治三十五年九月、英機は中央幼年学校に入学した。十八歳であった。

明治三十三年の北清事変以来、陸軍内部の教育は非常時体制となる。中央幼年学校も、明日にでも戦場に立てるような教育を行なった。実弾射撃や演習を中心に、指揮官としての兵学がたたきこまれた。緊張した空気が生徒を奮いたたせた。

東條英機の東京陸軍幼年学校での成績は、それほどよくなかった。いや下位のほうだったという。だが、六つの地方幼年学校の生徒が集められて教育される中央幼年学校に入ると、生来の負けず嫌いな性格も手伝って、急速に成績を上昇させた。彼は好成績を得る秘訣を知ったのだ。教科書をそらんじるほど暗記してしまうのである。すると充分な点数が獲得でき、順位があがるのだ。

彼はこの教訓を自らのものとした。手本をなんども読み、暗記してしまえばいいのだ。努力とはそのことを意味する。人間の差異は暗記する努力の時間をもつか否かにある。彼はこの考えを終生の友とした。四十年後、首相になったときに、秘書官に正直に告白している。

「幼年学校時代に、いちど習ったところを徹底的に暗記してみた。すると成績はあがった。努力とはそういうものだと思った」

明治三十七年二月、日露戦争が起こる。

清国に影響力を強めようという両国の思惑と利害の衝突だった。しかも戦場となった満州とその沿岸は、両国にとっての「生命線」であった。日本政府はこの二、三年前から軍事衝突を想定していたが、国力の差は歴然で、当時の指導者は、よほどの僥倖《ぎょうこう》がない限り、日本が勝利を得るなどとは考えていなかった。対露開戦を決めた御前会議で、山県有朋は「日本陸軍はこの戦争に全力を捧げるが、万一敗戦となった場合は軍人は生きてはいけない。そのときは貴下の力に待つほかない」と言って、伊藤博文の手を握ったといわれているほどだ。

劣勢を自覚している山県は参謀総長として、直接、作戦にたずさわり、参謀総長だった大山巌を満州軍総司令官として送った。開戦から二カ月は、日本もロシアも朝鮮や満州に兵員や戦備をそろえるだけで、大規模な衝突はなかった。〈満を持す〉という状態がつづいたが、この間に日本陸軍は人事から機構、教育すべてを戦時体制に変えた。

この状態のなかで、東條英機は中央幼年学校を卒業し、陸軍士官学校に入学した。第十七期生三百六十三名が同級生だった。本来なら中央幼年学校卒業生は、陸軍士官学校の入学までに六カ月間の隊付勤務が義務づけられているが、戦時下とあって、それも中止になった。教育内容も一段と厳しくなり、土曜日、日曜日も返上して軍事訓練にあてられた。正規の学課よりも軍事訓練に重点が置かれ、それは速成的な軍人を生みだすことを意味した。ロシアとの戦闘が視野に入ったとき、山県や桂太郎は、中堅から下級の将校が極端に不足しているのに気づき、速成であろうとにかく将校の数をふやさねばならぬと決めていたのである。

結果的に実用第一主義が第十七期生の特徴となった。その半面で彼らは、他の期の生徒と共通の特徴も受け継いだ。選良意識がそれである。たとえば三百六十三名のうち六十三名は幼年学校以外の出身者、つまり一般の中学校を卒業したものであったが、彼らは幼年学校出身者によって軽侮された。

幼年学校卒業生は中学卒業生を「D（デー）」と呼んだ。駄馬のDである。自分たちのことは「カデー」と言った。フランス語で幼年学校生徒の意味である。士官学校ではよく集団の殴りあいがあったが、それも幼年学校出身者と一般中学の卒業生の対立からであった。

このころの幼年学校生の鼻持ちならぬエピソードが、作家山中峯太郎の著書『陸軍反逆児』に紹介されている。彼は陸軍幼年学校、陸軍士官学校を卒業して将校になったが、家庭の事情で青年期に軍籍を離れた。

幼年学校、士官学校でも新任の教官や区隊長が赴任してくると、Dかカデーかが生徒の関心事となり、Dとわかるとたんに反抗的になり、言うことをきかなくなる。あるとき士官学校の区隊長にDが来た。食事のとき、ある生徒がこの区隊長の飯びつのフタを杓子で殴りつけて開かないようにした。区隊長が入って来て、飯びつのフタを開けようとするが、それが開かずに困っているのを見て、生徒の中から笑い声が起こった。するど区隊長は笑い声の起こった付近に駆け寄り、机の上にあがり、ひとりの生徒をなんども殴りつけた。

「姓名を言え」

「東條英機であります」

「何を笑ったか、言え」

「おかしかったから笑ったのであります」

「何を」

と区隊長はどなり、ますます怒って殴りつけた。山中は「なお激しく殴りつける区隊長を、東條さんは不動の姿勢をとったきり、にらみ返している。かしこまって殴られながら、区隊長よりも強烈な不屈な目をしていた」と書いている。東條だけが笑ったのではあるまい。しかし、ひときわ目立ったのでもあろう。それにしても区隊長といえば年齢は五、六歳上でしかない。彼らの屈辱を思いやることなく、殴られながらにらみ返すこの幼年学校出身者には優越意識があったと山中は書いている。

第十七期生は、二年間の修業年限を十カ月に短縮され、明治三十八年三月、陸軍士官学校から送りだされた。本来の士官学校教育や軍事的基礎能力養成よりも、速成の訓練と精神論が卒業証書で、「何事も不言実行、まず要領をつかむことだ。そして勇気、元気を第一に……」という教官や生徒隊長のことばが、二十歳になったばかりの尉官に受け継がれた。

士官学校卒業時の東條英機の成績は、現在、偕行社にのこっている成績名簿（『第十七期生歩兵科生徒人名』）では、「予科六十七番、後期十番」とある。当初は上の下グループだったが、卒業時には十番で上の上グループにはいっていた。これも彼独特の努力の賜だったと、陸相時代に秘書官に告白している。

卒業するや、新設されたばかりの第十五師団歩兵五十九連隊付に配属された。この師団は満州に守備隊として出征した。だが日露戦争は奉天会戦で結着がつき、日本軍の奉天占領後は、海戦と外交交渉が日露戦争の局面になっていて、陸軍には役割はなかった。二カ月後、終戦になり彼は戦わぬ将校として満州から東京に戻った。これが彼の軍人としてのスタートであった。

いっぽう日露戦争は、英教には終着地としてあった。

彼は第十師団第八旅団長として満州にわたった。師団長は川村景明。戊辰戦争、西南の役、日清戦争と従軍した軍人である。第十師団は大孤山から岫巌に進み、そのあと第四軍の傘下にはいり、遼陽、沙河と戦闘をつづけた。川村の指揮で作戦は成功したが、やがて川村師団長と東條旅団長が戦場での作戦用兵をめぐって衝突した。その結果、東條英教は致命的な評価を受けることになった。真相は明らかにされず、その評価だけが陸軍内部に定着し、「彼は兵学者ではあるが、軍人ではなかった」という言い回しで執拗に語り継がれていく。では英教の〝失敗〟とは何か。

大正二年の軍内では、彼の失態はつぎのように語られていた。

「東條少将はわが陸軍の戦略戦術の一大権威であります。有益な著述もあり兵学者としては稀に見る偉材でしたが、日露戦争の際に一旅団長として第一線にあったところ、師団長からロシア軍に退却のきざしがあるので、第一線旅団は夜襲をもって当面の敵を撃滅すべく命令を受けました。すると東條旅団長は敵陣地は強固であり、その優勢な敵状、その他から見て夜襲の決行は徒らに損耗を招くのみで得策ではないと、再三の督促にもかかわらず決行しなかったのであります。翌朝、すでに前面の敵は退却してその陣地に敵の影すらなく、別な師団がその敵陣地を突破して遠く敵の背後に進出して、川村師団長の面目は丸つぶれになり、これがために東條少将は失脚したと聞いております」

これは、第十五師団長井口省吾が、副官中山健に「君は東條についていかなる評判を聞いているか」とたずねたときの答である。中山は陸士十六期生、東條英機より一期先輩である。ところが大正末期から昭和の初めにかけては、陸軍内部でつぎのように噂された。

「第四軍が鴨緑江、第二軍が岫巌にあって、共に太鼓山をめざして進軍した。そのとき東條旅団長はこのふたつの師団の間を守備するよう、川村師団長から命じられた。ところがその範囲が広かったため、東條旅団長は防御範囲は八キロしかできぬと教科書どおりのことを答えた。こうした融通のなさに、川村師団長は怒り、大本営に、東條を内地に送り返せと要望したのです。このため東條英教は、指揮官として実戦での指揮能力が不足といわれ、私たちもこれでは、彼は長閥の犠牲とはいえない、軍人として失格だと聞かされてきました」

昭和初期に陸大教官をしていた陸士二十七期生の谷田勇の証言である。

ほかに、「ある酒好きの師団長を面罵したため」とか「脚気で第一線の指揮をとれなくなった」「長州出身の部下が足をひっぱった」という噂がある。語られる噂のうちどれが真相かはわからない。しかしいずれの噂も強弱の差こそあれ、東條英教が自らの兵学哲学に反する命令を受け、それに服従しなかったことだけは共通している。英教が担っていた栄誉が日本陸軍の軍人として最高位のものであったがゆえに、失態もまた増幅して流布されたとみられる。

日露戦争がまだ激しい最中の明治三十七年九月、英教は日本に呼び戻された。第八旅団長として、姫路で悶々とした日を送った。軍人でありながら戦時体制での要職からはずれ、留守部隊の教育にあたるという軍務である。そして終戦後初の人事異動（明治四十年十一月）で、予備役に編入された。

「実兵指揮能力不足」

それが軍を離れたときの理由とされた。

予備役編入の前日に、一日だけの名誉中将に任ぜられた。せめてもの恩情だった。山県有朋にしても、その程度の許容の幅はあった。

東京に戻り、西大久保の自宅にこもった英教は、終日、戦術戦史の書き物に熱中した。まだ五十四歳、同期生は現役で活躍している。それだけに怨念は深く、山県系幕僚の戦術戦史を批判する筆致は鋭かった。

彼のもとにしばしば井口省吾が慰めにきた。

「君の無念は、私が必ず晴らしてみせる」

陸大第一期生であり、ともにドイツにわたった井口は、英教にそう言いつづけた。山県に諫言しながら、英教だけが不利益を受けていることに彼の苦衷は深かった。英教の書く原稿のなかに、日本陸軍をドイツ陸軍並みにするには長閥専横の打破こそ急務だと激した文脈が流れているのを知っているのは、井口省吾だけであった。

山県有朋の思惑

英教が予備役に追いこまれたときの人事異動の一カ月後に、英機は中尉になり、近衛歩兵三連隊に配属されていた。零落と昇龍。二十二歳になったばかりの青年将校は、失意の父を見て長閥の頭領たちに不快を隠さない将校として緒についた。

しかし彼はそれを口にはしなかった。そういう慎重さは充分にもちあわせていた。

彼は、表面上は寡黙で温和な青年にみえた。家庭では、いくぶんヒステリー気味の母チトセの感情を損なわないよう気を配る息子でもあった。

いっぽう近歩三連隊での彼の軍人生活も、模範的な青年将校であろうと努める日々だった。近衛師団は宮城を守護する師団、将校には充足感を与える部隊であったから、東條英機には充実した日々が保証された。しかも彼の天皇への忠誠は一段と深まった。東條学に因んでの東條姓の由来に感服する素地に、権威と威信をもつ師団の将校としての自負が加わった。

しかしだからといって、これが東條英機だけの性格だったのではない。明治十五年、明治天皇が軍人に下した勅諭（正確には「陸海軍軍人に賜はりたる勅諭」）は、日本陸軍こそが天皇の恩顧を受け、軍人は国民の選民だと解釈するのが真の意味だと青年将校は教えられていた。「朕は汝等を股肱と頼み汝等は朕を頭首と仰きてそ其親は特に深かるへき……」という一節は、東條の世代の将校がもっとも愛誦した節でもあった。

次代の軍人に天皇を現人神と教育しながら、山県有朋や桂太郎ら陸軍指導者の天皇観は醒めていた。山県は軍人勅諭公布の張本人でありながら、彼の天皇観は国家統治の一機関と見る合理性に裏打ちされていた。彼には天皇が国民支配のもっとも都合のいい存在と映っていた。むろん陸軍指導者たちのこうした思惑は、軍内での教育ではいささかもふれられなかった。彼らは自らの指導能力を確固とするために、そういう危険な側面を決してうかがわせはしなかった。いつの日か、彼らに教育を受けたつぎの世代が、この亀裂の犠牲者になるはずだった。

日露戦争での不安定な勝利が、山県有朋には不安に映っていた。日露の講和条件に不満な国民は暴動まがいの行動を起こして、政府を震撼させた。それにロシアは依然、日本にとっての軍事的脅威であった。国の内外に不安な材料が山積みしているのを見て、山県は、国防方針を明確にして、ロシアに対応できる軍事国家をつくろうと私案をまとめた。明治四十年四月に天皇によって裁可された「帝国国防方針」は、そういう山県の熱意を土台にして、つぎの点が明記されていた。

㈠陸軍はロシア、海軍はアメリカを仮想敵国とする。
㈡国防所要兵力は陸軍平時二十五個師団、戦時五十個師団、海軍は五〇万トンとする。
㈢対米作戦は海軍、対露作戦は陸海軍の共同作戦とする。

この三方針にもとづいて戦争内容まで想定していた。対露戦争は、ハルビン会戦を主戦とし、沿海州と樺太で副次的作戦を行なう。海軍を主体とする対米戦争は南方諸島を核に、小笠原列島を最前線としてアメリカ艦隊を迎撃するというのである。

この国防方針は、本来なら政治と外交の協力を得て決定しなければならなかった。しかし天皇の裁可を得るまえに、一切の具体案を山県と陸軍が決めてしまい、政治・外交の責任者には事後承認を求めただけだった。彼らはふたつの面で、陸軍の意思こそあらゆる集団の意思より優先されるべきだと信じていた。

ひとつは天皇と陸軍の密着であった。軍人勅諭にみられる天皇との直結は、彼らが政治指導者を恫喝《どうかつ》するときの有力な武器だったし、明治憲法第十一条の天皇の統帥大権の条項は「統帥権独立」として法的な根拠にもなっていると考えた。そのうえ日露戦争の局部的とはいえ軍事的勝利は、国民の興奮を陸軍の側にひき寄せていた。その支援を背景に政治を凌駕できると、山県らは考えたのである。これ以後、陸軍の政治介入が明白になった。

そして明治四十四年八月に成立した第二次西園寺内閣の陸相上原勇作によって演じられた内閣倒閣の動きは、陸軍が実際に内閣の生殺与奪の鍵を握っていることをいっそう明らかにした。上原は西園寺に、「帝国国防方針」を根拠に二個師団の増設を要求した。仮想敵国ロシアに抗するため、平時十九個師団を一気に二十五個師団に増強したいというのであった。しかし西園寺は予算難を理由にこれを無視した。すると山県は上原に辞表を出すよう命じた。そうしておいて後任の陸相を推薦しなかった。西園寺内閣は瓦解した。後任陸軍大臣を推薦しないというこの宝刀こそ、陸軍の政治介入の武器であるのを裏づけたのである。

陸軍大臣に現役の軍人をというのは、日清戦争当時は当然のことであった。しかし明治三十年代に入ると政党の力も伸び、議会政治が定着して、専門化する大臣職に軍人の行政能力では足りず、文官の就任も予想されるほどになった。

明治三十三年の山県内閣時代に、桂太郎陸相と山本権兵衛海相が、「陸海軍大臣は現役の大将、中将、次官は現役の中将、少将をもってあてる」という勅令を発した。さりげなく盛りこまれた〈現役の〉という字句が、日本近代史の鍵を握るとは、彼らも考えなかった。このときは、退役した軍人や軍内への影響をもたない軍人が、政党の力を背に陸軍大臣に就任したらどうなるか。山県に反旗を翻した谷干城や三浦梧楼、そして東條英教のような軍人が、政治家の意向をいれて陸軍大臣に座ったら、陸軍の発言力は骨抜きになると恐れた山県と桂が、山本を説き、〈現役の〉という字句を入れることに成功したにすぎなかったのである。

のちに大正六年六月、山県自身が著わした『山県元帥意見書』は、明治四十二、三年当時の山県の焦慮を物語っている。「……我国陸軍戦闘能力ヲ増加スルノ必要ヲ陳述セリ然レトモ世ノ政論者多クハ国防充実ノ急ヲ覚ラス偸安苟息ヲ希フニ専ラニシテ軍備ノ拡張ヲ以テ不必要ナリトシ当局ノ苦心亦終ニ天下ニ認メラルルニ至ラス……」――そのために考えだされたのが、陸軍大臣「現役武官制」であった。

話を戻そう。西園寺内閣が倒れたあと、第三次桂太郎内閣が誕生した。高杉晋作の奇兵隊から戊辰戦争を経てドイツに留学、その後は山県のロボットに徹した桂は、このとき政治的力量を失なっていた。議会と海軍の抵抗で組閣さえできなかった。海相に擬せられた斎藤実は、軍備強化と海軍の意向が受けいれられぬ限り就任しないと主張した。桂はそれを受けいれ、ようやく組閣に成功した。陸軍と政党との対立に結着がつくと、こんどは陸軍と海軍が拮抗するという情勢はすでにこの時代からはじまっていたのである。

近衛歩兵三連隊に籍を置く英機は、むろん指導者間の相克など知る由もなかったし、三十数年後、この期の矛盾が彼にふりかかってくるとは露ほども考えてはいなかった。宮中の一角にある近衛師団に、営内居住をしながらひたすら軍務にはげんでいた。

このころ中尉の中から優秀な者が選ばれ、陸軍士官学校の教練班長として、週に三回、士官学校生徒の指導にあたる内規があった。五、六年後輩の軍人の卵に、直接、身体をぶつけあって兄弟のような感情をもたせよというのが教官たちの意図だった。英機は陸士二十四期生の第一中隊第一区隊長として、指導にあたることになったが、はじめ彼は「神経質でとっつきの悪い中尉」と受けとられた。痩せ身で近眼、それにかん高い声。要旨を説くだけで無駄なことはいわない。その無愛想さが生徒には気味悪く映った。

さらにそういう印象に拍車がかかったのは、教練の指導中にひとつの行動からつぎの行動に移るのにどの程度の時間がかかるか、懐中時計をだしてはかったからだ。その時間が縮まるたびに、彼の目は笑った。

「集合から番号までは十秒以内に終えるように……」

英機の要求は秒単位だった。

それでもこういう先輩将校を慕う生徒は少なからずいた。休日の西大久保の自宅には生徒が訪ねてきた。並外れた勤皇精神讃歌がくり返され、それは十六、七歳の生徒には耳に入りやすいことばだった。──二十四期生で英機の区隊にいた赤柴八重蔵は、あるとき東條とつぎのような会話を交したことを覚えている。

「赤柴、おまえは東京に来たときに、軍人として最初に顔をだすのはどこか、知っているか」

「警備司令部に顔をだします」

将校は旅行や業務で他所へ行くと、その地の司令部に顔をだし、当地に来た報告をしなければならぬと義務づけられている。東京では、近衛師団、第一師団を統轄する東京衛戍総督府に出頭する。

「それは違う。東京は違うんだぞ。まず最初に宮中に行って記帳しなければならん。宮中に行くのが、軍人の真の姿なのだ」

そこまで断言する区隊長はいなかったので、赤柴は東條の勤皇精神を見習わなければ……と思った。この種の挿話はすぐに広がり、第二区隊、第三区隊からも、東條の家を訪れる者がふえた。沼田多稼蔵（陸軍中将）、北野憲造（陸軍中将）、綾部橘樹（陸軍中将）、そして甘粕正彦らがそうであった。なかでも第二区隊の甘粕は、しばしば東條のもとを訪れた。十年余ののち、無政府主義者大杉栄虐殺の下手人として裁かれる甘粕は、藤堂藩の気風の残る津中学の出身で、勤皇精神だけは並外れていて、それだけに英機とは気が合った。ふたりの会話は、天皇への忠誠を誓う根比べのようなやりとりだったという。もっともそれが深まれば深まるほど、天皇は実在を離れた観念の世界の抽象的概念に拡散してしまうのだが、彼らの年代ではそれを知ることはできなかった。

生徒たちとの会話で、英機は、天皇への帰依を競いあうだけではなかった。昇進や出世話にも、彼らの関心はあった。陸軍大将になるのは、軍人を志した者の共通の夢であったし、少なくとも師団長になって兵隊を動かすのは、彼らのエリート意識をくすぐる将来の特権でもあった。が、そうなるには陸軍大学校を卒業しなければならなかった。
陸軍大学校受験には、二年間の隊付勤務と連隊長の推薦が必要だった。英機はその資格を得る時期に達していた。いや教練班長を命じられる裏には、陸軍大学校受験のために準備をせよという意味があった。連隊長には、部下をひとりでも多く陸軍大学校に入学させることで自らの考課点をあげるという慣例があるので、そういう便宜をはかって尻をたたくのが常だった。

だが英機は陸大受験を生徒に問われると、曖昧につぎのように答えた。

「陸大を出ようと出まいとたいした問題ではない。要は帝国軍人としての心がまえがしっかりしているかどうかだ」

出世の欲望と栄達を軽侮する気持が同居している生徒たちに、この答は失望と畏敬を与えた。しかし彼らには、こう答える東條の胸中を正確につかむことはできなかった。英機には軍内の抗争に破れた父親の姿が重苦しくのしかかっていた。それをみれば自らは連隊長どまりであろうと覚悟していた。この期、陸軍内部の英教の評判はかなり悪化していたことを、彼も知らされていたのである。

英教の生活は市井の軍事評論家であった。彼の原稿は戦術戦史の専門出版社、軍事研究社から相次いで出版され、明治四十年から二、三年の間に、それは十冊にも及んだ。そういう著作の序には「在野のひとりとして戦術研究をつづけたい」とあったが、その実、内容は日露戦争の戦場での大本営の指揮に批判的な字句で埋まっていた。そのことは山県直系の軍人を正面から批判することを意味し、彼の敵はいっそう憎悪を深め、味方にはさらに頼もしさを与えることになった。

英教の妥協のない孤独な戦いは、英機にいい影響を与えない。英機に面と向かって父親批判をする将校さえいたのである。当然、彼は消極的に目だたぬようふるまった。それがいっそう英教には不満で、挫折した志を息子に託しているのに、当の息子が陸大受験に及び腰であるのは無念なことだった。執拗に説得し、結局、陸大を卒業しなければ、自らの意思を貫けぬということばで英機に陸大受験を認めさせた。

が、英機はそのためにとりたてて勉強したわけではない。明治四十一年十一月の陸大入試は、資格があるから受験しただけだった。初審の筆記試験には、ほぼ二千人が受験し、初審で百人にしぼられ、再審の口頭試問で五十人が選抜された。このとき英機は初審にさえパスしなかった。第十七期生の前田利為（陸軍大将）、篠塚義男（陸軍中将・軍事参議官）のように資格を得るや一年目で合格した者もあったことは彼を口惜しがらせた。このふたりには、東條が劣等感をもったのは記憶されるべきである。とくに幼年学校、士官学校、陸軍大学校を最優秀の成績で卒業した篠塚にたいしては、東條が要職に就いたのちもライバル意識をちらつかせた。これは彼の劣等感の裏返しとみることができる。

いちど失敗してから、彼は真剣になった。父英教のたび重なる説得と生来の負けず嫌いの性格がむきだしになった。連隊から帰ると、入試課目である戦術、兵法、戦史などに取り組むようになった。それは英教を喜ばせ、息子が真剣に陸大受験に意欲を見せるようになったと、井口省吾に宛てて手紙をだしているほどである。

陸軍大学校合格

陸軍士官学校を卒業した将校の結婚は、厳しく調査される。まず結婚相手を陸軍省人事局に届けなければならない。憲兵隊が相手の女性の家庭環境や係累まですべてを調べ、そのうえで陸軍大臣の許可が出る。

調査の主眼は、危険思想の持ち主ではないか、係累に不穏思想の犯罪人がいないか、実家の経済状態は安定しているか、という点にある。国体破壊をもくろむ社会主義者が将校に危険思想をふきこむのを恐れ、結婚相手の実家が貧しければ、夫の戦死で未亡人の生活が後ろ指をさされるものになるのを恐れていたのである。結局、将校の結婚相手は限られてしまう。功なり名をとげた将官が、自分の目にかけた将校に娘を嫁がせることが多く、また将校の中にも好んでそういう安易な道を選ぶ者が多かった。姻戚に連なって栄達をという将校は、「納豆」と呼ばれ軽蔑され、ときに仲間うちで鉄拳制裁を受けた。

近衛歩兵第三連隊に籍を置く中尉、そして父親は長閥ににらまれているとはいえ、東條英機にもいくつかの縁談はあったといわれる。なかには「納豆」に類するものもあったといわれているが、彼は結婚を栄達の手段にはしなかった。

母方の縁戚に連なる日本女子大学国文科の女子大生、福岡県田川村の伊藤万太郎の長女伊藤カツを、その相手に選んだ。万太郎はいわゆる地方の素封家で、森林や田地をもち、地元の村長からのちに県会議員になった人物。娘の東京遊学を認めるほど進んだ考えをもっていた。カツは小倉高女時代、英機の母チトセの実家の寺に一年半ほど下宿して通学していたが、東京に来てからも東條英教に保証人になってもらった縁もあって、しばしば東條家に出入りした。結婚はごく自然にきまった。憲兵隊はカツの人物や家庭環境にそくざに結婚を認めた。

二十六歳の中尉と二十歳の女子大生、時代の先端をいくかに見える夫婦が、こうして明治四十二年四月十一日に誕生した。カツの実家では、日本女子大を卒業して国語教師の資格をとるよう勧め、初めのうちカツは、西大久保から目白の女子大まで歩いてかよったが、やがて家事と弟妹の世話で通学を断念しなければならなかった。

「自分はやはり陸大にはいりたい。だが今年は準備不足なので受験しない。不合格になれば連隊に迷惑がかかる。来年も無理だろうから二年先を目標にがんばりたい。協力してくれ」

英機はそういい、カツは自らの向学心をこのことばに賭けることになった。

英機はいちど目標をきめると、一途なまでにそれを守った。受験勉強の日程をつくり、それに忠実に従った。個々の受験課目にどれだけの時間を割くか、どの程度まで記憶するか、そのうえで一日に学習すべき時間を算出し、年間の総学習時間を計算する。それを一センチ四方の方眼紙に克明に書きこみ、一日に消化しなければならぬ時間と実際に消化した時間を書きこんでいく。

この日程を守る夫の姿に、カツの信頼は高まった。

だからといってふたりの新婚生活は、いつも向学心に満ちていたわけではない。なにしろ東條家は大家族だった。三代十六人。英俊と英教夫婦、そして英機の弟妹がいた。家事や老人、弟妹の世話は英機夫婦の肩にかかった。姑のチトセは働き者であったが、気性が激しく、気にいらぬことがあるとカツをどなりつけた。その衝突のなかで、英機は困惑気にカツをかばった。

チトセとの折り合いがわるくなると、ふたりは新しい住居を求めて越した。

「将来のある軍人としての体面を保ち、それにふさわしい家に住むように……」

とそのたびに英教はいい、若い夫婦は俸給三十三円三十三銭（手取り二十八円）のうち十三円を家賃に割き、一軒家を借りた。それが陸軍中将の子弟の社会的体面というものであった。四谷坂町、霞町と越したのも、その言を受けいれたからだった。結婚二年目に長男が生まれたが、それは四谷坂町に住んでいるときだった。

英機の陸大受験の準備は、こうした環境のなかでつづいた。しだいにカツのほうが陸大合格に熱心になった。

ある著作（畠山清行『東京兵団』）につぎのようなエピソードが紹介されている。ご用聞きや付近の人に、「主人をいつか陸軍大臣にしてみせる」といい、がむしゃらに育児や洗濯に熱中するカツの姿は有名だった。陸軍大臣といえば当時の最高位であるから、いささか荒唐無稽な話と受けとられたが、三十二年後実際に東條が陸軍大臣になると、この話はむし返されて出世話の色づけに利用された。

もっとも、現在（昭和五十四年）、カツにいわせると、そんなことばを吐くほどの余裕はなく、毎日洗濯、炊事、育児に熱中していたと反駁している。

英機が、心底で姑の嫁いびりに不快感をもっていたことが、はからずも陸軍次官就任時に明らかになる。目をかけた部下の家庭をたずね、釘をさしたのである。

「彼は、あなたたちにとって大切な息子であり柱とすべき夫でありましょう。むろん私にとっても大切な部下です。その部下が心おきなく仕事ができるように、嫁と姑の問題は起こさないでいただきたい」

家庭不和が、軍務に影響を与えることを懸念していたらしく、のちに陸軍大臣になったときは、部課長を集めて、

「家庭での悩み事は自分に相談にくるように……」

と呼びかけているほどだ。

軍人というのは、平時には武勲をたてることはできない。そこで関心事となるのは、栄達の要因になるさまざまな行事の成果や演習の結果である。それが戦闘に代置されるものであった。

師団長、連隊長は、自らの部隊がいかに訓練されているかに関心をもった。陸軍大演習

という〈模擬戦争〉の際に、他の部隊より行軍、作戦行動がすぐれているか否かに、心を傾けた。さらに彼らの考課点をあげるのは、部下の少尉、中尉のなかから優秀な者をさがしだし、陸軍大学校に入学させることだった。そうすれば、いずれは自らの地位を守りぬいてくれるかもしれないのである。

そのため陸大合格の可能性がある者には、日常の勤務をさせずに受験勉強に専念させた。英機が、明治四十五年四月の筆記試験に合格したのも、こうした配慮が実ったものであった。再審の十二月まで、彼はほとんど受験勉強のみに時間をつかったといっていい。数名の教官からつぎつぎに浴びせられる質問に応える訓練を、終日積んだ。そして合格した。父英教から教わった戦術論が随所に含まれているのに、合格が許可になったのは、井口省吾が明治三十九年から五年のあいだ陸軍大学校校長だったときに、長閥系の教官を追いはらったためだといわれる。東條に試問を与えた教官は、むしろ英教を尊敬していたという。

大正元年十二月、東條は六十一名の合格者とともに、陸軍大学校に入学した。同期生には磯谷廉介（十六期生）、今村均（十九期生）、本間雅晴（十九期生）がいた。十七期生からは九人の合格者がいた。

英機の陸大入学を喜んだのは、父英教であった。後継者として、やっと地歩を固めてくれたのだ。彼は、軍内の要職にいるかつての知己に、息子に目をかけてくれるよう手紙を書いた。このころ、彼は心臓脚気が悪化し、小田原海岸にある貸別荘で治療に専念し、暇をみては近在の子どもに謡いを教えていた。そういう平凡な生活に、息子の陸大合格は最大の贈り物となったのである。

彼は、庭に出てそれまで書き綴っていた陸軍中枢を批判するメモを燃やした。

「これを公開したら、英機の気持に水をかけることになる。それではあいつがかわいそうだ」

張りつめていた糸が切れたように、英教は老いていった。床に伏すことが多くなり、やがて終日布団のなかから動かなくなった。

なんどか井口省吾が見舞いにきた。このとき井口は第十五師団長だった。長閥出身者をけっして側近に寄せつけないこの軍人も、陸軍内部では孤立気味であった。

「在職中に受けた種々の誤解はなんとしても晴らしたいと考えているだろう。自分が釈明するから安心せよ、安心して療養するがいいぞ」

友人のこの心づかいに、英教は涙を流して喜んだ。それからまもなく英教は逝った。大正二年十二月二十六日、五十九歳だった。死顔には無念が宿っていたと、当時の雑誌は伝えている。

死者との約束を守らなければならぬ、井口はそう言い、「英教擁護」の手記を書きはじめた。そこでは山県有朋を頂点とする長閥の専横を完膚なきまで罵倒していた。彼の副官たちは余りにも激越な調子に驚き、発表を差し控えるよう進言したが、井口はひるまず、その一文を『軍事新報』の大正三年春季号に掲載させた。

私はこの雑誌を捜したが、いまどこにも保存されていない。古い軍人によると、その内容は、長閥横行の犠牲者は十指を数え、東條英教はその犠牲者だといたみ、さらに陸軍の私物化を許してはならないと、強い調子でなじったものだという。長閥を批判することは、そのまま陸軍首脳への造反といわれる時代に、井口の覚悟をきめた内容は、省部の将校に驚きを与えた。

井口の立場はさらに不利になった。この二年後、彼も予備役に追い込まれたのである。当時の陸軍内部を語る刊行物には「参謀総長の資質の持ち主である……」と、彼は絶讃されているが、長閥に抗した軍人として名をのこしたにすぎなかった。

東條英機が陸軍の中枢に入るにつれ、周囲で川上操六、井口省吾の名前が出るたびに、「このふたりこそ長閥の横行を許さなかった尊敬できる先人だ」と言った。このとき東條の脳裏に、父英教の像が浮かんでいたであろうことは容易に想像できる。

軍人としての自立

「成規類集」の捕虜

東條英機には五人の弟妹がいた。三人の弟と二人の妹。二人の妹は国鉄社員と陸軍士官学校卒業の軍人に嫁いでいた。三人の弟は、大学を卒業したばかりの技術者と中学生、十九歳ちがいの末弟はまだ小学生だった。

英教の死のあと、東條家は西大久保の家を売り、その金と英教ののこした資産でチトセが子どもを育てることになった。英機夫婦は改めて別居して側面からチトセや弟たちの面倒をみることになった。

東條が弟たちに接するときの態度は厳格であったらしく、次妹の息子山田玉哉（のち陸軍省兵務局将校）によれば、向上心が足りないと判断したときは出入り差し止めにしたという。そういう気むずかしさを嫌って、英機に近づかなかった弟もいると言っている。

英機夫婦の生活は、このころけっして楽ではなかった。月にいちど一円の金をはたいて肉を買い、長男と二男で食卓を囲むのが楽しみという質素な生活だった。首相になってから、「自分の大尉時代は精神的、経済的にも苦しかった。それで机に向かって勉強ばかりしたが、そのときだけ気が紛れた」と秘書に述懐したことがある。

東條英機の六十五年の人生で、この期がもっとも自制が要求されたときであろう。彼は、陸大から帰ると、教科書を離さなかった。それは独創的な研究を意味する勉強ではなく、与えられた枠組を忠実に記憶する勉強法といえた。

陸大教育は戦場での状況判断と処理に重点があったが、その内容は日露戦争下の戦場を対象にしていた。授業の進め方は、教官が問題を出し、日時を区切って研究結果を提出するよう求める方法だった。ところが学生のなかには、教官より独創的な回答を考えつく者もあった。しかし教官の考え方に合わせるよう強圧的に命じられた。それでも陸大三年になれば、学生たちは軍人としての信念を固め、独自の戦術を研究し発表する者がふえた。それを教官は押さえることができなかった。

ところが東條はそういう側には立たなかった。彼は教官の考えに忠実に従った。たとえ父英教の軍事戦略に逆いていても、教授される内容を自らの考えとした。名実ともに父英教への別離だった。陸大教育の欠陥は、それゆえ東條の欠陥ともなったのである。

太平洋戦争後、陸大教育の欠陥は無数に指摘されている。適確なのもあれば、まるで見当外れのものもある。だが戦場教育はあったが、一般教育はなかったという指摘は誰もがいう。歴史、数学、統計、哲学といった講座もあったが、授業時間は少なく、国際公法、国法学は卒業間際にお義理で習うようなものだった。陸大卒業者の成績優秀者五人から六人には恩賜の軍刀が与えられ、軍刀組として栄達の要因になるが、それは旧来の戦場教育の忠実な継承者であるにすぎないことを意味していた。

東條と同期で軍刀組だった今村均は、戦後『私記・一軍人六十年の哀歓』を著わしたが、そのなかで、「陸大教育はいかにして軍、師団を運営し、敵に勝つかの統帥研究を第一義としたために、いくつかの弊害を生んだと告白している。〝自己絶対化〟将校の輩出、場当たりかけひき研究に終始、昭和に入っては陸大教官の亜流意識。これらが暗に指しているのは、東條英機だという論者もいる。自己絶対化然り、かけひき研究然りというのだ。

だがそれは酷というものだろう。東京裁判の直前に、東條はかつての部下、佐藤賢了につぎのようなことばを洩らし、今村と同じような反省をしているからだ。

「陸軍大学教育の欠陥は幕僚道の精神教育がなされなかったことだ。単に作戦、用兵の戦術教育にすぎなかった……」

もっとも東條自身は、昭和十九年に入ってからは陸軍大学校生に訓示するのを好み、その内容は、「皇軍は隠忍、戦力を蓄え今やまさに好機を捕捉して断乎敵の戦力を撃破し以て其の戦争継続意思を徹底的に粉砕せん……」と精神論を説きつづけたのだが……。

大正四年十二月、東條は陸軍大学校を卒業した。六十人中十一位の成績で、軍刀組にははいらなかった。卒業と同時に、近衛歩兵第三連隊の中隊長に配属となる。陸軍での〈楽しみな職場〉は、尉官時代の中隊長、佐官時代の連隊長といわれ、直接多くの兵隊を指揮できるからという理由のためだが、東條中隊長は、その楽しみを味わえなかった。なぜなら半年間の中隊長生活では、百五十名の兵隊のすべてとつながりをもつには至らなかったからだ。ついで陸軍省副官に転じた。大正五年八月である。

本来なら参謀本部に配属される予定であった。卒業生の配属先は在学時の成績、本人の希望、適性を勘案しながら決定される。東條自身は英教の影響があって参謀本部を希望した。軍人なら、まず参謀本部へというのは当然のコースであった。実際、陸大二十七期生の〈上の下〉グループは、ほとんど参謀本部へ配属されていて、東條もまたそれを望んだであろうことは容易に想像できる。それなのになぜ陸軍省に転属になったか。それをさぐっていくと、父英教の存在に気づいてくる。配属が決まるまえ、陸軍省高級副官和田亀治大佐に、東條は呼びだされている。和田は陸士六期、陸大十五期生、教導団出身のためか東條英教を尊敬している軍人だった。彼は英教の晩年に同情を寄せていた。副官室に英機を招じ入れると、和田は「これは忠告だ」と前置きして言った。

「参謀本部を希望しているようだが、君の父上のこともあるからあそこにはいかぬほうがいい。君はあそこではいじめぬかれるだろう。まだまだ君の父上に反感をもっている者が多いからだ」

東條英教の子息として冷遇されるだろうという忠告に、東條はうなずいた。参謀本部の部長以上は山県や桂、寺内らの息のかかった将校で占められているし、英教を語る参謀本部将校の口ぶりには、軍人としての能力に懸念を示す枕詞がつくのも知っていたからだ。

「君はわたしの所に来い。陸軍省の副官になったらどうか。そのほうがいい」

こうして東條は陸軍省の副官になった。

陸軍省副官は陸軍大臣の補佐をする。とはいっても副官は六人もいて、東條はその末端につらなったにすぎない。高級副官の和田の命令によって動くだけだった。書類の整理、電話連絡、雑事万端をする。三宅坂の陸軍省官房に籍はあるが、政策の中枢を知ることなどなかったし、陸軍と政党の対立の実相からも無縁であった。まして陸軍大臣と会話を交わすことなどない。当時の陸軍大臣は大島健一中将で、長州出身ではないが、山県に近づいてその信を買い栄達したといわれる軍人だ。つけ加えれば大島の長男浩は東條と陸大の同期生であり、太平洋戦争前のドイツ大使を務めた軍人外交官である。

陸軍省副官としての東條は、事務的職務にも向く性格があることを周囲に示した。

陸軍省には建軍以来の関係法規、条例、慣行、内規を文書化した厚さ二十センチほどの「成規類集」という書類綴じがある。「憲法・皇室」からはじまり「官制」「兵役」「賞典」「服務」と十七項に分類されていて、軍人の職務、生活の一切がこの書類を軸に回転する。陸軍省官房にはこれに精通した文官がいて、日常業務は彼らの手によって進む。軍人は文官に仕事をまかせたまま、気楽に日々を送ればよかった。それに軍人には、机に座っての執務は苦手であった。いやむしろ軽蔑する気風さえあった。陸軍省副官などは二年もすれば転勤になる職場であり、「成規類集」を覚えたところでさしたる効用はない。ところが東條はこの風潮に不満をもった。

文官に教えを求め、その指示で執務を進めるのも不愉快だったのだ。そこで彼は、執務中は「成規類集」の頁をめくり、主要な部分は頭にいれた。書類の記載要領、冠婚葬祭のしきたり、陸軍の命令服従の方法、連隊長、中隊長の職務、そういうこまごました内容を頭にたたきこんだ。暗記は、彼の「努力」の代名詞である。

それ以後、文官が「成規類集」をタテに注文をつけると、東條は、

「だが第三類の第二章、第六条にはこう書いている。だから自分の意見は正しい」

と反論した。文官は東條を敬遠し、幕僚の間では生真面目さ、一途さが半ば羨望、半ば軽蔑で語られた。しかも新しい慣行はメモにまとめ、それを書類風に綴じたので、律義さはいっそう省部に広まった。まずあるがままの事実をそのまま認めてしまうのが、彼の性格の主要な部分であることを裏づけた。

「あの東條英教中将の息子だから……」

英教が教科書どおりことを運ぶのを尊んだと同様に、その息子もまた法令どおりであらねば気の済まぬタイプのようだ、やはり血は争えないと噂された。しかしそういう陰口に、東條はまったく関心を示さなかった。父親のことがもちだされると、不快な表情を悟られまいとするかのようであった。

山下奉文との交友

当時の日本陸軍には、昭和に入っての日本陸軍の硬直性を示す徴候がいくつもあらわれていた。たとえば省部の将校は、他部課の将校が起案した計画案に単純に賛意を示さなかった。必ずひと言不満をぶつけ、その計画案を練り直しさせた。そうすることでそれぞれの存在を誇示した。それに階級が一段階でもちがうと、上級の者が、必要以上に威圧の風を吹かせた。それが上級者の権威だと思いこんでいた。

東條も、このふたつの空気を身につけていった。そしてそれを役職が上昇するたびに忠実に継承した。和田亀治大佐は、部内では「かみなり」と仇名されていて、下級者に事務能力の欠如が見えると顔色をかえてどなるので、中堅将校には敬遠されていた。事務の正確さを尊び、「成規類集」を忠実に守りぬく和田にとって、東條の執務態度は他部課の批判を許さぬだけに満足感を覚えさせた。彼は、東條を他の将校より重用した。

だが家に帰っても「成規類集」のことだけを考える将校は、陸軍以外の世界については無知だった。彼の努力は目前の職務に熱心に向けられ、与えられた枠内での熱っぽさだけが最大の武器となった。しかも彼は、自分の生きている組織こそ、この国の優秀な一団の生息地であり、この国の浮沈を握っている場所だと信じていた。軍人を志望せず技術者の道を選んだ次弟に、軍人勅諭だけは覚えていたほうがいいといって、「国家ヲ保護シ国権ヲ維持スルハ兵力ニ在レバ兵力ノ消長ハ是国運ノ盛衰ナルコトヲ弁ヘ……己ガ本分ノ忠節ヲ守リ……」と、東條家の居間でなぞらせたのもこのころだった。

律義な中堅将校の自己研鑽、軍人優位を信じる者の偏狭ともいえる自己鍛練であった。


大正時代——政党と軍部の確執の時代だった。

大正二年、護憲運動で窮地に立った桂内閣にかわって、海軍と政友会に基盤を置く山本権兵衛内閣が成立。この内閣に、政党側からは執拗に「陸海軍大臣は現役の大、中将に限る」という一項の〈現役の〉という文字を削るよう働きかけがあった。これがある限り政党内閣は陸軍に生殺を握られるという懸念からだった。結局、政党の要求と世論と、加えてこの内閣の内相原敬の主張が実り、この一項は、削除された。このとき原は、将来は軍部大臣武官制の撤廃まで想定していた。

むろん陸海軍は異を唱えた。参謀総長長谷川好道は二回にわたって天皇に拝謁し、この決定の変更を迫った。軍事費の削減、国防方針の混迷、軍事の政治への従属という一連の図式がなんとしても我慢できなかったのである。だが天皇は軍部の意向を無視した。

山本内閣は海軍軍人の収賄事件（シーメンス事件）で倒れ、大正三年四月には大隈重信を首班とする第二次大隈内閣が成立した。陸軍の二個師団増設を認めることで誕生したこの内閣は、反軍部を唱える大隈の意に反し、山県を中心とする陸軍長老にふり回された。しかも五カ月後には折りからの第一次世界大戦に日英同盟の制約で、ドイツに宣戦布告しなければならなくなり、山県ら陸軍首脳の唱える「世界無比の大戦に参戦する以上、内争を事として外侮を忘るるときではない。挙国一致内閣の成立こそ急務だ」という圧力であっけなく倒れた。ついで大正五年十月には寺内正毅内閣が誕生した。ここに官僚と軍人主導の内閣を指す挙国一致内閣という曖昧な慣習がはじまった。それも彼らこそが天皇に忠誠を誓う集団であると自負しているためだった。

山県も寺内も参謀次長田中義一も、第一次世界大戦を勢力拡張の具としてつかったが、日常の陸軍の業務に戦争の影響はなかった。ドイツの領有していた青島を攻撃し占領しても、それは陸軍内部を興奮させる出来事ではなかった。日英同盟のよしみで連合国側に立っているだけで、心情的にはドイツに傾く空気が省部にはあった。大正三年八月の参戦通告と同時に、ドイツとの関係は切れ、それは大正十年二月までの六年六カ月にわたってつづくのだが、親ドイツの空気は消えなかった。

とくに大正七年春に、西部戦線でドイツが大攻撃に出ると、参謀本部には「ドイツももうひと押しだ」という声があがった。そのドイツが五カ月で総退却し、休戦条約に調印すると失望の声さえ洩れた。

〈なぜドイツは負けたのか〉

かわってそういう声が起こり、ドイツ敗戦の研究に着手する者がふえた。それは、ドイツ陸軍を模倣している日本陸軍の欠陥の洗いだしになるからだった。青年将校のなかでも熱心な勉強家は、ドイツの情報を集めはじめた。さらに関心を深めた者は、この大戦の途次に起こったロシア革命に目を移し、レーニンのソビエト政府の研究をはじめた。日本がアメリカとともにシベリア出兵を決めると、青年将校の関心は一層この社会主義国に移った。依然として日本の仮想敵国はロシアであることにかわりはないからだ。

大正八年七月、陸軍省高級副官室に呼ばれた東條は、「独乙国駐在」を命じられた。和田の後任の松木直亮は、明治末期に三年間ほどドイツに駐在していただけに、ことのほか喜んで辞令を渡した。

「君と参謀本部の山下奉文大尉の二人が送られる。まずスイスのベルンに行き、ヨーロッパを見て回るがいい。ベルリンの大使館が再開されたら、すぐにそちらに移ることになっている」

〈ドイツ駐在〉は東條が待ち望んでいた辞令だった。陸大を卒業した者のうち上位グループ、ふつうは十人から十五人が三年間の外国勤務を命じられる。それぞれ専攻語学によってドイツ、ロシア、フランス、そしてイギリス、アメリカなどに送られる。ドイツ留学者は他の国への留学者より栄達の機会が多く、しかも第一次世界大戦のためここに送られる者はこの数年途絶えていた。ドイツとの国交再開をまえにして、ドイツ駐在を命じられたのは中堅将校のひとりとして嘱望されていることをものがたっていた。

また、この裏に陸大幹事（教頭）に転じていた和田亀治の強力な推薦があった。だからこの辞令は、父親の遺産ともいえた。

ドイツ留学を命じられるなり、カツと三人の子どもを田川村に帰すことにした。ふたりはドイツ留学の間の生活をこまごまとしたところまできめた。そういう几帳面さが、この夫婦に共通する性格だった。……陸軍省からの俸給百三十円、これが陸軍省からカツのもとに送られてくると、そのうちの五十円は東京のチトセのもとに送り、のこりの八十円でカツと三人の子どもが生活する。手紙は一週間にいちどは投函する。

ふたりは確かにそういう生活をした。カツは倹約して夫の留守に三千円の預金をし、東條はカツの父親からもらった餞別三千円を軍服の裏にぬいつけて出国したが、そのまま つかわずに帰国した。合わせて六千円で世田谷の太子堂に家を建てる。すきま風がはいらないようにした、ドイツ風の二階建てのしゃれた建物である。

東條と山下奉文は、大正八年九月下旬、横浜港からスイスに向かった、四十日間ほどかけて、ヨーロッパに着いた。

二人が荷物をといたベルンの公使館には、陸軍の将校がかなり集まっていた。ドイツ大使館の再開を待つ将校、それに陸軍省、参謀本部の青年将校がヨーロッパ出張でやってきてはこのベルンに滞在する。いわば梁山泊の感さえあった。東條や山下が着いてまもなく、梅津美治郎が駐在武官として赴任してきた。陸士十五期で東條の二期先輩にあたるこの軍人は、大正二年から一年間ドイツ駐在を経て、第一次世界大戦勃発後はデンマークに移り、そこで戦局の様相を研究していた。彼の再度の赴任は、軍中央が本格的にドイツ敗戦の分析に力をいれようとする意図のあらわれだった。

東條と山下には、さしあたり特別の任務はなかった。

「ヨーロッパを見てくるがいい」

梅津の命令で、東條と山下、それに待機中の笠井平十郎（十五期）、河辺正三（十九期）らはスイス、オーストリア、そしてドイツとヨーロッパの中央部を見て回った。彼らは陸軍幼年学校以来学んできたドイツ語が通じたといっては喜び、どこの国でも労働者の街頭デモが盛んなのを、驚きの目をもってながめた。この旅行で東條と山下の親交は深まった。年齢は東條が一年上だが、ほぼ同じような経歴のふたりは、性格のうえでも似たものをもっていた。用心深さ、神経質、そして緻密な性格。異国でふたりはお互いにその性格を確かめた。のちに東條はその性格のうち神経質と緻密さが表面にでて、山下は大胆であるかのようにふるまい、そこからふたりの亀裂ははじまったのである。

行く先々でふたりはカメラを向けあったらしく、現在のこっている写真には、まだ痩せ身の東條と、すでに太りはじめた山下が笑顔を見せ、あるいは緊張に顔を硬直させて写っている。ヨーロッパの都市の一角で、あるいはホテルのロビーで、ふたりは笑っている。つけ加えれば、このときベルンの日本公使館の一等書記官は佐藤尚武、その下の三等書記官は東郷茂徳だった。ベルンの公使館では、彼ら若い軍人と外交官は談論したであろうが、それを裏づける資料、記録はまったく現存していない。東條と東郷が、その二十年後、出身集団の利害をぶつけあうことを予想させるエピソードは見当たらない。

一年半ほど後に、共和制に移行したドイツとの国交も回復し、ベルリンの日本大使館は再開された。東條も山下もここに移った。

ドイツ帝国は崩壊し、ベルリンは喧騒と混乱の中にあった。ベルサイユ条約で国境も曖昧で経済も混乱し、ときに左右両翼の政党が示威行動をつづけていた。庶民の生活はその日暮らしであった。そのなかで東條は、彼なりの見方でこの情勢をとらえようと、カメラをかついでボン、ハンブルグとドイツ国内を回った。ドイツがフランスと対峙した西部戦線も克明に見て回った。国内旅行を終えると、梅津につれられ、ドイツ陸軍省や参謀本部をたずねては、ドイツ軍将校と意見の交換もした。

「ドイツ参謀本部はさすがに立派だ。こんな状態なのに、きびきびした執務ぶりで、再興をはかっている。彼らは立ったまま執務をとっている。……」

ドイツ陸軍の将校が、敗戦にもめげずに、陸軍再興に動いているのを感心した眼で見た。それに比べてベルリン市民のデモやストライキは、国家観念のない軽薄の輩の騒動と映った。共和制への反撥のためだった。それはこの地を訪れた軍人のもっとも平均的な印象であった。

〈この敗戦は、ドイツ帝国の軍隊が敗けたからではない。国民の厭戦気分こそが敗戦のひき金になったのだ〉――それが彼らの解釈と結語であった。東條もまたそうだった。

ドイツ敗戦のきっかけとなったのは西部戦線ではあったが、その分析もこの視点から捉えられた。ドイツ参謀本部の命令、示達は適確なのに、個々の戦闘部隊はそれを忠実に守れなかったというのが彼らの結論で、戦闘部隊の戦意喪失は国民の厭戦気分に端を発すると理解した。東條もまたその結論を終生変えなかった。彼が首相になったときに、それは具体的なかたちをもってあらわれてきたのである。

バーデンバーデンの密約

大正十年秋、ベルリンの大使館にひとりの軍人が立ち寄った。岡村寧次、陸士十六期、陸大二十五期の中堅将校だった。歩兵十四連隊付の肩書でヨーロッパ出張を命じられ、ベルリンに来たのである。中国での駐在を終え、とくに目的もなく「ヨーロッパを見てこい」と送りだされた旅行だった。軍内要職に進む者に必須のヨーロッパ見聞旅行であった。

岡村はある計画をもっていた。モスクワに駐在している小畑敏四郎、やはりスイス公使館付武官の肩書でスイス、フランス、ドイツを回っている永田鉄山、それに岡村の三人は同期生の縁でドイツのバーデンバーデンで会い、密約を交わしていた。日本陸軍改革のために手を携えて起ちあがろうとの意思のもとに三つの目標を定めていた。その密約に、ベルリンにいる東條も加えさせようというのが彼らの肚づもりだった。

「どうだ、貴様もわれわれの意思に同意せんか」

岡村は東條のアパートで熱心に口説いた。

「長州閥を解消し人事を刷新するのが第一点、つぎに統帥を国務から明確に分離し、政治の側から軍の増師には一切口出しを許さぬようにすること、そして国家総動員体制の確立が第三点だ」

いずれも東條には共鳴できる目標だった。

岡村によれば、永田も小畑も先人の愚行に眉をひそめ、「長州出身というだけでなぜ重用されるのか」と、三人は名前を挙げて人事の不公正を確かめあったという。こうした先人たちに新しい時代に対応できる感覚があるというのか。いまや戦術戦史もドイツの天才的軍人ルーデンドルフの説く総力戦体制の時代になっている。戦争は軍人だけのものではない。国家のあらゆる部門を戦争完遂に向けなければならない。それがドイツでの教訓ではないか。日清、日露を戦った軍の長老にこれがわかるというのか。岡村の言は激しいものだった。

「新たに閥をつくるというのではない。それではせっかくの長閥打倒も意味がなくなってしまう。さしあたりは、永田が国家総力戦の文書をまとめて局長に具申している。われわれはそれを支えなければならぬ」

その意見にも東條は賛成であった。

「岡村さん、実は、私も同じことを考えていました。まったく異論はありません。ぜひ同志に加えてください。相結んで協力していきたいと思います」

「よし、それでは永田と小畑にも貴様の意思を伝えておこう」

東條の強い調子に、岡村は意を強くした。この男の父親を見れば、密約に加わるのは当然だと思っていたのが、はからずも当たったからである。しばらく話が途切れたあと、東條はつぎのように述懐した。

「岡村さんは支那に留学されて羨ましい。ドイツに来てわかったのですが、日本の将来は支那問題にかかっています。支那を抜きに日本は考えられません」

〈日本は地理的にヨーロッパの国と争う機会はあり得ない。日本の敵はロシアと支那だ。なかんずく支那が中心になるのでは……〉

そういう東條の意気ごみが顔にあらわれていたと、戦後（『偕行』昭和三十四年二月号）になって、岡村は述懐している。

東條英機という若い将校が次代の軍人としての自覚をもってまもなくの大正十一年二月、山県有朋は八十五歳の生涯を終えた。三年まえには、寺内正毅が没し、ここで長閥の威力は一気に衰えた。山県の跡を継ぐ田中義一にその力はなかった。田中を支える筈の長閥の軍長老は「長州の三奸」「長州の三馬鹿」と誇られ、軽侮の対象とされていた。

長閥衰退は、山県系の人物ではあるが、長閥をひき継ぐだけの力がない枢府議長清浦奎《けい》吾《ご》が組閣した大正十三年一月に決定的になった。田中義一は軍長老として、岡山県出身の宇垣一成を陸相に推したが、宇垣には長閥建て直しの意思も義理もなく、むしろそれを押さえるのに力を貸した。かつては陸大の答案用紙に「長州出身者」と書けば合格するとまでいわれた風評は、ここにきて完全に消えた。こうして反動が来た。

大正末期になると、陸大教官には長州出身者は採用されなくなった。しかも陸大教官の間には暗黙の諒解もできあがった。〈長州出身の陸大受験者は初審はよくても再審で落とす〉——長閥横行の時代は長閥退治の時代へと極端に動くことになったのだ。

出身地閥を是正すると称して、こんどは、成績至上主義が陸軍の主流となった。成績優秀者を要職に抜擢するという名分がこのシステムを支えた。しかしこれも新たな弊害「点取り虫万能の社会」を生む危険性があった。昭和の日本陸軍はみごとにこれを証明してみせたのである。陸大出身者のうち成績優秀とされた上位三分の一グループが、省部の要職を占め、特権的な機構をつくり、それ以外の軍人を排斥した。陸大を卒業しない隊付将校は、このグループを〈軍閥〉として憎悪し攻撃した。長閥と反長閥の図式が内容を変えただけで、構造はそのまま陸軍内部にのこったのである。

三十歳前後の三年間の成績が、あらゆる力量のバロメーターとなる不思議な集団になってしまったのだ。

大正十一年十一月、東條は、三年余の駐在員の生活を終え、サンフランシスコ経由の客船で帰国した。

陸軍大学校兵学教官がつぎの辞令であった。

九州から家族を呼び寄せ、彼は家庭の平穏のなかにどっぷりと浸った。陸大教官は一日置きに出勤すればいい。初めのうち、彼は長男と二男を、三年間の空いた時間を埋めあわせるかのように愛しんだ。そういう子ぼんのうなところが、彼の性格にはあった。

ときには省部の友人たちを訪ねて意見を交換した。訪ねる相手は、岡村寧次や永田鉄山であった。永田は教育総監部、岡村は参謀本部の将校になっていた。勤務が終わると、永田の家に集まって、バーデンバーデンの密約をどのように具体化するかを話しあうときもあったが、この期、彼らの関心は長閥排斥がすでに現実となりつつあることにあった。だからいっそう反長閥感情の持続を誓いあっていた。

永田や岡村に連れられてくる軍人が、すこしでも長閥擁護論をぶとうものなら、東條は露骨に不快な表情をあらわした。そのためにつぎのような噂さえ撒かれた。

大正十二年秋の陸大三十七期生の入学試験に、はじめて東條は立ち会っている。このとき初審をパスした中に十七人の山口県出身者がいた。百人のうち十七人。ところが再審で選抜された五十人のなかに山口県出身者はひとりもいなかった。表向きは十七人の口頭試問が悪かったからとなったが、その実、長閥締めだしの陸大教官の策動があったとされた。強硬にこの策動を実行したのは東條英機少佐だとしばらくの間いわれた。父英教と長閥の確執からいって、それはあたかも事実のように喧伝されていった。

昭和にはいって、東條が陸軍省に勤務している折りのことだが、省部の山口県出身の将校と話すときに、東條は初めから興奮気味だったと証言する者もいる。父親の無念を想うとき、感情が高まってくるのを押さえられなかったのだろうというのである。東條が要職に就いていくにつれ、「東條で人事は大丈夫か」と軍上層部は懸念をもったと、この証言はつづく。

感情家東條の一面は、彼の講義ぶりにもあらわれた。「戦史」の担当教官として、彼が力をいれたのは、ドイツで実際に見てきた西部戦線の分析で、ドイツ、フランス両陸軍の戦略展開の短所を検討する授業だった。「ドイツのシュリーフェン元帥の敵殲滅作戦は、最大限の機動力をもってベルギーを突破しフランス軍の弱点を大きく包囲し、これを追いこみ……」と論じる根幹には、〈ドイツは戦闘に負けたが、統帥は最後まで政治からの容喙を許さなかった〉という東條の信念があった。

ところがこの信念は、戦史研究の教官としてはむしろ先入観にとらわれすぎているのではないか、と質問した学生がいた。また東條の意見は、ドイツの著作を引用しているだけだと反駁し、フランスの将軍の書を読みあげる学生もいた。すると東條の顔面は紅潮し、一段と声をはりあげて抗弁した。それはかならずも東條の研究態度のもろさをあらわすものと受けとめられ、彼はドイツの軍事教育と作戦戦術を無批判に許容していると噂された。

それを充全に物語るエピソードもあった。彼の講義では、フランスの地名はすべてドイツ語読みだった。フランスの「モー」という地名は、ミヤックスといい、たとえ学生が笑ってもその発音を変えなかった。「強情っぱりだ」「あそこまでドイツかぶれしているんだなあ」――そんな声が、学生の間で尊敬とも軽蔑ともつかぬ調子でささやかれた。

年に二回の彼の試験は、いつもドイツ軍の作戦を克明に論じる問題に決まっていた。逡巡にみちた回答は即座に落第点となった。まず決断することが第一義で、それに理由が付記されていることが必要だった。理由が正当でも決断が遅れていれば、減点されるのが東條の採点法だった。

宇垣軍縮への抵抗

陸大では月にいちど、学生と教官の親睦を兼ねた立食パーティが開かれる。学生と教官といっても、同じエリート集団内のことだから、一年先、二年先には上官として仕えることになるかもしれない。だからこのパーティは学生にも教官にも思惑がからんだ。教官は自らを盛りたてるのに値する学生をさがし、学生は将来の陸軍指導者への道を歩みそうな教官に媚態を示す。事実、学生の間には「マグ」ということばがあった。マグネット（磁石）の略である。栄達を極めそうな教官を見つけ、そこににじり寄っていく。その有様を指すことばである。

東條は一部の学生のマグの対象となった。佐藤賢了、有末精三、富永恭次らがそうで、立食パーティでは、彼らが東條の周囲にはりついた。なかでも東條にもっとも親近感を示したのは佐藤賢了で、彼は足繁く東條家にも通った。講義の内容を確かめにきたり、故郷の金沢の土産だといってつぐみを届けたりした。親しみをもって近づいてくる者に、東條はすぐに胸を開いた。

格別マグになるつもりはない学生は、東條に主にドイツ陸軍の実態をたずねるために訪れた。すると東條は、書斎に並んでいるドイツから持ち帰った書物をぬきとり、克明に説明をつづけた。東條がドイツからもち帰った軍事関係の書物は、つごう七百冊ほどあり、ドイツ陸軍のことはすべて東條の書斎でわかった。のちに陸大教官を離れるとき、これを陸大の図書館に贈ったという。

丹前姿で背を丸め、父英教の形見のパイプをくゆらしながら、書物を開き熱心に説明する図はたしかに学生を魅きつけもした。マグであろうがなかろうが、来訪者を歓迎する東條家は、学生には評判がよかったのだ。

〈ビンボー少尉にヤリクリ中尉、ヤットコ大尉〉といわれた時代だ。家計は豊かでない。長女、二女と相次いで生まれ、大正十四年には三男が生まれている。前年に中佐になっているとはいえ、俸給はそれほど高くない。そういう苦しい家計を割き、家庭料理を味わわせてくれるというのも、評判のよさに拍車をかけていた。

ほころびた丹前姿で、学生たちを食卓に誘う東條の姿には、人情味あふれる所作があった。食卓では、世事にあまり関心を示さず、しかしひとたび陸軍内部に話が及ぶと、弁舌はなめらかになった。話が興に入ると、「一生懸命公務に励んでいれば、天皇陛下がちゃんとしてくれるよ」と言い、さらに、

「軍人というのは、その身を二十四時間、お上に捧げたものだ。食事も娯楽も勉強も、すべてお上に捧げる身を鍛えるためにあるのだ。それを忘れちゃならん」

と、ひとりうなずくのである。そのあと声をひそめて、つぎのことばをつけ加えるのだ。

「だがな地方人はそうではない。おまえの女房にしてもそうではない。二十四時間のうちせいぜい五分か十分、お上を想うだけだ。軍人だけはちがう……」

カツが傍にいるときは、遠慮気味に話したという。

東條英機に批判的な著作や人物の証言には、東條家では東條の妻が東條と学生の傍にいて、いつも話を聞いているというのがある（高宮太平『昭和の将帥』など）。どこの将校の家庭でも、妻は挨拶と食事を運ぶ程度で、あとは顔を見せないのに、東條家は違っているというのである。

「妻に男の仕事の激しさを教えこむのだ」

と東條は弁解したそうだが、その実、恐妻家のためだろうと、それらの著作と証言はいう。さらにこの空気を嫌う者は近づかなかったと補足する。

いまカツに聞くと、当時は子どもの世話に忙殺され、とてもそんな余裕はなかったと憤然と話している。

しかし、とにかく東條のテリトリーにはいる者には、徹底した面倒味のよさが発揮された。一例をあげる。関東大震災直後、アナキスト大杉栄を虐殺したとされている甘粕正彦にひそかに手をさしのべていたのは、東條と甘粕の同期生たちだった。

「甘粕が自殺を考えているそうだ。拘置所で絶食している。すぐに諫めてこい」

東條は区隊長時代の部下を呼び、甘粕の説得に赴かせたこともある。甘粕もまた、終生その厚情に頭を下げつづけたという。

フランスの軍隊に〈尉官は友人、佐官は競争相手、将官は敵〉という言葉がある。位があがるにつれ、同期生や同年代の将校の関係が変質していくのを皮肉ったものだ。

これは日本陸軍にもあてはまる。当時、陸大の教官には小畑敏四郎のほかに石原莞爾、谷寿夫、酒井鎬次ら、東條と同年代の佐官級の者が多かった。石原、谷、酒井らは学生に人気はあったが、それはどのような軍事上の知識も一応は彼らのフィルターをとおしてかみくだき、学生に教えこむからだった。彼らは東條英教の流れを汲み戦術、戦史優位論を唱える教官といえた。これらの教官は第一次世界大戦の教訓として、総力戦ということばを学生たちに教えこんだ。戦争時に国家の体制は、根本から改革しなければならぬといい、それこそが、近代国家への道であると説いていた。

ところがこの種の軍人と東條の関係は、一面でライバル、一面で同志だった。石原や酒井らは、東條の精神論は陳腐で、あれでは客観性を尊ぶ戦術の教官は務まらないと言ったし、東條は彼らを人間的に毛嫌いした。だがこのころは対立は表面化せず、十数年先までもちこされた。そして軍長老の派閥争いに抗するため、便宜的に連携を強めた。三十代の中堅将校には、大局では次代を考え共同歩調をとったほうが得策だったのである。

共同歩調が具体化したのは、永田、岡村、小畑、それに東條が音頭をとって、陸士十五期から二十期までの将校二十人を集め、東京・渋谷にあるフランス料理店「双葉亭」で定期的に会合し、バーデンバーデンの密約を実現しようと呼びかけてからである。双葉会と名づけられたこの会合には、山岡重厚、河本大作、黒木親慶、磯谷廉介、酒井鎬次、谷寿夫ら、陸軍省、参謀本部、教育総監部で高級課員や課長の地位にある者、師団では連隊長クラスが自己の思惑を秘めて集まったのである。

彼らは、いずれライバルになることを自覚していたかどうかは判らない。だが結局は、いくにんかは互いに憎悪の関係になった。

当時の陸軍内部を俯瞰すればふたつの派閥があった。

長閥、反長閥が解消し、新たに陸相宇垣一成のもとに参じる将校と、一方で上原勇作を陸大閥と佐賀閥が合体した派閥が生まれ、ここに武藤信義、荒木貞夫、真崎甚三郎がいた。双葉会のメンバーのうち永田、小畑、岡村には、彼らから執拗に誘いがかかった。しかし東條にはとくに誘いはかからなかった。

「いつも手帖をとりだしてメモをとっている男で、事務能力はもっているかもしれぬが、大局はもたぬ男だ」と、のちに宇垣が喝破したように、東條はふたつの派閥からは、さして重視されていなかった。指導部にははいりえぬが、中堅将校として無難に仕事を処理するタイプだというのが、当時の東條の評価だった。

大正十五年三月、東條は陸軍省軍務局軍事課高級課員に転じた。軍事課というのは、軍内と軍外の政治的立場の接点に立つ課で、軍内への命令下達、対政府との軍事予算獲得の折衝など幅広い業務を担当する。高級課員は課長代理にあたるポストで、実務の中心を担う職階だった。だが東條に政治的な遠大な構想力が期待された節はない。陸軍大臣宇垣一成、軍務局長畑英太郎、軍事課長林桂らは、事務能力が秀れているこの中堅将校に、軍内の伝達事項を円滑に行なわせしめるだけでいいと考えたにすぎなかった。

東條が高級課員に就任したころの世相は、軍人には愉快ではなかった。軍人を軽視する風潮があった。演習帰りの軍人は、市民の不快な視線に出会った。軍人には嫁ぐな、と娘たちは言われた。第一次世界大戦後の軍縮ムードが日本にも押し寄せてきたためである。それに関東大震災の復旧を第一義とする国策に、陸軍といえども逆らえず、軍事予算は大幅に削られた。「新規の兵器開発や装備の改善に予算をさくなら、国民生活の向上を……」という政党の声もあった。

大正十一年のワシントン条約で建艦競争に歯どめをかけられた海軍につづき、陸軍も徹底した軍備縮小時代にはいった。仮想敵国ソ連の国力は落ちている。ソ連についで陸軍の仮想敵国となったアメリカも、軍縮の道を歩んでいる。したがって日本もそれほどの軍備は必要ではないという圧力が、陸軍にはのしかかってきたのである。大正十四年には四個師団が廃止、三万七千人が軍籍をはなれた。士官学校の定員は八百人から三百人に減った。「宇垣軍縮」といわれているのはこのことをさしている。軍内には宇垣の冷酷さを誇る声があがった。しかし宇垣はそれを無視した。

ところが東條は、双葉会での会合で宇垣軍縮に批判的な見解を吐いていた。

「宇垣軍縮は、本来なら統帥権として独立しているはずの師団編成を政治の側からの圧迫で認めたものだ。これは軍令の基本にかかわるものじゃないか」

宇垣の処置を冷酷だと怒るのではなく、政治が軍令を従属させたというのが、双葉会の会員たちの疑問であって、むろん東條もそう考えていた。彼ら中堅将校は、自らの時代にはこういう屈辱は受けいれまいとの諒解を確かめあった。政治優位を認めぬというのである。

この宇垣軍縮はかなり怨嗟を生み、失職した軍人のなかには、まるで放浪者のような生活に落ち込んだ者もあった。陸軍省に届く怨嗟の声は、軍事課が受け止めねばならなかったが、東條はここで軍備縮小を容認した軍首脳と政党政治への忿懣を秘かに高めた。彼の周囲の失職した軍人には職を捜し、その子弟には陸士時代の同期生、旧加賀藩の前田利為を訪ねて前田奨学金を受けられるように配慮した。しかしそういう行為は、彼の周囲にいるわずかの人間についてだけであり、彼の充足感は刺激されるとしても問題の本質的な解決にはならないことにいらだっていた。

確かに彼には〝充足感〟を味わう癖があり、何かにつけて〝正論〟を吐くのだった。そしてそれゆえに彼は敬遠された。集団内部の正論や原則論は、先に口にしたほうが強いからである。人間的に幅が狭い、原則論ばかりでは人の上に立てんと謗られた。だが、彼はそういう蔭口を気にしなかった。正論を吐き、本来ありうべき状態を〈絶対〉と考えると、彼は自信のかたまりとなってふるまった。自らの行動を制禦するのは下僚や同僚将校の蔭口ではなく、ただひとつ軍人勅諭であった。勅諭に即しているかどうか、彼の自省はその点にあり、朝夕の彼の勅諭の復誦は儀式だった。

いま私の手元に、すり切れた「軍隊手牒」がある。晩年に、いつも東條がもちつづけていたものだ。彼には重要な個所には傍線を引く癖がある。勅諭の冒頭は「我国の軍隊は世々天皇の統卒し給ふ所にそある」だが、ここに傍線がひかれ、念入りに「天皇の統卒し給ふ所」には点が打たれている。

「夫《それ》兵馬の大権は朕か統《す》ふる所なれは其司々をこそ臣下には任すなれ其大綱は朕親之を攬り肯て臣下に委ぬへきものにあらす」「朕は汝等軍人の大元帥なるそ」「朕は汝等を股《こ》肱《こう》と頼み汝等は朕を頭首と仰きてそ其親は特に深かる」「朕と一心になりて力を国家の保護に盡さは」

これらの一節に太い線がひかれている。いずれも東條の思い入れの激しい個所にちがいない。

「一夕会」の誕生

双葉会の会合が終わっても、東條は、永田鉄山の見識を受け止めようと、彼の傍を離れなかった。後年、東條は、

「自分の人生で尊敬すべき先輩であり、友人であったのは永田鉄山さんだけだ。あの人こそ私の師である」

と公言し、永田を終生「さん」づけでよんだ。永田の前にでたときの東條は、正座を崩さないほどの尊敬ぶりを示していたと、双葉会の会員は証言している。

ある日の会合のあと、永田は東條に、

「おれのあとにきてくれないか。すこし国家総動員体制を研究して欲しい」

と誘った。「おれのあと」というのは、陸軍省整備局動員課長のポストだった。永田がつくったポストでもある。大正末期の陸大教官時代に、永田は、国家総動員機関設置準備委員会をつくるように軍首脳に働きかけた。省部の一部局に、国家総動員体制を本格的に研究する部門を置こうというのが、彼の考えだった。これが認められ、整備局ができ、動員、統制の二課が置かれた。初代動員課長には永田が座っていたのである。

さらに永田の意を受けた陸軍は、内閣に資源局をつくらせた。戦争がはじまったときの態勢、すなわち精神動員から文教、鉄道、通信、商業をどのように戦時体制に組織化すればいいかを研究し、管轄の各省の意見をまとめる作業を、この局で練りあげようというのだ。永田が、東條に向かって国家総動員体制を研究しろというのは、整備局と資源局の業務を学んでおくようにということだった。東條には、この面の知識が欠落していると、永田は見ぬいたのである。

昭和三年三月、東條は陸軍省整備局動員課長に座った。翌年八月までの一年五カ月間の在任期間だったから、これといった仕事はしなかったが、永田の残したプランに目をとおし、持ち前の律義さで国家総動員体制の文献を読みあさり、朱線をひいては彼のメモに書き写した。永田のもとを訪ねて疑問点を質すのも、しばしばだった。

このころ双葉会に集まった中堅将校の関心は、対外政策なかんずく満蒙の権益保護にあった。日露戦争で獲得したこの地域でも、大正に入ってから排日運動が活発になり、その活発さに比例して、日本の権益が危機に瀕しているとの認識が軍人の間には強まった。この地域を武力発動によって中国から分離させねばならぬという直截な論が、彼らの間ではくり返し発言された。

整備局動員課長に座ってまもなくの双葉会の会合で、東條は若い将校と、日本の戦争相手はどこかを議論している。その席で将校たちの、満蒙は日本の生存に不可欠だという論にうなずき、東條はつぎのように言った。

「国軍の戦争準備は対露戦争を主体として、第一期目標を満蒙に完全なる政治的勢力を確立する主旨のもとに行なうを要する。ただし、本戦争経過中に米国の参戦を顧慮し、守勢的準備を必要とする。この間、対支戦争準備はたいした顧慮を要しない。単に資源獲得を目途とすべきである。その理由は、将来の戦争は生存戦争となるであろうし、米国にとっては生存するためにはアメリカ大陸だけで充分のはずだからだ」

すると少佐のひとりがたずねた。

「完全なる政治的勢力を確立するとは、つまり満蒙を占領するということですか」

東條は躊躇なくうなずいた。そして東條の論が支持され、満蒙に日本の政治的勢力を確立する、つまり傀儡《かいらい》政権をつくるというのが双葉会の総意となったが、これは当時の国策よりも一歩進んだものであった。これが東條の「負」のはじまりだった。

当時の日本の満蒙政策は、昭和二年六月の東方会議での決定に沿っていた。田中義一政友会内閣が、陸海軍、外務省、それに政党代表を集めてのこの会議で、「満州を分離せよ」と迫る陸軍に抗する外務省との間で激論が交され、「日本の権益が犯された場合は国力を発動する」との意思表示でどうにかまとまった決定だった。が、満蒙を特殊地域化したいとの思惑は、陸軍指導者の間には根強くあった。双葉会はこの思惑を越えたところにいた。

昭和三年に入って、蔣介石の北伐に抗し地方軍閥の張作霖政権を守るとの意思を秘め、日本は山東出兵を二度にわたって行ない、国民革命軍と衝突し、一方的な武力攻勢で多くの中国人を殺傷した。かえって反日運動に火をつけた。山東出兵には居留民保護との名目はあったが、外交上の交渉もなしに日本のつごうで一方的に軍隊を駐屯する行為は、民族意識の昂揚している中国人には、屈辱感を与えるのに充分だったのである。

関東軍は、反日傾向の強まっている張作霖を下野させ、満蒙に日本の意を受けた政権を樹立し、その政権を支那中央政府から分離独立させようと計画していた。山東出兵を利用して、錦州、山海関方面まで軍隊を派遣しようとさえ考えていた。そのための出動要請を執拗に参謀本部に求めたが、参謀本部は最後の決断を出しかねていた。その折りのこと、つまり昭和三年六月四日の未明、奉天に着く寸前の張作霖の乗った列車が爆破された。関東軍参謀河本大作とその一派が行なった謀略行動であった。にもかかわらず、蔣介石の国民革命軍は南苑、北京、天津に入り、北伐は成功した。河本の謀略でも南軍の力は押さえられなかったのである。

河本大作は双葉会の会員だった。彼は大正十五年三月から関東軍参謀の地位にあったが、東京にでてくるたびに双葉会の会合に出席していた。彼は会合に出席するたびに、「蔣介石軍は日本の満蒙政策を妨害する。それに支那での侮日抗日行動は許せぬ。満蒙を押さえている張作霖は日本の意を理解していない」と発言した。そういう素地があったからこそ、東條の意見で双葉会の総意はまとまったともいえた。

〈張作霖爆死〉に、田中内閣は表向き、「日本は関係ない」と言った。しかし日本の軍人による行動だというのは、またたくまに国内にも世界にも知られた。天皇に会った田中自身、日本の軍人が関係しているとほのめかしているのだ。が、田中が上奏から帰ると、首相官邸には陸軍の指導者たちが待ち受けていて、上奏内容を取り消すよう詰め寄った。事件から一年後、陸軍首脳部は主謀者を行政処分にするという結論をだした。田中は天皇のまえに出てそのことを伝えた。

「前言と違うではないか」

天皇に詰問され、田中はことばを失ない辞職した。

陸軍側は、河本大作を停職処分（昭和四年七月一日）に付したが、むしろ彼は英雄的な存在となった。単に停職というかたちで東京に戻った彼は、堂々と省部の将校に会い、双葉会の会合にも出席している。陸軍省で河本と会った東條は、「一身を犠牲にされ、お国へ奉公せんとするお気持はよく存じております」と手を握ったと、目撃者のひとりは証言している。双葉会の会員たちは、河本の行為とその後の行政処分についてつぎのように考えた。〈方法はよくないかもしれないが、その意とするところは汲まねばならぬ。問題は、陸軍内部へ政府が口をはさむことだ。とくに統帥部への口出しは許されぬ〉――。

河本大作処分は軍内部の問題であり、それを政府が要求するのは言語道断だ。軍への干渉、統帥への侵犯行為である。そう考える双葉会の将校たちは、河本の行為が天皇の大権に反するとの一事を忘れていた。河本の大権干犯を容認しつつ、軍内部への批判を許さぬというきわめて虫のいい考えだった。が、彼らはその論理を貫きとおすだけの力を、陸軍はもっていると過信したのである。

〈河本につづけ〉の声は、省部の三十代（陸士二十期から三十期）の将校にも広まった。張作霖爆死を満蒙解決の決め手にと考える将校は、「国策を研究する」との名目でしばしば会合を開くようになった。ここに集まったのは石原莞爾、村上啓作、根本博、沼田多稼蔵、土橋勇逸、武藤章ら陸士二十二期生から二十六、七期生で、彼らはこの会合を「無名会」と称した。そして無名会の有力会員に、「われわれと共に研究しよう」と半ば強圧的に働きかけたのが、永田鉄山と東條だった。

昭和四年五月十九日、双葉会と無名会が合体して「一夕会」という組織ができた。初会合で一夕会は三つの方針を決めた。㈠陸軍の人事を刷新し諸政策を強力に進める、㈡満蒙問題の解決に重点を置く、㈢荒木貞夫、真崎甚三郎、林銑十郎の三将軍を盛りたてる——。宇垣系、上原系と争っている人事抗争に歯止めをかけ、荒木、真崎、林ら人望のある将軍の時代にぬり変えるというのが、彼らの願望だった。三人の将軍を盛りたてるのは、三人とも長州とは関係がなく、長州に好感をもっていなかったからである。

当面の政策としては、満蒙分離計画を政治的、軍事的に進めるというのが、彼らの結節点となった。また満蒙分離計画を政治的に進めるために、外務官僚との接触を深めることも決めた。もっとも、接触といっても、陸軍が行なう軍事的行動を容認し、あわせてその〃正当性〃を外国世論に納得させるために、つまり陸軍の尻ぬぐいをさせるために、手なずけておこうという程度の意味しかなかった。

ところで双葉会と無名会の会員には、世代の相違からくる肌合いのちがいもあった。初会合の席で、土橋は東條と永田にたずねている。

「長州出身者を極端にいじめるのはゆきすぎではないでしょうか」

陸士二十四期の土橋は、長閥衰退の時代しか知らない。だから双葉会の会員の長閥憎悪には合点がいかない。それをそのまま口にした。すると東條は激して答えた。

「長州人にはどれだけの人材がいじめられたと思うか。憎んでも憎みきれない長州人などご免こうむる」

東條の激昂は、永田が必死に鎮めなければならぬほどのものだった。

「君の意見ももっともだ。だがいまは過渡期として止むを得ない事情がある。しばらくは時間が必要なんだ」

東條の激怒は、無名会の会員たちには印象的な光景としてのこったが、「しばらくは時間が必要だ」という永田のことばは、出席者にもさまざまな面で理解できる合い言葉だった。無名会の一会員の日記には、一夕会は非合法手段やクーデターで軍内を制するのではなく、時間で軍内を制すると書かれている。それは正論だった。時間が経てば、彼らの時代になるからだった。

琴線を刺激されると、東條の感情はすぐに顔にあらわれた。軍内の地位が低いときは、不快な連中とは交際する必要はなかった。しかし階級もあがり交際の幅が広がるにつれ、性格の地肌が浮かんでくる。一般社会では、そういうタイプはあまり幅広い交友をもてぬことが多いが、東條にもそれが当てはまる。彼が胸襟を開いた相手はさほど多くない。そのかわりいちど信じると、その面倒をどこまでも見るし、家族の世話もする。その段階では彼の目は客観性を失ない、軍内で問題視されている人物を斬り捨てることもできずに、なんども機会を与えて重用し、必要以上に軍内の反感を買うことにもつながる。

東條の対人関係は、「君子の交わりは淡きこと水の如し」の対極にあった。帰依し、帰依される関係を、なにより好んだ。

このころまでは、東條人脈というものの徴候もなかった。「東條さんのために……」という部下や同僚はまったくといっていいほどいなかった。

ところが昭和四年八月に、第一師団歩兵第一連隊長になってから、東條人脈ができあがる。四十五歳、そろそろ陸軍を動かす地位に登っていた東條は、あるいはそのことを意識しはじめていたのかもしれない。この師団は陸軍のエリート師団、師団長が真崎甚三郎、第三連隊長には畏敬する永田鉄山がいる。真崎は軍の長老として、彼らが押し立てようとしていた人物だ。東條に真崎や永田とうまく関係をもち、栄達をはかろうという心算がなかったとはいえなかったろう。そのために優秀な将校を傘下におくことを考えたとしても不思議ではない。

勇む高級将校

第一連隊長時代

麻布の六本木に第一師団歩兵第一連隊はあった。

建軍以来、この第一連隊は、陸軍の歴史をそのまま背負いこんでいた。日清、日露両戦争を「武勲」で飾ったタテ八十センチ、ヨコ一メートルの連隊旗は、すでに旗ではない。一枚のぼろきれと化している。それが天皇への忠誠の累積であり、配属されてくる将校の感情を刺激する象徴だった。

その連隊旗を背に、東條はよく部下に訓示した。

部下といっても中隊長、大隊長で、陸士を卒業して配属されてきた将校たちである。東條よりは二十歳ほど若い。彼らへの訓示は、連隊に誇りをもつこと、兵士への心づかいの二点だった。ときに将校室の広間に掲げられている書道家小原録一の書いた「努力即権威」を引用して、努力をすれば必ず認められる、いつか相応の地位に就けるだろうと説くこともあった。

「兵隊は不安をもって入隊してくる。君らは父としての慈愛で接し、古年兵には兄として接するよう命じること。それと入隊してくる者の家庭環境、本人の仕事、能力はすべて覚えてしまうことだ。入隊してくるその日までに中隊の新兵の名前は覚えておけ。なぜそうするか、兵隊は生まれた日はちがっても死ぬときは一緒だからだ。共に三途の川をわたっていく仲間だからだ」——

中隊長は一斉にうなずく。彼らは、東條が建て前で論じているのではないことを知っている。連隊長として赴任した日、東條はやはり彼らを集めて訓示したが、その際、私語を交した将校を名ざしで注意した。

「右から三番目、私語はいかん」

というのが普通だったので、彼らは度胆をぬかれた。やがてこれが東條流人事管理の要諦であると知った。

連隊長を命じられると、東條は克明に身上調書を調べあげ、将校の顔、名前、性格、家庭環境、それに陸士時代の成績まですべて暗記してしまった。第一連隊には九中隊、そのほかいくつかの併設部隊があり、兵隊の総数は千人で、将校は数十人いる。この数十人のすべてを頭に刻んで、第一連隊に乗りこんできたのである。

連隊では、年一回軍旗祭が開かれる。連隊が誕生した日である。このとき翌年の入隊予定者が父兄とともに招待される。この一カ月ほど前から、中隊長は日々の訓練を終えたあと、一室に集められる。そこで身上書を穴のあくほど見て、自分の部下になる七十人の経歴を覚えさせられる。中隊長はなんども東條の質問を浴びる。

「山田という兵隊について言ってみろ」

「はい。山田道夫、福生で農業を営んでいます。家庭には母と妹がいて、学歴は高等小学校卒です。特技は力仕事です」

こういう会話がくり返される。軍旗祭の当日、入隊予定者が兵営にくると、すでに顔を覚えている中隊長が駈け寄り、名前を呼び、軍隊生活をかみくだいて説明する。父兄には、東條が「大切なご子息をお預りするのですから、とことんまで面倒をみます」と約束する。当然のように、父兄も入隊予定者も軍隊への親近感をもつ。

入隊予定者には一家の主柱もいる。彼が入隊すれば家庭は困窮する。そこで入隊前に、中隊長を役場に行かせ生活保護の申請をして、彼の不安を解消する。それが重なり、兵士たちは「東條連隊長」と讃える……。しかも古年兵の初年兵への制裁や中隊長の傍若無人なふるまいは、第一連隊に限って許さなかった。つまり東條は、「成規類集」に書かれている建て前を本音のところにひき寄せ、そのとおりに実行したのである。

そういう東條の才能が、師団長の真崎甚三郎に認められた、東條のような部下をもつことは、真崎にとっても指導能力が評価されることなのである。連隊長や中隊長の能力が秀れているか否かは、将校個人を見る必要はない。彼らの指揮する部隊の教育や訓練をみればいい。兵隊の動きが理にかなっていれば、それは将校の指導能力がすぐれていると考課される。東條自身、首相になってから観兵式にでるたび、「頭《かしら》右をするときはわからぬが、〝休め〟の位置についたときの態度で、訓練のゆき届いた部隊かどうかがわかる」と言っていた。真崎は来訪者に「東條連隊長の訓練を見ていったらどうか」とか「わしの部下に偉い奴がいるよ」と目を細めて自慢した。

真崎と永田、東條の蜜月時代であった。省部の宇垣系の軍人の圧力で、上原直系の真崎が孤立し免官になるとの噂が飛ぶと、東條と永田は留任運動を行なったほどだった。しかしやがて東條は、豪気に見える真崎の挙動が、実は政治的野心を満たすためのものではないか、と疑うようになった。きっかけは些細なことだった。

師団長官舎は連隊の周辺にあるのだが、真崎は、自宅応接間に青年将校を呼び、彼らの気焔をたきつけていることが耳に入ったのだ。「おまえのところの連隊長は馬鹿だぞ。あんな奴の言うことを聞かんでいい」とか「おまえたち若い奴のほうが時代をよく知っている。思うとおりやってみろ」とおだてあげる。これが重なると、連隊長や大隊長を軽侮する空気が生まれる。いわゆる下剋上である。とはいえ真崎は、永田や東條の中傷はしなかった。彼らを秘蔵っ子と思っていたからだ。

こういう真崎の表裏のある態度に不信を抱き、しだいに東條は真崎に距離を置くようになった。

東條の自宅にも、中隊長クラスの青年将校が遊びに来た。そういうとき生まれたばかりの三女を抱きながら、丹前姿で酒の相手をした。が、東條自身は一定の量で盃を止めた。意思の強さを試すかのように、自分で決めた量以上は、どんなに誘われても飲まなかった。酒よりも煙草を手にして話を聞いた。

そのうち東條の家を訪れる第一連隊の将校の顔ぶれが決まった。赤松貞雄、香田清貞、鈴木嘉一、石黒貞蔵、石丸貴、西久、加藤隆、臼田完三。彼らには、おとなしく真面目で、職務に熱心という共通の性格があった。

このなかには、加藤隆、鈴木嘉一という異なるタイプがいた。陸大受験準備の加藤隆はひときわ寡黙な将校で、誰にもまして勤皇精神に溢れていた。東條は彼を気にいり、念入りに軍事上の知識を教え込んだ。やがて彼が陸大に進むと、加藤を長女の伴侶にと周囲が勧めたという。しかし彼は、陸大二年の時（昭和十年八月）演習で肋膜炎になり、あっけなく死んだ。そのときの東條の落胆ぶりは、まるで最愛の息子を失なったときに見せるそれであった。加藤の墓前で号泣したという。

鈴木は加藤とちがって豪胆であった。東條のまえにでても臆することなく、言いたいことを言って、東條を怒らせた。だが逆にその臆するところのない態度が、東條は気にいった。鈴木の私生活は順調とはいえず、ときとして家庭には波風が立った。

「自分の家庭もまとめられぬ者が、なぜ部下を掌握できるか」

東條は怒り、鈴木を東條家の二軒先に下宿させ、その生活を監視した。「そこまで監視されてはたまらん」と言いながらも、鈴木は東條家に出入りした。

自宅を訪れる青年将校は、実は、それとなく東條に試されていた。それにパスした者が、加藤や鈴木のように遇されるのである。

ほかに、東條の試験にパスした将校に、赤松貞雄がいた。陸士三十四期、連隊勤務六年の彼は、東條が赴任してきたときは、教育主任補助官であった。はじめて東條のもとに書類を届けたとき、東條は言った。

「貴様の職務は何だ」

「教育主任の補助官です」

「こういう大事な書類は、教育主任が、直接もってくるのが当然ではないか」

そしてつけ加えた。

「幹部候補生の教育の目的は何か、この書類の骨子は何か、言ってみろ」

赤松がどうにか答えると、書類を置いていくことを許した。のちにそれが第一関門突破だったことを知った。パスしない者は、いちど書類を戻されるのが通例になっていたからである。そこをたずねられると、東條は、慣れあいで仕事をしたり、ダラ幹になるのを防ごうとしているのだと答えた。東條は、赤松が自宅へ訪ねてくるのを喜び、仕事の話だけでなく、人生訓も語った。ときに散歩につれだし、陸大受験を勧めた。

「陸大を卒業しておくと、自分の思う仕事ができる。自分の適性に合うポストで思いきり仕事ができるぞ」

陸大を卒業すれば思いきって仕事ができる、つまり職務権限が大きくなる。軍人としてこれほどやりがいのある仕事があろうか。それが東條の意見だった。はからずも父英教の言と符節が一致していた。さらに赤松には、心の底に潜んでいる考えも洩らした。

「あいつはメモばかりとっている、といわれているのも知っているさ。わしは決して頭がいいほうではない。永田さんは生まれながらの天才だが、わしはあの人の半分にも及ばない。だから努力して軍務をこなしていかなければならん。覚えも悪いから、メモをとっておかなければ忘れてしまう。……」

たしかに将校の間では、東條はメモ魔として恐れられていた。彼はいつも二冊のメモをもっていて、その一冊には毎日の出来事を記入し、他の一冊は一週間ごとに点検して重要事項を書きこむためのものだった。連隊長室の書棚には、テーマごとのメモ帖があり、誰がいつどこで何を話したかが克明にファイルされていた。

初めの報告と異なった報告をすると、

「貴様のいうのは、この前の報告とちがうではないか」

と気色ばんだ。そのとき、その場をとりつくろう者は評価を落とした。前回の報告を考えてみたらいろいろ欠陥があり、やはりこちらのほうがすぐれていると思った、あるいは命がけで考えた結果、この結論に達したという言い方をすると怒りは鎮まった。もっとも、その癖を見ぬいた者は、容易に東條を籠絡した。「連隊長に起案を認めさせるなら演技力が必要だ」との蔭口もささやかれた。

東條の几帳面さを嫌う将校も多かったが、彼らは書類をもっていくにも連隊長室への入室を敬遠し、赤松や加藤、鈴木に同行してくれるよう頼んだ。東條のまえで一挙手一投足に神経をつかい、連隊長室を出るなり、深呼吸して筋肉を緩めるのが常だった。

就職斡旋委員会

戦いの義がどうあろうとも、兵隊が戦場で命を捨てようと決意するのは、日常接する上司の人間性による。「あの連隊長のためなら……」とか「あの師団長のためなら……」というのが最後のバネになる。その伝でいくと、東條はたしかにふつうの兵隊には慕われた。その理由は、兵隊に接するときは将校に接するときと異なっていたからで、気軽に兵隊の部屋にはいり、健康状態を確かめ、食事への不満をたずね、そして訓練が厳しくないか、ひとりずつたずねるからだった。そういう連隊長は少なかった。兵隊たちは、東條に親近感を示した。

連隊長室に軍医や炊事班長が呼ばれるのもしばしばだった。

「親から預かった子供たちだ。怪我をさせて返すわけにはいかない」

第一連隊の軍医松崎陽は、慶応大学医学部を卒業したばかりであった。彼は、寒い日、暑い日、季節の変り目、そのたびに連隊長室に呼びつけられ、兵隊の健康状態を確かめる質問を浴びせられた。市内出身の兵隊に比べ、郡部出身の兵隊は免疫ができてないので、二年目には肺結核になる可能性が高い、と松崎が言えば、東條は早期発見のためレントゲン導入を即決することもあった。

ある夜遅く、松崎は医務室での業務を終えて自室に戻るとき、廊下のごみ箱をあけている東條の姿を見た。部下に見つからぬよう、こっそりつぎつぎにごみ箱を覗いていた。

「連隊長殿、何をされているんですか」

と松崎が声をかけると、東條はふりかえって苦笑した。照れたような笑いだった。

「どうも解せんことがある」

と首をひねった。東條の言うところでは、炊事班長から、兵隊は喜んで食事を食べ、膳に残すような者はいないと報告を受けているが、それが疑問だというのだ。それでごみ箱を見て回っているというのである。松崎は、東條とともにごみ箱を見て回った。すると残飯がかなりの量捨ててあった。

炊事兵は手数のかからない副食を食卓にのせる。残すと叱られるので、兵隊はこっそりとごみ箱に捨ててしまう。食器に残飯はない。兵隊は食べてしまったとして、炊事係の責任は問われない。東條はそのからくりに気づいたのだ。炊事班長を呼びつけると、

「ごみ箱は無言の抗議だ。明日から献立を考え直せ」

と叱り、そしてつけ加えた。

「この連隊の兵隊の健康を担っているのは貴様たちだ。体力がつくか否かは貴様たちの腕しだいだ。消化がよくておいしく喜んで食べられるものをつくってやれ」

その後も、献立がマンネリになりそうな時期に、東條のごみ箱視察が秘かにはじまった。

連隊には年に二回大演習がある。その折りも東條の性格は顕わになった。兵隊の体力差が異なるから、行軍にもハンディをつけるように中隊長に命令する。そのとき、彼はつぎのように言うのだ。「除隊した兵士たちは、いつか兵営生活を思いだすときがあろう。すると、行軍に落伍したという一事は苦い思い出として一生つきまとう」――。軍隊生活がまるで兵隊の全生涯を規定するかのように、彼は考えていたのである。

演習当日、体力の弱い兵隊たちは、麻布の第一連隊から習志野の練兵場までの街道で行軍を待ち受け、さらに肉体的なハンディのある者は、練兵場の近くで待っていた。練兵場の入り口には東條がいて、落伍者のない行軍に目を細めた。練兵場から第一連隊に帰る際には、兵隊たちは広場に集められ軍装検査を受ける。将校が兵隊の背のうを調べていく。たまたま、かんかん照りの日だった。すると、東條は中隊長を呼んで注意した。

「なぜ背のうを兵隊の傍に置いておくのだ。背のうは木陰に置いておけばよいではないか。見てみろ、背のうは直射日光を受けている。あそこには朝早くからつめた飯がはいっている。あれをかついでかんかん照りのなかを歩いていくんだ」

こういう細かい配慮は、将校にはいくぶん戸惑いであったが、兵隊には人情味あふれる連隊長というイメージで伝わった。たしかにこのころの東條には、そのイメージがふさわしかった。

昭和四年、五年といえば、金融恐慌に端を発し失業者が増大し、農村は疲弊していた時代だった。二年の兵役を終え除隊する兵隊の多くは、明日からの職の心配をしなければならなかった。そこで東條は、第一連隊の中に、「就職斡旋委員会」をつくった。働く場所のない兵隊の職場をさがしまわるのが、この委員会の役目だった。委員には中隊長、大隊長が命じられた。委員といっても、実際は会社回りをすることだった。どこも従業員を解雇しているときに、新たに採用してくれと頭を下げて歩くのが、その仕事だった。

「小使いでもいい。掃除夫でもいい。うちの兵隊をつかってくれないか」

将校は頭を下げて回った。こうして、とにかく除隊日までには全員の職場をさがした。半面でこの委員会の運動は、将校の社会的な関心を広げることにもなった。彼らのほとんどは陸軍幼年学校、陸軍士官学校出身者で、終生、陸軍の中でしか生活しない。そういう将校が、会社回りをするうちに、自分たちのまったく知らない社会の断面に触れるのである。

将校集会所では、社会情勢への関心を強める会話が多くなった。彼らの怒りは直截に政治家へ向かった。

「農村は困窮し、都市では失業者がふえているのに、政党は何をやっているのか。私利私欲のために動き回っているだけではないか」

それが彼らの共通の意見だった。新聞を開けば、疑獄事件があった。私鉄買収で議員の献金横領が報じられている。財閥の略奪にも似た横暴に、将校の正義感が燃えあがる。将校集会所での彼らの憤激は高まるいっぽうだった。のちに二・二六事件に加担する中隊長の栗原安秀や香田清貞はとくにその怒りを語った。怒りは非合法活動へ傾斜する契機となった。

だが、将校たちの怒りを耳にすると東條は、

「全生活を天皇陛下に捧げている軍人は、陛下が統轄する軍隊の中で考え行動しなければならぬ」

となだめるような言い方をした。つまり若い将校時代には、社会に目を開く必要はないというのである。

言外に、陸軍内部で一夕会系の軍人が主導権をとるようになれば、彼ら青年将校の怒りの元兇である政党の退廃は許さないとの意味があった。天皇に全生活を捧げた軍人とちがって、地方人は自らの利害得失や打算で動く、いわばその精神には邪悪なものがある。それが東條の言いたい点であった。だが青年将校には、東條の意見は微温に映った。

青年将校たちは、将校集会所でふたつの現象を怒りつづけた。経済恐慌と昭和五年のロンドン軍縮条約の調印。しかもこのふたつの根はひとつだった。つまり前者は政党政治の失態と腐敗であり、後者は政治の側からの統帥権干犯という事態であった。ロンドン軍縮条約は海軍の問題であるにしても。統帥権干犯という点では、陸軍の青年将校にも承服しがたいというのであった。

大正十一年のワシントン会議の期限切れを延長するとの狙いで開かれたロンドン軍縮会議(昭和五年)には、前首相若槻礼次郎が全権となり、財部彪海相も随員として出席し、

現地の裁量で調印にもちこんだ、この案は、条約の期限五年間、巡洋艦の日米比率六九・七五%、潜水艦は双方五万二〇〇〇トンという内容だった。

調印前後から、海軍の装備は遅れると焦る軍令部と、条約締結もやむを得ないとする海軍省の間に対立が起こった。俗に海軍省を条約派、軍令部を艦隊派というが、軍令部長加藤寛治と次長末次信正は、声を大にして、この案は受けいれられぬと主張した。全権団が現地で一方的に調印するのは「統帥権干犯」だと決めつけた。憲法十二条には「天皇ハ陸海軍ノ編制及常備兵額ヲ定ム」とあるが、この条文は、国務上の輔弼機関である国務大臣と軍令上の補佐機関の参謀総長、軍令部長が対等に天皇に助言する立場にあると陸軍は主張する。政府は、この条項は軍政の範囲内にあり、国務大臣の職務だと主張してきた歴史的対立が、条約派と艦隊派の底流にあった。

海軍部内の亀裂が深まったが、東郷平八郎らの長老が乗りだし、加藤、末次、財部の三人が喧嘩両成敗で辞任することで、表面上は落着した。が、まもなく浜口雄幸首相が右翼青年の凶弾に倒れた。その背景にこの一件がからんでいた。

一連の動きは、陸軍の青年将校を刺激した。東條連隊長の周囲でも、威勢のいい将校が政府攻撃を口にした。だが東條は、彼らに迎合的な時局認識の発言を決してしなかったが、自宅では心を許した青年将校に、問われれば答えるというかたちで慎重に答えた。

「軍令部のほうが正しいだろうな。現地で勝手に案を想定してそれでまとめるというのは、やはり統帥権干犯ということになるだろう」

しかし国家改造運動の必要性を公然と叫ぶ青年将校のなかには、民間の思想家や活動家と連携を強める者もあった。彼らが、北一輝の意を受けて動く西田税と交流を深めると、東條は神経質に注意をくり返した。

「軍人は軍隊以外の集会や会合にでてはならん。北一輝、大川周明、西田税らの煽動にのってはいかん」

東條は、将校集会所を覗き、将校の言動を確認した。東條家に顔を見せる回数が減ると、それとなく同僚の将校に質した。

「最近、香田と栗原が出歩いているか」

とたずね、外出が多いことを知ると眉をひそめた。だが彼らを説得する有効なことばを、東條はもっていなかった。

「赤松。香田にわしの所に顔をだすように言っておけ」

赤松にそう命じるだけだった。軍人勅諭と連隊長としての情がらみで、彼らの行動を抑制しようというのであった。東條が、機関銃中隊の中隊長香田清貞を評価していたのも、彼が寡黙で真面目に軍務に励み、そして直情肌な性格を気に入っていたからで、それゆえ香田を国家改造運動からひき離さなければ……と焦っていた。

香田とは別に、社会主義運動に関心をもつ将校もいた。休日に労働組合の講演を聞きに行ってもよいかと、彼らは東條の許可をもらいに来る。すると東條は、集会に出てはいかんが、本を読むのはいいと言って、憲兵隊が押収したその種の著作物を借りてきて、将校に貸した。そのかわりに読後感を書いてもってこいと念を押した。それは「こういう不忠な思想は撲滅しなければなりません」という答を待ち受けているとの意味があった。事実、将校たちは、予期したとおりの感想文を書いてきた。

しかし東條は、軍外の思想家と結託する青年将校や社会主義運動に傾斜しかかっている将校の運動を、大局ではそれほど問題にしてはいなかったといえる。そんな運動が国家的規模になることなど、実態を知るにつれ信じなくなった。彼の警戒心は、軍内の佐官、尉官級の将校が結集した新しい組織の実態とその動向に移っていったのである。

ロンドン軍縮条約が枢密院で批准されたころ、すなわち昭和五年十月、「桜会」が誕生した。日ごろから「腐敗堕落した議会政治を改革するために、早急にやらねばならぬことは革命である」と豪語する参謀本部ロシア班長橋本欣五郎が中心になった組織で、綱領の第一項には、結社の目的として、国家改造のために武力行使も辞せずと唱っていた。さらに趣意書の一節には「……明治維新以来、隆々として発達し来りし国運は今や衰頽に向かわんとし、吾人をして痛憤憂愁措く能わざらしむるものあり」ともあった。会員は「中佐以下国家改造に関心を有し私心なき者」に限ると明記されていた。

桜会には、根本博、土橋勇逸、武藤章、富永恭次ら無名会の会員も加わった。だが彼らはまもなく脱会している。一夕会の会合で、東條が熱っぽく説いたためだ。

「クーデターを起こそうというような連中と共に集まってはいかん。過激な行動は断固排撃し、あくまでも合法的手段に頼るべきだ。もうすこし待て。そうすれば永田さんを中心としたわれわれの時代になる。すべてはそこからはじまる」

そのあとを継いで、永田と岡村が口をはさんだ。

「国事は心配せんでいい。軽挙妄動は慎しんで軍務に専念しろ」

そのことばで、勇む会員も彼らの側に戻った。もうすこしの時間を辛抱することで多くのものが得られるとあれば、焦ることはないというのであった。

三月事件のあと

桜会結成の背景には、省部の血気にはやる将校の焦慮があった。満蒙地域を武力によって中国から分離し、合わせて国内改造を進め、軍部独裁国家をつくろうと主張する桜会の主導者橋本欣五郎の訴えは、こういう将校の焦慮を政治エネルギーに変えようというものだった。橋本は、陸大卒業後、トルコ大使館付武官となり、トルコ革命を見て刺激を受けていた。彼は同志を集めるにあたって、つぎのようなことばを吐いた。

「革命はロシア革命のように、本来なら大流血をもって過去の不正を清算しなければならないのだ。ところが日本には皇室問題もあって、国民は流血を許さない。それに日本国民は上からの指示で動く習性がある。それゆえわが国の革命戦は、陸軍中心の速戦即決のクーデター方式にならざるを得ない」

これが、トルコ革命の中心人物だったケマル・パシャと親交をもったという橋本の革命観だった。将校のなかにはこの意見に共鳴する者が多かったのである。実際、桜会は、昭和六年三月にクーデターの実行寸前までに行動を煮つめていった。

なぜこのクーデター(三月事件)が未遂に終わったのか。それを見るまえに、当時の陸軍内部には世代によって区分される四つのグループがあったことを銘記しておかねばならない。㈠は軍事参議官宇垣一成、軍務局長小磯国昭、陸軍次官杉山元、参謀次長二宮治重ら陸士十期から十五期までのグループ。すでに陸軍省を動かし、陸軍省の政策決定に携わっている将官たちである。㈡は永田鉄山、板垣征四郎、岡村寧次、東條英機から石原莞爾、武藤章ら一夕会系の将校で、十六期から二十四、五期までの軍人を含む。彼らは最終的な政策決定の権限をもっていないが、実際には陸軍を動かす将校として政策の立案に携わりつつあった。㈢は桜会に結集した二十二、三期から三十二、三期の将校たちで、彼らはまだ班長クラスだが、実務上の役割は大きいにしても、軍内での政治的力量は弱かった。㈣が三十二、三期から四十期までの陸大受験前、あるいは陸大在学中の青年将校だった。中隊長で百名近い部下をもっているために、部下をつうじて農業恐慌やそれに伴う国民の生活苦を知っている。それゆえ議会政治を崩壊させ、天皇に直結する皇道政治を主張していた。

つけ加えれば、大川周明は㈠と㈢のグループと連携し、北一輝と西田税は㈣の思想的黒幕だった。

㈠は政治家、官僚と拮抗しながら陸軍独裁政権の夢を追っていた。そのために㈢のグループの計画を利用する意図をもっていた。㈡は㈠の政治的放縦性を批判的に牽制しつつ、㈢や㈣の非合法活動を恐れていた。㈢は㈠を利用しつつ、㈣の青年将校がもっている手足を欲しがっていた。昭和六年当時、陸軍内部では、この四つのグループが思惑を秘めて動いていた。

三月事件は、㈠と㈢のグループの便宜的野合だった。宇垣や小磯、杉山らは、政友会の幣原協調外交排撃と内政の失態による政局不安に乗じて宇垣擁立に動いた。この折りに橋本、長勇ら桜会メンバーのクーデター計画がもちこまれたのである。有頂天になった宇垣は、当時の日記に「今や政党も官僚も元老も大衆の信用を失し権威を堕して居る。中心権威者の実力は消失しつつある」と書き、「匡救《きょうきゅう》の大任それ余を煩わすに至る如く感ぜられる」と自らの権力欲充足のために将校の計画に加担したと広言している。

のちに桜会の会員である田中清の書いた手記（『田中メモ』）によれば、昭和六年初めに橋本ら桜会の会員と宇垣、杉山、二宮治重参謀次長、小磯らが国内改造の方法について協議したあと、クーデターの内容を右翼から大川周明、清水行之助、左翼からは亀井貫一郎、赤松克麿らの労働団体や農民組合が参加し、双方から三千名が街頭に出て市民一万名を動員し騒乱状態をつくり、乗じて小磯軍務局長が第一師団に出動を命じ、首相以下全員を辞職させると決めていたという。亀井や赤松らは、そのために陸軍の機密費を密かに受けとっていた。

このクーデター失敗の理由は各様に言われているが、宇垣が変心したためとされている。民政党内部に宇垣擁立の声が高まっていると判断した宇垣は、計画の中止を小磯に命じ、そのため瓦解したというのである。計画はうやむやになったが、当事者たちの責任は問われなかった。本来処罰する側の者が謀議に加担していたからである。そして一連の動きのなかで、この計画に一切関わりをもたなかった一夕会系の将校は無傷のままのこった。非合法活動を誘る資格を得たのである。だが東條の盟友永田鉄山だけは、微妙な立場に追いこまれた。

当時、彼は軍事課長で、小磯の直属の部下だった。この計画が進んでいる折り、彼は満蒙に出張し、関東軍の板垣征四郎、石原莞爾の両参謀から、武力解決の方向が示唆されていた。帰るなり補任課長の岡村寧次から、クーデター計画があるようだと聞かされ、永田は小磯や杉山のもとにとんでいき、クーデター中止を訴えた。桜会の方針は危険だというのであった。ところが逆に、小磯から軍隊出動計画を練るよう命じられた。

「非合法活動には反対です」

と確認したうえで、命令どおり軍隊の動員計画を書いて渡した。それがのちに反永田の皇道派将校から攻撃される口実になろうとは知る由もなかった。

永田と岡村は、大川をたずね説得し、その足で杉山や小磯を訪れては中止を求めた。彼らの努力が実ったわけではないが、計画が中止になったとき、一夕会の双葉会系のメンバーは、秘かに会合を開き喝采を叫んだのである。この会合で、東條はひたすら「天皇陛下の軍隊を無断で動かすのはもってのほかだ」と居丈高になり、陸軍首脳部の危険な政策を批判した。

省部でのクーデター計画は、まもなく師団長にも洩れた。第一師団に動員命令が下る予定だったと知った真崎師団長は激怒し、「無産政党と手を組んで事を起こすとは何事か。陛下の軍隊を勝手に無断で動かすなどはもってのほかだ」

とどなった。師団長室に呼ばれた東條も、むろん大きくうなずいた。

クーデター未遂事件のあと、一夕会系の将校は㈢と㈣のグループを厳重に監視した。軍上層部の保身を怒った桜会の会員が、青年将校に照準を定め同志獲得にのりだしてきたからである。東條は、とくに神経質になった。

東條の休日は、将校の来宅ではじまった。「おやじ」と呼ばれ、親身になって相談にのった。そういう話し合いの中で、東條はすばやく将校の動向をつかんだ。家庭がうまくいっていない者、家族に病人がある者、国家改造運動に熱心な者。数十人の将校の悩みをすばやく彼のファイルにたたきこんだ。

将校の家族が病気になると、たとえ真夜中でも車を走らせ病院に運んだ。第一連隊の兵隊が実家の困窮を訴えてくると、休日にはその家をたずね援助した。たしかに彼は、自らの周囲には模範的な人物としてあった。東條夫人カツによれば、「東條は、年賀状は上の人に出すくらいなら下の方々に出すといって、決して自分より上の役職の人々には出しませんでした」という――。

もっとも、東條は兵隊に接するときは骨肉の情を訴えたが、彼自身の肉親や係累に接するときは厳しい感情をもっていた。近いがゆえの期待過重、それがあった。五人の弟妹のなかでも、東條の目から見ると、努力していないように見えたり、東條の生き方と反している者には冷淡な態度をとった。長男にも厳しくのぞんだ。文学や芸術に関心をもち、軍事に関心を示さないのが東條には不満だったらしく、長男もかたぐるしい父親を避けた。府立四中を中退し、日本郵船に勤務して船に乗る生活を選んだのも、そうした父親への反撥であったと、東條の甥山田玉哉は証言している。

東條は息子には厳しく、娘には甘かった。息子たちはカツの実家に送り、福岡高校に入学させた。しかし娘は手元に置いた。男子は早い機会に独立したほうがいい、女子はいずれ家を出るのだから、それまで家に置くというのであった。連隊から戻り、丹前に着替え食卓に座ると、娘の学校での話に目を細めた。一杯の晩酌を飲み、一膳の御飯を食べるという夕食。盃に書かれた「酔心」の「心」という文字のはねあがったところまで、酒をつがせての娘との語らい。そのとき、東條の表情は和んだ。そこに平凡な父親の像があった。

満州事変の収拾

ときに食卓に隣家の主人が座った。

参謀本部欧米課長渡久雄で、陸士の同期生だった。しかも城北中でも同期生で、東條は中学一年で幼年学校に転じたが、渡は、城北中を卒業して士官学校に入学してきた。昭和十四年一月に渡は病死するが、のちに巣鴨拘置所で東條は、「自分は二人の良き友人と先輩をもった。永田さんと渡だ」と述懐した。

渡も一夕会の会員だったから、ふたりの会話はもっぱら軍内の抗争と情勢打開のメドのない満蒙問題への不満だった。張学良が国民政府側に傾斜し、排日反日に走っている以上、日本軍は武力制圧あるのみという点で、ふたりの考えは一致した。だがそのためにどのような対応をとるかとなれば、ふたりの会話は止まった。さしあたり名案はない。関東軍の参謀たちが不穏な動きを見せているとの情報がしきりに入ってくるが、非合法活動を容認しない一夕会の会員としてそれは不快に響く。

「満蒙分離ののろしが近い将来に何らかのかたちで出てくるかもしれん」

それがしばしばの会食の結論だった。

昭和六年七月下旬、真崎に呼ばれた東條は、「省部に戻って編成動員の仕事をしてみろ」といわれ、八月一日付で参謀本部総務部編成動員課長に転じた。この人事は自分の尽力だというニュアンスが、真崎の口ぶりにはこもっていた。連隊長、課長級の人事は、旅団長、師団長と省部の部局長で人選を行ない、陸相と人事局長が最終的に決定する。だから東條が編成動員課長という、いわば陸軍の作戦用兵の要を握る職に据えられたのは、師団長の真崎の力に負ったとしても不思議ではない。それにこのときの総務部長は、梅津美治郎だった。当然その推挙もあったろう。かつてベルンで公使館の駐在武官をしていたときに、ともに働いている。梅津は軍内の政治的動きには批判的で、三月事件にも一切関係をもたなかった。東條の推挙者の発言は重味があった。

東條自身、このポスト就任に内心快哉を叫んだ。軍人として統帥部の編成動員課という部署は働きがいのある職場だ。憲法のあらゆる権限を超越して存在する統帥部、天皇にのみ直結する統帥部、その統帥部の課長に就任するというのは、陸軍省ばかりを歩いてきた彼には光栄であった。それにこのころは軍備の整備の遅れが目立ち、山梨軍縮・宇垣軍縮による遅れをとり戻さなければならないとされ、彼に課せられた役割は大きかった。

課長になるなり、東條は国本社の例会に出席した。官僚や財界人、軍人らで構成される国本社に顔をだすのは永田の勧めだが、彼らとの間に連携が必要なのは、国家総動員体制確立の布石、すなわち顔つなぎが必要なためだった。

「満州分離は時の流れでしょう」

という意見が国本社の主流になっているのを知ると、東條は、急速に武力発動に関心を示すようになった。陸軍内部だけでなく、公式の会議でも堂々とそういうことばが吐かれる時代になっていることに、彼の驚きはあった。連隊長時代には気づかぬほど、世論は燃えていたのだ。のちに東京裁判で、満蒙分離は日本の総意だったと彼は豪語するが、このときの驚きが伏線であった。

満州の不穏な動きは、八月にはいるといっそう昂まった。参謀本部から中国奥地をさぐるために派遣された中村震太郎大尉が、洮南地方の抵抗組織に殺害されるや、関東軍は実力で調査にのりだしたいと打電してきたが、軍中央は拒否した。しかし現地の外務当局からは関東軍の暴走懸念が報告されてきた。一切極秘にされていたが、このころ、関東軍参謀たちは張作霖爆死事件に範をとり、何らかの事件をでっちあげ、一夜で奉天を占領し、列国の干渉がはいらぬうちに迅速に満蒙各地を占領するような謀略を練っていた。

その謀略を参謀本部第一部長建川美次も知っていた。関東軍の不穏な動きを押さえるために、南陸相の親書をもって関東軍の説得に行くよう命じられたのは、皮肉なことに建川自身であった。

「閣下は本当になだめ役として行かれるおつもりですか」

とたずねた部下に、建川は曖昧に笑うだけだった。

建川が満州に入り、奉天で関東軍の参謀との歓迎会に出席していたその夜、つまり九月十八日、柳条湖での満鉄線路爆破に端を発する、いわゆる満州事変が起こった。関東軍参謀石原莞爾が中心になっての謀略だった。予定どおり関東軍は兵を動かし、満州内部にはいった。これも実際には大権干犯だった。独断で兵を動かしたからである。

若槻内閣は不拡大方針を決めた。しかし現地軍は一顧だにしなかった。それどころか朝鮮軍もかねてからの密約どおり、二十一日に満州に入った。軍中央の思惑などまったく無視していた。ところがこうなると軍中央の態度も曖昧になり、関東軍が吉林にまで進むと、陸軍三長官会議を開き増援を決めてしまった。閣議で猛反対を受け、陸相南次郎は立場を失なった。南と参謀総長金谷範三は、責任をとろうと辞意を表明したが、これを省部の将校は認めなかった。

「満州での排日行動、既得権侵害の現状にあたっては、全面的に関東軍を支持して、この際一挙に満州問題を解決すべきだ」

というのだった。主に一夕会の将校によって、その意見は主張された。彼らの得手勝手な政治性がここにきて暴かれた。

満州事変が起こってから、参謀本部は一挙に忙しくなった。現地軍への命令示達を行なわなければならないからである。それに国家の意思を決定するのに陸軍の力は大きく、省部の将校一人ひとりの考え方も問われることになった。東條に限っていえば、これまでの考えや軌跡を追うと、この事変に反対しなければならなかった。軍隊の配備や行動が、天皇の允裁《いんさい》もなしに勝手に動いているのは許されぬはずだった。でなければ「大権干犯」を容認したことになる。ところが東條はそのような意思を示さなかった。

東條の行為は、参謀本部作戦課長今村均らとともに陸相宛に意見具申書を提出しただけであった。それは〈政界の雲行き等にかかわらず国家的問題は執拗に所信を八方に披瀝すべき〉だというものであった。執拗に所信を披瀝すべしというのは、事変以前に起案されていた「満州問題解決方策の大綱」の〈関東軍に自重を促すが、それでも排日行動が強まれば軍事行動を認める〉という内容を、公然と主張せよという意味であった。

だが政党との対峙した関係のなかで、ひとまず事変不拡大、現地解決の線で軍内をまとめ、この事変を小規模な武力衝突で終わらせ、閣議決定の「不拡大方針」を一時的には認めようという側に、省部の大勢は傾いた。この際一挙に満州国をつくろうという一派との間に小さな衝突があった。閣議決定を守ろうというのが梅津や今村、永田、東條らであり、拡大派は建川や橋本など桜会の会員たちだった。

拡大派は隊付将校、それに民間右翼を自らの陣営にひきいれようと動きはじめた。


十月にはいってまもなく、東條の家に陸大の初審に合格したばかりの赤松貞雄が訪ねてきた。「相談がある」といって赤松が話した内容は、東條には予想されたものだった。

――赤松の自宅に、士官学校時代の同級生西田税が訪れ、「おい赤松、ある会合にちょっと出てくれ。おまえに歩一（歩兵第一連隊）の代表ということで出席してもらいたい」、それだけ言うと西田は帰った。西田から同志扱いを受けたことのない赤松は驚いた。

会合に出るまえ、赤松は、改めて軍人勅諭を読んだと東條に言った。「迷いがあったら軍人勅諭を読め」、東條のそのことばを忠実に守っていると報告した。歩一の傍のレストラン龍土軒には、赤松の見知らぬ軍人が集まっていた。赤松の姿を認めると、「おい、歩一はどのくらい動くか」と声をかけた。

「どのくらいといいますと……」

「兵隊がどの程度でてくるか、ということだ」

「いやそれはわかりません。連隊旗をだせば全員動きましょうが、連隊旗がなければ一人も動きませんよ」

やがてまとめ役が大声で言った。

「では歩一は出動したあと、日比谷公園で休憩していてください」

赤松はたじろぎ、あわてて質問した。

「ちょっと待ってください。これは何のことですか」

万座が静まりかえった。あきれたように赤松を見る眼があった。

「赤松、おまえ何も知らないのか」

「はい、知りません」

主宰者らしい将校がどなった。

「今日の会合は中止。後日改めてまた打ち合わせだ」

第一連隊に戻って、赤松は同僚の将校にたずねたが、誰も教えてくれない。

そこで東條をたずねてきたというのだ。

「連中が何を考えているのか、それは自分も知っている。だが非合法のごときは自分のもっとも排するところだ。歩一に帰ったら、若い者に軽挙妄動はつつしむように言っておけ。……安心して軍務に励み、お国に奉公するよう伝えておけ」

東條のことばは、赤松の口から同僚の将校に伝えられた。だがそれは、いまや陸軍内部の青年将校の間では死語に近かった。それほど不穏な動きは高まっていたのだ。

満州事変拡大派の将校橋本欣五郎と桜会の会員、青年将校、それに西田税の傘下になる民間右翼——彼らのクーデター計画は、十月二十一日前後と予定されていた。参加兵力百二十人、機関銃や爆弾を用いて大臣、政党首脳、元老、財界人を殺害し、荒木貞夫を主班とする軍人内閣をつくるというのである。内相には橋本が、外相には建川が擬せられていた。

だがこの計画は、たちまちのうちに陸軍の中堅将校に洩れた。東條が赤松の話を聞いているころ、やはり参謀本部作戦課長今村均のもとに、桜会の会員が密告してきていたのだ。密告者は、憲兵隊が首謀者を早急に逮捕するよう訴えていた。東條は今村や永田、岡村とともに秘かに対応策を練った。

「密告ではわれわれ四人とも反動分子として殺害するとの一項が含まれているそうです」

今村は言い、憲兵隊がすぐにでも逮捕しなければ大変なことになると強く言った。桜会の会員が一夕会の有力者を憎悪していることも明らかになった。

「いかなる理由があろうとも非合法活動は断固討伐すべきだ。軍の威信を守るためにも武力による政権奪取など許されん」

と怒る東條のことばに、永田も岡村も異論はない。だが東條の激昂ぶりとは別に、永田はこんどは杉山陸軍次官、小磯軍務局長から非合法活動に反対との言質をとっていた。そこに東條と永田の性格の違いがあった。

四人の将校は、陸軍の首脳部に善後策を講じるよう訴えた。十月十五日の夕刻、陸相官邸の応接間で南次郎陸相、杉山、小磯、参謀本部からは二宮、梅津、建川、教育総監部から荒木貞夫、それに東條、今村、渡ら課長クラスも末席に列なった。今村が経過を報告したあと、永田が口火を切った。

「非合法活動には断固制圧があるのみです。すぐに憲兵隊を動かさねばなりません」

杉山、小磯、東條、今村が賛成した。しかし桜会に同情的な建川が弁護した。

「彼らはまだ何もしていない。密告者の言で動くのでは軍の信用はどうなるか。単なる弾圧的処置では国家国軍を危機に陥れることになる」

荒木も同調した。論議は堂々めぐりをつづけたが、東條は、一貫してこの席から憲兵隊に命令を下すよう南陸相に訴えた。荒木が中断を求め、直接橋本のもとに説得にいくことを申しでた。そしてまもなく計画中止を受けいれたと伝えてきた。だが今村のもとには〈計画中止は偽りなり〉のメモが桜会会員から届いた。どちらの意見を採るか、会議は再開されたが、東條は、

「結局、この件は陸軍大臣と参謀総長、教育総監の三人の権限に及ぶ問題かと存じます。やはり陸軍大臣に御決定いただくのが筋かと思います」

と言って決断を促した。ここに及んで南陸相は「即刻身柄拘束」の断を下した。憲兵隊司令官がすぐに電話に飛びついた。

こうして橋本欣五郎、長勇、田中弥、小原重孝、馬奈木敬信、和知鷹二、影佐禎昭ら二十四人が憲兵隊に拘束された。クーデター計画は消え、桜会は瓦解し、人事異動によって会員は省部から追われた。

前述したように㈠のグループは、この事件の経過で㈡にひきずられ、㈢は消えた。省部の非合法活動グループは勢力を失ない、かわって軍内合法改革派が一気に力を得た。それは一夕会系幕僚の時代の到来だった。するとこんどは、㈡のグループにたいして、国家改造運動に積極的なグループからの憎悪が深まった。

関東軍、朝鮮軍、そして各師団の参謀、師団長のなかにも、非合法活動禁止に名を借りて中央優先を貫こうとする将校に恨みをもつ者がふえた。たとえば橋本ら桜会の会員の拘束を怒った関東軍が、満州の独立をはかり独立軍として行動をはじめるという憲兵情報が乱れとび、それは東條や永田の耳にも入った。この情報には、関東軍参謀の間に永田や岡村、東條らへの反感があることが付記されていたのである。

皇道派との対立

桜会が瓦解したあと、青年将校が頼りにしたのは、昭和六年十二月の犬養毅内閣のもとで陸相に座った荒木貞夫と第一師団長真崎甚三郎だった。彼らは青年将校には話せる相手だった。なにより荒木は精神主義者であり、好んで「皇軍」「皇国」ということばをつかい、「大御心に添って軍の統一をはからなければならぬ」と説いた。そういう精神論は、青年将校の心の琴線に触れた。少尉、中尉すら自宅に出入りさせ、酒食を共にする性格はさらに人気を集めた。

ところが荒木の精神論は、東條にも魅力的に映っていた。「荒木さんでなければだめだ。あの人こそ陸軍の指導者にふさわしい」と省部にふれ回り、それが目立ったので、東條の荒木への傾斜がひととき有名になった。揮毫を求められると、「神武不殺」か「努力即権威」と東條は書いたが、皇道、皇国をふりまわすだけで、なにひとつ定見をもっていない荒木と共通する意味がそこにはあった。東條の熱っぽさと対照的に、荒木を精神論をふり回すだけの旧式の軍人とみて軽侮したのが、永田や岡村である。

「精神論で戦争に勝てると思っているのか。軍人はもっと地に足のついた発言をすべきだ」

彼らは公然とそう言った。軍内でもっとも優秀な幕僚と折り紙つきの永田のこういう態度に、荒木は不満を隠そうとせず、

「永田もわしの所にもっと来てくれればいいのだが……」

と、秘書の前田正実に愚痴った。

陸相に就任しての初の人事で、荒木は、宇垣系と目されていた二宮、建川、小磯、杉山を省部から追った。上原の後押しで陸相に座った彼は、かわって山岡重厚を軍務局長に、柳川平助を次官に、小畑敏四郎を作戦部長に据えた。荒木に重用された将校は、荒木の唱

える皇道をもじって皇道派といわれた。

昭和七年三月の人事では、永田鉄山を参謀本部第二部長に、小畑敏四郎を第三部長に就けた。岡村を関東軍参謀副長に回し、後任の作戦課長には鈴木率道を座らせた。鈴木は陸士二十二期で、異例の抜擢といわれた。東條は編成動員課長から動かなかった。荒木の思惑が幕僚の困惑を生む人事図だった。そして参謀次長には真崎が座って、ここに荒木・真崎時代が現出した。

尉官で親友、佐官で競争相手、将官で敵対関係——というフランス陸軍の格言に沿っていうなら、荒木人事の裏側には、激しい反目があった。かつて志を共にした永田鉄山と小畑敏四郎の間では、考え方の相違や競争意識が昂じ、顔を合わせても視線をそらすほどの険悪なものになっていた。二人の間に入って困惑した岡村は、荒木をたずね、小畑と永田を同じ地に勤務させないでほしいと頼んだが、荒木は無視し、参謀本部部長の職に就けた。懸念したまま岡村は関東軍に赴任した。

やはりふたりの間に対立が起こった。満州国建国（昭和七年三月一日）をテコに、一気に対ソ戦準備にかかろうとする小畑、対ソ自重論の永田。荒木側近を自認し参謀本部に出勤するまえに陸相官邸に顔をだして荒木のご機嫌をとる小畑、荒木の精神論を嘲笑しそれに追随する将校を敬遠する永田。ふたりの対立は抜きがたいものになった。東條の立場は微妙だった。永田に兄事しながら、彼自身は、精神主義者の荒木には敬服している。とはいえ永田と小畑の対立では、躊躇なく永田の側に立った。

小畑の茶坊主ぶりに怒りをもっただけではない。昭和七年初めに、作戦課長だった小畑が、秘かに荒木に頼んで満州への二個師団派遣を立案して、それを事後承諾のかたちで東條に諒解を求めてきたことを許さなかったのである。このとき東條は自らの権限が無視されたと激怒し、小畑の室に駈け込み、胸倉をつかまんばかりに、「貴様ひとりで戦争する気か」とどなった。それがふたりの亀裂だった。

小畑も、荒木の耳に東條の直情的な性格を誇大に伝えた。会議の席などで、荒木はそれとなく東條に注意した。が、東條は不快気に聞き流した。そのたびに荒木や真崎に反撥を強めた。「青年将校が増長し幹部のいうことをきかなくなっているのは、両大将がそれを煽っているからだ」。師団長たちのそんな不満が、永田や東條らにも伝わってくるようになった。

事実、荒木、真崎は青年将校に「貴様ら若い者はいいのう。軍内の大掃除をしてもらわにゃ」といい、青年将校が民間右翼と接するのを黙認した。それだけではない。真崎は裏では青年将校の活動を激励していた。

真崎大将には私心がありすぎる——東條はそう言って、参謀次長室に入っていった。当時陸大生だった赤松貞雄は、そういう東條を見たことがある。

「ふつうの人なら黙認することでも、東條さんは直言に行くのです。閣下、青年将校を甘やかすようなことをしてはなりません。それでは示しがつきませんと言うので、真崎さんにすれば、〝なんだ、この野郎、俺がせっかく目をかけているのに生意気な奴だ〟となったと思います。しだいに真崎さんは東條さんを敬遠するようになり、東條さんも〝真崎さんは野心家すぎる〟と、私などにもしばしば洩らしました」

第一師団長時代の永田、東條という有能な部下が、言いなりにならぬことに不満だったのだろう。狷介《けんかい》な真崎は、ふたりに憎悪に近い感情をもつに至るのである。

昭和七年五月十五日、海軍の士官と陸軍士官学校生徒、それに茨城県の農民が加わっての犬養殺首相暗殺事件が起こる。いわゆる五・一五事件である。これを機に陸軍は、かつて山県や桂らが唱えた挙国一致内閣をもちだし、政党政治の排撃を訴えた。元老西園寺公望は、天皇の政党政治擁護の意思を守ろうと奔走し、海軍の長老斎藤実を首相にと奉答した。五月二十六日、斎藤内閣が誕生、陸相には荒木貞夫が留任したため、政党や識者の間からは、「責任者が責任をとらぬのではしめしがつかない」という声があがった。

陸軍の幕僚たちは、軍外に向かっては荒木擁立で一致したが、軍内の亀裂は深まった。荒木、真崎につながる軍人と、永田系の軍人の確執が日ごとに深まっていった。もっとも、永田系の軍人といっても、それほどめだつ者がいるわけでなく、もっぱら東條が矢面に立った。皇道派の将校に、気にいらないことを言われると、すぐに顔色を変えてくいついていった。そういう東條は、格好の相手だったのだ。

「時を待て、じっくりかまえて待て」

永田はしばしば東條を説得したが、そのときはうなずいても、小畑や鈴木率道とむかい合うと衝突した。作戦課長鈴木とは業務上のことで罵り合いの喧嘩をくり返し、あげくのはてに廊下ですれちがってもそっぽを向きあう関係になった。永田自身は、柳川や山岡と意見の対立があっても論争はしない。無用な摩擦は好まず、平穏に日常業務を進めている。が、胸中では闘志が燃えていた。

このころ陸軍省詰めだった朝日新聞記者高宮太平の著わした『昭和の将帥』には、「東條というのはどうしようもない奴だ」と軍務局長室で山岡重厚が言えば、階下の編成動員課長室では、東條が「あんな奴に負けてたまるか。今に見ていろ」と天井を仰いで罵るほどの関係だったと書かれている。

鈴木、小畑、山岡、真崎らは、人事権をもつ荒木に、東條を省部から追いだすよう執拗に働きかけ、結局、荒木もそれを受けいれた。荒木の秘蔵っ子である小畑が、

「永田はわれわれで押さえているのに、東條にはどうしてそんなに甘いのか」

と詰めよったのが決め手になったという。

昭和八年三月十八日に少将に昇進したその日に、東條は参謀本部付を命じられた。そして五カ月後の八月には、兵器本廠付兼軍事調査委員長となった。いずれもさしたる仕事はなく、つぎの配属を待機していろというのである。このあからさまの処遇に、要職から一歩一歩遠ざけられ、やがて予備役に編入されるのだろうと、軍内では噂された。荒木や真崎に嫌われたら、省部から追われるといわれた時代だから、東條の地位もこれまでと衆目は一致した。

彼の人生で、落日をかこつ日々が流れた時代である。仕事を奪われた東條は、ぼんやりと机にすわり、内心は不満で燃えていた。父英教が味わった屈辱を、甘受しなければならぬ皮肉な巡り合わせを感じていたにちがいない。しかし自らの不利な地位を脱れるために、軍上層部に改めてとりいったりしなかったのは、直情な性格をもつ者にみられる融通のなさとも見られたが、この期にあえて媚態を示さなかったことが、のちの彼の有力な武器となったのである。

十一月には軍事調査部長を命じられた。ここも四カ月ほどで、昭和九年三月には陸軍士官学校幹事になる。幹事というのは副校長のことである。八月にはいると、久留米の歩兵第二十四旅団長の辞令を渡された。

陸軍では三月、八月、十一月が異動、昇級の月である。ふつうは一年から二年を平均として勤務するが、一年間に、五カ所もたらい回しにされた東條の人事は、皇道派からの報復人事の典型だった。しかも東條の配属されたポストには、必ず真崎や小畑の息のかかった軍人が送りこまれ、東條を監視するか、東條と衝突するように配慮がされていた。失点を与え、予備役に追いこもうというのであった。東條もまたそれをよく知っていた。

軍事調査部長、士官学校幹事、歩兵第二十四旅団長。その間、東條は自棄になって過ごしたわけではない。あるいは政治的にまったく手を打たなかったわけでもない。軍事調査部長時代には、ふたつの「敵」に挑みつづけた。

ひとつは、東條と肌あいの合わない皇道派将校満井佐吉（陸士二十六期）との闘いである。直情肌の満井は、上司の東條になにかと食い下った。直截な衝突は、ひととき省部でも有名となった。もうひとつの「敵」は、東條に適性とは思えぬ仕事を与えて失墜を狙う皇道派将校からの厭がらせだった。この軍事調査部は、陸軍省の正規の組織図にははいっていない。新聞班と調査班があり、新聞の切り抜きをして調査レポートをまとめるのが仕事であった。だが東條の赴任からまもなく、この組織は改組になり、軍事調査部として新聞記者と接する公的な広報機関となった。東條がこういう仕事に向いていないのは、誰にも容易に理解できた。

ふたつの「敵」との闘いは、結局、ひとつに勝ってひとつに負けた。勝ったのは満井との闘いで、東條はこの将校を部下として、自らの思うように使いこなすのに成功した。が、広報関係の仕事は、彼の努力だけでは勝てぬ相手だった。東條が就任してまもなく、陸海軍当局は「軍民離間声明」を発表し、政党の軍部批判に反論を試みたが、この文案は軍事調査部の起案だった。東條はこの仕事からはずされた。それに新聞記者と親交を結ぶのも不得手だった。軍人勅諭に忠実であろうとし、軍人こそがこの国の指導者だとにおわす彼のことばに、新聞記者が反撥したためという。あるいは苦虫を嚙みつぶしたような東條の表情を、敬遠したからともいう。

この職務に携わっているとき、東條は内心では不快の塊となっていた。が、それを表情にあらわすまいとした。昭和九年正月の東條家には、軍内での将来の地位が見えたとして来訪者は減った。この期の東條は、父英教と同じようなかたちで陸軍を去ることを覚悟したと、のちに首相になってから秘書に告白している。

第二十四旅団長へ

だが東條には、英教になかった僥倖がついて回った。

昭和九年一月、荒木は肺炎をこじらせ陸相を辞した。参謀総長閑院宮は、後任に教育総監の林銑十郎を推した。林は金沢出身、陸士八期で凡庸な軍人である。閑院宮はフランスに留学し、現地で陸大を卒業、フランス陸軍の騎兵中尉を経験している。日露戦争では騎兵第一旅団長、その後近衛師団長、軍事参議官などを経て、昭和六年から参謀総長の職にあった。陸軍の最長老、そのうえ皇族とあって天皇の信任も厚く、影響力は大きかった。その閑院宮が、真崎を推す声に反いて林を選んだのも、真崎の陰気な性格と人事の不公正を嫌ったからだった。真崎は宮中筋にはまったく人気がなかったのである。彼は無念のまま林のあとの教育総監に転じた。

林は荒木、真崎とそれに抗する永田、東條ら一夕会系の軍人との間に立ち、派閥争いに距離を置いていた軍人だった。彼は陸相になってまもなく、東條を官邸に呼んだ。実力第一主義で異動が行なわれるべきと考え、とくに部内で冷や飯組といわれている者を呼んでは、意見を聞いたのである。

「軍務局長は永田少将以外にありません。永田少将の識見、実力は、その職務をこなす唯一の人物です」

東條は他の人事には意見を述べず、永田を軍務局長に……とくり返した。

「君はどうするかね」

「とりたてて希望はありません。どのポストであろうと刻苦奮励軍務に励むことにかわりありません」

するとに林は、

「君も永田を助けてくれなくては困る」

とつけ足した。林は軍務局長に永田を、それを補佐するポストに東條を就けるつもりだとにおわせた。しかしこうした人事が荒木、真崎人脈の省部では抵抗が多いと言って、しばらく時間が必要かもしれぬとも洩らした。

林は一夕会系将校の意見を聞いたあと、真崎に会い、永田軍務局長案を打診した。が、賛意は得られない。しかし林の決意が堅いとみた真崎は、

「では永田の軍務局長は認めるとして、東條は士官学校幹事というのはどうか」

と申しでた。この裏には、山岡重厚が、東條を士官学校幹事に送りこんでしまえと、真崎に働きかけていたという事情がある。士官学校には真崎、山岡の息のかかった人物が多いし、ここに送りこめばその動きを止めることができるというのである。永田と東條の組み合わせで、皇道派は息の根をとめられるという危惧が、彼らの間にはあったからだ。

結局、林はそれを受けいれた。東條は士官学校幹事の辞令を受けたとき、林にニヤリと

笑った。このとき林も笑い返したという。ふたりとも裏の事情を知っていたのだ。そして東條は、閑職にのりこんでいった。市ヶ谷の陸軍士官学校に行くと、さっそく動きはじめた。陸軍士官学校の中隊長は、無天組（非陸大卒）の軍人が占め、これを暗黙の諒解としている内規があったのだが、それをこわした。

「まだ元気のいい学生を教えるのだから、中隊長も若くなければ真の軍人は育たない」

といって、陸大を卒業した省部の将校や陸大を卒業したばかりの尉官を呼んで、そのポストに就けた。たとえば参謀本部にいた辻政信もその一人だった。東條の言い分は正論だったので、公然と批判されなかったが、真崎に近い無天組には既得権侵害と映り、反東條の空気がかもしだされた。周囲が真崎、山岡系ばかりなので、その防衛策として、こうしたかたちで自分の周囲を固めた東條の思惑に対する反撥だった。

士官学校教官から教育総監の真崎に、反東條の空気が伝わった。すると真崎は東條を呼びつけ、〈皇軍将校養成〉という士官学校教育論をとうとうと述べた。

「閣下、私はそのとおり実行しているはずですが……」

と東條はその意見をはねつけた。

真崎の焦だちは深まり、林につめよって、東條を久留米の第二十四旅団長として飛ばすよう訴え、認めさせた。真崎の出身地佐賀、荒木が長い間赴任していて親荒木の空気が強い熊本、その近くに置けば東條の力も軍中央に及ぶまいという配慮だった。

赴任のまえ、永田は東條に言った。

「しばらく地方へ行って、風当たりの強いのを冷やしてきたほうがいい。もうすこしの時間を待て」

永田のそのことばに励まされながら、東條は久留米にむかった。たらい回しにされる苦痛に耐えているのも永田の後押しがあるからだ、と充分自覚しての都落ちだった。昭和九年八月のことである。

久留米の第二十四旅団の佐々木清大尉は、軍中央から半ば左還のかたちでやってくる旅団長に同情を覚えた。東條旅団長の副官を命じられるや、彼のもとには、陸士時代の同期生や先輩から、東條についての評判をたっぷりと知らせる手紙が届いたのである。それを読むにつれ、皇道派を自称し、国家改造運動に熱中している彼にとって、東條とは厄介な旅団長だ、というイメージが広がった。〈厄介な〉というのは、国家改造運動に理解のないという意味である。

しかも軍中央にいる親友の満井佐吉からは、東條の行状について時折り連絡が欲しいとの依頼も寄せられていた。そして満井の手紙には、「新旅団長は革新気分あるも従来少壮将校の気勢には本当に理解なかりし人、大兄も今後十分に理解されるまでは御用心、十分に御自重を祈る」(昭九・八・五付書簡)、「永田閣下は穏健中正、新旅団長東條少将とは尤も親密一体と見て可」(昭九・八・二十五付書簡)とあった。その字句を頭にたたきこんだ佐々木は、東條の赴任を待った。

ふたりは初め硬い関係にあった。

東條は副官としての佐々木に信頼を置かなかった。佐々木も距離を置いて仕えた。副官というのは秘書のようなものだから、硬い関係は不自然でもあった。そのうちに佐々木の方が東條に傾いた。朝から夜まで行動を共にし、昼食はお互いに家から持参の弁当を広げて食べるのだから、親密さが深まるのも時間の問題だったかもしれない。弁当をつついているとき、時局の話もでたが、東條はなかなか心の内を明かさなかった。

「五・一五事件の被告の家がこのへんにあるのですが、あの事件のあとしばらくは投石がつづいたりしました。相当恨みを買ったんです。閣下はあの事件をどう思われますか」

「若い士官候補生があゝいうことをするのは、ひとえに上司がだらしないからだ。部下の掌握もできんようでは上司の資格はない」

その種の会話がなんども交わされた。折りから国家改造運動がいっそう昂まっていた。陸軍パンフレット配布、天皇機関説攻撃、国体明徴運動と、軍部の攻勢はつづいていて、佐々木もまた九州にある連隊の同志と連絡をとり運動を進めていた。それを東條は見て見ぬふりをした。

「わしも君も幕末だったらとうに斬殺されているよ。わしなんかもう何年もまえに死んでいるにちがいない」

佐々木は、軍中央の動きを知らなかったが、東條自身敵が多いのを自覚していると思った。それを裏づける出来事が、昭和九年の秋に起こった。

陸相を退き軍事参議官に就任していた荒木貞夫が、久留米を訪れた。名目は防空演習視察だったが、実際は東條に引導を渡しにきたと噂された。佐々木に向かって、「因果を含めに来たのだ。予備役編入もまちがいない」と囁く皇道派将校もいた。久留米駅前の旅館の一室で、荒木と東條は長時間話しあったが、隣室で待っていた佐々木は、ふたりの話し合いの空気が深刻ではなく、むしろ心を許した関係ではないかと思えるほど笑い声がきこえてくるので、その噂が根拠がないことを知った。

――ふたりは何を話したのだろうか。荒木は、東條の真崎への感情を和らげるように説き、皇軍一本化に協力せよといったのではないか。東條は、下剋上の風潮が陸軍を曲げ、それが私欲で動く集団に堕落させた因であり、これを是正しなければならぬと答えたのではないか。あるいは皇軍意識に燃えるふたりは、じっくり話しあってみて、まったく同じ体質をもっていることを確認し、協力して軍内改革にあたることを誓ったのかもしれない。いやあるいは、もっと生々しい話をしたのかもしれない。つぎのような説もある。

秦真次憲兵隊司令官は、荒木、真崎に反対する将校の行動をすべて調べあげていたが、とくに東條は秦に嫌われていたので、憲兵の監視をいつも受けていた。それを荒木に訴えたのかもしれない。

「憲兵を私物化しているのではないか」

荒木は、それをやめさせようと約束したとも考えられる。秦は荒木直系で、荒木の言には抗しない軍人だから、それは容易なことだった。

佐々木は、しだいに東條を白眼視する軍人や在郷軍人と距離をもった。東條を誇る空気が強いのに反感をもったことと、東條の言には裏がないことに感服したのだ。東條が在郷軍人会の集会に呼ばれるたびに、佐々木の同情は深まった。親荒木、親真崎の九州各地で東條は仇敵と受けとられていたし、東條が登壇するたびにあくびやささやきが意識的に洩れるのである。苦虫をかみつぶした表情で、東條は講演をつづけるのが慣例だった。

この期、東條の軍内の地位が不安定なのはデマの多さにもあらわれた。さまざまなデマが飛び、そのなかにはいまだにつづいているものもある。毎日夕刻に、永田宛ての手紙を副官に投函させたというのがそれである。その内容が、小畑敏四郎、山岡重厚、それに鈴木率道ら皇道派将校への復讐を誓ったもので、東條はそれほど執念深く彼らを恨んでいたというのである。権威ある昭和軍閥解明の書にも、この挿話は引用されている。実際のところ、こういう偏執な性格をもっていたなら、東條はきわめて異常なタイプということになる。この噂はそこを狙ったのであろう。

第二十四旅団の旅団長の日常は、佐々木ともう一人の副官一之瀬寿が面倒をみた。手紙類や書類を取り継ぐのは、佐々木の役割だった。佐々木によると、東條はメモ帖を開く癖はあったが、手紙を書いたことはまったくないという。それは旅団内部でもよく知られていたことだったが、にもかかわらずこうした挿話がつくられたのは、東京で東條を憎んでいる皇道派将校の茶飲み話で、永田との親密さを示す挿話として意図的につくりあげられたということができる。それが語り継がれるうちに増幅されたのであろう。

むしろ東條には、南次郎、梅津美治郎、小磯国昭らから手紙が届いたといい、その内容も気を落とさずにしっかりやれというものだったと、佐々木は証言している。東條は手紙を広げ、ひとり頷いていたという。

が、軍中央からの厭がらせが、執拗に東條を襲ったのは事実で、減点を見つけて予備役に追いこもうという企ては露骨だった。

師団ではしばしば旅団対抗の図上演習が行なわれるが、そういうとき相手方には易しい問題が、東條には酷な問題が与えられた。当時陸軍では上陸作戦は研究されていなかったのに、東條の旅団には毎回このテーマが回ってきた。ときに東條の敵側にあたる旅団長には、参謀本部から適切な戦闘方法が示唆されていて、東條旅団に勝つように仕組まれている場合もあった。

図上演習のテーマが与えられると、東條はそれを寸断し、小さな研究課題に区分して、将校に、

「おまえは第一次世界大戦の西部戦線を調べろ。おまえはナポレオンの師団の動き、おまえは古戦史、日露戦争は……」

というふうに割りふった。第二十四旅団の中隊長らは二カ月間、与えられたテーマを調べ、自ら結論をだし、東條に提出した。それを組み合わせて大状況をつくりあげるのが、東條の図上演習の進め方だった。

陸大を卒業したばかりの井本熊男が、第十二師団の中隊長として帰任したのは昭和九年十一月だが、久留米に着き東條に挨拶に行くなり、

「おまえも上陸作戦を研究してみろ。これは旅団の少佐以上で研究しているテーマだ」

といって、時間と資料をたっぷりと与えられ、筑紫平野を海岸線に擬しての上陸作戦の基本戦略を検討させられた。彼には興味のあるテーマだった。

「陸大をもう一年つづけているような心境です」

井本のそういうことばに、東條は笑ってこたえたが、もとより図上演習がもっている真の意味を将校に語ったりはしなかった。図上演習では、東條の旅団が、相手方の旅団長の性格の裏をかいての作戦で攻めぬくケースが多かった。東條追い落としの計画は、そのつど失敗に終わった。そしてつぎの図上演習では、以前よりさらに難しいテーマが、東條の旅団には与えられた。

永田軍務局長斬殺

昭和十年四月、東條のもとに辻政信がたずねてきた。陸軍士官学校幹事時代に、参謀本部から中隊長にひきぬいた将校だった。辻は、三月の異動で第一師団第二連隊に転じることになり、その間の休暇をぬって久留米まで来たのである。

いささか激しやすいタイプのこの軍人が、なぜ東條をたずねてきたのかは、現在では判

らない。しかしそれは容易にひとつの推測を浮かびあがらせる。

前年十一月に、いわゆる士官学校事件が起こっている。辻が、士官学校生徒を青年将校の村中孝次、磯部浅一のもとに出入りさせ、彼ら青年将校が不穏な非合法計画を練っていると摘発した事件である。この計画を、辻は、参謀本部の片倉衷少佐や憲兵隊の塚本誠大尉らと共に陸軍次官に訴え、鎮圧を要求した。その結果、村中と磯部は拘禁され、取り調べを受けた。ふたりは国家改造運動に熱心な皇道派の将校だったから、これは永田の指し金であると騒いだ。辻も片倉も永田に近かったから、これも説得力があった。のちに真崎が著わした『備忘録』には、永田一派の策略であったときめつけている。むろん東條も、この策略の一部を担っていたとの意味が含まれている。

東條がこの策略に加わっていたか否かは明確ではない。が、士官学校内に根強い皇道派の人脈を神経質な目で見ていたのは事実だし、生徒が外部の勢力と接するのを嫌い、辻にも相当厳しい目で監視するように命じたことも想像に難くない。辻はひときわ功名心に駈られている軍人だ。彼が東條や永田に忠勤を励んで、事件をでっちあげたこともありえないことではない。

昭和十年に入るや、村中、磯部は停職、士官学校生徒五人が退学処分となった。すると村中と磯部は、辻と片倉を誣告罪《ぶこくざい》で告訴し、軍法会議で却下されるや「粛軍ニ関スル意見書」を書き、軍法会議の柳川平助議長に送り、三月事件、十月事件の経緯をこと細かに明らかにして、この陸軍士官学校事件も、永田一派が教育総監の真崎を失脚させようと仕組んだものだと訴えた。これも無視された。すると皇道派将校はいっそうその活動を強めていった。

辻は一連の動きを、東條に克明に語りつづけたにちがいない。

「非合法活動にうつつをぬかすような輩には、厳しい制裁が必要だ」

辻を帰したあと、珍しく、東條は家族に軍内の動きを話した。口調には怒りがあった。

皇道派将校に連なる将校の革新運動は、東條の周囲でも高まった。折りから問題になっていた天皇機関説排撃運動をテコに、皇道派将校が在郷軍人会を動かし、東條のもとにも決議文を届けさせた。東條はそれを机の中にしまいこんだ。だがまもなく容認できぬ事態が起こった。東條のもとに、永田から連絡が入ったのである。

「おまえのもとに佐々木という副官がいるはずだが、この男を代表とする皇道義盟なる組織から美濃部排撃に陸軍は決起せよ、という電報が軍務局長宛てに届いている。調査して厳罰に処するように……」

東條は衝撃を受けた。兄事する永田に、部下の監督不行届きを責められたのである。佐々木を呼びつけると、三日間の謹慎処分を命じてどなりつけた。「……本来なら首切りものだ。勝手にこんな真似をされては軍の統制はとれん。それにしてもなぜわしに相談しないのか」。やがて東條は、情をからめての叱責をする。おまえも子供が多くて大変だろう、陸軍を予備役になったらどうするのか。執拗なそのことばに佐々木は涙を流し、以後この種の行動はとらないと誓約する。

　これを機に、東條は佐々木を信頼する部下のひとりに組み入れた。それ以後、少しでも皇道派に近い意見を吐くと、有無を言わせず軍人勅諭を誦じさせる。その回数が減るにつれ、東條に評価される深みが増した。そうなってから東條は、軍中央の激しい派閥争いを佐々木に語るようになった。自らの信頼する部下たちが、省部の要職で皇道派将校と対峙している状況を語り、この闘いには負けられぬと勇んだ考えを洩らしはじめたのである。


　このころ、すなわち昭和十年七月、軍中央では新たな権力闘争が起こっていた。林陸相と真崎が人事をめぐって応酬していた。

「こんどの人事異動は、私の手で行ないたい。ついてはこの際、君も現役を退いてもらえないか」

　顔色のかわった真崎を無視して、林はことばを足した。林も内心ではふるえていた。

「部内の総意なのだ。君が派閥の中心となって統制を乱しているのが、その理由だ」

「それはおかしいではないか。天皇のこの軍隊は部内の総意で動くのか」

　林のもとには人事局長今井清、陸軍次官柳川平助の作成した案が届いている。それとは別に永田や参謀次長杉山元が加わっての人事構想もできあがっている。ふたつの案とも山岡重厚、小畑敏四郎、山下奉文、鈴木率道ら荒木、真崎系の将校を省部から外すのを眼目としている。この事情を知った真崎は激しく抵抗した。三回にわたる話し合いでも、林の決意は動かない。すると真崎は、「こんな筋のとおらない人事を強行すれば何が起こるかわからない」と脅した。軍の最高人事は陸軍大臣、参謀総長、教育総監の三長官で決めるという内規があるではないか。それに陛下の教育総監として仕えている以上、私の意見を無視するのは統帥権干犯ではないか――真崎はくり返した。この意見を林は退けた。

青年将校は真崎に加担した。彼らは「天皇の大権を侵すのは、永田と林だ」と軍内にふれ回り、林は永田のロボットだから、元兇は永田であると公言した。

七月十五日、真崎の罷免が決まり、皇道派の重鎮は軍中央から消えた。青年将校の怒りは頂点に達し、永田の周囲では、テロの危険があるから外遊でもしたらどうかという声があがった。

八月の人事異動は大幅なものになるだろうとの噂が撒かれた。皇道派の将校たちが省部から消えるというのは、衆目の見るところだった。この噂を耳にした東條は上機嫌だった。永田が言っていた「その時」がきたのである。事実、東條は八月一日付で第十二師団司令部付となり、次の勤務地が決まるまで待機していろという辞令を受けとった。永田から東京に呼び寄せるとの連絡もはいった。

八月十二日。東條はまもなく去る予定の久留米の師団本部を出て、佐賀市の東方地域を車で回っていた。現地を見て、図上作戦を検証するためだった。東條のもっとも信頼する部下となった井本熊男が、隣りにつき添っていた。佐賀の市内を走りぬけ、市外にでようとするとき、号外売りが呼び鈴を鳴らして走っているのに出会った。

「井本、ちょっと買ってこい」

車を止め、井本は号外売りを呼び止めた。「永田陸軍省軍務局長刺殺さる」という大きな文字があった。号外に目を走らせた東條は、読み終わるや、ふっと溜息をついただけで、なにも言わなかった。車は反転して旅団司令部に戻った。

司令部に入って東條が最初に洩らしたのは、「これから東京に行く」ということばだった。司令部の将校たちは腕をつかんだ。そして、いま上京すれば閣下も殺されます、と説得した。東條の表情は生気を失ない、能面のようであった。結局、執拗な説得に負け、彼は上京するのをあきらめたが、旅団司令部の通信室にこもり、東京から伝わってくる情報に聞きいった。第四十一連隊の相沢三郎という皇道派の中佐が、永田殺害は「天誅」と信じて行なったと伝わってくると、東條は「この男は気がふれているのだろう」といい、「誰が背後にいるのか」とどなった。

その夜、東條は自宅の仏壇で夜を徹して合掌した。瞑目し、涙を流し、そしてまた仏前にむかった。数日して、彼は仏壇に永田の位牌をつくった。兄事していた永田の残虐な死は、皇道派にたいする彼の感情を憎悪にまで昂めることになった。

事件から二週間ほどして、東條は、関東憲兵隊司令官として赴くよう内命を受けた。林は永田が斬殺されたことに衝撃を受け、「永田を殺したのは俺かもしれん」と自失してつぶやき、「東條を東京に呼ぶのは永田の二の舞になりかねない」と恐れて、満州に送ることにしたのだ。だが軍内では「東條もとうとう憲兵司令部に追われたか。失点を待たれているのだなあ」と囁かれた。たしかに憲兵畑は、東條のようなコースを歩んできた軍人が就任するポストではなかったのだ。いま後ろ盾を失なった東條が、軍内の主流から完全にはずされたということは、誰の目にも明らかだった。

内命を受けたあと、東條は事務手続きのため秘かに上京した。その前日、赤松貞雄に電話をいれて、偕行社に部屋をとっておくよう頼んだ。偕行社にあらわれた東條は、赤松の予約した部屋に入ると、すぐに風呂敷包みから軍服をとりだし着替えた。永田鉄山の血染めの軍服であった。東京駅に降りるや永田の家をたずね、遺族を励まし、遺品として軍服をもらい受けてきたというのだ。それを着て彼は合掌した。「永田さんの仇は、いつかわしがとってやる」、赤松にそう誓った。

もっともこの説には異論もあり、東條は永田の軍服を遺品としてもらいうけてなく、だから血ぞめの軍服など着なかったという。永田の死後、新聞記者から「軍務局長には東條が……という声もある」といわれ、「そうなれば永田さんの血で汚れた部屋で執務をとる」と東條が答えたのが曲解され、流布したというのである。

赤松につづいてこの一室にはいったのは、軍務局軍事課高級課員の武藤章だった。永田に師事し、永田と同様、軍内では切れ者としてとおっていた。皇道派を憎むことでは、人後に落ちぬ将校だった。相沢を糾弾する陸軍省の発表文には、「凶行の動機は……永田中将に関する誤れる巷説を盲信したる結果なるが如し」とあったが、これを起草したのが武藤だった。「誤れる巷説とは何だ！」と、皇道派将校の怒りもかかっていた。

「赤松、ちょっと席をはずしてくれ」

一時間、東條と武藤は話し合っていた。事件当日、軍事課にいて事件の一部始終を見ていた武藤は、その様相を詳しく東條に報告したのである。斬殺の様子、省部の将校の動向。相沢に包帯をして、暗に激励した局長がいたことを、武藤は伝えた。誰が敵で誰が味方なのかが、はっきりと東條の胸に焼きついた。そして、長年の友人である山下奉文が好意的に相沢の弁護をしたときくと、彼を侮蔑することばを吐いた。

——斬殺される前夜、永田は林宛ての上申書の下書きをつくっていた。そこには人事の不公正の例として「東條左遷」を挙げている。さらに「統制確立ノ方策」として、「正シク強キ意味ト過去ノ歪曲人事ヲ改ムル為、東ノ起用」とある。東とは東條のこと、永田は東條とのコンビを画策していたのである。しかもそれが結果的に永田の遺言となった。のちに東條が赤松に語ったところでは、武藤とともに永田の遺志を継いでいくのを誓ったという。そしてふたりは、つぎのような結論に達し、これを守りぬくことを確かめあった。

「たとえ気がふれていようとも、白昼、省部のなかで一中佐が軍務局長を殺害するというのは言語道断、建軍以来の軍紀が踏みにじられたも同じだ。徹底的に粛軍をやりぬかなければならない。それはわれわれの手で行なう以外にない」

それからしばらくの間、東條は、考えこむポーズを見せた。満州に向かう車中でもしきりに考えこんでいた。

すでに職に就いている長男、東京帝大に進んでいる二男、それに福岡中学在学中の三男をのぞいて、四人の娘を伴って東條が新京に着いたのは、昭和十年十月十日だった。

「十、十、十、ずいぶん覚えやすい日ですね」

とカツがいうと、

「そうか、今日は十月十日か」

所在なさそうに、東條はつぶやいた。

満州にはいってからずっと付き添ってきた関東軍の参謀が、車に荷物を積みながら駅前の建物のひとつずつを東條に説明した。田中隆吉と名のったその参謀は、親切ではあるけれど、軍人には珍しく多弁な男だった。田中の多弁にいささか辟易しているのを、東條は隠そうとはしなかった。

逆風での闘い

〝東條を葬れ〟

東條の四十年近い軍人生活で、憲兵畑だけは無縁であった。彼は、赴任して三週間ほど、もっぱら憲兵隊の職務内容の把握につとめた。総務部長藤江恵輔から報告を聞き、それをメモにとり、頭にたたきこんだ。初めての仕事に取り組むとき、彼の対応はたいていそういう方法をとった。輪郭をつかんだとき、彼が最初に洩らしたのはつぎのことばだったという。

「陸軍省や参謀本部に集まってくる連中はやはり優秀なんだなあ。あまり知らない世界にはいってみて、それがよくわかった。憲兵ときたら、鈍重そのものだし、なんども同じことを指示しなければ理解しない。それに帝国軍人としての自覚にも欠ける。もういちど初めから鍛え直さなくちゃならん」

軍内での憲兵の地位は低く見られていた。〈憲兵は軍人ではない〉という声もあった。

屈辱がさらに彼らの意欲を屈折させていた。むろん憲兵のなかにも、憲兵は鈍重でいいのであり、家の便器が茶の間や床の間にあっては困るのと同様に、陽の当たらぬ所にあるべきだという意見もあった。だが東條はそういう意見を無視した。帝国軍人の任務は、与えられた職務を全うすることにあるというのだ。憲兵が職務に忠実であれば、どういう状況が生まれるか、それは東條には別の問題だった。

赴任してまもなくの昭和十年暮れ、東條は満州の憲兵隊員に向け「職務を全うせよ」の訓示を発したが、そのとき自らの顔写真を、訓示の刷り物に貼った。東條の顔写真は、全満州の憲兵分駐所の壁に貼られた。それは自らの意思徹底を顔写真を見せることで、いっそう現実味をもたせようとする彼なりの配慮であった。この訓示に度肝をぬかれた関東憲兵隊司令部の憲兵たちは、やがて東條が好んで訓示を行なうことに気づいた。訓示は、憲兵もまた帝国軍人である、矜持を持て、そして反日抗日運動の撲滅を……とつづいた。

精神面のテコ入れだけでなく、組織も一変させた。

当時、関東憲兵隊司令官は、関東局警務部長も兼任し、満州の全警察権を一手に握っていた。それに満州国民政部と鉄道警護隊を統制する権限も部分的にもっていた。東條の前任者たち、橋本虎之助（のち陸軍次官、近衛師団長）や田代皖一郎、岩佐禄郎らは、この組織図を曖昧なままにしておいた。あまり明確化すると、満州が日本の傀儡国家であることを告白することになるからだ。ところが東條は、これに我慢がならなかった。日本領事館警察、関東局警察の人事、予算すべてを関東憲兵隊の指揮下におかねばならぬと言った。

「抗日運動を押さえるには軍警一本化こそ望ましい」

東條の主張に、関東軍の参謀が唱和した。だが関東局も領事館も抵抗した。すると東條は抜け道を考えた。憲兵の本来の業務は、軍人直属の監督取り締まり、軍の安全を保持防衛する任務である。だがそれを広義に解釈すれば、その活動は民間人にも及ぶ。前任者たちは、それを知りつつ消極的だった。ところが東條は、

「憲兵隊は軍だけでなく、関東軍、満州国の治安を、前面に立って守らなくてはならぬ、あらゆる命令は関東憲兵隊司令官から発せられる」

と決め、一方的に民間行動の監視も行なうよう命じた。それまで錯綜していた機構も強引に一元化した。まもなく満州国内で、東條の名前が畏敬と恐怖をもって語られるようになった。満州国の日本人官吏、関東軍参謀からは頼もしい実行肌の司令官として畏敬の目。逆に満鉄や協和会、そして本土で社会主義運動に挫折して満州に新天地を求めた知識人からは、恐怖の代名詞。彼らは、東條を秩序に名を借りた強圧の張本人と怖れた。

中国人からはむろん憎まれた。

新京の関東軍司令部の隣りにある関東憲兵隊司令部、その敷地の一角にある司令官官舎の周囲は、抗日分子からのテロを警戒する防備が施された。日が経つにつれ、防備は厳重になった。東條の政策がさらに反中国になったからだ。娘たちの登校には秘かに護衛がついた。

「憲兵隊司令官といえば土匪には恨まれている。おまえたちが誘拐されても身代金は払わ

んぞ。いちど取引きに応じれば奴らはつけあがる。だから気をつけろ」

娘たちはそう聞かされていた。

〈匪賊討伐〉と称して、満州国の奥地にまで憲兵隊員を動員し、ときに自ら馬に乗り、匪賊を追い求めた。新京市内の壁には〈東條を葬れ〉と書かれた。それを見た東條は一笑に付し、さらに、闘争心を燃やして抗日中国人を摘発した。――昭和十七年に刊行された東條を語る伝記には、そうした東條の執務ぶりが皮肉にも輝ける経歴として、大仰に紹介されている。

熱心な匪賊狩りとともに、東條が力をいれたのは、関東軍に反感をもつ団体や民間人のリストアップである。憲兵隊員は、内地からの社会主義運動の要視察人や国家改造運動に熱心な者を調べるだけでなく、いささかでも皇道派に共鳴する傾向がある軍人、民間人をリストに加えた。当時、関東軍の青年将校には皇道派系の将校が多かった。十月事件のシンパは、東京から千数百キロ離れた地に勤務させるという内規のため、朝鮮、台湾、満州に数多く赴任してきていたのである。

昭和十一年一月には、リストアップされた軍人、民間人が四千名近くになった。関東軍第四課（情報・謀略担当）の参謀田中隆吉と、東條が呼び寄せた辻政信が、この作業に熱心に協力した。まもなくそれが役立つときがきた。

昭和十一年二月二十六日。関東軍司令部に軍中央から「軍隊の一部で暴動が起こった」

という電報がはいった。断片的なニュースだったが、関東軍の首脳は反乱と見なし、満州国への波及を防ぐことを決めた。関東軍参謀長板垣征四郎は青年将校の動きに批判的だったし、関東軍司令官南次郎は、板垣に輪をかけて、彼らを冷たく見ていたからである。南は、田中隆吉に鎮圧命令を書くよう命じた。

田中は起案書に、事件の余波を防ぐために、〈満州国の一切の措置は関東憲兵隊司令官名で行なう〉との一項をさりげなく含ませた。意味するところは、満州国の不穏分子をこの際徹底的に追いだすということである。それを東條の責任において行なわせるというのである。かねてから東條のもとに出入りしていた田中が、一朝事があればと、東條に示唆されていたかもしれぬといわれるほど、巧みに盛りこまれた一項であった。この命令書に南司令官は署名した。

東京はこのときまだ混乱のなかにあった。表だった事件は午前七時にはじまった。陸相官邸では川島義之陸相にむかい、かつての東條の部下香田清貞が青年将校を代表して決起趣意書を読みあげた。「我カ神州タル所以ハ万世一神タル天皇陛下御統帥ノ下ニ挙国一体生成化育ヲ遂ケ遂ニ八紘一宇ヲ全フスルノ国体ニ存ス……」——。つづいて陸軍士官学校事件で免官になった村中孝次が、七項目の要望を読みあげた。

その一節には「南大将、宇垣朝鮮総督、小磯中将、建川中将ハ軍ノ統帥破壊ノ元兇ナルヲ以テ速ニ之ヲ逮捕スルコト」とあり、南の名前があがっているのは十月事件弾圧の張本人と目されていたからだった。宇垣、小磯、建川は、桜会を支えて三月事件を画策したその経緯が権力志向だというのである。「根本博大佐、武藤章中佐、片倉衷少佐ハ軍中央部ニ在リテ軍閥的行動ヲ為シ……」と、三人の将校を軍中央から除くようにも訴えていた。片倉は士官学校事件でっちあげの張本人、根本は十月事件の際に今村課長に密告以来、軍中央での裏切りが目立ち、武藤は永田の直系で皇道派追い落としの中心人物であるというのだ。

決起した将校の要望は私怨がらみのものだった。

川島と彼らの応酬がつづいている間、真崎が官邸にやって来た。胸に勲一等の副章をつけ、上奏にでものぞむかのような服装をしていた。なぜそのような特別の服装をしていたか。彼は青年将校の意を受けて真崎首班の実現を信じていたと、のちに推測された。「こうなったら仕方ないじゃないか」、真崎は川島に、彼らの要望を受け入れるよう促したのが、その証拠とされている。

事件が起こって以来、真崎は、彼につながる人脈と連絡をとり、青年将校ののぞむ軍部内閣を画策し、軍中央の要人を説得した。彼は決起者の側に賭けたのである。が、天皇は決起を耳にして以来、一貫して事件鎮圧を望んだ。「暴徒を鎮圧せよ」といい、「馬を用意せよ」と自ら鎮圧に出かける意思表示さえ示した。

天皇の意思が陸軍内部に伝わると、将校の間に動揺が起こった。逆に〈断固討伐〉を唱えていた参謀本部の石原莞爾、陸軍省の武藤章らは意を強くした。二十七日午前二時五十分には、戒厳司令部が設置され、軍中央は鎮圧の方向に進んだ。

この日、東條は軍警一体化視察のため、満州国北部にいた。東京での暴動発生が伝えられると、すぐに新京に戻った。彼の机には関東軍の命令書が届いていた。それが、東條に全権を与えているのを知ると、中枢の将校に、

「統帥の下にある将兵と、不法にも横断的結成をして統帥の尊厳を崩そうとする不純分子をすべて逮捕せよ」

と命じた。最重要ランクの危険人物数百名の身柄を拘束するという荒っぽい措置に、板垣参謀長は躊躇を隠さなかった。しかも東條の届けた名簿には、板垣の息のかかった軍人がかなり含まれていたのである。

「統帥の尊厳を破壊しようとする分子は、たとえ閣下のお知りあいであろうと拘禁せねばなりません。拘禁したあとに調べ直して、東京と連携をとっている様子がなければ釈放すればよろしいのです」

板垣はしぶしぶ受け入れた。このときのことを、のちに東條は統制派将校池田純久に、「永田さんの仇うちのつもりだった。胸がすっとした」と告白している。

二月二十六日夕刻から二十七日の朝にかけて、東京との連絡を断つという理由で、皇道派将校は兵営に軟禁され、民間人は関東憲兵隊司令部地下の監房に拘束された。が、この措置は東條には危険な賭けでもあった。情報が錯綜していて、反乱者が官軍になるかもしれないと躊躇した師団長や司令官が多いなかで、東條と仙台の第二師団長梅津美治郎だけは、手際よく弾圧の意思表示をした。それがのちに彼らの勲章になった。

しかし東條は、表向きの入電とは別に、秘かに省部の人脈をつかって電話や電報で自宅に連絡を入れさせていたのである。天皇が不快の念を示している、青年将校は荒木、真崎の意を受けている、そんな情報が武藤や赤松、佐藤賢了から仔細に届いていた。その情報をもとに、彼はこの反乱を大胆に鎮圧した。

二月二十九日、事件は一段落した。東條は武藤や佐藤の情報から真崎、荒木を元兇と判断した。かつての部下香田清貞、栗原安秀が連座したのも、真崎や荒木の甘言に踊ったからだときめつけた。「彼らを踊らせた責任の一切は、大権干犯の方向に導いた上司にある。私はそれを許さない」と東條は叫んだ。軍事調査部長山下奉文も青年将校を煽った一人と判断すると、彼にいっそう冷たい眼を向けた。そして人事権をもつようになってからも、彼を軍中央に近づけなかった。のちに、山下との感情的な対立を解こうと仲介に立とうとする者があると、「山下はお上に信がないはずだ」と断わり、「二・二六事件の責任はあいつにもある」と言った。

昭和十一年七月十二日の午前、叛乱軍将校が処刑される時間、東條は仏前で合掌した。香田や栗原、そして安藤輝三らの霊に、彼らを死に追いやった陸軍首脳を省部から追い払うことを誓っていたのであろう。

二・二六事件への対応

二・二六事件は、東條の人生を大きく変えた。軍人で終わるはずの彼の経歴は、この事件によって書き変えられたといっても過言ではない。

三月九日、外相の広田弘毅に組閣の大命が下る。陸相には、かつての長閥の領袖寺内正毅の長男寿一が就いた。大将であり無党派の軍人というのが買われたのである。就任の翌日、寺内は天皇に呼ばれ厳命された。

「近来陸軍ニ於テ屢々不祥ナル事件ヲ繰リ返シ遂ニ今回ノ如キ大事ヲ惹キ起スニ至リタルハ実ニ勅諭ニ違背シ我国ノ歴史ヲ汚スモノニシテ憂慮ニ堪ヘサル所テアル　就テハ深ク之カ原因ヲ探究シ此際部内ノ禍根ヲ一掃シ将士相一致シテ各々其本務ニ専心シ再ヒカカル失態ナキヲ期セヨ」

天皇の意を受けた寺内は、粛軍を声明し、軍内改革にのりだした。まず人事に手をつけた。不祥事件の責任という名目で、真崎甚三郎、南次郎、林銑十郎、本庄繁、荒木貞夫らを含む七人の大将を現役から退かせた。ついで三月事件、十月事件当時の関係者から皇道派将校に同情的な将校まで、総勢三千名に及ぶ粛軍人事を、三月と八月の人事異動で行なった。その結果、軍内に残ったのは、派閥闘争に関心を示さず、いかなる非合法活動にも加担も共鳴もしたことのない忠実な軍人だけとなった。人材の払底は歴然としてきた。そこで寺内と陸軍次官梅津美治郎は、いくつかの事実に目をつぶった。大権干犯の源である満州事変の関係者たち、板垣征四郎、石原莞爾らを予備役にしなかった。建国の既成事実に負けたのだ。

粛軍人事に手をつけたあと、寺内と梅津はもうひとつ巧妙な手を打った。事件の反省と称して、軍人の政治干与を戒めるため、陸軍大臣のみが政府に働きかけることにすると発表した。「せっかく予備役にした軍人が、政党その他の政治勢力に推されて陸軍大臣に任命されたのでは、進行中の粛軍が意味をなさなくなる」と、寺内と梅津は言い、そのための歯止めとして、陸軍大臣は現役の大将、中将に限らず予備役でもかまわないという内規から、「予備役」をはずし「現役に限る」という方針に変え、それを勅令で公布した。

かつて原敬が内務大臣として「現役」を削るのに成功したが、それをさりげなく旧来の方法に戻したのである。この重要な事実は、議会でもあっさりと承認された。

陸軍大臣のみが政治的意思の窓口という考えは、軍内の機構改革を行なうことで補完された。軍務局に新たに軍務課が設けられ、政治的発言をする陸軍大臣の補佐機関として活動することになった。結局、この二つの改革こそ、陸軍を一層〈政治的集団〉へ転換させる鍵となった。青年将校のエネルギーは雲散霧消したが、その事実は巧みに政治的領域に組みこまれたのである。

昭和十二年一月、この改革は効果をあらわした。第七十議会で政友会浜田国松が、反軍的な質問をしたとして寺内と腹切り問答の応酬になったが、怒った寺内は解散を主張し、広田内閣を倒した。元老西園寺公望は次期首班に宇垣一成を擬したが、陸軍は陸相を推さなかった。そのため宇垣内閣は流産した。陸軍が陸相を推さなかったのは、大正末期の宇垣軍縮、三月事件の変心で宇垣株が下落して、結局宇垣は〈現役の大将、中将〉を陸相に据えることはできなかったからだ。

これ以後、この一項は軍部の拒否権として機能することになったのである。

二・二六事件後の一連の改革は、結果的に東條のような軍人を範とするものとなった。軍務に忠実、命令と服従をかたくなに守り正論を吐く軍人。妥協や調和を排し、直情さで事態に対する軍人。そういう軍人こそが生きのこれる偏狭な集団と化した。しかも東條には、もうひとつ僥倖があった。陸軍の序列でいえば、東條は数十番に位置していたのが、粛軍人事によって一気に十番台にくりあがってきたのである。

近い将来、東條が陸軍の有力な地位に就くのは、目ざとい将校には容易に想像できた。東條の周囲を関東軍参謀や関東憲兵隊幹部が徘徊しはじめ、「閣下は優秀ですから……」と追従で囲んだ。もっとも、その追従に東條は気色ばむのが常だった。「閣下は天才型でなく、努力型ですな」ということばだと表情を和ませ、ひとしきり努力型の弁をまくしたてた。そういう東條の性格を見ぬき、巧妙に動く者もあった。東條人脈にはそのタイプも多かったのである。

たとえば東條がこの期に着目したのは、関東憲兵隊にいた四方諒二少佐、奉天憲兵隊長加藤泊次郎中佐のふたりだが、彼らは東條の命令を忠実に、ときに期待以上に消化したという。もっとも、その仕事ぶりは東條の性格を見ぬいた面もあると、部内では噂された。

東條のもとには軍外の来訪者も多かった。協和会総務部長甘粕正彦は、しばしば東條を訪れ、自らの人脈を紹介していった。そのいっぽうで東條も、甘粕を頼みにした。粛軍人事で予備役に追いこまれた軍人のなかにも、東條を頼って満州に職を求めて来る者があり、彼らを甘粕の縁で協和会に送りこまねばならなかったからだ。第二十四旅団長時代の副官佐々木清もそのひとりで、彼も、「困ったことがあったら何でも相談に来い。だがこんどはお国の方針に叛いてはならんぞ」といわれ、協和会の職員になって、東條人脈の一員に加わった。

昭和十一年の一年間で、関東憲兵隊の評価はかなり高まった。この年に関東軍は抗日中国人十三万人を三万人に減少させたと、新聞にも大きく報道され、それは憲兵隊の輝かしい戦果だと讃えられた。この実際の意味は、関東軍が十万人を殺害、捕虜、帰順させたということである。このことによって東條憲兵隊司令官の名前は、有能な司令官として一気に軍内に知れわたった。

昭和十一年十二月、東條は中将に進級した。五十二歳である。父英教がわずか一日しか受けなかった名誉を、彼は、陸軍の指導者への一里塚として自らのものとした。その充足感が、「中将になったのだからもう思いのこすことはない」という家族へのことばにもなった。

昭和十二年三月、陸軍は大幅な異動を行なった。この人事は陸相杉山元と陸軍次官梅津美治郎が中心になって行なったもので、東條は関東軍参謀長に任命された。杉山も梅津も、東條を評価していたし、いずれは軍中央に戻す伏線としての人事だった。

参謀長という職務は司令官を補佐するのが本来の任務だが、実際は関東軍の権限の一切に関りをもつ要職である。しかも司令官は植田謙吉、参謀副長今村均、ふたりとも温和な性格で、東條の直情的な性格とは対象的だ。

「こんどの参謀長はうるさいぞ。うかつな報告をするとどなりあげるし、おまけに気むずかし屋だ」

東條の赴任が決まると、関東軍内部にはいくぶん敬遠気味の噂が撒かれた。参謀長副官泉可畏翁は緊張気味に、うるさ型の参謀長就任を待ち受けた。彼は、この職にあって岡村寧次、板垣征四郎に仕え、こんどの東條で三代の参謀長に仕えることになる。——いま(昭和五十四年)熊本市に住む泉は、つぎのように証言する。

「関東軍の部下から見て怖い順序は東條、岡村、板垣で、カミソリ東條、俊敏岡村、大人板垣といわれた。逆に親しまれたのは、板垣、岡村、東條の順になるかと思います。東條さんは煙たがられました。また中国人から見て怖い順序といえば、板垣、東條、岡村の順になります。岡村さんは支那通のうえに知己も多く対話しやすい人ですが、板垣さんは中国側の情報を見ても、虎といわれて恐れられていました。東條さんはこの中間です」

東條が赴任してきて命じた最初の仕事は、参謀長室にメモ帖を入れるケースをつくることだった。このケースには日時別、テーマ別のメモ帖を入れておくというのである。泉は、噂どおりの上官だと緊張した。

だが一週間もたたぬうちに、泉は東條の性格と執務の癖を見ぬいた。この上官は何より決断を尊ぶのである。

「対策にはいくつかの方法があるかと存じますが、なかでも甲乙丙の三点が妥当かと思います。しかし甲は時期尚早、乙は欠点が多く、それゆえ丙を実行すべきと考えます」

こういう報告を、東條は受けつけなかった。

「なぜ丙がいいのか。丙しかないというおまえの決断を信念をもって報告しろ。あれはだめ、これはだめ、というのは軍人の社会じゃつうじないんだ」

顔面を紅潮させてどなった。そのたびに眉間の筋がぴくぴくと動いた。そして要領を得ない将校が帰ったあとは、泉に信念の一端を披瀝した。

「自分の決断に自信をもたぬ軍人は、戦場では何の役にもたたぬ。下僚は自分の決断を語るだけでいい。それを採用するか否かは上官の職務権限である」

さらに泉は、もう一面の性格に気づいた。それは甲論乙駁を好まないということである。会議では上官の下僚への伝達、下僚の上官への参考意見の許容範囲内での発言のみを許した。また泉には、東條は部下の全生活を掌握したいという大それた考えをもっていて、それではじめて自分への忠誠心を信じるような性格だと思えた。

出されなかった辞職願い

参謀長に就任してからの一カ月間、東條は満州国要人、日本人官吏を参謀長室に招き、建国五年目を迎えた満州の様子を熱心に学んだ。この時期、昭和十一年夏に立案された満州経済開発五カ年計画の円滑な実施が、満州国官吏の主要な職務になっていた。そのことは、建国当時の石原莞爾、板垣征四郎らが企画した独立国家の野望を捨て、この計画を実現して満州国を日本の植民地、後方基地に変質させるという国策を採用したことを意味した。

東條に課せられた職務のひとつに、重工業化促進のため、本土資本の導入があった。折りから鮎川義介の日産資本導入をめぐって論議がつづいていて、関東軍参謀は日産資本を導入し一気に後方基地化しようとしていた。東條は、この導入により満鉄資本が先細り、満州経済が混乱するのを恐れた。そこで松岡洋右総裁や満鉄社員の抵抗やサボタージュを防ぐために、満州国総務長官星野直樹と産業部次長岸信介を呼び、松岡を説得するよう頼んだ。その結果、満鉄は日産資本の導入を認めた。これにより五カ年計画が軌道にのった。一般に喧伝されている〈二キ三スケ〉の時代は、このときからはじまった。

東條の熱心な実務掌握が深まるたびに、これまでの参謀長は、与えられている大きな権限を放置していたのではないかと忿懣をもつに至った。それは関東軍に与えられている「内面指導権」である。実は、東條以前の歴代の参謀長は、植民地統治の切り札といえるこの権限を、表向きにしたくなかったのである。そういう政治的配慮を、岡村寧次、板垣征四郎も心得ていた。が、東條にはそういう余裕はなかった。

彼はこの権限をフルにつかい、星野や岸に法案をつくらせ、それを布告して満州支配の鍵とした。〈満州は法律万能の時代になった〉と民間人からはささやかれた。満州を理想郷にと叫んでいた協和会員の間では、「東京からやってきた官吏どもがやたらに法律をつくって、満人を困らせている。日本の法律をそのまま直訳して、道徳が厳しい満人社会にあてはめている」と不満の声があがった。のちの東條と石原の対立は、「法匪が幅をきかすのは東條が内面指導権を乱用しているからだ」という石原の不満に端を発している。

東條が参謀長に就任したころ、すなわち昭和十二年二月、陸軍内部の満州派の将校が林銑十郎内閣を成立させていた。この中心は、参謀本部第一部長石原莞爾で、彼はかつての無産政党議員浅原健三を動かし、政界上層部に林内閣を打診し、それを最終的に元老西園寺公望に納得させた。が、林内閣は、成立からわずか四カ月で倒れた。陸軍が総力を挙げて支えなかったからである。

この政変は、満州国自立を希望する一派が、満州国を日本の後方基地にしようとはかる一派との権力闘争に敗北したことを意味していた。陸軍首脳は、石原の唱える〈帝国の対支強圧的態度を改める〉路線を捨てた。林に代わって登場したのは、近衛文麿である。西園寺公望が、四十八歳の若さと公卿出身という毛並みの良さ、それに中正な政治姿勢に賭けたのだ。近衛登場は世間にも好感をもたれたし、それは陸軍の将校をも喜ばせた。陸相杉山元、陸軍次官には梅津美治郎が留任した。省部で「ボヤゲン」と仇名されていた杉山よりも、実際は、梅津陸相と噂された。梅津は、満州国を日本の後方基地化すると唱える一派の代表だった。東條は、梅津が要職に座った人事に満足感を味わい、この感情を文書にのこしている。近衛内閣誕生から五日後、東條は梅津宛てに極秘電報を打っているのだ。〈対ソ作戦準備の観点から、軍事力が許すのなら南京作戦で一撃を加え、日本の背後を脅かす中国の出足をくじいておこう〉という内容だった。むろん梅津は無視した。彼もそこまでの冒険主義者ではなかった。

この電報は、東條の職務権限を越える内容でもあった。参謀本部第一部（作戦）の幕僚への干渉だった。

六月十九日、カンチャーズ島沖でソ連軍と満州国軍の間に衝突が起こった。もともと国境は密林、山岳、河川で曖昧だったし、この曖昧さのなかにカンチャーズ島があった。この衝突を知ると、東條はすかさず軍中央に電報を打った。すると軍中央からは現状保持（不拡大）に努めよとの訓電がはいった。関東軍は一個師団を送った。軍中央は外務省や海軍と協議して、この地帯で軍事行動を起こす必要はないと、第二次訓電を打ってきた。石原が軍内に根回ししたのである。ところが現地軍はこの訓電を無視した。一方的に砲撃を浴びせソ連軍の砲艦を沈めた。だがモスクワでの外交交渉で、ソ連は撤退を約束し、関東軍が原駐地に戻り、事態は収まった。

だがこれは政治的には大きな意味があった。のちに参謀本部作戦部員西村敏雄が、この一カ月後の支那事変の伏線として、モスクワの腰の弱さを知ったことがあげられると告白している。〈ソ連は日本の対支攻勢に干渉するだけの力がない〉と日本陸軍は自己過信したのである。

ところで一連の事件は、東條を矛盾のなかに追いこんだ。参謀本部の中止命令があったにもかかわらず現地軍が発砲したのは、理由の如何を問わず統帥権干犯だからである。統帥を金科玉条とする東條にとって、こういう事態は、陸軍から身を退かなければならぬほど重要なことであった。でなければ、彼は、他人には大権干犯を責めるが、自らにはそういう責任感さえないことを証明することになる。七月にはいっての一日、東條は自宅に戻るなり、家族に、荷物をまとめて引越しの準備をしろと命じた。そしてカツを応接間に呼ぶと言った。

「考えてみれば、中将にもしてくれたし、この日まで陸軍は本当によく自分の面倒を見てくれた。思いのこすことはない。軍人は退きどきと死に際が大事だ。これは幼年学校以来、軍隊しか知らない俺の信念だ。しかも下剋上をやかましくいっている俺が大権干犯とあっては、しめしがつかない。正道に身を処して範を示したい」

この際、軍籍から離れるというのである。しかしこんどの事件で責任をとるといっても、植田関東軍司令官は受理する筈がない。なにか正当な理由がないか、と東條は首をひねり、軍医の判断できぬ病気を求めて医学書を開いた。「脳神経衰弱という病気はどうかな」、そういう診断書を軍医に書かせるといったが、「うちには嫁入り前の娘が四人もいるんです。結婚するときに差し支えるのではありませんか」とカツが反論すると、「そうか」とうなずき、また首をひねった。

ところがその三日後、盧溝橋で日本軍と中国軍が衝突した。日中戦争の勃発である。関東軍は忙しくなった。司令部から帰った東條は、喜色を浮かべてカツに言った。

「辞めるわけにはいかなくなった。これからはさらにお国に奉公するよ」

その夜、荷物は解かれた。

東條の辞職願いが、日中戦争でうやむやになったように、カンチャーズ島事件も日中戦争の陰で忘れられた。関東軍司令官、参謀長、参謀副長にいたるまで秘かに覚悟した責任問題は、それぞれの胸の中に痛みとしてのこったではあろうが、あっさりと混乱の中に埋没した。そのかわりに彼らは、この機とばかりに、この戦争に力をそそいだ。関東軍の強硬態度の背景には、こういう事情があったのだ。

盧溝橋の衝突から十時間後、関東軍は「多大の関心と重大な決意を保持しつつ厳に本事件の成行を注視する」という声明を発表、呼応して東條の命を受けた関東軍参謀田中隆吉、辻政信が支那派遣軍に駈けつけ、「うしろには関東軍がついている」と戦線拡大を訴えた。さらに参謀副長今村均が東京に送られた。関東軍首脳の総意である「この際、一気に支那をたたけ」という強硬意見を軍中央に進言する使命が与えられていた。

東條兵団の裏側で……

盧溝橋での日中衝突が、どちら側の一発で起こったかはさして問題ではない。衝突の起こりうる素地があったのだ。第一報が軍中央にはいったとき、その見解はふたつに分かれた。「厄介なことが起こった」というつぶやき。「愉快なことが起こった」という歓声。前者は陸軍省軍務課長柴山兼四郎に代表され、後者は参謀本部作戦課長武藤章に象徴された。が、相反するふたつの見解に共通しているのは、これは予想外の衝突ではないということだった。

「いま日支が戦っては、満州国の育成、日支の経済提携、軍備の充実、生産拡充などいっさいの国防政策も国内革新も崩れる。ボヤで消さなければならぬ」

これが自重論の見解。中国との戦争は泥沼化が必定であり、対ソ戦作戦準備にも遅れをとるというのである。

「国民党と共産党は合作して抗日戦線の統一をはかっている。徹底抗戦を叫んでいるのでボヤでは消せない。抗日は侮日となり、北支から日本軍を追いだし満州国を放棄させようとしてくるにちがいない」

強行論の共通の意見である。支那などとるに足らぬ、日本軍がその気になれば容易に制圧できる、いまがその機会だ、そのあとで対ソ戦準備を完整すればいい、と彼らは考えたのである。

　盧溝橋での衝突からしばらくの間は、自重論が主流を占め、現地でも停戦協定が成立した。だが近衛内閣の方針は揺れ、陸軍内部の強行論をいれ北支事変と称し増派を決めるかと思えば、不拡大のための平和交渉も行なうというはっきりしない態度をとった。その本心は、この際中国をたたいておこう、しかしあまり拡大するのはやめておこうという点にあった。近衛に圧力をかけたのは、武藤や陸軍省軍事課長田中新一らの中堅将校で、彼らは自重論の参謀本部作戦部長石原莞爾の下で公然とサボタージュに出て、石原の統率力を疑わせるような行動をとった。そして省部の会議で強硬論を撒きちらした。

　強硬論者を喜ばせたのは、関東軍の態度だった。関東軍は中国内部への軍隊派遣を要請してきたし、察哈爾《チャハル》に中国軍が入ってくるのは満州国の脅威だとして、軍中央の許可もなく一支隊を送りこみ、虚構の上積みをつづけていた。中国では蔣介石と毛沢東との間で国共合作がなり、満州国でも抗日中国人の抵抗がはじまり、八月中旬になると中ソ不可侵条約が結ばれ、関東軍はさらに強硬論の根拠を見出した。連日開かれる会議で、東條は檄を飛ばした。

「この事変の主要目的は三点に集約できる。第一が排日政策の刷新、第二は共産勢力にたいする防備、第三は北支の経済開発である。この三点の完遂なくして帝国の安全はない」

　目標決定後は実行あるのみとばかりに関東軍独自に「対時局処理要綱」をまとめた。武力発動の徹底化で南京政府の膺懲、北上中央軍の撃滅など五つの方針を掲げ、いずれは

「地方政権を樹立し接満地域の明朗化を図り対蘇作戦準備の為に一正面の安全を確保するを以て第一義」と明記し、そのために「尠くも察哈爾、河北、山東各省の地域を粛正自立せしむ」というのであった。対ソ戦準備のために、この支那事変を利用して、北支地域に傀儡政権樹立を想定していた。前年暮れに内蒙に傀儡政権をつくろうとして失敗した綏遠事変から、いささかの教訓も学んでいなかったのである。

関東軍の察哈爾作戦申し入れを、参謀本部は諒解した。事態の進展につれ、閣議では広田外相が不拡大を、賀屋蔵相が財政面からの事変拡大困難を訴えるようになったが、いまや関東軍を押さえるのはむずかしく、強行論に与する以外にはなくなっていた。

察哈爾作戦は、昭和十二年八月からはじまった。作戦開始のまえ、東條は星野をたずね、「われわれは軍人だから武力制圧はできる。だがそれ以後は判らん。教えていただきたい」と申し出て、占領地の財政経済政策の心がまえを学んだ。のちに首相になってから、東條は周囲の者に述懐している。「軍人というのはまったく財政など知らんものだと思った。星野の話を聞いて、銀行を押さえるというのも兵隊が占領するだけではだめで、帳簿を押さえ、金の流れを止める。それが本当の占領ということだとはじめて判った」。

察哈爾作戦は、東條には初めての実戦指揮だった。十三歳から五十四歳のこのときまで、彼は実戦をいちども経験していなかったのである。この作戦の計画は、関東軍作戦参謀綾部橘樹が作成したが、東條は自ら東條兵団を編制して指揮にあたった。

本多旅団（一個師団）、篠原旅団（二個師団）、酒井旅団（機械化旅団）、堤支隊（独立守備隊）を集めての混成部隊が東條兵団だった。八月十九日、東條は先頭に立って、満州から中国領土に入り、張北から張家口に進んだ。ここには三万五千人の中国守備隊がいて、東條兵団数千人と対峙した。中国守備隊の一中隊を堤支隊が包囲し、それを中国軍が再包囲した。再包囲の網を、張北方面から東條が陣頭指揮する本多、篠原、酒井の三旅団で逆包囲するというのが、作戦の骨子だった。三万五千人を数千人では包囲できないから、堤支隊の玉砕を覚悟した作戦だった。しかし機械化旅団の激しい攻勢で中国兵は士気を失ない退却し、八月下旬、東條兵団は張家口を占領した。

このあと満州国境沿いに平寧線を西に進み、九月十三日には大同、二十四日には集寧、十月十四日には綏遠、十七日には包頭まで進んだ。一連の作戦は「関東軍の稲妻作戦」として、軍中央からも評価を受けた。東條兵団の占領地域には、すぐに特務機関がはいった。政治工作を進め、傀儡政権を成立させ既成事実で軍中央に認知を迫るというその計画は、参謀本部の意を得たものではなかったが、やはり最終的には軍中央の意向と合致することを、東條は知っていた。

「現地人の統制監視をせよ。経済的基盤は敵方に与えるな」

相次ぐ命令を占領地の特務機関に送るいっぽうで、占領地の資源を早急に企業化するよう、梅津次官宛てに執拗に電報を打った。当初参謀本部は、関東軍は対ソ戦に備えるためのものとし、中国内部にはいることを、いくぶん警戒の目で見ていた。しかしソ連が牽制の動きもせず、東條の果敢な行動で北支の治安が守られていくにつれ、しだいにその働きを称讃するようになった。陸軍次官梅津は、ささいなことでも軍中央の指示を仰ぎ、それが認められると、たちまちのうちに実行してしまう東條の手腕を高く評価した。

「関東軍の武勲は東條参謀長の力だ」

そういう声が軍内に満ちていくと、東條は自らの作戦を自慢気に解説した。

「とにかく恐れずに突撃していくこと、そうすれば敵も気迫にのまれる。こちらが四分六分で不利だと思ったときは五分五分で、五分五分と思ったときは、六分四分でこちらに分がある。戦争というのはそういうものだ」

だが東條の指揮に危惧をもった関東軍参謀もいた。古い突撃型の戦闘観念をもち、張家口の戦闘でも、中国兵が一歩後退し態勢を整える戦略をとっただけなのに、それを退却としか捉えられぬ狭量さが、東條参謀長にはあるというのだった。

副官の泉にむかって、そういう注意をこっそりと伝えた参謀もいたのである。

そして東條の軍中央での評価をあげた察哈爾作戦には、実は、隠された部分があった。それを東條は知っていた。が、それを公言しなかったし、その事実を知っている関東軍参謀のいくにんかも、そのことを決して洩らさなかった。それは東條の指揮能力にかかわることだったからである。だからそれは、いまに至るも明らかにされていない。華々しい作戦として、東條兵団の戦闘力が称讃された裏に、人間的ドラマがあったのだ。

張家口での戦闘で、中国兵を包囲する東條兵団数千人は無勢だった。ふつうの指揮官ならもうすこし旅団数を増やすか、あるいは傷のつかぬ方法で収拾を講じるはずだった。東條もむろんそれを考えた。そこでこの一帯の守備にあたっている支隊に出撃の命令を下した。だがその支隊は動かなかった。支隊を指揮する将校は、かつて尉官時代に東條とともに働いたことがある。彼にとって、東條は虫の好かぬタイプであり、この作戦にも東條自身の功名心のために兵隊を犠牲にする危険性があると考えた。攻撃に加わるだけの戦備が整っていない、援軍に行く途中に中国兵の強力な部隊がある、それを表向きの理由として、その将校は東條の命令を拒否した。

作戦行動が終わったあと、この将校を難詰した東條は、その理由をもちだされると、それ以上は追及できなかった。しかし東條の怒りは止まず、その将校を見せしめと称してさらに前線に追いやった。そういう非情さが、東條の性格の一部であるのを知って、改めて彼を恐れる空気が、わずかずつだが醸成された。

東條が、一部の将校にしか人望がなく、多くの将校はつかず離れずの態度をとった裏に、報復にも似た人事を行なうことがあった。彼は自らの意に叛いた者には、上官の権限を利用してこたえた。もっとも東條を慕った将校にいわせれば、その事実を、「東條さんは信賞必罰に徹する人だった」という言い方をするのではあるが……。

支隊を指揮していた将校を前線に追いやったときに、東條は、父英教を思いだしたのではなかろうか。英教もこの将校のように抗弁したではないか。皮肉なことに、東條は、父親が行なった構図が、そのままのかたちではねかえってきたのを自覚しなければならなかったのだ。

半面、兵隊に接するときの東條は、慈愛に満ちた上官として慕われた。それは利害関係のからまぬ関係だからともいえた。戦場の強姦、略奪は、当の兵隊と上官が罰せられた。置時計一個を盗んだ兵隊が「皇軍の名誉を傷つけた」として軍法会議にかけられた。非戦闘員への悪質な暴行を憎むよりも、皇軍の名誉が基軸になった。

東條兵団の進撃が電撃的であったために、後方の補給がついていけず、粟飯ばかりがつづいた。しかし東條もまた兵隊とともに、そういう食事をつづけた。本来当たりまえのことなのに、日本陸軍では部下思いの参謀長として語られた。もし東條が師団長か参謀長で軍籍を離れたならば、これらはすべて彼の人間性を語り継ぐ挿話としてのこり、「部下思いの将官」の根拠たりうる事実になるはずだった。

果断な関東軍参謀長

参謀本部第一部長石原莞爾が、関東軍参謀副長として赴任してきたのは、昭和十二年九月のことだった。東條が張家口を攻略し、平寧線沿いに進撃をつづけていたときである。石原が軍中央を離れたのは、対支自重論の敗北を意味していた。強行論が挨拶がわりの軍内で、参謀次長多田駿とともに、

「日本は支那と戦争する気がないことを明らかにし、華北の治安維持のために敵を掃討し

たにすぎない旨を世界に公表して兵を退いてしまおう」と、主張したが、強行論の側には、暴論としかうつらなかった。

その石原が東條の部下に——誰もが厭がらせ人事と考えた。〈東條に石原を監視させよう〉、杉山や梅津の考えが露骨にみえたからだ。「私は陛下の軍人である。いずれの任に赴くとも絶対に左遷ではない」、いきりたつ石原系の将校にそう言い、満州国生みの親を自認しつつ、「二度と中央に復帰せず、支那事変に反対」を誓って東條のまえに出て行くと公言した。

石原をむかえての、初の関東軍部課長会議で、東條は言った。

「この際参謀長と参謀副長との職務権限を明確にしておくが、石原参謀副長には作戦、兵站関係業務の参謀長の補佐役に専念してもらう。満州国関係の業務は参謀長の専管事項として、私が自ら処理することにしたい」

このことばの意味を、参謀たちは容易に理解した。満州国内部への干渉を許さない、内面指導権は参謀長のものだと宣言しておき、石原の動きを封じようというのである。このことばを、石原は平然と聞き流した。

石原が戻ってきた——。参謀副長室には連日、協和会系の民間人や将校が訪れた。「満州国は建国時の清新さを失ない日本の植民地になってしまった、それは法匪どもの仕業ですよ、何でも禁止にして満州を日本の属国にしてしまおうというつもりらしい」。そんな話が、石原の耳にはいった。〈東條という男はどうにもならん〉と石原が考えても、不思議ではなかった。

　参謀副長室に出入りする民間人を見て、東條は眉をしかめた。地方人が雑音をいれては軍紀は弛緩する――。が、それを直接石原には言わなかった。いや言えなかった。満州国で石原のもっている力は、東條を及び腰にするのに充分だった。逆に、石原は東條のもとに顔をだして、諫める口調で言い放った。

「世に先んじて兵を起こした関東軍は、世に先んじて矛をおさめるべきだ。いまの満州国には関東軍横暴の声がみなぎっているではないか。それに満州国を本来の建国精神に戻すために内面指導権は協和会に戻したほうがいい」

「そういう意見は一応聞いておくが、満州国の指導は私の権限である。これに口をはさんでもらいたくない」

　感情的に応酬するのが東條の常だった。ふたりの関係はしだいに一触即発の空気になっていった。

　東條は、石原の視線を外すようになった。石原も東條を冷笑した。ふたりは口をきかなくなった。子供じみたこの対立は、関東軍だけではなく軍中央にも知れ渡った。困ったのは部下である。書類の決裁を求めるのに頭を痛めた。書類は順序として副長の石原に回る。そのとき石原は書類に手をいれ、細かい指示をすることがあった。こんどは部下が、それを東條のもとにもっていくのだが、すると東條は、石原の直した部分を消しゴムで丁寧に消して、原案どおりに戻す。

「参謀長と参謀副長の命令のどちらが大事だと思っているのか」

石原の指示は、必ず撤回された。東條の副官泉可畏翁は、ふたりの上司の間で困惑を味わいつづけた。書類をもった部下が、泉のところに来て、「聞きしにまさる有様だね」と、つぶやいて帰っていくのも再々だった。

石原の東條批判は、内面指導権を己れの特権として、満州国の些事に口をはさみすぎるという根源的なところに落ち着いた。

「内面指導権乱用は軍人が政治に干与することである。これでは外からは軍人の信義を疑われ、内部では軍の不統一をきたす恐れがある。だからこそ軍人勅諭は、軍人の政治干与を禁止しているのだ。それに軍人には辞表を出す自由がない。軍人は政治家のように、失敗すればその責任をとって辞表をだして勝手にやめることができない。だから慎重でなければいかん」

石原の批判に怒った東條は、部課長会議を招集して、石原の言に反論した。石原はその間、そっぽを向いて顔をしかめていた。

「関東軍の諸部隊は絶対に関東軍司令官の命令に従う。一毫といえどもこれに反するのは許さない。関東軍の参謀は、参謀長の指揮命令に従う。いささかもこれに背反するのは許さない」

石原は、関東軍司令官植田謙吉に協和会を中心に満州国の建国精神に戻れという意見書を提出した。そして植田につめよった。

「軍人が政治をやるなら軍職をやめて丸腰になってやれというのです。いまの日本の政治を動揺せしめ、成長してきた満州の発展を阻害し混乱せしめているのは、軍人の政治干与にこそあるのではないですか」

植田は東條に加担し、内面指導権を放棄するわけにはいかぬと、意見書を黙殺した。それが石原をいっそう不満にさせた。ふたりの対立はしだいにその周囲に広がった。協和会系の民間人は東條を罵倒し、その個人生活をとりあげて嘲笑した。東條の妻はでしゃばりで亭主をふりまわしている、あれは東美齢だと噂した。逆に東條のもとには憲兵が出入りして、「閣下、石原副長周辺の人物は気をつけたほうがよいと存じます」と対立をあおった。

対立が深まるにつれ、東條は石原の実力を恐れた。四期先輩といっても、理論家として、戦術家としての能力は石原のほうが上だというのが、衆目のみるところだったからである。東條に優位な点があるとするなら、直接の上司であるということしかない。東條は憲兵情報を集めて、石原追い落としの機を狙いはじめた。

このころ関東軍の視察にやってきた参謀本部の将校遠藤三郎は、秘かにふたりの対立の実態を見てくるよう命令されていた。遠藤は、二人の関係がぬきさしならぬところまで進んでいるのを見ぬき、東京に戻ると、ふたりを早急に離さなければ軍務が停滞すると、参謀次長の多田駿に報告した。

石原との抗争の一面で、東條は依然として軍中央に電報を打ちつづけた。関東軍の方針を具申するだけでなく、陸軍の方針にまで広がる内容だった。それらの方針は、すべて東條独自の案だった。もし石原がその電報を読んだら、激怒するにちがいない内容ばかりだった。

東條の具申は、軍中央が日中戦争の武力制圧を確信していき、それに基づいた政策を決定していく先駆的役割を果たした。

昭和十二年十一月の「時局処理ニ関スル関東軍参謀長上申」はその典型だった。この上申では四点を要望していたが、そのなかには「長期抵抗ニ陥ルコトヲ顧慮スルモ容共、抗日、排満ヲ国是方策トセル蔣政権其他之ニ類似ノ軍閥政権者トハ絶対ニ提携セサルコト」といって、「新中央政権ノ成立ノ機転ヲ促進シ其成熟スルヤ機ヲ見テ日、満ヲ以テ先ツ之ヲ承認シ独伊等ヲ誘導シ承認セシム」と訴えていた。蔣介石と絶縁し傀儡政権を樹立せしめよというのだった。軍中央が意思決定する一カ月まえに、ここまでの意見を具申していたのである。この電報は梅津を喜ばせ、多田の眉をひそめさせた。

察哈爾作戦の成功、蒙古に三つの自治政府を成立させたという自負、自らの経験を日本の政策全般にまで普遍させてしまうという錯誤のなかに、カンチャーズ島事件からはじまる彼の焦慮があった。

十二月に入って、東條のもとに中国側の無線傍受を担当している無線班から、「日本政府が蔣介石政府との間で和平を検討しているようです」という連絡がはいった。東條は怒り、すぐに蔣介石排斥の強い電報を軍中央に打った。

たしかに日本政府は和平工作を進めていた。十六個師団、八十万近い日本軍が中国の主要都市を占領している。国内態勢も企画院が新設されたし、十一月下旬の大本営令改正により、宮中に大本営も設置された。軍事的には日本は有利にあるという背景のもとに、ドイツ駐日大使ディルクセンから広田外相に和平の打診があった。ドイツとしては、蔣介石政府に軍事顧問を送る一方で、日本とは防共協定を結んでいるため、日中和解こそ望ましいという事情があったのである。日本への打診とともに、中国側には駐支大使トラウトマンが働きかけ、和平工作応諾の諒解をとっていた。

ところが日本では、政府と軍部の一部にしか知られていなかった和平工作が、省部の将校に洩れてしまった。なぜ洩れたかは明らかでないが、関東軍から伝えられてきたとする説が強い。すると省部の中堅将校は、「首都南京を失なった国民政府はいまや地方軍閥にすぎぬ」と怒り、日本側の和平条件を敗戦講和の条件に変えてしまった。

十二月二十六日に、ドイツ大使をつうじて国民政府に伝えた四条件は㈠満州国の承認、㈡容共抗日満政策の放棄、日満両国の防共政策に協力、㈢内蒙に防共自治政府を樹立、㈣内蒙、華北、華中の一定地域を日本軍が必要期間確保する――という、まことに得手勝手な条件だった。しかも四条件受諾なら和平交渉は続行、拒否なら新政府を樹立し、その政府と国交調整すると伝えた。

ここまでいわれたら、蔣介石も戦う以外に方法がない。

蔣介石に四条件を伝達しつつも、陸軍は武力での結着を欲していた。昭和十三年一月十五日の大本営政府連絡会議では、事変不拡大派の多田参謀次長が「事態収拾のため交渉続行」を唱えたが、杉山陸相、広田外相が陸軍の意を受け交渉打ち切りを言い、近衛も結局それに同調した。そして翌十六日、日本政府は一方的に「帝国政府は爾後国民政府を対手とせず、帝国と真に提携するに足る新興支那政権の成立、発展を期待し、是と両国国交を調整して更生新支那の建設に協力せんとす」という声明を発表した。のちに近衛自身、この声明はまったく誤りだったと認めるが、このときは「対手とせず」というのは「否認」よりも強い意味をもつ、断固たる意思のあらわれであると言い切った。

トラウトマン工作中止は、関東軍の参謀を喜ばせた。東條はいっそう占領地視察に力をいれた。自らつくった庭園が、きれいに手入れしてあるか否かを確かめるような、細かい視察だった。

東條の考課が高い部隊は、細部に配慮がいき届いているのが条件だった。ソ満国境の無線傍受部隊を視察したとき、機密書類が手際よく整理されているのに感心し、さらに施設の傍に防火用水が置かれているのを見て、東條は上機嫌になったものだ。実際、防火用水があったとしても、どのていど役立つかは疑問だったが、「そういう細かい心がけがいい」と讃め、副官に「この部隊長の実家へ参謀長名で激励の手紙をだすように……」と命じた。〈あなたの家庭の協力が模範的な皇軍兵士を生んでいる〉という参謀長直々の署名のある手紙に、家族は喜ばぬ筈はないというのが、東條の確信だった。

中国との戦争に、長期的にはどのような結着をつけるか、このころ陸軍省と参謀本部は論議を重ねていた。陸軍省の積極策に抗して、参謀本部の多田参謀次長、作戦課長河辺虎四郎、戦争指導班堀場一雄は消極策を訴え、堀場の提案した「日中戦争三段階論」――第一期作戦休止、第二期大軍事作戦展開、第三期対ソ対支戦争に備える軍事力増強――を根拠に論陣を張った。だが結局、ソ連を気にするあまり、支那に消極的なのは戦力を重点に指向すべき原則に反するという積極策がとおり、陸軍省軍務局軍事課高級課員稲田正純が参謀本部作戦課長に転じて早期作戦計画を起案し、この案に基づいて対中国作戦を展開することになった。

昭和十三年三月、徐州、漢口、広東と作戦行動は一段と中国の奥深くはいった。しかし、この作戦を支える〈消極的な対応では結着がつかない。兵員も戦備も消耗するだけだ。シベリア出兵の二の舞はたまらぬ〉という考えは、毛沢東に指揮された中国共産党の戦略を裏づける反面教師となった。

このころ毛沢東は、つぎのように言っていたのだ。「中国の国土は膨大である。たとえ日本が中国の人口一億ないし二億を占める地域を占領しても、われわれはまだ戦争に破れたとはいえない。われわれはまだ日本と戦争するだけの非常に大きな力をのこしており、日本の全戦争期間をつうじて、つねに、その背後で防御戦をおこなわなければならない。中国経済の不統一、不均等は、抗日戦争にとってはかえって有利である」。結果はまさにそのとおりになった。

関東軍参謀長室の壁には中国地図が掲げてあった。ここに日本軍の進出を示す日章旗が乱舞した。三月下旬、漢口陥落、南京には中華民国維新政府樹立、日章旗は一段と地図上に輝いた。この参謀長室に、週一回、満州国総務庁長官星野直樹や関東局、大使館、満鉄などの幹部が集まり、東條の戦況報告を聞いた。「わが皇軍は目下破竹の進撃をつづけ、こうしてお話ししている間にもわが皇軍兵士は前線で闘っているのであります」――東條はそのことばが気に入ってしばしばくり返した。

満州国を牛耳っている日本人官僚は、星野直樹を筆頭に関東軍と二人三脚を組んでいた。知と武を組み合わせての巧妙な植民地支配だった。

二月には満州国議会で国家総動員法を制定した。経済、産業、教育は戦時体制に再編成するというこの法案は、満州開発五カ年計画も手直しして、日本の戦時体制への資源供給を眼目とすると謳い、鉄、石炭などの迅速な生産拡大を狙っていた。そのための満州国重工業開発会社が設立された。官僚たちの思うがままの満州であった。

彼ら官僚と東條の目には、満州が順調に戦時体制に移行しているのに、東京では国家総動員法ひとつ議会でとおすことができないでいるのは、陸軍指導者の怠慢とさえ映った。だから東京に出張する参謀には、省部を激励してくるよう命じられた。

国家総動員法は議会で総反撃を受け、「これほどの権限が政府の命令で行なえるというのは憲法違反ではないか」と、政友会も民政党も反対していた。国防目的を達成するために、国内の人的物的資源を統制するとして、被服、食料、医療品から航空機、車輛、そして燃料、さらに通信、教育、情報、国民徴用、経営、新聞から労働条件にまで統制が及ぶと謳い、違反すれば重罰を加えるというのでは、議会人は容易に認めることができなかった。法案の運用によっては、実質的に戒厳令にもなると批判した。戦争を国是とし、軍人を選民とする乱暴な法案だった。

大正時代、永田、岡村、小畑、それに東條を加えての「バーデンバーデンの密約」にあったように、国家総動員体制は近代戦争の不可欠な要因と考える世代の将校が、まちがいなく陸軍中央の指導者に列する時代になっていたのである。

陸軍は強力にこの成立に動き、議会で法案説明にあたった軍務局国内班長佐藤賢了は、議員にむかって「黙れ！」とどなったが、それも軍内の焦慮をあらわすことばと受けとめられた。結局、法律の運用を憲法の範囲内で……と近衛首相は約束して、やっと議会を通過し、四月一日から公布された。

「これで日満一体の態勢ができた」

法案成立を知った東條は、心を許した参謀たち、田中隆吉、辻政信、服部卓四郎、富永恭次を食卓に呼び、日満共同防衛の徹底充実で時局の要請にこたえなければならぬと言い、「速やかな支那殲滅」を訴えた。

屈辱からの脱出

早期殲滅作戦を唱う軍中央は、北支那方面軍（寺内寿一司令官）、中支那方面軍（松井石根司令官）に新たな行動を命じた。日本軍は中国軍を求めて奥地にはいった。しかし総退却作戦の中国軍を殲滅することはできなかった。五月十九日、徐州全域を占領。だがそれは戦闘に勝って戦争に負ける一里塚でしかなかった。

外に日中戦争、内に国家総動員法、新党運動。近衛首相は健康がすぐれぬこともあって、辞意を洩らすようになった。そこには彼の性格の弱さもあった。日本軍が中国の奥深く入るにつれ、それを国政の責任者として制禦できぬ焦だちもあって、辞意はしだいに固くなった。が、そのたびに元老西園寺公望に慰められ、なんとか態勢を整え首相官邸にはいった。そして辞意を翻すかわりに内閣改造を考え、強硬論を吐く杉山元と広田弘毅の更迭を決意した。近衛の不満は、とくに杉山に向かい、軍内の強硬派を代弁するだけで定見がないことに憤りを感じ、この杉山を動かしている陸軍次官梅津をも替えて、陸軍省のゴリ押しに歯止めをかけたいと考えた。

近衛が想定した次期陸相は、第五師団長として徐州で指揮をとっている板垣征四郎だった。天皇が皇道派系の人物を避けるよう望んでいたことと、日中戦争早期解決論者であることが、近衛の期待に合致した。

近衛は杉山に辞意を働きかけた。しかし杉山は辞めるとはいわない。そこで近衛は天皇に自らの意を伝えた。板垣で日中戦争を処理したい……。天皇はそれを参謀総長閑院宮に伝えた。天皇は陸軍と杉山陸相に、不信の気持を強くもっていた。満州事変以来の相次ぐ大権干犯という陸軍の体質を信用しなかったのと、上奏内容の不備を質されると口ごもり、しかも日中戦争は二、三カ月で片づけるといいながら、一向に解決の方向を上奏してこない杉山の態度に不満だったのだ。

天皇と近衛の意思を知った杉山と梅津は、板垣陸相では対支作戦は中止になるかもしれぬ――と恐れた。しかも陸軍は新たに漢口、広東作戦を検討している。これらの作戦は、陸軍省が消極的な参謀本部の腰をたたいて進めているのだ。ふたりの結論は躊躇なく、「陸軍省の方針を忠実に守りぬく人物を次官に据えて板垣を牽制しなければならぬ」という点に落ち着いた。それには誰がふさわしいか、梅津の答は明らかだった。梅津の挙げた名前に、杉山も異論はなかった。こうして東條英機が陸軍次官に予定された。杉山は、近衛が次期陸相を天皇に上奏するよりも先に、次官には関東軍参謀長東條英機中将を据えたいと、上奏した。こういう例は憲政史上はじめてのことであった。天皇はとまどい、西園寺公望もあきれた。それほど杉山と梅津は焦慮していたのである。

「東條というのはどういう軍人か」

東條を知らなかった近衛は、さまざまなルートで人物像をさぐった。「真面目で実直な男だ。軍紀を尊ぶ平凡な軍人。板垣のようなヌーボーとした男には、緻密で事務処理に長けているああいう男がいいだろう」、そういう評判だけが届いた。近衛も制しやすそうにみえるこの軍人に、異存はなかった。むろん東條が、梅津や多田宛てに打っている極秘電報の内容を知る由もない。東條に固執する梅津の真意が、軍内強硬派、日中戦争早期殲滅派の総意を代弁する人物として推してきた背景を見ぬく眼は、彼にはなかった。こうして近衛と東條——ふたりの男の出会いは、錯誤からはじまったのである。

そして不幸なことに、この錯誤は、近衛と東條の人間的なものだけでなく、日本の〈政治〉と〈軍事〉のさらに大きな亀裂のきっかけになったのである。

足繁くソ連の国境視察にでかけている東條に、陸軍次官就任が伝えられたとき、彼の表情は一瞬曇った。泉にはそれが不思議に思えた。

「俺たちは水商売の教育は受けていない。陸軍士官学校以来、戦争以外のことは教わっていない」

〝水商売〟というのは、政治家の世界をさすことばだった。軍人は決断を尊び、あとは猛進し、それを達成するだけだ。ところが政治の世界はどうか。人気とり、迎合、妥協。そんなふやけた世界は男の生きる世界か。それは水商売ではないか。

「だが命令とあれば仕方がないな」

東條は溜息をついた。実際。このころ東條は、師団長どまりで予備役になるだろうと、周囲に洩らしていたのである。

新京に戻った東條は、関東軍の将校や満州国の日本人官吏から祝福を受けたが、その期待がどのようなものかは、充分に知っていた。

いま東條転出の記念撮影の写真を見ると、五十人近い将校が彼を中心に威儀を正して座っている。送別にこれほどの将校が並んだ写真はない。彼らの期待が、板垣よりも東條の側にあったことを充分に物語る光景である。さらに仔細に見ると、全員が正面を向いているのに、東條はわずかだが右を向いて座っている。東條の左隣り、植田司令官の隣りには参謀副長石原莞爾がいる。そのためであろうか。

赴任の日が近づくと、東條はなにやら必死に計算をはじめ、それを書き終えると副官にわたした。機密費の精算書だった。機密費の使途は明らかにする慣例はないのに、克明に使途が書いてあった。残金が添えられ、一円という端数まで返還されたが、この事実は、しばらくは関東軍の中でも、さまざまなニュアンスをこめて語り継がれた。

東條のためにひと言弁護しておけば、彼は金銭には淡白だった。石原系の軍人や協和会会員の、「東條は機密費をばらまいて、御用ジャーナリストを育て手柄話を書かせた」という批判は、必ずしも当たっていない。

参謀長のなかには、御用ジャーナリストや浪人に機密費をばらまいて、〝私兵化〟し、裏側にも権力構造をつくった者もいるが、東條は、そういう方面にはあまり流用しなかったと、副官の泉は証言している。

この期、東條には関東軍から六千万円の機密費がでていたし、陸軍省からも年間二千万円が届いていた。八千万円という莫大な機密費のほとんどは手つかずだった。甘粕をつうじて、協和会のなかに親関東軍の人脈をつくるため機密費が流れたのと、中国人の情報屋に定期的にわたされただけだという。

新京にある日本人経営者（出版業）にも機密費はわたったようだが、それはジャーナリストを懐柔するほどの額ではなかったともいわれている。

東條の参謀長時代、大陸浪人の間で東條の評判が悪かったのもこのためである、と説明する関東軍将校もいる。東條の皇軍意識から見れば、大陸浪人などは〝砂糖にむらがる蟻〟のように見えたというのである。

昭和十三年五月下旬、東條は家族をつれて新京駅から満鉄の特急「あじあ号」にのりこんだ。三年まえの十月十日、一人の参謀の出迎えを受けて降りたった駅。いまそこには、ホームにまで溢れる人波があった。関東軍将校、兵隊、憲兵、満州国官吏、協和会役員、会員、国防婦人会会員……。

これは、軍中央から追われ、久留米に、そして予備役編入もまぢかといわれながら関東憲兵隊司令官、参謀長に、そのつど陸軍の政策を忠実に実行してよみがえった軍人の新しい場への旅立ちだった。そしてこの送別の人波は、〈東條がつくられた時代〉から〈東條がつくる時代〉への転回点に立ち会った証人ともいえた。

第二章　落魄、そして昇龍

実践者の呪い

参謀次長との衝突

省部の政策決定の一員に加わったという意識が、東條の気負いとなった。三軒茶屋の自宅に、午前七時すぎに陸軍省差し回しの自動車が迎えに来るが、一日と十五日の二日間、この車はいつもとコースを変え、明治神宮に参拝するのを習慣とした。また朝六時に起きると布団に正座し、宮城に向かって軍人勅諭の一節を唱するのを日課とした。

いずれも東條の人生で新しくはじまった習慣だった。

「雑念を追い払って政策立案にあたりたい。心の中に一点の曇りもない無心さで机に座りたい」

というのが、ふたつの行為の裏づけだった。自らの肉体は無私の生物、軍人勅諭が宿った表現体。それが彼の意識だった。むろんこの僭越な意識を支える背景があった。彼にはあまりにも制約がありすぎたのだ。梅津との事務引き継ぎの際に、陸軍次官の役割について、「板垣を越えるつもりで……」と確認を求められている。軍内では、「梅津さんは東條さんの大恩人だ」という意識的な噂が撒かれた。暗に杉山、梅津路線を東條が継いでいくという意味がこめられている。

陸軍大臣と陸軍次官。職務権限が明文化されていないので、その関係は微妙だった。陸軍大臣と陸軍省軍務局長が直結し、陸軍次官は名目だけというときもあれば、陸軍次官のほうが陸軍大臣をふりまわす時代もあった。そのちがいはこの職に就く軍人の性格とふたりの力関係によって異なった。梅津の時代には、彼があらゆる書類に目をとおし、それを杉山に回した。彼は次官に政治的な力量を与えたのである。

陸軍次官の役割を、梅津が東條に申し送ったとき、〈次官が陸相をリードするように……〉との意を含んでいた。東條もそれを守ろうとした。だがまもなく、東條は参謀次長多田駿と対立した。背景には日中戦争拡大論と不拡大論の衝突、参謀本部と関東軍の対立があったが、きっかけはむしろ人間的な側面からはじまった。多田と板垣は、伊達藩と南部藩と同じ東北出身のよしみもあり私生活でも親しかった。それに満州建国の功労者の板垣と、多田の思想は近い。だから参謀本部と陸軍省の打ち合わせは、多田が直接大臣室に行って、「おい板垣」という具合に話をつけた。これが東條には不快だった。

参謀次長は陸軍次官に話をとおし、しかるのちに次官が大臣に決裁を求めるのが常道ではないかというのである。実際は参謀総長が閑院宮なので、参謀次長が陸相と対等であるというふうに省部では受けとめられていた。東條の強い抗議に、板垣は「わかった。わかった」というだけで、いっこうに改めなかった。すると東條はますます意固地になって詰め寄った。板垣はその抗議にとりあわなかった。東條は完全に浮きあがった。もともとふたりは、同じ南部藩の出身、板垣の曾祖父はあの南部騒動のとき、南部利済に抗した漢学者であったし、それにふたりとも尉官時代は一夕会の有力なメンバーであった。

「次官になって困ったことは、おれ、貴様の関係だったのにこれからは大臣と呼ばなければならんことだ」

と東條は言ったほどだ。が、性格はまったく異なった。板垣は机に向かって事務をとるのが嫌いなタイプ、東條は書類を暗記してしまうタイプ。規則にこだわらない板垣に規則万能の東條。そのうえ板垣は軍中央の生活を知らないので、閣議でも他の閣僚の要望を気軽に引き受けて戻ってくる。それをまた東條が抗議するという光景がくり返された。

東條と板垣・多田連合軍の対立は省部でも有名になっていった。

一日という時間は、対立の深まりでしかなかった。しかも多田は陸士十五期、満州国軍最高顧問、支那駐屯軍司令官から参謀次長に転じた軍人で、その経歴から判るように石原を評価し、東條を嫌っていた。岩手県人会の集まりに出席した東條に、「君自身は県人じゃないではないか。それなのに顔をだすのはおかしい」と後日多田が皮肉ると、東條は顔色を変えてつめより、周囲の者に止められたほどだった。

陸相板垣征四郎の事務能力欠如は閣議でもうとんじられた。いちど引き受けても、次の閣議で平気でそれを取り消したし、陸軍への反対論には耳を傾けなかった。

　例は無数にあった。強いてひとつを指摘するなら、七月に起こった張鼓峰事件が挙げられる。ソ連機の満州国侵入に、軍中央は強硬策を考え、それを受けて板垣は天皇に応急動員下令を上奏した。天皇が賛成しないので、板垣は気を落とし、閣議で辞意を洩らした。が、軍中央が消極論にかわると平然とそれを閣議で報告した。

　近衛は愛想をつかし、天皇に「板垣はぼんくらな男です」と告げた。しかしこのぼんくらな男を陸軍制御のために利用しようと、彼は考えるようになった。彼は「蔣介石を相手にせず」の声明を撤回し、昭和十三年内に支那事変解決を……と考え、外相宇垣一成とはかって、陸軍説得に力を入れようと考え直したのだ。そのためには板垣が御しやすいと思い直した。近衛のブレーン集団である昭和研究会の会員を板垣のもとに送り、日中戦争の早期解決を訴えた。軍事作戦から政治解決をという説得に、板垣の感情は揺れた。

　こういう板垣の態度は、東條の気に障った。そのたびに大臣執務室に入っては釘をさした。

「近衛周辺の学者や評論家と称する連中が、陸軍省をとおさないで陸軍に近づいてくる。これでは政治が統帥を犯すことになる。彼らは軍を分裂させようと策動しているではないか」

「わしは奴らにふり回されてはいないぞ」

「しかし彼らは陸軍の方針についてなにかと口出ししはじめている。いまは陸軍も力があるからいいが、もし陸軍が弱体化するならば統帥は完全に政治に従属してしまう」

そういうときの東條の口ぶりには、陸軍の意思は陸軍次官や軍務局軍務課の意思、陸軍大臣とはその意思を代弁すればいいのだという、つごうのいい言い分がこもっていた。

当時の陸軍省の意思とは、日中戦争を処理しつつ、国家総力戦にそなえ軍備拡充をはかり、対ソ戦と南方での対英米戦に備えるということだった。英米に備えるというのは、日本は中国から英米資本をしめだしているわけだから、いつか衝突があるかもしれないと考えたからである。省部ではこの意思はあらゆる会議で確認された。九月の在郷軍人会総会で、東條はこの構想を、〈支那事変解決のため北方でソ連と、南方で英米との戦争を決意しなければならぬ〉という強いことばで演説した。新聞が大きく報じ、陸軍は支那事変だけでなく、ソ連や英米とも戦争をはじめるつもりかと騒ぎだした。

板垣は困惑した。東條の発言が陸軍省の意思と思われては困るからだ。あわてて部内で会議を開いたが、そこに東條を呼ばなかった。彼は友人の立ち場を捨て、この軍人の軽卒さを罵った。〈あの男は爆弾のようなものだ。自説に固執しそれを他人に強要するだけだ。しかも妥協を嫌う偏屈な男だ〉、板垣と多田は露骨に東條を敬遠しはじめた。

十一月に入って、参謀本部と陸軍省の将校は、「(昭和)十三年秋季以降の戦争指導に関する一般方針」の打ち合わせにはいったが、参謀本部戦争指導班長堀場一雄が事変解決のために蔣介石の立場を曖昧にしておこうというと、東條は「蔣介石を直ちに下野させると明文化しなければいかん」とどなり、多田・板垣に連なる将校を憤激させた。実際のところ、東條の怒声は自らの精神的不安を充足させはしたが、周辺の人間には狭量さを見せつけるだけだった。

　さらに板垣や多田を憤激させたのは、東條の石原莞爾への敵愾心と、彼を陸軍から追い払おうとする執拗さだった。関東軍参謀副長石原莞爾は、持病が悪化して東京に戻り、茨城の大洗海岸で療養することになったが、これが届けをださずに無断であると、東條は難癖をつけた。実際は、植田関東軍司令官に届を出したにもかかわらず、こうした嫌がらせをするのは、関東憲兵隊に石原の動向をさぐらせている東條の謀略だと、石原系の軍人や民間人は怒った。無断療養では軍紀が保たれぬ、と迫る東條に音を上げ、板垣は、石原を舞鶴の要塞司令官に転勤を命じた。東條の後ろに、日満一体を画策する関東軍参謀の支援があり、満州国自立を叫ぶ石原を追い払いたいという総意を、東條は代弁していたのである。

　板垣も多田も、東條を支える司令官や参謀と派閥抗争をするほど、性格は強くはなかったのである。

　近衛はここに及んで、東條への懸念をもった。閣議で態度を変える板垣の背景に、直情的な次官がいる、杉山が梅津の傀儡であったように板垣も東條のロボットだったのだ――そう気づいたとき、近衛は東條を警戒しはじめた。彼とその周辺にいる知識人が、東條を蛇蝎《だかつ》のように嫌い、東條も彼らを軽侮する素地がこうしてできあがっていったのである。

不在証明の日々

　昭和十三年十二月。池田成彬蔵相が、軍需工場に民間資本を導入するため株式の配当制限を行なわないと発言した。経済人からみれば、資本とは本来そういうものだという冷徹な計算があった。するとすぐさま東條が、

「軍需工場の利益は、ただちに生産設備の拡張に回されるべきだ」

　と反論して、池田発言を否定した。東條発言は閣議で問題になった。「次官が経済政策にまで口ばしをいれる権限があるのか」「資本導入をはかろうとする蔵相の弁を否定して、陸軍は何をするのか」――。こういう詰問に、経済知識にうとい板垣は顔をあげられなかった。

　閣議で騒がれても、東條はこの発言の意味を自覚していなかった。軍需工場での資本の利益は、そのままつぎの生産設備に回すべきという理解があるだけで、資本が利潤を求めて投下されるという経済原則を理解しなかった。この東條発言は、新聞班長佐藤賢了の受け売りだったのだ。参謀本部でさえ政治との関係を円滑にと心がけている時期だったので、無用の摩擦を起こす東條発言を怒った。ここにきて東條は孤立した。

「こうなっては君もこの職にはとどまれまい。自重してほかに移ってもらおうと思うがどうか」

　板垣にそう言われると、東條は、自分を辞めさせるなら、多田次長も辞めさせるべきだ

と反論した。その理由として、職階を無視した執務態度は軍紀の綱紀に反したという筋のとおらぬ申し開きをした。自らの退陣とひきかえに、省部から日中戦争拡大の妨害者を排除しようという魂胆だった。東條を後押しする将校のほうが省部には多かったために、板垣は渋々それを受け入れ、昭和十三年十二月、東條は航空総監兼航空本部長に、多田を第三軍司令官へと移した。だが航空本部は陸軍省の建物の中にあったが、多田は満州に転じたので、省部への影響力を失なうことになった。東條の目論見は成功した。

政策決定集団の一員としての彼の能力は、わずか六カ月で失格の烙印を押されたが、彼の置き土産は省部の将校を喜ばせるに充分だった。彼への期待はむしろ昂まったのである。

航空本部は、航空兵の養成と高級指揮官の教育を行なう部門だったが、例によって、東條は陸軍省隣りにあるバラック建ての二階の総監室で、熱心に航空戦略の学習をはじめた。が、このポストはそれほど多忙ではなかった。さしあたりは全国にある航空兵養成の実情を知り、航空専門将校の報告に耳を傾けるていどだった。

何年ぶりかで、彼は家庭生活に戻った。子供たちと語らいの場をもった。東條の次妹の長男で、当時陸軍士官学校の区隊長だった山田玉哉は、そのときの東條の生活をつぎのように話している。

「例によって、私には〝しっかり軍務に励んでいるか〟といいつづけましたが、それでもこの時期はのんびりしていて、二男や私とよく話をしました。二男は帝大を卒業した航空機設計の専門家でしたが、〝滑走路がいらない飛行機はつくれんのか、こんな狭い日本だからそんな飛行機があればいい〟と東條はいって、〝だから素人は困ります〟などと反論されていた。でもその後、ヘリコプターが利用されるようになって、私なんか、なるほどなあ……と思ったりしましたね。東條はもともと飛行機に乗るのが好きではなかったが、出張には率先して飛行機を利用して、パイロットを喜ばせたともいわれていました」

ときに無聊をかこつ東條のもとに、省部の将校が遊びに来ることもあった。新聞班長から情報部長になった佐藤賢了と、政治情勢を語ることもあったが、東條は、政治の世界には疲れたというのが口癖であった。

当時の政治状況を俯瞰しておくなら、日本は依然として対中国戦争のあがきのなかにいた。国共合作の狭間にいる国民党副主席汪精衛をかつぎだしての傀儡政府をもくろむ陸軍謀報機関の動きが進み、政治工作は成功しつつあるように見えた。だがこういう流れに、近衛は厭気を感じた。彼は自らの指導力が陸軍には通じないのを自覚したが、彼自身の状況にたいする曖昧な態度も原因のひとつであることを充分自覚していなかった。

西園寺公望や文相木戸幸一の説得をふりきり、彼は、昭和十四年一月に辞任した。近衛の投げやりな態度は、九十歳の西園寺を失望させ、「近衛は総理になってから何を統治していたのか。どういうつもりなのだろう。陛下にもまことに申し訳ない」と側近に嘆いた。近衛の後任に、枢密院議長平沼騏一郎が内大臣湯浅倉平によって推されたが、皇道派将校や国本社系の官僚に支持の厚い平沼は、昭和七、八年には西園寺にファシストとして嫌われていたのである。平沼の登場は、西園寺が怒りすら失なっていることを物語っていた。

平沼が取り組まねばならなかったのは、日独防共協定の取り扱いだった。広田内閣時代に結ばれたこの協定には秘密付属協定があって、日独両国の一方がソ連から攻撃を受けた場合、他方がソ連の負担を軽くするような一切の措置を講じないことを定めていた。ところがドイツは、同盟の対象を英仏にも拡大するよう望んでいた。呼応して陸軍中央と民間右翼は蔣介石政府への諸外国の支持を奪うために、防共協定を同盟へ拡大すべきだと主張した。だが海相米内光政、海軍次官山本五十六を中心とする海軍省、財界、それに重臣たちは、ドイツへの傾斜は米英を刺激するだけであり、当面は米英との協調が必要だと言って、防共協定を新たな軍事同盟へと変質させることに反対した。

東條が航空総監時代の、昭和十四年春から夏にかけて、対独提携論者と対英米協調論者の勢力が拮抗して対立の芽を養っていたのである。

日本の航空事情を頭に入れた東條は、当時の航空戦略の主流の考えの中に自らを置いた。この頃ふたつの考えがあって、ひとつは将来の戦争は空軍の質量によって決せられるので、爆撃機主体の航空政策をとるべきだという意見。もうひとつは、戦争の主体はやはり地上戦であり、航空部隊はその補充にすぎないとの考え方だった。陸軍首脳の考え方は後者にあった。むろん東條もそれに与した。第一次世界大戦での航空機主体の戦争内容を知識として知っている陸軍首脳は、現実には日露戦争時の戦争形態からぬけだすことができなかったのである。現実に中国大陸での局部的な軍事的勝利をみて、白兵主義に全幅の信頼を置いていたのでもある。ところがこの戦法に決定的な打撃を与える事件が、昭和十四年夏に起こった。ノモンハン事件である。

ノモンハン付近の国境線は、日本と満州国はハルハ河と主張していたが、ソ連と蒙古はノモンハンとみなしていたため、しばしばこぜりあいがあった。五月十二日の蒙古軍と日本軍の衝突のあと、日満ソ蒙は兵力増強をつづけ、六月から九月にかけて二次にわたり戦闘が行なわれたが、日本軍は完膚なきまでにたたきのめされ、戦死者行方不明者八千三百名、戦傷戦病を含めると一万七千人もの兵隊が戦力から脱落した。この戦闘の結果、「ソ連地上兵力の主戦力である砲兵、戦車の火力、装甲装備は日本軍とは段違いに強力であること」が明らかになったし、航空兵力も当初は日中戦争の経験を積んだ日本空軍が優勢だったが、そのうちソ連空軍は速力、火力での優位を利用して戦力を向上して猛爆撃を加えてきた。

参謀本部は「ノモンハン事件研究委員会」を設けて敗因を検討したが、抜本的な装備には手をつけず、あるていどの火力装備補強で当面の欠陥をカバーすることにした。歩兵の白兵主義という戦術を一掃する機会であったのに、それを捨てる勇気はなかったのだ。

ノモンハン事件は植田関東軍司令官、磯谷廉介参謀長の消極論に対して、参謀の辻政信、服部卓四郎らが強硬論を唱え、参謀本部を説得して進めたものだった。圧倒的なソ連軍の航空機と戦備のまえに、無謀な作戦を進め、あまつさえ敗戦の因を現地の連隊長に押しつけ、自殺を強要するという、これらの幕僚の無責任さはその後の日本軍の退廃の予兆だった。しかも植田と磯谷は予備役に編入されて責任はとったのに、辻も服部も閑職に追われただけで、のちに東條によって重用されたのは、東條人事の専横さを裏づけるものとして汚点になった。

ノモンハン事件にみられた航空戦略を、東條もやはり重視しなかった。彼は依然として、航空戦は地上戦の補完とみるだけで、ノモンハン敗退も〈精神力が足らん〉という省部の将校の論に与した。とはいえ、ノモンハン事件は東條には不在証明になった。彼が参謀長だったら、このとき予備役に追いこまれたにちがいなかったからだ。

政治情勢も東條に味方した。ノモンハン事件がソ連軍の勝利にあるとき（八月）、突然ドイツとソ連が不可侵条約を結んだ。まったく予測できなかったヒトラーとスターリンの握手に、平沼首相は絶句し内閣を投げだした。陸軍は狼狽し日独防共協定を楯にドイツに抗議したが、一笑にふされた。日本国内でこれを喜んだのが英米協調論者だった。西園寺と湯浅は、この機に親英米派の力を盛りたて陸軍を牽制しようと、次期内閣に前蔵相で、三井資本の池田成彬を考えた。しかし近衛は、「軍部がホゾをかんでいるとき、池田氏では刺激が強すぎる」と反対して、陸軍の主張する阿部信行に同調した。

昭和十四年八月三十日、阿部内閣が成立し、陸相には畑俊六大将が座った。阿部はすでに予備役であったが、陸軍の中堅将校が彼を推したのは、圧力をかけやすいと踏んだからだった。

内閣成立二日後、ドイツがポーランドに侵入し、イギリス、フランスとの戦闘状態にはいった。阿部内閣はこの戦争に不介入、日本は独自に対支戦争解決に全力をつくすと発表した。

こうした政治情勢がつづいている間、東條は政治的意思表示をする必要のない地位にいた。それが彼の運命を左右したのである。ノモンハン事件、独ソ不可侵条約、そしてヨーロッパでの戦争。このひとつにでも意見を公表していれば政治的な失脚まちがいなしと思われるほど、東條は感情に満ちた意見の持ち主だったからだ。彼は独ソ不可侵条約を知ったとき激怒し、ヒトラーを罵った。道義や信義のない男、まったくああいう下士官あがりは何をするかわからん、自分が見たドイツはこんな国ではなかった、とぐちった。だがそれを聞いたのは、彼の周囲にいる側近だけだった。

〝水商売〟はこりごりだ

阿部内閣は政党の支持もなく、人気も沸かないとあって、陸軍もすぐに見放した。十月に入ると、陸軍省軍務局長に就任した武藤章が、近衛をたずねて、再度首相の座に就くよう懇願した。ドイツの優勢に呼応して、日本も支那事変に結着をつけ、東亜共栄圏の建設に立ち上がろうというのが説得のことばだった。

昭和十五年が明けてまもなく、阿部内閣は倒れた。元老西園寺公望のあとを継いで首相推挙の任にあたる内大臣湯浅倉平は、松平恒雄宮内大臣、海軍の長老で重臣の岡田啓介らの協力を仰ぎ、米内光政を推挙した。米内と平沼内閣の外相時代に防共協定強化に反対した有田八郎に、対英米協調外交を採らせようというのが湯浅の期待であり、天皇の意思だった。

陸軍の将校は、米内推挙に憤激したが、背景に天皇の意思があると知って黙した。畑を留任させ、陸軍次官に阿南惟幾を据え、米内内閣を見守ることにした。

昭和十五年一月二十六日、米内内閣誕生から十日後、日米通商航海条約が失効した。日中戦争に不快を示すアメリカからの痛撃だった。これによって、日本の経済活動が揺らぐのは政治の中枢にいる者なら誰でも知っていた。くず鉄禁輸は日本の鉄鋼業に打撃を与えるし、石油が止められれば日本は動けなくなる。アメリカ批判は一気に高まり、陸軍と親軍派議員はこれを巧みに米内批判にからませた。

支那事変を解決させ、国力を建て直さなければ、日本は国際的にも軍事的にも孤立するとの恐れが陸軍の間にも起こってきて、参謀本部の将校の中には、中国から兵力撤退をはかり、八十五万人から五十万人に、数年先には三十万人に縮小しようと訴える将校もいた。だが直進するだけの陸軍内部にあって、そういう将校の声は無視された。威勢のいい強硬論を吐いていれば左遷されることはないというのが、当時の陸軍の風潮だった。ゴリ押しは国内だけでなく、中国との政治工作にもあった。重慶を脱出した汪精衛に、新政府樹立のための要求をつきつけたが、その要求に汪は驚き返事を渋った。この新政権で政治顧問を約束されている日本陸軍の将校には、〈傀儡政府の指導者にしてやる〉式の考え方があったからだ。

昭和十五年の春、日本は国内でも国外でも、相手の立場を認めぬ強硬論だけが勝利をおさめる悲しい国に変貌していた。

航空総監に就任してから半年後、東條は陸軍省、参謀本部との打ち合わせで、自らに課す目的をつくった。ヨーロッパでの戦争をみると、航空機生産がドイツの勝利に貢献していることが判ったので、日本の航空機生産を飛躍的に増大させなければならぬという目的だった。

国家総動員法の発動で産業再編成を行なっているが、それはまだ時間を要すると判断すると、東條は満州国で日本の航空機生産を満たそうと考え、新京に飛び、関東軍参謀副長遠藤三郎にこの計画をもちかけた。

「航空機の増強は目下の急務であるが、日本国内では議会の承認を得なければならない。満州では掣肘はないだろうから、こちらでつくってもらいたい。名目は満州国の航空部隊にすればいい」

この申し出は、遠藤や参謀長の飯村穣を驚かせた。満州国を植民地のように考えている東條の本音が、はからずもあらわれたと受けとったのである。

昭和十五年五月から六月にかけて、日本の国策が陸軍主導になる出来事が起こった。前年九月に一週間でポーランドを消滅させたドイツ軍は、この年四月にデンマーク、ノルウェーを席捲し、五月にはいってからはフランス、ベルギー、オランダに攻撃をかけ、ついで英仏軍をダンケルクに追いつめ、五月十四日にはパリを占領した。日本全体に興奮が沸いた。英米本位の世界秩序は崩壊寸前にあり、世界の歴史は現状固定から現状打破へ進んでいるという主張は、ドイツ軍の進撃のまえに説得力をもった。勢いこんで東亜新秩序や東亜ブロックの構想が語られた。

対独提携を唱える陸軍省軍務局の将校たちは、この情勢を見て〈支那事変完遂〉のスローガンを〈南進〉へと巧妙に変えた。そして支那事変完遂を妨害するのは、蔣介石を支える英米の北部インドシナとビルマの補給ルートがあるからだといい、アジアの英仏の植民地にアメリカがとってかわるかもしれないと発言した。それが東亜新秩序構想の有力な裏づけとなった。

こうした声に刺激され、新党運動と国民運動再編成の気運が盛りあがってきた。めまぐるしくかわる内閣——実は陸軍が陰で糸をひいているのだが——にかわり挙国一致体制が必要だとの声が高まり、戦時経済体制を確立し、国内政治には強力な新体制が必要となった。米内が親独を土台にした新体制の方向へ舵とりをしないと怒った陸軍は、米内倒閣を画策した。軍長老の寺内寿一と杉山元を近衛のもとに送り、「現政府は時局認識に欠ける。これが陸軍の一致した見解です」と出馬を促した。

一年半まえに厭気がさして退いた近衛は、挙国一致体制の新党づくりを考えていると公言していたのだが、その基盤ができれば再び首相の座に就く意思をもっていた。彼は周囲に相談し、決意を堅めていった。いちどは陸軍に失望した彼は、いままた幻想のなかにはいりこんでいた。

呼応するかのように、陸軍省の将校たちは、畑に辞表を提出せよとつめよった。畑の辞任のあとに後任陸相を推さなければ米内内閣は倒れる——陸軍大臣現役武官制が存分に威力を発揮するのだ。阿南次官、武藤軍務局長、岩畔豪雄軍事課長、参謀本部の沢田茂次長、富永恭次第一部長、土橋勇逸第二部長ら省部の将校たちは、秘かに後任陸相の打ち合わせをしたが、海軍、宮中、議会の陸軍批判に抗しきれる個性の強い人物という点で一致し、期せずして〈東條英機〉の名があがってきた。

阿南次官の使者として軍事小説を書いている作家山中峯太郎が、東條説得に出向いた。山中は阿南の一期後輩の陸士十九期生で、陸大卒業後身体をこわしたのと私生活の理由で軍籍を離れたが、蔭に回っての連絡役を務めたりしていた。戦後、山中が著わした『陸軍反逆児』には、このときの模様がくわしく書かれているが、それによれば、東條は「水商売はもうこりごりだ」と頑固に抵抗したとある。が、二回目の説得で承諾したと、山中は言っている。東條の内諾を得てから、陸軍の将校たちは畑に辞表を提出させた。

米内は畑に理由を質した。米内自身が著した『米内内閣倒壊の事情』には、「倒閣の策動の中心が陸軍部内にあったことは公然の秘密であり、畑陸相が辞意を決した理由を説明できなかったのも陸軍部内から強要された証左と見られる」とある。陸軍内部の親独派の策動は米内を怒らせ、反陸軍の感情をいっそう深めさせた。これがのちに重要な意味をもってくる。

昭和十五年七月十七日、近衛は第二次近衛内閣を組閣する。

近衛が組閣を終えないうちに、陸軍はかつての陸軍次官のときと同じように東條陸相だけを単独上奏して、天皇に注意された。東條の就任のときに限って行なわれた異例の方法は、実は、東條が陸軍の切り札のような存在だったからだ。七月十九日の午前から午後にかけ、阿南と武藤は陸軍の現況報告と新政策への要望を、東條に克明に伝えた。非政治的立場にいた彼は、政策の中枢を知らされていなかったので、律儀にメモをとった。

山中の説得と富永、土橋らの秘かな口説き文句「見渡すところ陸軍には閣下以外にこの難局を乗りきれる者はいない」を受けいれた東條は、陸相就任の興奮よりも、いかに陸軍の政策を代弁するかで緊張していたのである。彼の綴ったメモは、のちに巣鴨拘置所で整理されたが、骨子はつぎのように書かれてあった。

「一、速カニ第三国ノ援蔣行為ヲ禁絶トスル対支施策ヲ強化シ支那事変ノ解決

一、第三国ト開戦ニ至ラサル限度ニ於テ南方問題ノ解決、之レガタメノ施策

対米粛然タル態度ノ保持・独伊トノ政治結束強化・対ソ国交ノ飛躍的調整・援蔣禁絶・対蘭外交強化・重要資源獲得・国内戦時態勢ノ刷新」

松岡洋右外相との蜜月

近衛の私邸は杉並の住宅街にあった。それは荻外荘と呼ばれていた。近衛は、内閣を発足させるまえに政府の中枢である外相、陸相、海相を私邸に呼んで、自らの政府が、どういう政策を進めるかの打ち合わせをすることにした。外相松岡洋右、陸相東條英機、海相吉田善吾は、七月十九日の午後三時にこの荻外荘に集まった。

カーネーションが飾ってある応接間の小さなテーブルを囲んだ四人は、初めは軽い世間話に興じていたが、やがてそれぞれの見解を小出しに論じはじめた。かつて自らの政府が何をなすべきかを曖昧にしていたので、状況に立ち遅れたという教訓が、近衛にはあり、それだけにこんどの内閣は自らの手でリードしていこうという決意があった。

彼の構想は日中戦争の処理とヨーロッパ大戦の世界情勢への機敏な対応を柱にするということだった。そのために松岡洋右を外相に据えて、外交対策を一新しようという心算だった。ところが「矮小な連中がへっぴり腰で何ができるか」といきまく松岡には、野心家、虚言癖の烙印が宮中や重臣の周辺にあり、それが障害となった。湯浅の跡を継いだ内大臣木戸幸一に、天皇は、松岡外相で大丈夫かと不満を洩らしていた。だが近衛は松岡起用に自信があると言いきって、この不満を押しのけた。

この前日、すなわち十八日に近衛と松岡は会っている。英米と対抗するために日独伊枢軸強化と日ソ不可侵条約締結を平行して進めるべきだという松岡の外交政策は、近衛を喜ばせ、それがはからずも陸軍の将校の計画と合致するのを知った。というのは近衛が首相受諾を決意したとき、武藤が、軍事課長岩畔豪雄が核になってまとめ海軍の諒解もとったという『時局処理要綱』をもって訪れたが、その骨子にあるのは、枢軸強化と対ソ関係調整が柱だったのである。近衛は、この裏に松岡と武藤の密接な連絡があるのを知らなかったが、武藤の要綱と松岡の発言をみて、〈日ソ関係是正のためにドイツの影響力を期待する〉という諒解が政策集団にはあると感得した。アジア、ヨーロッパをつなぐ日独伊とソ連の四国のゆるやかな連合で英米に対抗するというのは、もっとも現実的な政策だと近衛は考えた。

そうはいっても、この四国間がうまく機能するかどうかに、一抹の不安もあった。同盟を結んだからといって、相手国が日本のために行動してくれると限らないのは、独ソ不可侵条約をみても予想できた。そのためにどのような政治姿勢が望まれているのか、近衛は充分判っていなかった。彼は、松岡と東條をうまくつかいこなそうとだけ考えていた。

荻外荘会談は、近衛の発言によって進んだ。戦時経済政策の強化確立、援蔣ルート切断などは異論なく決まった。論議の対象となったのは、「独伊との政治的結束強化」という一項だった。

「枢軸強化に異論はないが、しかし同盟というほどのものであってはならない」

吉田は不安気になんども言った。海軍内部で対英米協調論者としてとおっている吉田には、これを受けいれることはできなかった。しかし近衛、東條、松岡には共通の基盤があるのに、吉田だけは何の根回しもなく孤立気味であった。論議が堂々めぐりをはじめると、松岡は言質をとるような意味をもたせていってのけた。

「外交を遂行するにあたって外交の一元化をはからねばならぬゆえ、一切は自分に任せて欲しい」

吉田は松岡の気迫に圧されて黙った。しかし東條は大きくうなずいた。〈当事者が権限をもつべきで、他の者は口をはさむのは不要だ〉、それが彼の持論だったからである。結局、この四者会談は近衛、松岡のペースで進み、東條はうなずくだけで、吉田は困惑気に口をつぐむだけだった。会議の終わったあと、近衛は、「とにかく完全に根本では一致した」と記者団に語り、東條も自宅に駆けつけた記者に、「外交、国防などの大綱に関しては、意見の一致をみた」と言った。そして近衛や松岡の意気ごんだ態度に好感をもったことを、記者たちに隠そうとはしなかった。

陸相東條英機が省内に行なった大臣訓示は、異例の内容だった。「政治的発言は陸軍大臣だけが行ない、いかなる将校の発言も許さぬ」「健兵対策の再検討」の二点で、次官に留任した阿南や武藤軍務局長が、「健兵対策などは局長や課長クラスが言えばいいことだ」と言っても、かたくなにこの一項の挿入を主張した。

「いかにも東條らしい挨拶だ」

省部では噂された。鷹揚に構えることの多かった陸軍大臣のなかで、神経質さが目立つ軍人の登場と受け止められたのである。だが神経質さだけではなく、まもなく大胆なこともやってのけた。政治的発言をする者を許さぬと約束したのを逆手にとって、政治的発言をしがちなタイプを人事異動で省部から追い払った。ある将校が、東條の執務室に入ったとき、組織図を広げて赤鉛筆をもち、人事を楽しそうに動かしているのを目撃したが、これが「こんどの大臣は人事をいじるのを面白がっている」という噂となって省部に広がり、自らの息のかかった人物だけを重用する大胆な陸相だと目された。

秘書官に、東條の信頼する、ヨーロッパの視察から帰ったばかりの少佐赤松貞雄を据え、軍事課長には真田穣一郎を就けた。徐々にはじまる東條人脈のさきがけだった。

陸軍の長老たち、宇垣一成、寺内寿一、南次郎らは、阿南や武藤を呼んでは、「この陸相はソリの合わぬ者を遠ざけるという、生来身についた癖がある。放っておくと人事で失敗するからよく監視しろ」と命じていた。その後、この懸念は石原莞爾、多田駿の扱いをみても充分裏づけられた。

内閣が発足するなり、近衛は連日閣議を開き、荻外荘の四者会談に沿って国策の方向を決めた。七月二十六日には『基本国策要綱』を採決したが、ここには「皇国ノ国是ハ八紘ヲ一宇トスル国ノ大精神ニ基キ世界平和ノ確立ヲ将来スルコトヲ以テ根本トシ先ヅ皇国ヲ核心トシ日満支ノ強固ナル結合ヲ根幹トスル大東亜ノ新秩序ヲ建設スルニアリ」との根本方針のもとに、新政治体制、日満支三国の自主経済による国防経済など五項目が盛られていた。さらに翌二十七日には大本営政府連絡会議を開き「世界情勢ノ推移ニ伴フ時局処理案」を決定した。「帝国ハ世界情勢ノ変局ニ対処シ、内外ノ情勢ヲ改善シ、速カニ支那事変ノ解決ヲ促進スルト共ニ好機ヲ捕捉シ対南方問題ヲ解決ス」「支那事変ノ処理未ダ終ラザル場合ニ於テ対南方施策ヲ重点トスル態勢転換ニ関シテハ内外諸般ノ情勢ヲ考慮シコレヲ定ム」――すなわち、ここに、支那事変完遂、南方武力進出を明確化したのである。一連の方針は、武藤が近衛に示した『時局処理要綱』を骨子としていて、ヒトラーの電撃作戦に幻惑された〝バスに乗り遅れるな〟という陸軍ペースの反映だった。

こうして内閣成立から一週間後には、国内と国外の政策要綱が決定したのである。しかし自立を自覚した近衛は、大局では武藤の巧妙な政治手腕の中で踊ったにすぎなかった。

ふたつの国策が決まったあと、東條は陸軍省の自動車で明治神宮と靖国神社を回った。英霊を慰め、この国策に沿っていっそう挺身するのを約束するためだった。参拝する彼の周囲には新聞記者やカメラマンがつきまとった。彼は新聞記者に威勢よく答えた。

「時あたかもドイツ軍は対仏決定的勝利をおさめている。このときに帝国も不動の国策を決めたのは心強い。あとはこれを忠実に実行すること、それが自分に課せられた任務だと思う」

電撃的な陸相の弁と讃えられ、このことばは大きく新聞に掲載された。新聞での東條の表情は謹厳だったから、そのことばは国民に厚い信頼感を点火することとなった。いや国民だけではなかった。省部の将校や二百五十万の陸軍の軍人にも、頼もしい大臣と評された。大臣訓示の中で東條は、「論議久しきに亘って決せず、ために方針明示の機会を逸し、或は上司の既に決裁した事項をなお論議して実行を躊躇するが如きは速かに一掃を要する病根である」と言ったが、そのことばどおり、閣議でも即決を要求し、「国策の基準は決まっているのだから、イエスかノーか即答できるはずだ」とつめより、板垣や畑のように閣僚から反論されて黙ってしまうことはなかった。それこそ省部の将校の信頼に値する性格であった。

こういう東條の態度に松岡も好感をもった。彼も決断こそ何にもまさる政策と考えていたからだ。東條もまた閣議で松岡と接するたびに、「松岡というのは自説を曲げない信念のある男だ」と、秘書の赤松に言った。ふたりの蜜月時代だった。

松岡は自らの外交政策を実行するために、外務省の人事を大幅にいれかえ、枢軸寄りの布陣をしいた。そして対独枢軸強化策検討と称して、陸海軍、外務省の事務当局に対独交渉の基本方針を練らせた。

ところがこの過程で海軍との間に亀裂が生まれた。海相吉田善吾、航空本部長井上成美、連合艦隊司令長官の山本五十六ら海軍主流は対独警戒心が強く、松岡と対立し、海軍軍令部の中堅将校の対独派にも同調しなかった。この対立に吉田は疲労を深め、結局辞任した。

八月末になって、松岡はこれまでの対独交渉の草案を独断で変え、その案を三国同盟交渉のため特使スターマーを派遣したいというドイツからの申し入れへの対応を決める四相会議で一方的に示した。近衛と東條はすぐに賛成したが、吉田に代わって出席した海相及川古志郎は、本心は三国同盟に反対だったが、原則的に同意すると、しぶしぶ答えざるを得なかった。

松岡は巧妙な政治家だった。就任まもないときの対独交渉の草案は『時局処理要綱』にある「武力行使ニ当リテハ戦争対手ヲ極力英国ニノミ局限スルニ努ム」と英国だけにしぼっていたのに、この四相会議に提出した草案では一挙に対米軍事同盟に変えてしまっていた。ドイツは、第一次近衛、平沼内閣時代にも英仏をも対象とする防共協定強化、つまり軍事同盟締結を望んでいたが、松岡は、それにみごとなまでに応えてみせたのである。

四相会議で認めたこの草案は、御前会議でも、対米戦争につながるのではないかと質問された。だが、松岡は「日米戦争を阻止するには毅然たる態度をもって臨む以外にない」と応じた。ドイツの仲介によって日ソ関係を調整し、日独伊ソ四国協商ができれば対米抑制の効果を発揮するだろうというのが、松岡の遠大な構想だったのである。

この段階では、近衛や東條でさえ、松岡にふり回されて事態は進んでいるかに見えた。さすがに近衛は海軍の曖昧な態度に不満をもち、海軍次官豊田副武に秘かに質すと、その答は「海軍の本音は反対。だが強硬に反対するのは国内情勢が許さない。そこでやむなく賛成する」というものだった。近衛はこれにあきれた。

だが松岡とドイツ特使スターマーの折衝がつづき、海軍をなだめるため対米戦自動参戦三項を骨抜きにする付属文書をつけ、閣議、御前会議を経て、九月二十五日に三国同盟の条約調印にこぎつけた。松岡外相に反感をもつ外務省の長老たちは、この条約の危険性を鋭く指摘していた。前外相有田八郎は、支那事変解決、日ソ国交調整、南方への政治的・

経済的進出、英米からの軍事的・経済的圧迫の軽減、アメリカの対日戦争阻止と、日本に有利にみえるところに〈魔の誘惑〉があると言った。

この三国同盟に平行し、松岡は英米と蔣介石政府との提携分断政策も進めた。援蔣ルートは西北、ビルマ、仏印、沿岸コースの四つがあり、これを切断するために国際会議で強硬策に訴えたいが、国際連盟を脱退していてその機会がない。そこでドイツが英仏を追いつめて余力を失なっているのを背景に、松岡はフランス大使アンリーと北部仏印進駐の協定を結び、援蔣ルート切断のため日本軍は仏印進駐にふみきるが、「フランスは極東の経済的政治的分野における日本国の優越的利益を認める」と約束させた。九月二十三日、実際の進駐にあたり、現地の日本軍は無断で兵隊を動かしフランス軍と小規模な戦闘を起こした。参謀本部第一部長富永恭次、作戦課長岡田重一が現地に行き、フランス軍に強圧的につめよったために起こったこの戦闘は、日本軍の統帥の乱れをあらわす象徴的な事件であった。

この大権干犯に東條は怒り、富永を満州の公主嶺学校付、岡田を北支那方面軍参謀に飛ばした。現地軍の参謀佐藤賢了には咎めだてしなかった。「大権干犯に厳罰を下す陸相だ」と軍内では噂されたが、その陰で、佐藤を呼びつけ「泣いて馬謖《ばしょく》を斬らねばならぬこともある」と洩らして、登用の機会を与えることを約束していた。事実、半年後には省部に呼んでいるのだ。

拙劣な省部のアメリカ観

九月二十七日、日独伊軍事同盟がベルリンでヒトラー首相、チアノ伊外相、来栖大使の三人によって調印された。東京では松岡外相主催の祝賀会が外相官邸で開かれた。東條は阿南、武藤と共に出席して、参会者と共に萬歳を叫んだ。しかも仏印の援蔣ルート遮断も成功しているとあって、東條は上機嫌だった。すべては『時局処理要綱』に基づいて順調に回転している。松岡と東條の笑顔は、この祝賀会の主役だった。

だがこの調印から一カ月後、彼らの構想は瓦解した。もっとも、そのことを彼らは知らなかった。当時の世界の指導者は、松岡や東條には想像もできぬ論理と利害で動いていたが、彼らはそういう冷徹な回転軸を見ぬく政治性はなかった。せいぜい日本国内で道義や信義を説くのが関の山だった。

まずヒトラーとスターリンの間が険悪化した。ソ連外相モロトフがベルリンを訪れたのは、同盟締結一カ月後だった。ヒトラーとリッベントロップ外相は日独伊ソ四国の勢力圏設定と四国協商案を提案した。日本もイタリアも同意した案に、もしモロトフが同意すれば、条約草案が提出され、署名される手筈になっていた。ところがモロトフはこれに即答しなかった。逆に独ソ両国間の意見不一致の問題をとりあげた。モロトフの帰国後、スターリンは駐ソ・ドイツ大使に回答して、四国協商案を締結する前提にいくつかの要求の承認を求めた。ヒトラーは憤激し、従来の考えを捨て、対ソ戦争を決意した。ソ連を一撃で片づけ、日本に対するソ連の圧力を取りのぞき、日本の戦略的立場を強化し、日本軍を南進させ、アメリカに太平洋と大西洋の双方から戦争の脅威をつきつけることに考えをかえたのである。

もしこのときヒトラーの冷徹な計算を知ったら、東條は衝撃を受けたにちがいない。さらに彼らは大きな誤りをおかした。三国同盟を承認する御前会議で、対米関係悪化を指摘された松岡は、「アメリカが硬化していっそう険悪な状態となるか、それとも冷静反省するかの公算は半々とみられる」と答えたが、回答は歴然としていた。アメリカは示威を感じてひるむどころか、一転して強い態度に出る徴候が駐在武官や通信社のニュースから伝わってきた。アメリカ世論は中国の抗日運動に同情をもち、ドイツよりも日本を敵視する閣僚がいるのをにおわせてきた。アメリカ政府も重慶政府を同盟国と見做し、いっそうの援助増大を決意した。それは東條や松岡、近衛の想像を越えていた。

陸相官邸執務室にはしばしば軍務局長武藤章が来て、事態に対処する陸軍の態度決定を打ち合わせた。前年九月以来この職にある武藤は、情勢を把握するのにとまどっている東條の有力なアドバイザーだった。もっともそのために、東條は武藤にふり回されているという風評もあった。その武藤は、三国同盟がいつになっても有効な決め手になる可能性がないことを、東條に訴えるようになった。支那事変完遂への道は遠く、対ソ国交調整も進まないし、アメリカはいっこうに日本の予想したようにひるみはしない。

ちょうどこのころ『時局処理要綱』の「対南方武力行使」をめぐって、陸海軍事務当局はひとつの想定に熱っぽい意見をたたかわせていた。「武力行使」の相手は英国、オランダを予想し、「英国のみに局限するに努む」としていたが、はたしてそれが可能か否か。陸軍当局も、そして武藤も東條も、

「対米戦争は避けるべきだ。英米を離して考えるのは可能ではないか」

といい、軍事計画についても「そのためにフィリッピンやグァムは作戦計画からははずすべきだ。どちらもアメリカの影響下にあるから刺激することになる」と考えた。だがそれは日本側の願望にすぎず、英米が不可分であろうなどとは露ほども考えられないというのが、海軍省や外務省の考えだった。ここに陸軍の英米可分論と海軍の英米不可分論の対立が生まれ、それが南方武力進出止むなしとする陸軍と、それを危険視する海軍との分岐点になったのである。

海軍の言い分には根拠があった。昭和十五年十一月に行なわれた海軍軍令部と連合艦隊の図上演習は、蘭印作戦から対英米戦を検討したが、ここでは「米国の戦備が余程遅れ、又英国の対独作戦が著しく不利ならざる限り蘭印作戦に着手すれば早期対米開戦必至となり、英国は追随し、結局蘭印作戦半端に於て対蘭、米、英数カ国作戦に発展するの算極めて大なる故に、少くとも其覚悟と充分なる戦備とを以てするに非ざれば、南方作戦に着手すべからず」という結論がひきだされた。これを山本五十六連合艦隊司令長官が軍令部総長に進言し、及川海相にも伝えたので、海軍は全軍をあげ英米不可分論で統一されることになった。

東條と武藤は、海軍のこの方針を聞かされて納得せざるを得なかった。軍務局の将校が『支那事変処理要綱』の打ち合わせで、陸軍省原案の「支那事変ヲ解決スルタメ好機ヲ捕捉シテ武力ヲ行使シ、南方問題ヲ解決ス」に海軍省が強硬に反対していると伝えてきたとき、東條は、武力行使の字句削除に応じた。海軍の英米不可分論の勢いはそれほど強かったのである。

十一月三日の御前会議で決定した『支那事変処理要綱』は世界戦略のなかで支那事変の解決をはかろうとするもので、まだ三国同盟に依存する色彩で満ちていた。それはつぎのようなものであった。「英米の援蔣ルートを武力で断ち（ドイツのヨーロッパでの制圧を予想）、対ソ国交を調整（松岡の日独伊ソ四国協商に期待）し、政戦両略（武力と汪精衛政府承認）のあらゆる手段で重慶政府の屈伏を待つ。そのために中国では長期大持久戦（なるべく小さな規模で長期持久、支那方面軍の減少）をとり、大東亜新秩序建設のために国防力の充実（対ソ戦の充実）をはかる」――あらゆる目標が有機的に結びついているが、その根幹にあるはずの政治プログラムも軍事作戦計画も杜撰で、実際にはどのような方向に進むか曖昧だった。

南方武力進出に積極的な陸軍は、対米戦争の可能性もあるといわれて、はじめてアメリカの研究にはいった。それほどアメリカについての専門家はいなかったのである。東條の書棚にもアメリカを語る著作が並んだが、それらの書物の内容は雑駁そのもので、歴史が浅く個人主義がはびこり国民のまとまりがないと書いてあるていどの書物だった。人口は世界の総人口の八％、世界総生産額の小麦二二％、石炭四三％、銅五三％、鋼鉄六〇％、石油七二％を占め、国家経済の悩みは生産過剰にあるということを知識で知っていても、それを戦力化する能力に欠けている国民とも記されてあった。

昭和十五年十一月、東條と武藤は陸軍省戦備課長岡田菊三郎を呼んで、日米戦力比の資料をつくるように命じた。二カ月後、「南方処理ノ一想定ニ基ク帝国物的国力判定」と題して東條の元に届いた。「帝国ノ物的国力ハ対米英長期戦ノ遂行ニ対シ不安アルヲ免レナイ」ではじまる報告書は、対英米戦争後三年目から物量が減少し、船舶問題は重大化、石炭搬出の減少で全生産がマヒ、軽工業資源の窮迫が予想されるとあった。すべてに絶望的な数字が並んでいた。

「これは数字だけであり、皇軍の士気、規律を考えればいちがいに敗戦というわけではありません」

岡田は渋い表情の東條につけ加えた。

「むろんそのとおりだ。アメリカには国の芯がない。それに比べれば帝国には三千年に及ぶ国体がある」

東條は、この報告書を省部の上層部にしか知らせなかった。戦力比だけを見て、政策の決定を躊躇するのを恐れたのである。部課長会議では、岡田の口から戦力比には差があるとしても、戦場が太平洋であり、補給、日本軍の士気、戦闘力、作戦を個別に検討すると、日本軍が優勢だから充分互角に戦えるだろうという楽観的な内容が伝達された。

この報告書に目をとおしたところ、東條は人事異動を行ない、佐藤賢了を軍務課長に抜擢した。情実人事と噂されもしたが、就任前に「君はアメリカを研究していたはずだ。君のアメリカ観を教えて欲しい」と言って、この人事が対アメリカ研究の一環であると打ち明けた。この告白に佐藤は感激した。

だが東條は人をまちがえた。佐藤は先鋭的な南進論者であり、対米強硬派であったからだ。なにより陸大卒業後、三年ほど駐在武官を経験した佐藤のアメリカ観は主観色が濃く、「一貫して日本を圧迫しつづける傲慢な国家、日本の発展に水をさす道義の通じない野卑な国家」といい、さらに「あの国は世論の国というが、この世論というのが曲者で、金で動く連中がでっちあげたものです」という内容であった。それにこの国は史上にのこる戦争というものを経験していない。兵隊への教育ときたら日本とは雲泥の差で、彼らは酒とダンスに興じ、軍人としての心がまえをもっていない。国家への忠誠心など、ひとかけらもない。「多民族の寄せ集めの国家だから、まとまりのつかぬ支那のようなものですな」――

短兵急なそういう報告に、東條は全面的にうなずいたわけではなかったが、しかしそういう意見は彼の不安を鎮静させる役割はあった。それが証拠に、東條のアメリカ観は徐々に戦力軽視の方向にむかいはじめたからである。やはり耳ざわりのいいことばに、彼の考えも傾いていくのであった。

石原莞爾との相剋

陸相として東條は、私生活は潔癖であろうとした。三軒茶屋の家が狭くなったので、玉川用賀に新築することになり、その間、家族も官邸に移り住んだ。建築資材が配給制だったが、陸相ということで特別の配慮を受けぬように大工に命じながら、すこしずつ建てていった。そのため一年余りの工事日数がかかった。官邸の私室では、カツが東條の下着をつくろい、靴下につぎ布をあてた。東條もそれを気にせず履いたが、出張の折りに旅館の女中がそれを見つけ、東條ファンになることもあった。

だが、東條についての挿話には増幅されたものが多い。「豪邸に住んでいる」「酒色に溺れている」と、庶民に憎悪されるように偽造された挿話が氾濫したのも、東條が反論しなかったためにひとり歩きをしたのである。が、そうはいっても、個々の事実は虚構でも、こういう挿話の背後にひそむ大衆の不満の構造は見抜かなければならなかった。

潔癖であろうとする律儀さは、対人関係にもあらわれた。中堅将校や青年将校との私的交際を絶ったのも、かつての荒木陸相と青年将校のような傍若無人な関係を警戒したからだった。かわって官邸には各界の有力者がたずねてきた。代議士や実業家のなかで、陸軍へ顔つなぎをしようという者が訪れては、耳ざわりのいいことばを彼の周囲で吐いた。それには東條もとまどった。

新体制運動に呼応して、政党が競って解党し、陸軍の力を借り政治的発言を高めようとの魂胆があるからだった。軍務局長武藤章が「陸軍に迎合してくる輩にはツバでも吐きかけたくなる」と、近衛内閣の書記官長富田健治にぐちるほど、東條詣ではつづいた。

新体制運動は政党解党、一国一党へと武藤の強力な音頭で転換していったが、この転換があまりにも急激だったので、右翼陣営や貴族院からは「アカ」の噂が流され、近衛暗殺との声も起こった。こうした情勢に近衛は神経質になり、武藤に向かって、「一国一党を言うのでは私は辞職する」とつめよった。それを東條と武藤はなだめた。十月に大政翼賛会が発足したが、「綱領は大政翼賛の臣道実践である」という近衛のことばどおり、性格の定まらぬ曖昧な集団であった。いかにも中途半端な近衛の性格を反映していた。のちに大政翼賛会の性格が議会で問われたとき、東條は助け舟をだし、「翼賛会の信条は軍の信条と合致する。ゆえにこれを支持する」と強引な理由でつっぱねた。

東條を中心とする陸軍の将校と近衛との関係では、内閣発足後しばらくは円滑に、その後は東條が近衛の優柔さを助ける場面が再々あった。その背景には、近衛のようなヌエ的な存在を前面に押したてて利用したほうが、陸軍の政策が中和されるという判断があった。もっとも、近衛も東條を巧みに利用した。近衛は企画院総裁星野直樹の大胆な性格をあまり好んでいなかったし、近衛のブレーンたちの「近衛内閣の経済閣僚は弱すぎる」という評をいれて更迭をはかろうとしたのだが、近衛も富田も、直接それを星野には伝えられない。

秘書官の赤松貞雄は、つぎのように証言している。

「富田書記官長がこっそり東條さんを呼んで、君は満州時代から星野君とは親しいのだから、君から伝えてくれと頼んだのです。初めは、東條さんもお門違いだと断わりましたが、根負けして結局引き受けました。人にやめろというのはいいづらいと言いながら、星野さんを官邸に呼んで説得したんです。すると星野さんは、実にあっさりと、それじゃあやめましょうと身を退いた。それを東條さんは感心していました。あいつには悪いことをした、実にきれいにやめた、あのひげぎわは立派だ。なんの恨みもいわずにいい男だ、といっていましたね。それに反し近衛さんは出身が出身だから、俗事は厭かもしれないが、それにしても、自らの責任を回避するのは卑怯だと怒っていました」

すなわちそれが、東條内閣組閣時に、東條が星野を書記官に据えた理由だというのだ。また東條が、辞めさせるべきと思った閣僚には自ら直接いい含めるようになったのも、このときの不快感が遠因であったともいう。

それにしても、近衛のこうした態度は、東條の軽蔑を買った……。あまり他人の批評をしない東條が近衛に関しては、ときどき不満を洩らしたというのも、こうしたことが重なったためである。ふたりの人間的な肌合いの相違が、すこしずつ露呈してきたのだ。

昭和十六年に入っての、省部での東條の訓示は「本年こそ非常時中の超非常時」という意気ごんだものだった。この年に国策転換をして支那事変完遂を期するというのであった。気負いはすぐにあらわれ、一月八日には陸軍大臣東條英機名で、「戦陣訓」を発表した。本来は、中国各地で戦っている日本兵の士気高揚のための文書として、教育総監部でつくったものだが、一読して気にいった東條は、これを皇軍の精神修養訓にせよといって陸軍大臣名で公表させたのである。

冒頭には「本訓ヲ戦陣道徳昂揚ノ資ニ供スベシ」とあって、「夫れ戦陣は、大命に基き、皇軍の真髄を発揮し、攻むれば必ず取り、戦へば必ず勝ち、遍く皇道を宣布し、敵をして仰いで御稜威の尊厳を感銘せしむる処なり」ではじまり、「本訓其の一」から「其の三」まで克明に皇軍の優位性を説いていた。これは、東條の威令が陸軍内部に届きつつあったとき、師団長のなかには兵隊に暗記させるよう命じる者もあったし、「戦陣訓レビュー」なるものまでつくって、東條に媚態を示す者もいた。

ところがこの戦陣訓に、京都の第十六師団長に転じていた石原莞爾がかみついた。「師団将兵はこんなもの読むべからず」とはねつけたのである。「東條は己れを何と心得ているのか。どこまで増長するのか。なりあがりの中将ではないか。それが上元帥の宮殿下をはじめ、総司令官以下に対して精神教育の訓戒をなすとは、天皇統率の本義を蹂躪した不敵きわまる奴である」

東條の命令によって石原を監視している京都憲兵隊が、これを東條に報告した。東條は身体を震わせて怒り、「石原を予備役にする」と言いだした。

これ以前にも東條は、石原を予備役に追いこもうと東京憲兵隊特高課長大谷敬二郎に命じ、石原の盟友で東亜連盟の指導者のひとりである浅原健三（かつての無産政党代議士）を「アカ」に仕立て上げ、その責任で石原を失脚させるよう画策していた。大谷の言によれば、浅原はアカではないとの報告をなんども伝え、それで東條はあきらめたという。東久邇宮も阿南に会って、石原の能力を引きだすように言ったが、阿南は「大臣はどうしてもその言い分をきかない。あいつはだめだと一顧だにしない」とさじを投げていた。東條の石原憎悪は深く、東亜連盟を厳重に監視させ、ここに政界、財界、学界、マスコミの有力者が近づくと憲兵をつかって脅した。

石原がいっこうに「戦陣訓」批判をやめず、「東條は統帥権干犯の不忠者だ」と公言するに至ると、東條は強硬に、「石原を予備役編入にせよ」と阿南に命じた。温厚な阿南が大臣室で東條と激論するのを見た将校の話では、顔面を紅潮させながら、阿南は必死に諫めたという。

「石原将軍を予備役にというのは、陸軍自体の損失です。あのような有能な人を予備役に追いこめば、徒らに摩擦が起きるだけではありませんか」

しかし東條はその意見を一蹴した。

昭和十六年三月、石原は予備役に編入された。第十六師団司令部では、東條の意を慮《おもんぱか》って送別会も開かれなかった。石原系の軍人は、東條への恨みを潜在化させた。これが四年後の東條暗殺未遂事件の遠因にもなったが、それだけではない、軍内の将校に、自らの思うとおりに何でもやりかねない陸相として理解されることになった。明らかに東條は、政治的敗北を喫したのである。

東條の石原への異常ともいうべき敵愾心は、政治的軍事的対立という側面だけでは充分説明できない。なかには「肌があわない」とか「虫が好かない」といった人間的な気質のちがいに、理由を求める論者がいる。しかし、いずれも説得力をもっているとはいえない。

ここで東條の父英教を思い起こせばいい。英教と石原莞爾には、何と多くの共通項があることか。ふたりはその時代の戦術、戦史のかなりレベルの高いところにいた軍人である。たぶん彼らは、あまり成績のよくない融通のきかない、そして独創性に欠ける将校を軽侮する念もつよくもっていた。ふたりの軌跡を追うと、性格的に共通の面も多い。宗教的な直情さ、歯に衣を着せぬ正直さ、自らの兵学に対する絶対的自信、協調より相手を完膚なきまでに論破する戦闘的気質――。

東條英教は、山県有朋とその輩下の将校によって陸軍を追われた。石原莞爾は、東條英機の思いつめた精神状態と憲兵隊を動かしての策略によって追われた。東條英機の潜在心理のなかに、父英教にたいする屈折した思いがあって、それが石原への敵愾心になったのではなかろうか。石原の背後に、父英教への〈軽侮〉をみていたといってもいいのではないか。

つけ加える。石原莞爾のほかに東條が嫌った軍人、多田駿、山下奉文、本間雅晴、西尾寿造、谷寿夫、酒井鎬次らには、英教につうじる非政治的軍人の原型がある。一方、東條の側には、帝国陸軍の陽の当たる道を歩いてきた長閥系軍人の悪しき政治主義がある。

昭和十五年十二月、昭和十六年一月、三月の人事で、東條は露骨に省部の要職に側近をもってきた。石原を予備役に追った阿南は、次官は長いからという理由で、自ら東條のもとを離れて第十一軍司令官に転じた。東條に愛想づかしをしたのだ。このポストに木村兵太郎が座った。東條のいうがままに動き、自らの意見の吐けぬ男だった。憲兵隊を直轄する兵務局長に田中隆吉、人事局長には富永恭次を据え、憲兵と人事を、東條の視線を凝視できぬ茶坊主で埋めた。軍内と軍外の政治折衝、それに政策決定の要職である軍務局にも、息のかかった将校を送りこんだ。こうなって東條が自立できる人脈図ができあがったのである。

陸相就任から九カ月、昭和十六年四月になって、東條は自らの手足をやっと獲得した。かつての同志一夕会系の将校は省部からは姿を消した。やはりライバルは膝下に置きたくなかったのである。こうして陸軍省は、偏狭な東條人脈の集団と化した。

透視力なき集団

日米交渉・誤解の始まり

これより先、昭和十五年の暮れ、ふたりのアメリカ人神父ドラウトとウォルシュが秘かに来日し、日米国交調整の可能性をさぐり朝野を打診してまわった。彼らに応じたのが大蔵省の元官僚井川忠雄で、彼は神父との会見を近衛や松岡に伝えた。しかしふたりは、真意不明と警戒を解かなかった。そこで井川は旧知の軍事課長岩畔豪雄を説き、武藤のもとに神父をつれていった。武藤も彼らを信用しなかった。が、東條に報告する際に「この工作に乗ってみたらどうでしょうか。うまくいけばこれに越したことはない」とつけ加えた。武藤の言にうなずいた東條は、岩畔を前面に立て、側面からふたりの神父との交渉を見守ることにした。

ドラウトとウォルシュは帰国して、三選されたばかりのルーズベルト大統領とハル国務長官に会って、交渉の内容を示した。ルーズベルトもハルも交渉がうまくいく可能性は少ないと考えたようだが、一応は受けいれたと井川に伝えてきた。そこで井川は、渡米して交渉案づくりを進めることになった。

このような進展に松岡は不快の念を隠さず、井川をいかがわしき人間と批判した。閣議で井川の渡米費用を問題にして、「渡米費用を陸軍から支出するのは怪しからんではないか」と東條につめよった。すると東條も「陸軍は支出していない。岩畔が各方面に働きかけて集めたにすぎない」と応酬し、険悪な雰囲気になった。東條と松岡の意思が疎遠になる一段階だった。

民間の外交交渉は、そのつど武藤から東條に報告された。三月になって駐米大使野村吉三郎が、日米交渉では支那との関係が問題になるだろうから、専門家を派遣して欲しいと陸軍省に伝えてきたのを機に、東條は岩畔を、米国出張という名目でワシントンに送り、井川と野村を補佐するよう命じた。

東條はこの日米交渉にそれほど期待していたわけではない。岩畔を送ったこと自体に、東條の真意はあった。東條は軍事課長の椅子に三年間座っていた岩畔を、さほど重用していなかった。独断専行、スタンドプレイ好きの性格。それ以上に東條が嫌ったのは、岩畔のひんぱんな赤坂通いだった。職務柄とはいえ、彼の赤坂通いは有名で、岩畔自身、それが東條ににらまれたと戦後になって洩らしていたほどだ。アメリカとの交渉の斥候に、こうした性格をもつ岩畔がふさわしいと、東條も武藤も考えたのである。その考えはアメリカへの軽視があったといわれても仕方がなかった。

渡米前に岩畔は国内の各層に挨拶に歩き、ほとんどが日米和解を望んでいるのに驚いた。アメリカ大使館を訪れ、駐日大使グルーにも挨拶した。グルーはハルに「岩畔大佐は青年将校グループの最も重要な指導者の一人であり、また東條陸相の完全な信任を受けている」と報告したが、アメリカ大使館の電報は兵務局ですべて傍受していて、この電報は、東條をいささか複雑にさせた。

いっぽう当時のアメリカを俯瞰すると、ルーズベルトは三国同盟に不快で、日本の南方政策はドイツ、イタリアの政策に呼応していると考えていた。ヨーロッパ戦線にアメリカを参戦させたくないドイツが、そのため太平洋で日本に軍事作戦を起こさせる、そしてアメリカを牽制する、日本の南方政策とはそういう流れに沿っているのではないかというのだった。日米交渉のはじまる前、ルーズベルトは、野村にそれを明言していた。

「日本の南進政策はときに緩急あるも、ほとんど国策として決定しているようにみえる。わが国のイギリス援助はわが国独自の意思だが、日本は三国同盟があり、それに拘束されていて真に独立国とはいえない。ドイツ、イタリアにふりまわされている」

この懸念を、野村も日本の指導者も無視した。

さらにルーズベルトは、国務長官、陸軍長官、海軍長官を呼び、これまでの戦略を分析し、もし日本とドイツが攻撃を加えてきたら、それに対抗できる軍備を完備するのに、アメリカはまだ八カ月は要するとの結論のもとに、軍事・経済面の早急な対応策を命じていた。そして大統領のもとに、陸海軍の軍令、軍政も一元化されているアメリカの指導者として、つぎのような指示も与えた。

「日本とドイツのアメリカ同時攻撃は、いまは五分の一ていどだが、いずれ頂点に達しよう。この事態に対抗するためレインボー計画があるが、事態発生に際しては、なおレインボー計画の実行には数カ月の準備が必要といった非現実的な考えは捨て、現有力でもって直ちに行ないうる手段をとる現実的態度が必要である……太平洋では防衛的態度をとり、ハワイに艦隊基地を置く。さしあたりフィリッピンのアジア艦隊は強化しない」

これを踏まえたうえで、日米交渉の権限を、国務長官コーデル・ハルに委ねることにし、しばらくは日本の動きを見守ろうと決めた。重慶政府からは、日米交渉は無意味だとの蔣介石の電報が届いていたし、駐米大使宋子文（蔣介石の義兄）の強い働きかけもひとまず受けいれたからである。

昭和十六年四月十八日午前、三宅坂の陸軍省軍務局の部屋は喜色にあふれた。

軍務課長佐藤賢了は、武藤軍務局長に呼ばれ、野村から送られてきた日米諒解案を手渡されたが、彼はこれを読んだときの驚きを、のちにつぎのように書いた。「それは困惑したというよりは、若い娘が豪華なファッションでも見たような、そしてまた眉にツバでもつけたいように変に交錯した気持だった」——。佐藤も武藤も、日米交渉を担当することになった軍務課高級課員石井秋穂も、日米諒解案の内容に興奮し、そして東條のもとに飛んできた。

この諒解案は、岩畔、井川とドラウトの三人がお互いの問題点を煮つめて試案をつくり、それをハルが手直ししてできあがったと日本には伝えられてきた。この案では「㈠日米両国ノ抱懐スル国際観念並ニ国家観念」から「㈦太平洋ノ政治的安定ニ関スル両国政府ノ方針」までの七点で合意に達したといっていたが、中心はアメリカが満州国を承認し、支那事変解決の仲介をするというところにあった。しかも末尾では、日米の代表者の会談をホノルルで開き、近衛とルーズベルトが膝を交えて話し合ってもいいとさえいっていた。

東條は、信頼する軍務局の将校たちからこの案の説明を受けるなり、目を細めて、「アメリカの提案は支那事変処理が根本第一義であり、したがってこの機会を外してはならぬ。断じて利用しなければならぬ」と言った。ところが喜色のあと東條は、この裏に策略があるのではないかと疑った。あるいはアメリカが軍事的に不意打ちをくらわせるのではないかとも考えた。あまりにも日本に有利な条件ばかりだったからだ。

「アメリカは本当にここまで譲歩しているのかね。大丈夫かな」

と首をひねった。だが彼は思考の底で、不幸なことに、つぎのように考えてしまったのである。〈日本が強くでればアメリカは譲歩する。これも三国同盟のためだ〉――錯覚のはじまりだった。錯覚といえば、日米諒解案自体が錯誤のなかにあった。実際は、岩畔、井川とドラウトの三人の私案で、アメリカが正式に認めたものではなかった。もっともハルは、目をとおしてはいたが、これは日米の民間人の私案にすぎないと判断したといい、戦後執筆した回顧録では「各項の大部分はみな熱烈な日本の帝国主義者たちが要求しているものであった」と書いている。

なぜこういう錯誤が生まれたのか。岩畔と井川は、この私案作成にアメリカ政府の高官がかかわり、ハルにも閲読させたのだから、アメリカ案と呼んでもかまわないとご都合主義で解釈したのかもしれない。あるいは岩畔は、自分たちのつくったものだといえば、日本政府のだれひとり相手にしないのを承知していて、アメリカ案と偽り、近衛と東條にこれを認めさせようと図ったのかもしれない。もしそういう思惑があったとすれば、それは成功した。近衛もまたこの電報に喜び、日米交渉に期待をつなぐことになったからである。

いや実は、錯誤はまだあった。野村もまた要点をぼかしていたのだ。というのは、四月十六日に野村はハルと会談したが、このときハルは、日米政府がこの諒解案に賛成し、日本政府が野村に対して、これをアメリカ政府に提出するよう訓令するなら、この諒解案を交渉の基礎にしてもいいと言った。そして、自分はこの案に同意できる政策もあれば、修正、抹殺、拒否すべき政策もあるとつけ加えた。しかしハルは、その前提として「四原則」の受諾が必要だと語っていた。この四原則とは、㈠あらゆる国家の領土と主権の尊重、㈡他国の内政不干渉、㈢通商上の機会均等を含む平等原則の支持、㈣平和的手段以外に現状の太平洋を変更しない——である。この抽象的なハル四原則をふりかざして迫れば、満州事変以来の日本の政府と正面から衝突する。アメリカは外交的に巧みな布石を打ったのである。野村は、東京に諒解案は伝えたが、ハル四原則は伝えなかった。東京に示せば反感をかい、交渉が頓座しかねないとみたからである。

一カ月後に、野村がこの四原則を日本政府ににおわせたが、そのときもアメリカがこれを交渉の前提としているのを依然として伏せたままだった。岩畔も、この四原則をハルの要請であることを伏せて、あたかもふたりの神父が望んでいる案文だと曲げて報告していたのである。

さらにアメリカも意識的に日本が錯誤する外交手段をつかった。このとき、アメリカは対英援助を強化し、日本との戦いを回避しなければならなかった。差し迫って四月下旬に英国向けの援助物資を運ぶ輸送船団に、アメリカの軍艦、航空機の護衛をつけることを決めていたから、米独間の衝突も予想され、日本の参戦はくいとめたいと考えた。日本との交渉はその意味でも必要だった。

東條はむろんそのことを知らない。四月十八日午後の陸軍省軍務局での打ち合わせでは、アメリカ側がもちだしてきた諒解案を土台にしつつ、日米交渉の方向をつぎの三点にしぼった。㈠米国は援蔣政策を捨て日支和平の仲介をする、㈡日米両国は欧州戦争には参戦しない。なるべくなら両国協力してその調停を行なう、㈢米国は対日経済圧迫を解除する――。アメリカ側の弱味につけこもうとの意図が露骨にあらわれていた。打ち合わせが終わったあと、軍務局長室で、武藤は「それにしても虫のいい言い分だなあ」とつぶやいたほどだった。

この日午後八時からは、大本営政府連絡会議が開かれ、この諒解案の取り扱いが検討された。会議の空気はなごやかで、東條と武藤の笑顔が目立ったと、出席者はのちに証言している。東條は得意気に発言をつづけ、「この案ではじめるのは結構だが、ドイツとの信義から三国同盟に抵触しないようにすべきだ」とか「アメリカと対峙する軍事的余裕はいまはない」と出席者たちに具体的に説明した。すぐに野村に「原則上同意」の電報を打とうという声もあがった。しかし外交責任者の署名なしにそれはできないということになり、ヨーロッパ訪問中の松岡外相の帰国を待つことになった。

「松岡もこの諒解案には目を細めるにちがいない」

東條は軍務課の下僚に自信満々に言っていた。いや、連絡会議に出席した者すべてに共通の感想だった。

松岡構想の崩壊

松岡洋右が日本を出発したのは三月十二日だった。独伊ソ三国の首脳と会い、対ソ交渉の停滞を打開したいと考える彼は、ドイツを利用しようという肚をもって旅立った。ヒトラー、ムッソリーニと会い、そしてモスクワでスターリンと話しあい、日ソ中立条約を結んだ。彼の思惑は寸分の隙もなく成功した。彼は大連に着いたが、そこで近衛からの連絡を受け、四月二十二日夕刻、立川飛行場に戻ってきた。そこには近衛が一人で迎えに来ていた。松岡の激情的な性格を知っている近衛は、腫物にさわるようにおずおずと彼を迎えた。

宮中では大本営政府連絡会議が、松岡の出席を待ち受けていた。自動車の中で、大橋忠一外務次官から日米諒解案の報告をきいた松岡は、「アメリカの常套手段に乗せられて喜ぶとは馬鹿だ」と不機嫌になった。連絡会議に出席した彼は、一カ月以上に及ぶ外遊を自己宣伝をまじえてまくしたてた。ヒトラー、ムッソリーニ、スターリンとの会見の様子、それに日ソ中立条約調印のいきさつ、その口がいつ閉じるのか、出席者は長広舌に憤慨しながらも待った。やっと話が途切れたときを見はからって、近衛が、日米諒解案に政府も統帥部も賛成なので、その旨アメリカに伝えて欲しいと発言した。すると松岡は興奮して、「野村大使の対米国交調整はどうも私の考えと違う。この案も米国は悪意が七分で善意は三分だ。とにかくいまは自分は疲れているから二週間ぐらい静かに考えさせて欲しい」とはねつけ、退席してしまった。日米諒解案に反対の間接的な意思表示だった。

出席者たちはあきれ返り、東條はのちに、このときの松岡の態度に愛想づかしをしたと秘書に語っている。が、連絡会議はつづき、「外相はああいうが交渉を促進しよう」と申し合わせたのである。

このあと二週間、松岡は私邸にこもったきりで、外務省職員を呼びつけて執務を進めた。陸海軍の軍務局長、それに近衛自身がなんども松岡の私邸に足を運び、説得をつづけた。「一日も早く諒解案を検討しようではありませんか」「野村大使に訓電を出しましょう」。が、松岡はうなずかなかった。そして本音を明かさなかった。それまで比較的近衛と調子を合わせていたのに、この件に関してはまったく耳を傾けなかった。「松岡をヨーロッパにやったのは失敗だった」と近衛はぐちり、まるで自分はヒトラーやスターリンと並ぶ大政治家ででもあるかのようにふるまうと、不快気に洩らした。

近衛と東條の机には、野村や岩畔からの電報が山積みになった。早く返事をくれという催促である。岩畔の電報はしだいに性急さが増し、アメリカ政界では、ルーズベルトが反日派の要人を遠ざけているという楽観的な見通しも伝わってきた。その楽観を、東條も武藤も額面どおりに受けとらなかったが、それでもいまは逃すべき機会ではないと考えつづけた。

四月下旬、松岡はヒトラーの対英威圧行動に呼応して、東西から攻撃をかけるべく、シンガポール攻撃をすべきだと発言した。明らかにヒトラーの示唆によるものだった。ヒトラーはこのころ対英侵攻作戦を武力一本槍から威嚇と恫喝をも加えた戦略に変えていた。というのは、英国上空の航空戦も海上援英ルート切断もドイツに分がないうえ、アメリカは西太平洋でドイツ潜水艦の哨戒、追跡をして英国海空軍に通報していたし、その数カ月前からは五十隻余の駆逐艦を英国に送り、船団護送の能力を飛躍的に増大させていたからである。この状況を破るため、ヒトラーは三国同盟を有力な武器として利用することにし、日本にシンガポールを攻撃させ、英国に降伏を呼びかけるつもりだった。すでにソ連への侵攻を考えている時期だったが、ソ連は短期間に制圧できると信じていて、これに日本を加えるつもりはなかった。松岡にはヒトラーのシンガポール攻撃という説得は、快く響いたのであった。

もっとも松岡には思惑があった。イタリア、ドイツと回っているうちに、独ソ関係の悪化を知ったし、ドイツの指導者のひとりは対ソ戦をこっそり洩らした。が、松岡はこれを信じなかった。ヒトラーがソ連と戦うというのに、日本にシンガポール攻撃を勧めるはずはないと考えたのである。もし独ソ戦勃発になれば松岡の戦略は一気に瓦解する。

スターリンはルーズベルトやチャーチルから独ソ戦を伝えられていたが、彼も信じなかった。その根拠のひとつとして、松岡の熱心な中立条約締結への意気ごみを考えていた。もしヒトラーがソ連に侵入してくるのなら、松岡にその意思を伝えたであろうし、松岡がヒトラーの嫌う中立条約を結ぼうとするはずはないというのだった。このようにヒトラーとスターリンには、松岡はキャッチボールのような存在にすぎなかった。

四月二十五日、東條は近衛に呼ばれて首相官邸執務室に入った。そこには及川海相もいた。近衛は、ふたりに、松岡のシンガポール攻撃発言にどのように対拠するかの意見を求めたいと言った。及川はとりあうべきでないと言い、それに東條も同調した。

「これは軍事上の問題であって文官が口だしすることではない。それにこういうことを簡単に言ってはいけない。軍事的準備も攻撃のための基地も必要なんだ」

と、東條はつけ加えた。近衛もその意見に諒解を示した。

「現在は支那事変処理が根本義で、アメリカの提案も日本側のこの要望に沿っている。だからこの機を逃すべきではない。ヒトラーにふり回されたら、すべて台なしになってしまう」

という東條の見解に、近衛も及川も諒解を示したので、これが政治、軍事指導者の結論となった。松岡の言動に愛想づかしをし、その不遜な態度を怒る限りにおいて、三人の意見は一致した。ひとたび松岡の話題から外れると、微妙な食違いができるのだが、それはこのときは隠されていた。

五月三日の大本営政府連絡会議に、松岡はやっと出席した。彼はいきなり私案を提出した。この二週間、自宅でまとめた構想であった。支那事変処理に役立ち、三国同盟に抵触せず、国際信義を破らざること——の三点を中心に、日米両国による英独調停条項の明記、支那事変の和平条約公表を差し控えること、武力南進せぬという日本の確信を削除することなどが盛りこまれてあった。第二次近衛内閣発足時の国策基準に注意を払いながら、しかも日米諒解案の曖昧な部分を拾いだす内容だった。

この案の説明で、会議はまた松岡の独壇場となった。出席者に異議をさしはさむ余地を与えなかった。昨日まで日米諒解案に賛成していた者はたちまち腰くだけとなって、松岡案にうなずきはじめた。みごとな豹変ぶり。これはどうしたことだろうか。松岡の説得が巧みだったためか。それもあろう。三国同盟の要である第三条の参戦義務〈アメリカの対独参戦は自動的に日本が対米戦争となる〉を骨抜きにしている日米諒解案を受けいれるのでは、ドイツの勝利に乗じるだけの便乗主義者ではないかという松岡の言にひるんだのでもある。

が、実際は近衛も東條も、松岡に抗するだけの経綸をもっていなかったのだ。日中戦争解決にアメリカを利用するという身勝手な思いに憑かれていただけで、そこを三国同盟の重みによってアメリカに抗しようと松岡に指摘されると、とたんに弱くなった。三国同盟を結んでアメリカと敵対し、その舌の根もかわかぬうちにアメリカと平和共存しようとするのは虫がよすぎるという外務省長老の懸念を、松岡は逆説的に証明してみせたのだ。三日につづいて八日にも連絡会議が開かれたが、松岡の弁舌は出席者の心をさらにつかんでいった。

八日の夕刻、陸相執務室で東條と武藤は苦い思いで会話を交していた。……まったく松岡の言動は不遜だが、彼の説得にも一理ある。日本は信義を守る国として、三国同盟を守りぬき、それを忠実に履行することで世界に範を示さなければならない。もし日本がこれを反古にしたら、世界から信義を守らぬ国と糾弾されかねない。

「アメリカが対独参戦した場合、日本はどのような態度をとるべきか、これを詳細に検討してみなければならん。軍事的に確認しなければならん」

東條の言に武藤はうなずき、軍務課高級課員石井秋穂に検討を命じた。二日ほどして石井の報告が届いたが、現在の日本軍事力からみて三国同盟第三条に拘泥することなく、当分は情勢を傍観しているほうがいいとの内容だった。これには武藤も東條も同感だった。三国同盟の精神に反するが、現実には簡単にアメリカと武力衝突するわけにはいかぬというのが、彼らの考えだったのである。

五月十二日になって、松岡の修正案が野村に送られた。外務省が野村に宛てて送った電報の控えは軍務局軍務課に届き、それから佐藤賢了、武藤章そして東條に回ってくることになっているが、松岡は三国同盟に関して「第三条ニ規定セラルル場合ニ於テ発動セラルルモノナルコト勿論ナルコトヲ闡明ス」と訴え、日中戦争については「米国大統領ハ……日本政府ノ善隣友好ノ政策ニ信頼シ、直チニ蔣政権ニ対シ平和ノ勧告ヲナスベキ……」としていた。その高飛車な内容に、東條は感服と不安を感じていたのである。

この修正案は野村からハルに手渡されたが、ハルはそれを受け流した。のちに彼がまとめた回顧録には、「この提案からは希望の光はまったく浮かんでこない。日本は自分の利益ばかりを主張している」とあるが、彼はこのとき、日本は太平洋の人口と富の九〇%を支配しようとしていると思ったと言っている。

そのように、ハル個人にとっては絶望的な提案だったが、国務長官としては、交渉打ち切りは考えなかった。三国同盟から日本を脱けさせる機会がすこしでもあるのなら、その窓口を閉じてしまうのは賢明ではない。日本をドイツからひきはなせるなら、ドイツには打撃になるであろうし、英国には援軍となると考えた。

それに交渉の切り札は彼らが握っていた。アメリカの諜報機関は、日本の大使館と東京の外務省をつなぐ電報を傍受し、その解読に成功していた。「マジック」と呼ばれるこの電報は、アメリカ政府と陸海軍の指導者十人に回されていた。東京から送られてきた修正案の中心的な提唱者は外務大臣の松岡洋右であるのを、ハルは「マジック」で知っていたし、三国同盟の頑強な信奉者である松岡を、当面の危険分子とみなし、いつか要職から外させようと考えていた。

ハルが松岡に不快の念をもったころ、日本国内でも松岡への不満は頂点に達していた。修正案を上奏したときに、松岡は、「アメリカ参戦の場合、日本はドイツ、イタリアの側に立たなければなりません」といったが、天皇はこれに不満で、内大臣木戸幸一にそれを洩らした。それが近衛にも伝わってきた。連絡会議や閣議での松岡の長広舌は一段と激しくなり、偏見と独断が自在に闊歩しているという感があった。東條や及川に、南方に武力行使せよというかと思えば、重慶工作はどうなっているのかと、松岡は詰めよった。

東條は激して反論した。「外相の意見はすべていま進めようとしている日米交渉を壊そうとするものばかりでないか」。省部に帰っても東條の興奮はおさまらなかった。「松岡は独走しすぎる。その心情はわかるが、ああいう態度ではまとまるものもまとまらなくなる」。近衛もいまや苦い反省のなかにあった。組閣時の周囲の反対を思いだしていた。それでも閣議が終わるたびに、日米交渉を進めたらどうかというのだが、松岡は一蹴した。「軍首脳部は弱腰すぎる。ドイツ、イタリアに不義理を重ねて日米交渉を成功させようとしているようだが、そんな弱腰ではだめだ。アメリカは参戦に決まっているからいくら交渉しても駄目だ」

激するあまり、松岡の目は近衛をにらみつけていた。

「松岡を更迭しろ」——近衛の周囲で声があがった。ところが近衛は、厭気がさしていて、自ら身を退くといいだした。それが彼の性格だった。彼はいつもそうだった。内大臣木戸幸一がそのたびに慰めた。

「内閣が総辞職する必要はない。松岡を退めさせるといい」

気をとり直して、近衛は執務室にはいっていった。そういう近衛を東條が慰め、アメリカとの交渉に全力を尽くそうと訴えた。意固地な松岡、優柔な近衛に比べ、東條はまだ性格が曖昧にされていて、円味があると思われていたときである。なにしろこのころの東條は、強硬に自説をふり回し、それを相手に認めさせるという気負いが薄れているように見られていたのだ。むろん松岡という憎まれ役がいたからである。

当時の様子を秘書官赤松貞雄はつぎのように証言している。

「東條さんもほとほと松岡さんには手を焼いた。しかし近衛さんもだらしがないと思っていたようだ。近衛さんのほうが東條さんを頼ってくることが多く、〝近衛が厭気をだしている〟という情報がはいってくると、それでも官邸に行って励ました。東條さんを陸相として、はじめはお手並拝見と冷やかにみていた陸軍の長老も、しだいに東條さんの実力を評価していったんです。何しろ、東條さんは省部をきちっと引き締めましたし、着実に連絡会議のまとめ役になっていましたから……」

東條は、しばしば省部の将校を集めて訓示をしたが、そこでは「与えられた仕事は必ず中間報告をせよ」とか「決断を急ぎ、それを確信をもって報告せよ」とくり返し、それを服務の心がまえとするよう厳命した。畑、板垣陸相時代の軍務局が陸相をふり回した時代にかわって、東條が陸軍をコントロールする時代にはいったのである。しかも人事を自らの信頼する部下で固めたので、東條の威令はいっそう浸透することにもなった。部下のなかには兵務局長田中隆吉のように、武藤にライバル意識をもち、東條の腰巾着として積極的にふるまう者もでてきた。彼は信頼する憲兵に命じて、要人の電話盗聴、小型カメラをつかっての写真撮影などを行ない、それを得意気に東條のもとに届けて忠勤に励んだ。もし東條が均衡のとれた指導者であったら、こうした田中の処置をそくざに中止させただろうが、彼はむしろ、この情報に興味をもちすぎてしまった。陸相官邸の執務室に座っていて、近衛や木戸、そして議会の有力者が何を考え、誰に会い、どのような話をしているのかがわかるとあれば、必要以上に関心を示してしまうのも無理はなかった。

昭和十六年五月、東條は軍事調査部を大臣直属の機関に改め、他の者が命令を下せないようにした。この組織を正規の組織図からはずし、実態を不明にして陸軍以外の政策集団の動きを把握する機関に変えた、そのうえで部長に武藤の言をいれて、武藤と同期で親交もあり、かつての一夕会系の将校でもある三国直福を据えた。長い間、陸軍省の新聞班にいたことのある三国は、新聞記者や情報屋とは親しいつきあいをしていたので、ひとたびこの組織が機能しはじめると、近衛の動きや海軍、そして外務省などの動きが克明にはいってきはじめた。いずれも新聞記者がもちこんでくる適確な情報だった。

この種の情報には、松岡の悪評が多かった。彼の外務省内の立場は堅固とはいえず、「児戯に類する無軌道外交」と批判する英米協調論者の声が多いという情報も入手した。長老の幣原喜重郎や有田八郎らがその代表で、松岡の得意な様子は事象を単純に見ているからで、各国の指導者は松岡に手玉にとられるほど単純ではないといっているというのであった。

東條は、実際には、松岡が自説に固執し、その性格をむきだしにすればするほど彼の孤立感が深まる事態を知った。そして孤立感がいっそう進んだらしく、松岡は奇妙な行動をとりはじめた。外務次官大橋忠一や外務省の局長クラスの官僚が、秘かに松岡の使者として東條のもとにやって来て、翌日の閣議で発言する内容を話していったり、極秘の情報を伝えていったりするようになったのだ。

東條と陸軍の政治的地位を、松岡は自らの陣営にひきつけようと画策しはじめたのである。

独軍のソ連侵攻

陸軍省の実力者となり、閣議でも重みのある発言をするようになっても、あるいは近衛や松岡にそれなりに遇されるようになっても、東條自身は充足感を味わったわけではなかった。彼がもっとも気にしているのは、天皇との関係だった。

陸相になってはじめての上奏で、「身体のふるえがとまらなかった」と、赤松貞雄に述懐したとおり、東條の上奏はいつまでもその緊張ぶりのなかでつづいていた。彼も他の陸軍の将校と同じように、天皇が陸軍を信用していないのを知っていた。しかも三国同盟には賛成でない様子を示しているともきかされていた。英国流の教育を受けた天皇は、独伊の側に好意をもっていないのは公然の秘密だったのである。

天皇が陸軍を嫌っているのは、そのほかにも理由があると噂されていた。これまでの陸相や参謀総長の杉山元が、天皇のまえで、前回と異なったことをいい、あるいはちぐはぐな言い訳をし、ときに質問されても答えることができず、「次回に詳細をご報告いたします」と退出して、あわてて部下に説明を求めることもあったからだ。ところが東條は、メモをとり克明に整理することでほとんどを暗記し、天皇のどんな質問にもこたえた。それが細部にまで及んだ。前任者の態度とはまったく異なっていた。面接試験に答える生徒の図であるにしても、東條の上奏態度には、天皇の疑問にこたえ、不安をなくする、それこそが政務を輔弼する自らの責任だとかたく信じている節があった。それが天皇の信頼を得た理由だと、省部では信じられた。

「われわれは人格である。しかしお上は神格である」

上奏のあと、きまって東條は赤松にそう言った。

「今日はお上にやりこめられた」

ときには宮中からの帰りの車の中でつぶやき、子供のように頬を染めた。

松岡の自信がぐらついたのは、六月五日、六日に、大島駐独大使から届いた電報によってであった。大島の電報は、独ソ戦開始必至を告げる内容であった。彼はヒトラーに体よくあしらわれたのを自覚しなければならなかった。日独伊の同盟にソ連を加えるという構想が崩壊するのを知らされた。

この電報は近衛や東條をも驚かせた。東條と軍中央の将校たちは、その可能性を信じつつも、〈ヒトラーは本当にソ連に進出するつもりなのだろうか〉と首をひねった。もしこれが事実なら何と大胆な決断をするものだろうと誰もが思った。しかしもしこれが事実となったとき、どのような対応をすべきか、陸軍省も参謀本部も検討にはいった。彼らは甘い夢の中にいるのではなかった。

この検討のとき、将校たちのなかにはある先入観があった。大島の電報には、独ソ戦開始後二、三カ月の間にドイツはソ連を制圧するだろうというヒトラーとリッベントロップの話が盛りこまれていたからだ。これに刺激されたのか、参謀本部は、数カ月を経ずしてドイツの勝利に終わるだろうといい、つぎのようなソ連の国力弱体化の数字を指摘したのである。「独ソ戦の作戦限度を二、三カ月と設定し、レニングラード、モスクワ、ハリコフ、ドンバス、バクーを喪失せるものとせば、ソ連国力上の喪失は次の如しと判断せらる。電力の五分の三、石炭五分の三、石油四分の三、穀物七分の二、人口四分の三」——。

これに反し陸軍省はそれほど楽観はしていなかった。ソ連の国力と人的資源、それに強力な政治体制を見れば、その抵抗は長期化し、ドイツは、ちょうど日本が支那で困惑しているのとまったく同じ状態になるだろうと考えた。安易にドイツの勝利を信じたわけではなかった。

しかし参謀本部にも陸軍省にも、共通の認識はあった。南進政策を棚上げしても、ソ連攻撃を考慮してもいいという点だった。たとえ緒戦は傍観していても、その後ドイツ有利が定着したならソ連攻撃に踏み切ろうとの方針を採用したいというのが、政策起案の将校の判断となった。陸軍省の方針は、東條にも届いたが、東條もこれに異議はなかった。それに東條は、大島の電報を読んでも独ソ戦を信じているわけではなかった。

このときの海軍内部の様子はどうであったか、〈独ソ戦可能性あり〉の電報に、海軍の指導者たちは、陸軍が支那事変も処理せずにまた北方でソ連と対峙することになったら……と恐れた。むろんここにはふたつの意味があった。陸軍の暴走を恐れる気持と、この戦いによって戦略物資を陸軍にもっていかれるという不安。そうすれば海軍の戦備はまた遅れてしまう。それにこのころ海軍内部、とくに軍令部の中堅幕僚のなかには、〈対米戦争やむなし〉の声もあった。アメリカが英国、オランダと手を結び、軍事網を強化しつつある様相を感じるにつれ、日本は南方進出で自給自足体制を確立することが先決であり、そのため対米戦争は不可避という論理であった。海軍内部に微妙な亀裂が生まれていたのである。

こういう日本の政策集団の亀裂を見ぬいたかのように、アメリカが巧妙な提案をしてきたのは六月二十一日（ワシントン時間）である。この日、ハル国務長官ははじめてアメリカ側の対日政策を野村に提示した。三国同盟、武力南進、中国駐兵の三点について厳しい原則論を展開し、それに加えて重大な口上書がつけてあった。「……不幸にして政府の有力なる地位にある日本の指導者中には、国家社会主義の独逸及びその征服政策の支持を要望する進路に対しぬきさしならざる誓約を与え居るものあること及び……」、ハルの口上書が誰を指しているのかは明らかだった。

ハルが野村にアメリカ側の案を手渡して九時間後、ドイツはソ連に進撃した。すでにこの事実をつかんでいたアメリカは、この戦いによって局面はかわり、国際情勢は根本的にくずれると判断して、松岡の枢軸依存外交へ揺さぶりをかけてきたのである。

ルーズベルトは、ドイツ軍のまえにソ連軍は崩れるだろうが、それには二、三カ月を要し、この期間はドイツ軍がソ連に専念することになろうと推測した。そしてその間に危険を除かなければならない、対日交渉はその二、三カ月間に解決すべき問題であると考え、ハルの提案もそこを計算していた。

独ソ戦の報が入ったとき、東條はちょうど官邸執務室にいた。「独軍、ソ連に進撃」というニュースを通信社からとり寄せて点検したあと、彼は武藤や佐藤ら軍務局の将校たちを呼んだ。このころから東條を支える五人の将校がはっきりしたが、武藤、佐藤に軍事課長真田穣一郎、軍事課高級課員西浦進、軍務課高級課員石井秋穂、彼らがブレーンであった。戦局の推移、国内の動向、それにどのような対応をするか、五人で打ち合わせをした。その結果、当分は見守るだけでとくに新しい行動をとらぬことを決めた。対ソ攻撃、南方進出も様子を見たあとで慎重に対応することにしたのである。

このあと、東條のもとに企画院総裁鈴木貞一が駈けつけ、近衛の伝言を伝えた。「ドイツが同盟国の日本に相談することなくやったのだから、この機会に三国同盟の破棄をしたらどうか」。たしかにそのとおりであった。

突然、独ソ不可侵条約を結び、いままた一方的に反古にしているのだ。信用せよといっても一方的すぎる。だが東條はつぎのように答えて、鈴木を追い返した。

「そういう信義を欠くことはできぬ」

この回答は、東條の自己満足でしかなかった。

二十三日、二十四日。国内では独ソ戦に伴うさまざまな波紋が起こったが、それはすべて東條の耳にはいってきた。二十二日の夜、松岡が誰にもはからず単独で天皇の前にでて「独ソ開戦した今日、日本もドイツ、イタリアとともにソ連を討つべきだ」といい、天皇から近衛に相談しろと注意されているという報告がはいった。

だが東條を驚かせたのは、二十四日に届いた野村からの電報であった。この電報は、日米諒解案が私的提案であったというのである。「話がちがう」と、彼は電報を読むなりつぶやいた。日米諒解案をアメリカの公式提案と思いちがいしていたのを、この電報ははっきりと教えたのである。いまや諒解案にあった甘い感触はどこにも見当たらなかった。

「アメリカの対日外交は謀略ではないか」

東條は、武藤や佐藤、石井を呼んで確かめた。彼らも困惑していた。しかしそれにしても、彼らには取り組まねばならぬ問題が多かった。だが松岡への同情だけはあった。「松岡が怒っているのも当然です。日本の内閣改造を要求するなど言語道断、これでは属国扱いだ」と佐藤は興奮したが、東條は「松岡が怒るのは同情できる」とだけ言って、松岡の強硬な態度と野村への姑息な訓電が、結局日米交渉を袋小路に追いこんだのだと考え、なんらかの譲歩によって対米交渉をつづけるのはやむを得ないと決断したのである。軍務課の石井秋穂は、当時、東條のそのようなことばを直接きいている。

事態が錯綜するにつれ、陸軍の最高指導者の一挙手一投足は何かの理念に基づいて動かなければならなかった。東條にはどんな理念があっただろうか。結論をいえば、彼も他の陸軍指導者がそうであったように、なにひとつ理念はなかった。しかし状況に対応する姿勢はあった。東條の有能な部下で、彼の政策を立案した石井秋穂は、このころ東條の部下として服務の心がまえをつぎのように据えていたと証言している。

「支那事変処理に当たってみると、米英の経済妨害で思い切った解決策はとれない。しかも世界は地域的ブロック経済の方向にむかいつつある。日本としては南方の資源、とくに蘭印の石油を充分に入手できる態勢を固めなければならぬ。ヨーロッパ戦線でのドイツ軍の勝利、そしてソ連への進撃を見るに及んで、これは好機だ、国の死活にかかわるほどの大戦争にならない限度において少々強硬策を用いてもこれを達成すべきだ。それが陸軍省将校の私の考えでした」

石井の言は陸軍省将校に共通の考えで、それはひらたくいえば、「支那事変完遂のため、この際、南方に出て見て資源補給と援蔣ルートを切断する。英米経済ブロックからの脱出という意味でもそれは必要だ」という考えで、とくに陸軍省の南方進出論者佐藤賢了の影響下にあった思考形態だった。

さて独ソ戦開始、アメリカからの回答文という情勢は、一年前に近衛、松岡、東條、吉田の四相でまとめた国策の方向と、それを承認した近衛内閣の国策基準との間にズレが生じたことを裏づけた。そこで新たに連絡会議で国策の方向を決定することになった。このときの出席者たちは、これまでの経緯にとらわれず、さまざまな考えをもっていた。軍令部は自給自足体制を唱えて南進論を言い、そのために「対英米戦ヲ辞セス」といった。参謀本部の将校は、伝統的な日本の戦略に戻って即時対ソ開戦論、陸軍省は南進論をいい、海軍省の態度は不鮮明だった。そして松岡は、対ソ一撃論を唱えるかと思えば、英米との衝突やむなしと発言したりする。

連絡会議での松岡発言は、神がかり的で、出席者の誰もが辟易した。南進論を唱える軍令部総長永野修身や東條に向かって、「我輩の予言は適中する。南部仏印に進駐すれば石油、ゴム、スズなどは入手困難となる。英雄は頭を転向する。我輩は先般南進論を述べたるも、今後は北方に転向する」といったりした。出席者たちは、あきれながら彼の顔を見ていた。このとき東條が唱えた南進論には、本来の陸軍省を代弁する立場からのものもあるが、松岡の意見を押えるための牽制という意味ももっていた。

連絡会議と前後して、東條のもとには、参謀本部の将校が北進論を掲げて説得に来た。対ソ論はかつての皇道派将校の間に強く、荒木貞夫も東條のもとを訪ねてきた。つけ加えれば、そういうとき東條がやわらかい対応をしていれば、軍内での反感も広まらなかっただろうが、東條の姿勢は〈軍内の様子も知らないくせに……〉という態度で一蹴してしまうのが常だった。

参謀本部の将校や連絡会議での松岡の北進論にたいする反論は、つぎのようなものだった。

「たしかにドイツとともにソ連を攻撃するのは、対ソ戦を玉条にしてきた日本の必然的な道であろう。だが問題がないわけではない。日本陸軍の四十九個師団のうち二十七個師団をもって支那事変を戦っているのだから、対ソ戦を行なうとすれば、この師団を減らしてソ連にふりむけなければならん。支那事変を途中でやめるわけにはいかん。これにたいして南進論は、それほどの師団を必要としない。日本の自給自足を優先させるには、資源の豊富な地域を押える道を選ぶべきだろう」

陸軍省の政策立案の筆をとる将校には、このあとに、東條の「南方進出というのは、単に南方へ進出するというのではない。大東亜共栄圏の確立、これが大切なのだ。これを必ず起案のなかに入れるように……」ということばがつづく。石井秋穂には、「おい、大東亜共栄圏を忘れるな」ということばが、執拗に吐かれていたのである。

ジリ貧論の台頭

国策決定の最高機関は御前会議である。もっとも御前会議の討議は、陸軍、海軍、政府、外交当局によって討議されつくして案をつくり、それを大本営政府連絡会議が承認して、御前会議で追認するのである。現在、『杉山メモ』によって会議の模様を知ることができるが、この書の行間をたどると、連絡会議も御前会議も「字句いじり」で労力の大半を費していたとみることができる。

昭和十六年七月二日の御前会議は、「情勢ノ推移ニ伴フ帝国国策要綱」を決定した。全文八百字余だが、内容は重大だった。南方進出の態勢強化のため「対英米戦ヲ辞セス」とあり、北方には「帝国ノ為有利ニ進展セハ武力ヲ行使シテ北方問題ヲ解決」と唱えていたが、南進論と北進論の面子をたてた中途半端な案であり、その字句の解釈も多様だった。

この会議の終わったあとの東條は、参謀本部と陸軍省のどちらの言い分もほどよく盛りこまれていると上機嫌だった。だがはね返りはすぐにきた。参謀本部第一部長田中新一は対ソ開戦論の強硬な信奉者だが、御前会議の数日後、東條のもとにきて「対ソ威圧のため関東軍増派を認められたい」と言ってきたのだ。東條のこの時点での考えからいえば拒否しなければならなかった。だが御前会議の決定を楯に迫られると、断わりきれなかった。

結局、東條はこれを認めた。内地軍二個師団、朝鮮方面軍二個師団、それに作戦資材の満州集結案は、杉山参謀総長から上奏され、允裁《いんさい》を受けた。このとき、天皇は軍事的な危惧を洩らした。

「動員はこの際やむをえないものとして認める。ただし北にも支那にも仏印にも、八方に手をだしているが、結局重点がなくなりはせぬか。この点は将来よく注意せよ。また従来陸軍はとかく手を出したがるから、このたびはとくに注意して謀略をやらぬようにせよ」

杉山からこの話をきいたあと、東條は神経質に関東軍の動向に注意した。すると案の定、動員が一段落してから、梅津関東軍司令官から、敵機が来たら独断侵攻もありうるがと打診してきた。参謀総長の杉山と東條はあわてて返電した。「関東軍は満州の国境内で反撃を止めるのを原則とする」――。かつての東條の強硬電報は、梅津には苦い思い出として回想されてきたにちがいなかった。〈聖慮には叛いてならぬ〉それを彼はいいつづけ、天皇が嫌っている松岡への態度も、新たにその枠で考えることになった。

アメリカとの外交交渉を主題とする連絡会議では、松岡は相かわらずの興奮状態にあった。「ハルの無礼な声明を拒否、即時対米交渉の打ち切りを行なうべきだ」。だが誰も同意しなかった。松岡をもてあまし敬遠しているのが明らかだった。三国同盟の締結以来、シンガポールの奇襲攻撃を説き、やがて即時対ソ開戦論に転換した。その間の大風呂敷をひろげ、外交はおれにしかわからぬという態度、しかもヒトラーやスターリンには軽くいなされた外交手腕。彼には確かな分析力も進むべき方向を見定める眼もない。そして何より彼には天皇の信任がなかった……。

七月十五日、松岡が欠席した閣議のあと、近衛は平沼騏一郎内相、及川海相、それに東條を呼びとめ、松岡の罷免をそれとなくもちだした。東條にも異論はない。それどころか内相と海相を制して言ったほどだ。

「これまでなんとか協調していきたいと努力してみた。だがもう限界にきている。こうなったら総辞職か外相更迭しかない」

近衛は喜び、アメリカの要求を受けいれたように見えぬように、形式だけの総辞職をしようと言った。松岡にさとられぬような秘密行動で、近衛の総辞職劇は進み、予定どおり重臣会議で近衛が推され、第三次近衛内閣が誕生した。七月十八日である。外相には海軍出身の豊田貞次郎が座り、東條は陸相としてとどまった。

このときの松岡の悔しさを示す挿話がある。

第三次近衛内閣が発足してまもなく、陸相官邸にひとりの訪問者があった。「松岡の代理の者です」といって東條に会うと、一通の書簡を「松岡が泣いて書いたものです」と預けて立ち去った。巻紙に墨書した書簡。その長さは十五メートルに及んだ。

書簡に目をとおした東條は、そこに、松岡の怨みを感じた。文面の前半には近衛への難詰があった。「小官は御承知の通りの性格にて人を寧ろ善解せんと勤むる者故、多くの情報あるに不拘昨夕までは例の公爵逃出しの病出でたり、さるにても恰も此時とは如何にも困った事也位に考え居たり」「即ち今回突然の挙は予め企まれたる小官逐出しのクーデターなりと言う事明瞭となれり。実に情なし。而もそれは驚くべき迷なり」——。松岡の近衛不信もまた深かった。近衛の人間性だけでなく、その政治姿勢も強く批判されていた。

さらに「三国同盟締結、独伊の外相との提携」は、よほど肚をすえて行なわなければならぬことだといい、胡魔化しや弁明外交はもはや効果なしといった。「大東亜共栄圏は此儘にては夢なり、英米と結びて大東亜圏は愚か支那問題すら解決出来るか」と糾弾した。だが松岡の書簡には肝心なことが欠けていた。それを東條が知った様子はない。欠けていったのは、では日本はこれからどういう外交を行なうべきかが明らかにされていないことだった。このような助言ができなかったのは、松岡外交が、完全に崩壊したことを意味していた。

東條はこの書簡を、誰にも見せず、また語らなかった。しかしカツにだけひとこと言い添え、「歴史的に貴重だから残しておくよう」と手渡した。

「松岡も気の毒な男だ……」

東條は心を許した部下にポツリとつぶやいている。

松岡も気の毒な男——その述懐はたしかに東條には本音であったろう。……当初、松岡は外交構想をもっていた。この構想に賛意を示した近衛は、周辺の反対を押し切ってまで外相に据えた。そして彼の構想ははじめ円滑だった。日独伊ソの四国連合、それによって英国と重慶政府に打撃を与え、アメリカに対しても軍事・経済面で均衡状態を維持でき、それで世界戦争の抑止力になると信じた。

実は近衛も東條も、松岡構想に賛意を示しつつ、三国同盟は四国同盟の一里塚と諒解していた。ところが日ソ中立条約は本来の構想からはみでた一里塚だったのだ。そして独ソ開戦。この前日に四国同盟の推進者の罷免を、アメリカが要求してきている。松岡はサンドバッグのように叩かれ、その政治的役割を終えた。

近衛と東條、それに及川らが松岡を閣外へ放逐したのは当然の結果といえた。

松岡は十三歳のときアメリカ遊学にでかけ、二十二歳でオレゴン州立大学で法律を学んだこともあって、〈アメリカのことは自分がよく知っている〉という自信をもっていた。彼のアメリカ観は、一言でいえば「目には目を、歯には歯を」で、アメリカ人とは、たとえ暴力をつかっても抗していくことで、かえって友人になれるというのであった。それが彼のアメリカ観につながっていた。

だが結果的に、松岡はそのアメリカから、いま手ひどいしっぺ返しと屈辱を受けたのである。

松岡を追いだしただけの第三次近衛内閣が最初に取り組んだのは、南方問題の処理だった。七月二日の御前会議決定「南方進出の歩を進め、これがため対英米戦争を辞せず」に沿って、フランスのヴィシー政権との間で仏印共同防衛の交渉をはじめていたが、これが成功し、七月二十九日にダルラン仏外相と加藤友松大使との間で議定書が交された。日本軍の平和進駐は決まった。この年春から東京で進めていた日仏経済交渉で、経済協定をまとめたにもかかわらず米や生ゴムなどの輸入もとどこおりがちだったのが、この進駐によって必要量は確保されることになった。しかも新たに南方資源も手に入れることができることになったのである。

しかし、日本の南方進出が予想される段になって、アメリカは神経をとがらせた。野村大使の電報は、ルーズベルトが日本への石油禁輸をにおわせたと伝えてきた。

「世論に、私は日本に石油を与えるのは太平洋平和のために必要だと説得してきた。だが日本が仏印に進駐すると、わたしの根拠は失なわれてしまう。わが国にしてもスズやゴムの入手が困難になり、フィリッピンの安全も脅かされるとあっては、石油の輸出はとうてい無理だ」

その警告を、陸海軍の指導者は真実味のあるものとして受け止めなかった。むしろここで退いてはアメリカの属国だと思われると、短絡的な発想をもった。そしてひるみがちの近衛首相と豊田外相をリードした。のちに近衛は、南方進出には賛成ではなかったが、軍部との摩擦を懸念してやむをえず同意したと弁明している。

「もし本気で全面禁輸とするなら、日本との戦争決意を固めたことになる。そこまでは踏み切らぬだろう」

それが野村の電報を見た陸海軍の指導者たちの感想だった。むろん東條もそのひとりだった。

七月二十五日、日本は南部仏印の進駐を発表した。すると、アメリカと英国は、翌二十六日、国内の日本資産の凍結を命じた。オランダもこれにつづいた。さらに英国は日英、日印、日緬の通商条約破棄を伝えてきた。蘭印当局も日本資産凍結、対日輸出入制限、石油協定の停止を発表した。

このときになっても、陸海軍の将校は〈石油禁輸〉に及ぶことはないだろうと考えた。なぜならそのことは、アメリカが日本との戦争を決意する意思表示になるはずだと一方的な根拠を理由にした。二十八日からの三日間、日本軍は南部仏印に進駐した。

ところが応酬のパンチはすぐに返ってきて、ホワイトハウスは対日石油輸出の全面停止を発表した。原棉と食料を除いては全面的に通商を不許可とするとつけ加えた。このとき日本の石油貯蔵量は四二七〇万バレル。当時の消費量からみると、一年半が限度であった。しかも石油の供給先はアメリカが八〇％、のこりはボルネオと蘭印。アメリカから供給がストップすれば、日本の立場は一挙に奈落の底に落ちこむ。

この発表があった夜、東條は秘かに近衛の私邸に呼ばれた。近衛は衝撃のためか沈痛な表情を崩さなかった。アメリカの処置に何らかの前向きの措置をとるつもりだと彼はいい、日本は仏印以上に進駐するつもりはなく、支那事変解決後は撤兵し、フィリッピンの中立も保証してアメリカの怒りを鎮静する方向で打診してみようと打ちあけた。だが東條は、その提案のなかに受けいれられるものもあれば受けいれられないものもあると反論し、連絡会議にはかるまえにもうすこし情勢を見て検討したいと答えた。

しかしその答は甘かった。実際に石油が全面禁輸になると、〈アメリカは日本を包囲して存亡を絶とうとしている。座して石油の絶えるのを待つか。それとも貯蔵量のあるうちに活路を求めるか〉の単刀直入な問いが、陸海軍の中堅将校によって発せられるようになったのである。海軍は石油を何よりも重視していたが、ここにきてジリ貧論が一挙に台頭し、機先を制して開戦もやむなしの声が高まった。海軍を頼りにしていた近衛首相は、ますます表情を堅くするだけだった。強硬論は海軍だけではない。陸軍でもこの状態をみて、七月二日の南方施策要綱を作文で終わらせては意味がないと、「対英米戦ヲ辞セス」の字句を具体化しようとする将校があらわれた。

東條のもとに、御前会議の決定に沿って、開戦もまたやむなしの文書をもって駈けつけてきたのは、軍務課高級課員石井秋穂だった。彼は、この案を省部の将校に見せて説明をつづけたが、〈対米戦争〉という現実のまえに誰も明確に同意はしなかったので、いきなり東條に届けたのだ。

私の取材に応じた石井は、「正しい史実を後世に遺したい」と前置きし、つぎのように当時の状況を証言した。

「蘭印の油を入手できる態勢をとることは日本の急務でした。南部仏印進駐に踏み切ったものの資産凍結にぶつかり、自存自衛という目的で開戦を考えました。それは七月二日の御前会議の当然の帰結でした。直接的なこの発想が、相手に格好の言い分を与えたという指摘は、戦後判明した資料により認めざるを得ません」

ところが東條は、石井の案を押し戻した。「これはあくまでも陸軍内部のことだ。閣議にとおすことはできない。石油の全面禁輸を受けたからといってすぐに戦争というわけにはいかぬ。閣議や連絡会議はそこまではいっていない」。しかし状況を適確に把握し、御前会議の決定を真に理解している者がここまで考えるのは当然だと、東條はつけ加えるのを忘れなかった。遠回しに、御前会議決定が、それぞれの集団を代表する出席者にいかようにも解釈されうるという事実を認めたのである。

「あなたとはもう話せない」

幻だった日米首脳会談

八月五日、東條と及川海相は、近衛から官邸執務室に呼ばれた。ふたりをまえに、近衛は言った。

「このまま野村に、ハルを相手に交渉をつづけさせても進展の見込みはない。またアメリカ側の要求をあるていど呑まねばならないが、そのためには、私が直接交渉にのりださなければならないと思う」

東條と及川は、近衛の焦燥を知った。実際のところ、近衛は、戦争に著しく傾斜しつつある陸海軍の動向に悩んでいた。軍令部総長永野修身は、上奏した折りに、「むしろこの際、打ってでるしかなしとの考えが適当かと存じます。勝敗は日本海海戦のごとき大勝は勿論、勝ち得るや否やも覚束ないのでありますが……」といったというし、ジリ貧論が参謀本部にも沸騰しているという報告も受けていた。海軍内部の日米交渉に積極的なグループの存在は、近衛のもっとも頼りにするところだったが。彼らがジリ貧論のまえに声を弱めつつあることに、近衛はいっそうの不安をかきたてた。そして、彼が最後ののぞみとして思いついたのは、ルーズベルトと直接話し合うことだった。四月に届いた日米諒解案の末尾には「日米両国代表者間の会談をホノルルにおいて開催する」と謳っていたではなかったか。このとき井川忠雄から送られた手紙にも、「大統領の希望として、日本側は是非閣下の御出馬を得て」とあったではないか。

「大乗的立場に立って交渉するが、話し合いをつけることに急なあまり、媚態や屈服とは受けとられぬようにするつもりだ」

東條も及川も即答しなかった。が、及川は乗り気であった。東條は、胸中ではその成否に疑問をもったが、それをいわずに、後刻、書類で返答すると伝えた。近衛は「ぜひ賛成してほしい」とふたりにくり返した。

陸軍省に戻ると東條は、武藤と佐藤、石井を集めて、近衛の申し出を検討した。三国同盟との兼ねあいからいって適当ではない。だが近衛の前向きな態度は評価すべきだ、しかしルーズベルトと話し合ったからといってすぐに懸案が片づくわけではない。そんな意見がくり返されたあと、東條が直接筆をとって回答をまとめた。その末尾には「(ルーズベルトが)依然現在とりつつある政策を続行せんとする場合には、断乎対米一戦の決意を以て之に臨まるるに於ては、敢て異論を唱うるの限りに非ず」と書いた。ハル長官以下との会見なら不同意、たとえ会談が終わっても辞任せず対米戦争の陣頭に立つ決意を固める、の二点を付言として書き加えた。八月五日夜、東條はこれを近衛に届けた。

この回答を確かめたあと、近衛は首脳会談案を内大臣木戸幸一に伝え、それから天皇に上奏した。このとき東條と及川に語ったよりも強い決意で報告したが、天皇も速やかに行なえと賛成し、木戸も日本の国力の現状から見て、日清戦争後のように「臥薪嘗胆」の策をとるよりほかにないといい、十年計画で人造石油工業の発達をはかり、対米戦争を回避しなければならぬと言った。

近衛と豊田からの訓電によって、八月七日、野村はハルに首脳会談の新提案を示した。ところがハルは、この申し出にあまり関心を示さなかった。折りから、アメリカにとっては、もっとも重要な英国との首脳会談が開かれようとしていたのである。むろん日本側はまったく知らなかった。

ルーズベルトとチャーチルは、米英両国の共同戦線結成を目標に、ニューファンドランド沖の軍艦上で八月九日から十四日まで秘かに会談をつづけた。彼らはソ連を陣営にひきいれることで一致し、日本とは当面摩擦を起こさないよう努めることで合意した。しかし日本のこれ以上の武力進出には警告をだすことを決めた。最後通牒にも等しい警告をだしておけば、日本はタイや蘭印に進出することはあるまいと考えたのだ。

この会談を終えたあと、チャーチルは下院で演説し、大西洋会談の報告を行なった。そこにはつぎの一節があった。「日本は中国の五億の住民を侵害し苦しめている。日本軍は無益な行動のために広大な中国をうろつきまわり、中国国民を虐殺し、国土を荒らし、こうした行動を〝支那事変〟と呼んでいる。いまや日本はその貪欲な手を中国の南方地域にのばしている。日本はみじめなヴィシー・フランス政府から仏印をひったくった。日本はタイをおどし、英国と豪州の間の連結点であるシンガポールを脅迫し、米国の保護下にあるフィリッピンをも脅している」――

ルーズベルトとチャーチルは、アメリカの軍備が整いしだい、日本にたいして仏印、中国からの撤兵を押しつけると予想される意味をもつ演説であった。そのために必要なのは、時間であった。いっぽうワシントンに戻ったルーズベルトは、十七日になって野村を招き、米英首脳会談でとり決めた対日警告書を渡した。日本が武力的威嚇をつづけるなら「合衆国政府ハ時ヲ移サス……必要ト認ムル一切ノ手段ヲ講スル」と明言した。しかし近衛との首脳会談については、もうすこし詳しいステートメントが欲しいと言った。警告書を手渡すという割りには、ルーズベルトの口ぶりは首脳会談に乗り気のニュアンスだった。その態度を見て、野村は、会談成功の印象をもった。その印象を近衛に伝えた。

この電報を受けとった近衛は喜び、いっそう首脳会談に期待を賭けた。連絡会議でも積極的に発言をくり返した。陸海軍当局に随行団の人選も内々に行なわせた。近衛は、仏印、中国からの撤兵を受けいれ、会議の場から直接天皇の裁可を仰ぐつもりでいたのだ。

こうした近衛の甘い見とおしに抗するかのように、陸海軍の事務当局はもっと現実的な対応策を考えていた。彼らは、七月二日の御前会議で決定した『帝国国策要綱』は、実際に南方進出を行ない、米英蘭の経済封鎖に出あってみると、事態に対応できる政策骨子でないことに気づいていた。

「対英米戦ヲ辞セス」という字句を受け、海軍の幕僚たちによって激しい案がたたき台としてだされたのは、八月半ばのことであった。この案『帝国国策遂行要領』は、陸海軍の部局長、すなわち陸軍省武藤章軍務局長、参謀本部田中新一第一部長、海軍省岡敬純軍務局長、軍令部福留繁第一部長によって検討された。田中は強硬に戦争決意を訴え、岡はたとえ日米交渉が失敗してもすぐに開戦にもっていくべきでないと言った。武藤と福留がその中間に立った。海軍省が練ってきた案のなかに「対米英蘭戦ヲ決意シテ」とあったが、討論の中で「対米英蘭戦決意ノ下ニ」と直したいと武藤が言うと、岡がすかさず「対米英蘭戦争ヲ辞セザル決意ノ下ニ」と訂正するよう求めた。たしかにすこしずつニュアンスは異なるが、字句を直しても底流にあるべき基本的な構図には手をつけないのだから意思はいっこうに統一されなかった。

　彼らは戦争準備を完整するという点では一致した。もし戦争をするなら、日米海軍戦力比や石油禁輸から二カ月以内ということで、十一月上旬が有利だという点でも一致した。それ以後だと季節風による軍事的悪影響もあるからだった。こうして陸海軍の政策決定中枢の四人の将校は、八月三十日になって、やっと「要領」をまとめた。それはつぎのような内容だった。

「一、帝国ハ自存自衛ヲ全ウスル為、対米（英、蘭）戦争ヲ辞セザル決意ノ下ニ、概ネ十月下旬ヲ目途トシテ戦争準備ヲ完整ス　二、帝国ハ右ニ併行シテ、米、英ニ対シ外交ノ手段ヲ尽シテ帝国ノ要求貫徹ニ努ム　三、前号外交交渉ニ伴イ十月上旬頃ニ至ルモ尚我要求ヲ貫徹シ得ザル場合ニ於テハ、直チニ対米（英、蘭）開戦ヲ決意ス」

この国策案は「別紙」として、「最少限度ノ要求事項」も掲げている。

「一、米英ハ帝国ノ支那事変処理ニ容喙シ又ハ之ヲ妨害セザルコト　二、米英ハ極東ニ於テ帝国ノ国防ヲ脅威スルガ如キ行為ニ出デザルコト　三、米英ハ帝国ノ所要物資獲得ニ協力スルコト」

そしてこれらの要求が応諾されたとき、日本側が「約諾シ得ル限度」としてつぎの点をあげた。

「一、帝国ハ仏印ヲ基地トシテ支那ヲ除ク其ノ近接地域ニ武力進出ヲナサザルコト　二、帝国ハ公正ナル極東平和解決後仏領印度支那ヨリ撤兵スル用意アルコト　三、帝国ハ比島ノ中立ヲ保障スル用意アルコト」

これが日本の政策決定の土台となる考えだった。陸海軍の考えは、すなわち日本の国策となる時代だったから、あとは連絡会議と御前会議で事務的に承認されればよいだけだった。近衛の意思など問題ではなかった。

八月三十日、近衛は野村から届いた二通の電報に目をとおした。〈明と暗〉に色分けできる電報であった。

〈明〉は、野村が近衛のメッセージ（「惟フニ日米両国間ノ関係カ今日ノ如ク悪化シタル原因ハ、主トシテ両国政府間ニ意思ノ疎通ヲ欠キ、相互ニ疑惑ヲ重ネタル」）を渡したときのルーズベルトの反応だった。ルーズベルトは機嫌よく、近衛首相との会談はハワイよりもアラスカがいいと言ったと報告していた。近衛は首脳会談への期待をさらに高めた。

もう一通は、ゆううつな電報だった。ルーズベルトと会ったその日の夜（ワシントン時間二十八日）に、野村はハルに会ったが、それを報告してきたものだ。ハルは無愛想に、首脳会談を開くまえに事務レベルの予備交渉を開かねばならないというのである。まるでルーズベルトとハルは、硬軟をつかい分けているかのように見えた。

しかし近衛は、ハルの発言よりもルーズベルトの機嫌のいい口ぶりに期待を賭けた。それが自分の役割だと信じた。首相退任後、彼が著わした手記では、「おそらくこの時が日米の一番近寄った時であったかもしれない」と告白している。

東條は、近衛ほど楽観主義者ではなかった。近衛がルーズベルトとの会談にうつつをぬかしているのを、本心では苦々しく思っていたが、それを表だっては咎めなかった。天皇もそこに期待をかけているのを知っていたからである。だからこそ、この会談をつぶそうと画策する軍務課の青年将校を、見せしめのため台湾派遣軍参謀に飛ばしたりもした。

八月三十日、近衛が読んだ二通の電報を、東條もまた陸相官邸の執務室で読んだ。その感想を東條は洩らしはしなかったが、後年佐藤賢了が書きのこしたつぎのことばと同じであったにちがいない。

「アメリカは間抜けだわい。無条件に会えば万事かれらの都合どおりにいくのに……」

聖慮に震える御前会議

アメリカ側の最終的な回答を期待する近衛、陸海軍の「要領」採択をはかる東條、近衛に同調する豊田、「要領」に同意はしているものの消極的な及川。各人の思惑を秘めて九月三日、大本営政府連絡会議が開かれた。初めに統帥部の責任者永野と杉山が「要領」を説明した。アメリカは、戦争準備の時間稼ぎのため会談をひきのばしていると批判した。近衛は戦争へ近づくことになるこの「要領」にはなんの意見も述べなかった。出席者にも不審な感じを起こさせるほどだった。

もし彼が首相としての責任感をもっているなら、「要領」のもつ危険性には不満を述べるべきであった。彼の沈黙は、海軍の決心は本意でないと楽観視していて、土壇場になれば海軍が戦争回避に動くと考えていたのであろう。

この会議では近衛にかわって及川がねばった。閣議でもあまり自分の考えを明らかにしない彼が、珍しく条文の字句にくいついた。まず「要領」案の第三項に「我要求ヲ貫徹シ得ザル場合」とあるのを、「我要求貫徹シ得ル目途ナキ場合」と修正させた。〈目途ナキ〉という語がはいっていれば、〈十月上旬〉にいまいちど〈目途があるのかないのか〉を論じることが約束されるからである。

このとき海軍省は、日米交渉決裂、即時開戦を考えていなかった。及川は日本海軍の戦力がアメリカ軍と対抗できるとは思っていない。それに及川に限ったことではないが、海軍の指導者は、アメリカとの確執が支那事変に端を発しているのであり、これは陸軍の不手際の結果だと考えていた。その尻ぬぐいをするのは不快であったが、石油禁輸の中でジリ貧になるのはもっと辛いことだというジレンマのなかにいた。陸海軍事務当局の会談での岡軍務局長のねばり、そして及川海相の発言はその流れのなかにあった。

しかし「要領」は、ほぼ原案どおり決まった。この決定は近衛から木戸に伝えられたが、一読して木戸は目をむいた。彼の懸念は、時間を決めて日米交渉にワクをはめようとしていることだった。「自分としては日米交渉に全力をつくす以外にない」、近衛は弱々しく答えるだけだった。天皇もまた「要領」を見て驚いた。戦争準備が前段にあり、外交交渉が後段にあるのはおかしい、と近衛に言った。順序は軽重をあらわすものでない、と近衛は答えた。しかし天皇は納得せず、杉山と永野を呼び、

「統帥部は外交に重点を置く趣旨と解するがそのとおりでいいか」

と確認を求めた。「そのとおりであります」。ふたりは口をそろえて答えた。

八月三十日の電報を見てからの近衛は、天皇や木戸にも不審がられるほどの取り乱しようだった。彼は首脳会談の成否にばかり気持がいっていたのだ。のちに彼が書いたところでは、この連絡会議での決定が対米英開戦に直結するということを知らなかった、それほど重大な決定だとは思わなかったと、正直に告白している。

近衛だけではない。豊田外相もまたその会議をやり過ごした。十月に入ってから、ふた

りが東條から責められたとき、豊田はつぎのように言ったのだ。

「そう言うなよ。実は、あれは（陸海軍の事務当局案）三日の午前中にざっと目をとおしただけだったんだ」

豊田もまた、この程度の関心しかもっていなかったのである。それゆえ東條との亀裂を深めたのであったが、東條は、ふたりの態度は御前会議を愚弄している、国務大臣として輔弼の責任を果たしていない、という正論で声高に批判しはじめた。

九月六日の午前十時、この年になって三回目の御前会議が宮中で開かれた。近衛の司会ではじまり、永野、杉山が「要領」を説明し、つづいて枢密院議長原嘉道が、「この案は外交よりも戦争のほうに傾いている」と質問した。政府を代表して及川海相が答えた。だが統帥部が答えずにいると、突然、天皇が発言した。「統帥部がなんら答えないのは甚だ遺憾である」――そう言うと懐から用紙をとりだして読みあげた。

四方の海　皆同胞《はらから》と思ふ世に

など波風の　立ち騒ぐらむ

そしてつけ加えた。

「朕はこの御製を拝誦して大帝の平和愛好の精神を紹述せんと努めている」

しばらく出席者は沈黙の中にあった。永野が立ち、「統帥部に対するお咎めは恐懼に堪えませぬ。……（統帥部としても）外交を主とし、万やむを得ぬ場合戦争に訴うるという趣旨に変わりはございません」と述べた。御前会議では決して発言しない天皇があえて発言を求め、しかも明治天皇の御製まで詠んだという事態に、彼らは緊張した。だが結局、「要領」は原案のまま承認された。天皇の意思を確認しながら、とにかく採択されたのである。天皇は、これにも不満だったらしく、会議が終わったあとも不機嫌で、木戸を呼び、統帥部に外交工作に協力するように……と注文をだした。

このとき、東條も天皇の意思を知って衝撃を受けた。御前会議が終わって陸軍省に戻った東條は、興奮を隠さなかった。軍務局の将校を大臣室に集めると、会議の様子をくわしく伝えた。「聖慮は和平を希求しておられる。こうなった以上、何としても日米交渉を成功させなければならぬ」と執拗にくり返し、将校たちに興奮の一端を理解するよう呼びかけたのである。この日をきっかけに、東條は軍務局長の武藤と長時間、大臣執務室で話し合った。ふたりは何を話し合ったのか、武藤も御前会議から戻ってきたときは、「聖慮を尊重して外交に熱心に取り組まねばならぬ」と言ってから、つぎに「このままの情勢では戦争になる。天子様がこれは仕方がない、やむを得ないと御納得のいくまで外交に力をいれなければならなくなった」ときわめて示唆に富む考えを洩らした。

彼が東條と話し合ったのは、たぶんこの考えを説明したのであろう。その後の東條の軌跡は、武藤の言を忠実になぞっているように見える。たとえば十一日に、東條は陸軍の「対米戦争準備」の状況を上奏した。そのときも天皇に、「御前会議の際の発言によって戦争を避けたい。自分の意向は陸相には明らかになったものと諒解する」と確認を求められたが、「思し召しを十分体して交渉妥結に極力努力いたします」と、彼は答えていた。

このころから東條は、不器用にではあるが、日米交渉に情熱を傾けて近衛の補佐役をつとめようと努力しはじめたのである。彼には思想や理念がなく、天皇の一言によって容易にその方向を変えた。

こういう東條の態度は統帥部には不快だった。とくに参謀本部の作戦、情報、兵站に関わる担当者たちは上下をあげて日米交渉に反感をもっていたから、九月六日の決定に盛られている「十月上旬」という時期を、半ば期待しながら待ち受けることになった。そういう突き上げは、陸軍省にも伝わってきた。表面は外交に熱を入れるように言うが、その実、統帥部への共感を隠そうとはしない中堅将校がふえたのだ。そういう将校からは、東條は生ぬるい大臣と受け止められた。参謀本部戦争指導班の中堅将校種村佐孝大佐が書き綴っている『大本営機密日誌』の九月十二日、十三日には、「(強硬論にたいし) 大臣の態度くさし。局長に至っては言語同断《ママ》なり」と、東條と武藤が開戦論を弱めつつあるのを批判しているのである。

そのうえ統帥部は、別の生物として動きはじめていた。十日には、天皇の「外交がまとまればひくように……」との注文を受けながら、動員下令をだしている。そして二十日には、統帥部の作戦担当者たちは〈開戦日を十一月十六日〉と想定して、十月十五日までに外交上の結着をつけて欲しいと要求しはじめている。

が、省部の意思統一をはかる会議では、統帥部の強硬な態度を押さえようと、東條は杉山につめよっている。「初めにうかがいますが、統帥部は政府の日米交渉をまとめるという方向に協力するつもりなのですか。それともぶち壊すつもりなのですか。そこをはっきりしてください」。杉山が「妨害するつもりはありません」と答えると、東條は満足そうにうなずいた。それは単に気休めのことばにすぎないことを、東條は充分理解していなかった。

破れた近衛の期待

首脳会談の可能性が薄れたとき、近衛は「アメリカ政府内部は国務省的意見が支配的になったからだ」と考えたが、アメリカ政府内部も、日米交渉そのものを「時間かせぎ」に利用するとしつつも、政策のアウトラインだけは決めつつあった。国務省極東部対日主任バレンタインはルーズベルトに語っている。「九月六日の提案（近衛・ルーズベルト会談再考を求めた日本側の提案）に対して、……我が政府の態度を明らかにすると同時に、その態度の通告は友好的論調をもってし、今後の論議のための門戸を開放し、かつ論議の終止に対する責任は日本に負わせることに努める」——交渉打ち切りの責任を日本にかぶせるようにという進言だった。さらにルーズベルトのもとには、陸海軍長官から、ソ連とドイツの戦闘状態を分析すれば、最終的にはソ連が勝利するかもしれないという報告が届いていた。ソ連の抵抗が根強く、ドイツは敗退するだろうというのであった。

九月中旬になると、ハルは、首脳会談を提唱してきたときの日本側の弱気な態度とその後の変化を改めて指摘し、そのうえで会談にはいるまえに、日本側に当初の四原則をもちだしたほうがいいと申し出てきた。ルーズベルトもその意見に賛成した。駐日大使グルーは「近衛は孤立しながらもよくやっている」と報告してきたが、その裏づけとして近衛の秘書牛場信彦が、「とにかく大統領に会えばうまくいく」と譲歩をにおわせてきているという事実を伝えてきていた。が、ルーズベルトもハルも無視した。

彼らには、日本が依然として状況を把握できずに曲折しているのは喜ばしいことだった。時間かせぎができるからである。ソ連に物心両面の援助を与えてドイツと対峙しているのに、日本と構えるのはしばらくは得策ではないとの判断があった。だからこそハルは、野村に会うたびに交渉のネックは三国同盟よりも「支那撤兵」にあるといって、原則的な話をむしかえしていたのであった。

日本の政府指導者たちは、アメリカの意図をすこしも見ぬけなかった。九月六日以後、外交に力をいれるということで、新たにアメリカ側に提案する案が検討されたが、この主導権を握ったのは、当然なことに海軍省と外務省だった。九月二十日の大本営政府連絡会議は、日本側の案を決定したが、その内容は、㈠仏印を基地としてその近接地域に武力進出は行なわない、㈡ヨーロッパの戦争へのアメリカ参戦後の日本の態度は自主的に行なう(三国同盟にはとらわれないこと)、㈢日支間正常化後は日本は撤兵する。㈣支那でのアメリカの経済行動は保証する——というものだった。

この日本側提案に、ハルは野村に回答を寄せたが（十月二日）、日本側の提案は三国同盟への態度が曖昧、支那からの撤兵期限が明確でないと、素っ気ない答であった。そして改めて四原則を掲げ、日本側はこれに制限と例外を設けていると批判したあとで、「もしこの印象が正しいとするなら、両国首脳がかかる状況の下に会見しても、その目的に貢献し得ると感ぜられるや如何」と述べて、首脳会談を正式に拒否した。野村は近衛に宛てた電報のなかで、懸案はやはり支那撤兵で、それが解決されると事態は進展すると伝えた。

その意見に近衛は同意した。もっともこの野村からの報告を読んだ東條は、日米交渉が絶望的なことを知った。近衛はこのとき、どんな案でも受けいれてアメリカとの戦争は避けなければならぬと覚悟していた。そこで秘かに及川海相に相談したが、及川は、「絶対避戦というだけでは陸軍は説得できぬ。アメリカ案を鵜呑みにするぐらいの覚悟をもって進めば、海軍も援助するし陸軍もついてくるだろう」と甘い見とおしを語ったが、近衛も「それなら安心した。自分もそう思う」と言って、海軍との共同歩調をはかる意思をあらわした。

〈陸相と膝つきあわせて、もういちど話し合わねばならぬ〉

近衛がそう決心したのは、アメリカ側の冷たい回答を見て、及川と会ったあとである。ふたりの話し合いは十月五日の日曜日に、近衛の私邸で行なわれた。

この日、東條は秘書の赤松貞雄のカバンに資料をつめこませて、自動車で荻窪に向かった。このころ東條はほとんどの資料を記憶していた。日米交渉の電報も日時単位でそらんじてみせた。官邸での深夜までの執務は、そのことに費されているのを、赤松は知っていた。一時間ほどして、東條と近衛は連れだって応接間からでてきた。東條の表情はいつもとかわりなく、近衛に見送られても表情をかえなかった。赤松は、どういう会話を交したのか、それとなくたずねてみた。それもまた秘書の役目で、東條の洩らすことばを軍務課の将校に伝えなければならなかったからだ。が、東條は答えなかった。近衛家の応接間の置き物を賞めただけだった。

東條と近衛は何を話したか。東條はこのときの模様を誰にも話さなかった。のちに近衛が著わした『近衛手記』を参考にして考えると、大要はつぎのような会話が交されたと推測することができる——。

「アメリカの態度はすでに明瞭である。四条件の無条件実行、三国同盟離脱、駐兵拒否というのでは日本は譲れない」

かなり強い調子で、東條が言う。

「そうは思わない。このなかで問題になっているのは駐兵が焦点で、あとは話し合いがつくように思う。そこで撤兵を一応引き受けて、しかも資源保護の名目で若干駐兵するようにしてはどうか……」

「それはいけない。それでは謀略だ」

「慎重にやりたい。そういう方向は考えられないか」

近衛は、御前会議の決定もあるが、アメリカの態度は必ずしも遅延策とは思えぬというのだが、それは東條には御前会議の決定を反古にするものだと映った。

「御前会議は形式的ではないはずだ」

必死に東條も防戦した。そしてふたりは曖昧なまま結論をもたずに分かれた。

東條・近衛会談が行なわれたころ、陸軍省と参謀本部の部課長会議、海軍省と軍令部の部課長会議がそれぞれ開かれていた。陸軍側の会議では、佐藤賢了と田中新一が「外交交渉は成算なし。速やかに開戦決意の御前会議を奏請する」と譲らず、ハル四原則の無条件承認、三国同盟の脱退、支那からの撤兵というアメリカ案では交渉にならぬといいつづけた。この意見に岡本清福参謀本部第二部長が同調し、武藤と真田も結局うなずいた。

この結論は、近衛との会談を終えて戻ってきた東條にも伝えられた。が、東條は別に苦情は言っていない。日米交渉にもう期待はかけられないという結論は、東條とも一致するからだった。だがそれは聖慮に反する……そのギャップをどう埋めるか、そこに東條の苦悩はあった。

いっぽう海軍側の結論は、対米戦避戦派の岡軍務局長らの意見がとおって、「日米交渉はまだ交渉の余地がある。時期の遷延、条件の緩和についてはさらに検討する」とまとめた。近衛と一体の方向にあった。

翌六日、陸海軍合同の部課長会議が開かれ、陸軍と海軍の幕僚の対立が鮮明になった。

陸軍側は、これまでの永野軍令部総長の一貫した主戦的な発言は何を根拠としていたのかという点と、九月六日の御前会議の決定を勝手に変更するのか、という二点で海軍側を批判した。これにたいして海軍側では、対米英戦に勝利の公算がないのを知っている将校が、「南方戦争では船舶の損耗は開戦の一年目に一四〇万トンと予想される。これでは勝ち目がない」と応じた。会談は決裂した。が、問題点は浮きぼりになった。九月六日の御前会議で定めた十月中旬がまぢかである以上、対立点は一刻も早く整理されねばならぬ段階であったのだ。

こうして東條は、国策の方向に明確な決断を下さねばならぬと考えるに至ったのである。この期、近衛、木戸、陸軍、海軍の間は錯綜しているかに見えるが、要は九月六日の御前会議の決定をどう考えるかに尽きた。決定を守るとなれば、日米交渉をどう捉えるかにつづく。日米交渉には成否があるのか、しかも十月中旬までにまとまる可能性があるのかという疑問に結ばれていく。

これを思考構造からみれば、大状況から小状況に下りてくる考えと、逆に上がっていく考え方（日米交渉のネックは何か、それをどう克服するか。克服すれば十月中旬までにまとまるとなり、それは日米交渉の妥結になると捉える）に分かれた。陸軍と海軍の一部、そして東條と近衛の対立は、大状況から小状況に下りてくるか、それとも小状況から大状況に上がっていくかの違いでもあった。大状況から下りていけば主戦論に、小状況から大状況に上がっていけば避戦論に落ちつく奇妙な論理構造があった。それが日本の政策決定集団の断面であり、字句いじりの理由だった。

大状況（建て前）派と小状況（本音）派の論理は、近衛・東條会談、陸海軍の部課長会議をみても交錯しない。だから十月二日以後、政策決定集団の論議は不毛の論理を組み合わせようとするエネルギーの浪費だった。その浪費に疲れた東條は、ここにきて御前会議決定を反古にするのなら、輔弼の任が果たせないから辞職すると、自らの周囲に言いだした。〈なぜ陸軍の将校たちは、それを各政策集団に洩らしはじめた。〈なぜ九月六日案を認めたのか、撤回を申し入れなかったのか〉、その論をふり回し、あげくの果てに辞職をいいだすと、たとえ陸軍に理があっても、周囲には恫喝に映った。それが陸軍の常套手段だったからだ。

これまでの負債が、束になって東條にふりかかってくる徴候がこうして生まれた。

「支那撤兵」が鍵に……

九月六日の御前会議決定を順守しようとする陸軍は、主戦派ということばで語られた。とくに東條は主戦派の頭領扱いをされた。それは彼の意思を代弁するものではなかったが、その印象はしだいに政策集団の間に広まった。及川海相も豊田外相も、九月六日の決定は統帥部のゴリ押しによるもので、その反古を画策し、そのために鈴木貞一企画院総裁をたずね、「数字の上から戦争をできぬと言って欲しい」と懇願した。彼らは、「戦争をできぬ」ということばを、陸軍を代表する東條にむかって誰が言うか、互いに責任を押しつけあっていた。

十月七日の午前中、東條は及川と話し合った。東條の論に乃川は逃げ腰で、追いつめられた及川は海軍内部の好戦的な言をぐちり、「内密の話にしてもらいたい」とさえいった。東條は及川と話し合ったあと、さらに閣議でも自説を開陳し、そのあと近衛とも不毛の話し合いをつづけた。近衛は八月の地点にふり戻した論をいいだし、それが東條をいっそう不愉快にさせた。会話の最後には感情的なことばがやりとりされた。

「軍人はとにかく戦争をたやすく考えるようだ」

「……軍人は戦争をたやすく考えるといわれるが、国家存亡の場合には目をつぶって飛びおりることもやらねばならない」

近衛の曖昧な態度、その場かぎりの辻褄合わせは、東條にはいまや忿懣の対象でしかなかった。もともと東條も、海軍が戦争に勝算がないといえば再度検討しなければと考えているのに、及川からはその言がきかれないのに苛立っていた。ただひたすら九月六日の決定をくつがえすことに逃げこむ近衛や豊田、及川の態度に、憎悪に近い感情をもつようになった。

たしかに近衛も及川も、国家意思を決定する重大な段階に部分的に責任を感じているだけで、大局からは身を避けるというきわめて巧妙な態度をとった。そういう態度のなかで、東條と陸軍は頑迷な集団として政策決定集団から孤立し、責任を負わされる役割をもたされた。

だが東條や陸軍のいうように、「御前会議」は金科玉条だったか。制度上からは確かにそうであった。重要な決定がくだされるのは、表面上は天皇臨席のもとで開かれる御前会議だった。しかしこれとて、天皇のまえでそれぞれが脚本どおりに演じる儀式にすぎなかった。

当時、どこの国でも外交と軍事の責任者には抗争、対立があった。だが、最終的には政治上の最高指導者が選択を行ない、国策の方向を決定した。ところが日本では首相の権限は極度に制限されていた。

作戦のいっさいの権限は、参謀総長と軍令部総長が握っている。政治の側の最高指導者はこれに容喙できない。それどころか情報さえ知らされない。しかし参謀総長と軍令部総長の権限にも制限があった。彼らは用兵に全権を握っていたが、編成、装備、兵力量を管轄しているのは陸軍大臣と海軍大臣だった。その区分が曖昧で、どちらか一方が他方を統制する仕組みとはなっていなかった。それでも陸軍省と参謀本部のあいだの意見の衝突、海軍省と軍令部のあいだの相克は、それぞれ同じ集団内部のもめごとだったから、適当な妥協が可能であった。しかし陸軍と海軍のあいだの主張の対立は、歴史的な対抗意識と利害が絡むだけ複雑であった。

こういう併立する機関の上に立つのが、天皇だった。天皇は「君臨スレドモ統治セズ」の教育を受けていた。国策の最高決定は、大本営政府連絡会議、御前会議であっても天皇にも首相にも決定権がなく、しかも多数決で決定するというわけでもないという理解しがたい構図ができあがっていた。議案を徹底的に検討するよりも反対論を押さえることに重点が置かれ、決定の内容よりも不透明な意見の一致が喜ばれるのであった。この会議での首相の任務といえば、出席者を納得させることより、波風をたてずになんとかまとめる能力が必要とされることであった。他国にはない政治形態だった。

国策の決定とは、字句いじりの取り引きにすぎず、最大公約数的な妥協によって、無味乾燥な作文ができあがることであった。その曖昧さをとりのぞくのは、実は、事態の進展であった。これが戦時下ではいっそう明確になるのである。

十月十日のことである。東條のもとに、軍事調査部長三国直福が情報をもちこんだ。「木戸を中心とする宮中、近衛首相、外務省、海軍の連合軍で陸軍を包囲し、アメリカの提案を呑ませるべく圧力をかける」というものだった。三国はこれを陸軍省詰めの新聞記者から聞かされたといい、それが事実か否かは不明とつけ加えた。

「こんどはおれの番か。おれを辞めさせようったって簡単じゃないぞ。おれは松岡ではない。松岡の二の舞になどなるものか」

その情報を耳にするや、東條はどなった。もし三国情報が、陸軍内部の主戦論者が挑発を意図して流したとの推理を働かせるなら、それはまぎれもなく成功したといえる。東條の感情は近衛や豊田らに激しい憤りとなって噴出し、押さえていた地肌があらわれ、これ以後感情的な会話を交わすようになったからだ。

十二日は日曜日、そして近衛の五十回目の誕生日だった。荻窪の私邸に、近衛は東條、及川、豊田、鈴木貞一企画院総裁を招き、午後二時から日米交渉に関する最後の話し合いを行なった。

「日米交渉は妥結の余地はある。支那の駐兵問題で日本側が何らかの譲歩を考えればいいのだが……」

と豊田は東條をあてこするように言い、近衛も同調した。アメリカは日本の提案を充分に理解していないようだと近衛は弱々しく言った。及川も補足する。

「いまや和戦を決すべき重大な岐路に到達した。もし交渉をつづけるとするならば、多少の譲歩をしてもあくまで交渉を成立させるようにすべきである。和戦いずれかは総理に一任する」

海軍内部での及川の立ち場は微妙だった。彼は、米内光政ら海軍の長老から陸軍の方針に巻きこまれるなと忠告を受けていた。それだけではない。この荻窪での会談の前夜、及川の自宅には秘かに富田健治書記官長と岡敬純軍務局長がたずねてきて、海相として近衛の意思を補完するために〈戦争回避、交渉継続〉の言を吐くようにと説いていた。このとき及川は約束している。「明日の会談では外交交渉を継続するかどうかは総理大臣の決定に委すということを表明しますから、それで近衛公は交渉継続ということに裁断してもらいたいと思います」

いま豊田、近衛の意向に添って、東條に抗する発言を及川は吐いた。

東條は、外交交渉がまとまる確信をもっているのか、と近衛と豊田につめよった。

「……納得できる確信があるなら戦争準備はやめる。確信をもたなければ総理が決断しても同意はできない。現実に作戦を進めているので、これをやめて外交だけやることは大問題だ。少なくとも陸軍としては大問題だ。充分なる確信がなければ困る」

鈴木は発言せず、豊田、近衛がもっぱら日米交渉継続論を東條に吐き、ときに及川が同調し、また東條が反論を加えた。堂々めぐりの論がつづいた。やがて、十月中旬までに交渉妥結の可能性があるのか否かが、彼らの焦点になった。

「陸軍が駐兵を固守するならば交渉の余地はまったくない。しかしすこしでも譲るとなればないこともない」

豊田は東條に言う。すかさず東條が反論する。

「駐兵だけは陸軍の生命であって絶対に譲れない。では改めてきくが、九月六日の御前会議のときはこの件をどう考えていたのか」

このとき豊田が、無責任な答を返したのである。

「そう言わないでくれ。あれは軽率だった。実は、そのまえの連絡会議の三時間ばかり前に案文を受け取ったのでよく検討する暇がなかったから……」

この言を聞いたとき、東條は顔色を変えた。場が急に険悪になった。

「そんなことでは困る。重責を担ってやったのだ」

御前会議で決定した国策をいまになって軽率だったとは何事か。輔弼の任をどのように考えているのか。それでは総辞職しなければならないことになる……。

「いまどちらかと言われるなら、外交でやるといわざるを得ない。戦争に私は自信がない。自信がある人でおやりなさい」

近衛がつっぱねると、東條は怒気をこめ反駁した。

「これは意外だ。戦争に自信がないとは何ですか。それは国策遂行要領を決定するときに論じる問題でしょう。いまになって不謹慎ではないか……」

荻外荘会談は四時間つづいた。しかし結論は出ず、四人は複雑な思いで近衛の私邸をでた。東條は、会談をつうじて近衛、豊田、そして及川の間に意思統一ができていると受けとめた。三国情報が裏づけられたと信じた。それが彼の神経を逆撫でした。さらに豊田がいみじくも洩らしたように、彼らは、御前会議の決定をもういちど再検討しようとしているのを知った。東條がもっとも不快に思ったのもこの点だった。いちど下した決断は、いかなる状況になろうとも変更を加えてはならぬという陸軍軍人の思想形態は、まぎれもなく孤立の状態にあった。本来なら自省が生まれるべきだが、彼に沸いてくるのは敵意むきだしの憎悪感だけだった。その感情で近衛邸の門を出た。

のちに彼は巣鴨拘置所で『東條日記』を書くが、近衛と豊田の主張する「支那撤兵」に反対したのは、支那事変勃発の因は支那各地の「組織的排日侮日ノ不法行為」にあるとし、この原因が除かれない限り、支那事変はなんどでもくり返されると弁解した。そして「撤兵」は「……国軍ノ士気ヲ阻喪シ、加之米国ノ主張スル事変ノ原因カ帝国ノ侵略ニ因ルコトヲ承認スル結果トナル、当時陸軍統帥部及出先軍ニ於テ此ノ点ニ関シ上下挙テ強硬ニツキ保証ナキ撤兵ノ如キハ一顧ヲモ与ヘサル空気ナリ」と言った。たしかに撤兵拒否は陸軍の総意といえた。支那方面軍からは、こうした提案を受けいれるのであれば、「我々はこれまで何のために戦ってきたのか」との電報が、東條のもとに届いていたほどである。

陸軍が「支那撤兵」で歴史的に負目をもったとすれば、海軍が背負いこんだ歴史的ミステークは、「和戦は総理一任」という及川の発言だった。近衛に結論を任せるというのでは海軍の主体性はどこにいったのか、と語り継がれることになったのだ。

私が取材で会った七十代、八十代の陸軍の旧軍人たちは、一様に「あのとき荻外荘で及川さんが戦争に自信がないといったら、あの戦争は起こらなかった」と言う。戦後一時期、陸軍の旧軍人たちの間でこれが定説化されたようだ。だが果たしてそうか。この論をよく吟味すると、海軍の軍人が「陸軍が支那撤兵で譲っていたら……」という程度にしか意味をもっていないことがわかる。しかし問題は、こうした局部的なものではなく、構造的な図式にあったのだ。その点検なしに及川を責めることはできない。さらにこの論は、陸軍の海軍への責任転嫁の節もある。そして海軍は近衛に判断を委ね、近衛は陸軍に責任を預け三つ巴になっていたことがわかってくる。

ところでこの時期、海軍の真意はどこにあるのかと、陸軍省の将校は海軍省の幕僚を打診しつづけた。武藤は岡に、海軍が戦争を欲しないのなら、公式にそう言って欲しいと言い、そうすれば陸軍内部も説得できると申し入れた。すると岡は、「戦争を欲しないとは言えない。総理一任が精一杯だ」と拒んだ。軍務課長佐藤賢了は、やはり海軍省軍務局軍務課長石川信吾に、本意を教えて欲しいと言ったが、答を得られなかった。

こうしたあげくに陸軍省の将校は、海軍省の曖昧な態度にきわめて意地の悪い見方をするようになった。

ひとつは物資配分の兼ねあいにあるという点だった。物資配分は陸海軍の間で、その存在をかけて奪いあいをしたが、もし海軍がこの戦争に消極的であれば物資は陸軍に回り、海軍の面子は潰れる。そのことが海軍の首脳部には耐えられないのだろうし、部内からも批判される。

さらに彼らは、海軍が国民の反感を恐れたと理解した。統制された情報のもとで、国民の多くは偏狭なナショナリズムに熱狂し、アメリカと戦うべきだという論に与していた。こうした国民の「関心」のなかで、海軍が態度を明確にすることは反国民的動きととられ、怨嗟が起こり、それが軍内にはね返り、海軍軍人の士気が減退することになりかねない。すでに昭和十五年十一月から、海軍は太平洋での戦闘にそなえて出師準備を発動している。艦隊は作戦準備を進めているのだ。海軍の避戦はその艦隊にも届き、士気が一挙に崩壊することにつながる。

及川の困惑は一切の不安の凝縮であり、それゆえに彼は明確な意思表示ができないのだと陸軍の将校は考えた。現実にその予測は的を射ていたのである。

十四日になって、近衛と東條の対立は一段と厳しくなり、近衛は「支那撤兵」を懇願したが、「撤兵とは退却。譲歩し、譲歩し、譲歩しつくす、それが外交というものか。それは降伏というのです」と、東條ははねつけた。閣議では、御前会議決定の履行を迫る東條の弁で満ち、閣僚は声もなく彼を見つめていた。東條は〈松岡〉になっていた。彼はこのままでは事態打開ができないと知り、根本からの政策転換をはかる必要があると考えた。東條はつぎのように考えたのである。

〈九月六日の決定を無視するのは、御前会議の列席者に一律に責任がある。この大手術は臣下の者にはできないから、東久邇宮を煩わすのがいいと思う〉

この日の夕刻、東條は鈴木貞一を官邸に呼び、近衛への伝言を頼んだ。もともと鈴木は予備役編入後、国務大臣に就任したほどの政治志向の強い軍人で、そこを見込んで近衛とのパイプ役にしたのである。このとき東條が言ったのは、もう近衛と会っても感情的になるだけなので、話を進展させることはできぬという内容だった。いまは強力に東久邇宮推挙を求めるというのであった。

伝言を依頼すると、彼はすぐに荷物をまとめるよう家族に命じ、まだ充分建っていない玉川用賀の自宅に、目立たぬよう荷物を運べ——と命じて、暗闇にまぎれて裏口から運ばせた。この職を離れて、また省部の一将校に戻りたいというのが、彼の本音だった。

東條の伝言を聞いた近衛は、自らも辞職の意思を固めていたので、翌十五日に、天皇に情勢を報告し、あわせて東條が東久邇内閣を進言していると自らの退陣をほのめかした。これにたいして天皇は、皇族が政治の前面に立つのは避けなければならぬと言い、とくにいまのような戦争になりそうなときは皇族が内閣を組閣するのはどうかと思うと答えた。そのあと近衛は、東久邇宮にも会い、首班を受けたら……と申し入れた。東久邇宮は考慮してみると言ったあと、日米交渉に賛成の陸相を据えて第四次近衛内閣を組閣してはどうかと逆提案した。だが陸軍は、東條のもとに統制がとれていて、日米交渉に賛意を示している者がいないのを、近衛は知っていた。

そういう近衛の動きが、断片的に東條の耳にもはいってきた。彼は陸相官邸で、近衛のお手並み拝見とばかりにその動きを皮肉気味に見守っていた。

東條内閣の誕生

十六日の午前中、東條に企画院総裁鈴木貞一から連絡がはいった。天皇が東久邇宮内閣に反対しているというのであった。鈴木は木戸からこの情報をつかんで知らせてきたのである。午後になって、東條は木戸のもとに飛んでいった。東久邇宮内閣でなければ……とねばった。が、木戸は天皇の意思が固いと言って拒んだ。ここでふたりは意見の交換をしたが、『木戸幸一関係文書』によれば、九月六日の決定は再検討すべき点があること、陸海軍の一致が必要であること、の二点を東條に説いたとある。木戸は東條との話し合いを終えてみると意外に打開の途があると判断し、すぐに近衛に電話をした。しかしそのとき近衛は閣僚の辞表をまとめはじめていた。ここで歯車のひとつが崩れた。

東條は近衛の求めに応じ辞表を提出し、官邸を去るつもりで軍務局の将校たちと残務整理を話し合っていた。そこに奇妙な情報が入ってきた。〈次期内閣は東條内閣かもしれぬ〉――三国機関からの情報だった。新聞記者が宮中筋から耳にいれたとされていたが、しかしその荒唐無稽さに東條も軍務局の将校も笑いとばした。東條は、ますます東久邇宮内閣でなければならぬといい、木村兵太郎次官を東久邇宮のもとに送り、首班受諾を説かせた。いっぽうで佐藤を陸軍出身の重臣阿部信行、林銑十郎の自宅に送り、次期首班決定の重臣会議で東久邇宮内閣を……と伝えさせた。このとき林は海軍に籍を置く皇族で前軍令部総長の伏見宮か天皇の弟宮で海軍中佐の高松宮がいいのではないかと答えている。

十月十七日、この日は金曜日だった。東條は軍務局の将校を集め、どういう内閣ができても陸軍には天皇から支那撤兵の優諚があると考え、それに対する回答として上奏文をつくるように命じた。東條は、武藤や佐藤、石井らと〈あまり陸軍の主張を通すな。部内を押さえて組閣に協力せよ〉という聖慮が伝えられるだろうと予測していたのである。

「天子様がこうだとおっしゃったら、自分はそれまでだ。天子様には決して理屈は言わない」

東條はそう広言していた。結局は支那撤兵を受けいれ、アメリカとの交渉をまとめることになるかもしれないと覚悟していた。陸軍としては慙愧に耐えないが、しかし天皇からの命令とあれば仕方がなかった。

　次期首班に誰が座るのか、東條も武藤もそして佐藤も、軍務局の将校たちも落ち着かぬ様子で、午後からの重臣会議の終わるのを待っていた。陸相官邸の芝生に椅子をもちだして、彼らは雑談にふけりながら、まもなく発表されるであろう東久邇宮内閣か、それに近い皇族内閣を想定し、誰を陸相に推挙するかを話し合った。二・二六事件以後、陸軍の政治的意思を担うことになった陸軍省軍務局の将校は、陸相を推すだけでなく、希望する閣僚名簿まで用意するのが慣例であった。この日午前中に、その名簿が武藤の机の上には用意されていた。東條はこの名簿を見ていなかったが、それが自らにつきつけられる名簿になろうとは知る由もなかった。

　午後一時すぎから、宮中では、重臣会議が開かれていた。木戸が倒閣にいたる経緯を説明し、そのあと次期首班についての検討にはいった。若槻礼次郎が宇垣一成を推し、林銑十郎は皇族内閣とするなら海軍関係の皇族がいいと言った。発言が止まるのを見定めて、木戸が強力に東條を推した。

「この際必要なのは陸海軍の一致をはかることと九月六日の御前会議の再検討を必要とするのだから、東條陸相に大命を降下してはどうか。ただしその場合でも東條陸相は現役で陸相を兼任することとして、陸軍を押さえてもらう」

　重臣会議は重苦しい空気になった。木戸ののこした『木戸幸一関係文書』によれば、かれの主張は、東條なら九月六日以後の情勢を逐一知りぬいていること、それに陸軍の動きを押さえることが可能であるが、若槻が推す宇垣では陸軍を押さえることはできぬというのであった。

東條の名前があがったとき、重臣のなかにも反撥する者はあった。若槻は外国への影響が芳しくないといい、枢密院議長原嘉道は、木戸の考えている旨をよく東條に伝えるならば……と注文をつけた。広田弘毅、阿部信行、林銑十郎は賛成し、近衛も岡田啓介も強いて反対はしなかった。午後四時すぎ、木戸は天皇に会い、東條に大命降下するように決まったと告げた。午後四時半、宮内省の職員が陸相官邸の秘書官に電話して、東條陸相の参内を要請した。

赤松貞雄から参内の伝言を聞いた東條は、顔をしかめ、日米交渉の資料と支那撤兵に異議申し立てをする上奏文を鞄につめこみ、自動車に乗った。「相当厳しいお叱りがあるのだろう」、彼は不安気に赤松に洩らしている。しかし宮中で、東條の予想は裏切られた。

「卿に内閣組織を命ず。憲法の条規を遵守するよう。時局極めて重大なる事態に直面せるものと思う。この際陸海軍はその協力を一層密にすることに留意せよ。なお後刻、海軍大臣を召しこの旨を話すつもりだ」

天皇は、視線を伏せている東條にそういって大命降下を告げた。この瞬間、東條は足がふるえて、なにがなんだかわからなくなったと赤松に述懐した。のちに東條自身が綴った記録には、「然ルニ突然組閣ノ大命ヲ拝シ全ク予想セサリシ処ニシテ茫然タリ」とある。天皇から大命を受けたあと、木戸の部屋で、改めて東條と及川に聖旨が伝えられた。

「……尚、国策の大本を決定せられますに就ては、九月六日の御前会議にとらわれることなく、内外の情勢をさらに広く深く検討し、慎重なる考究を加うることを要すとの思召しであります」

白紙還元で、改めて国策を練り直せというのである。控室に戻ってきた東條は、興奮のため下を向いているだけだった。よほど衝撃的な叱責を浴びたにちがいないと、赤松は思った。自動車に乗っても無言だった。自動車が走りだすと、明治神宮に行くように言い、また口を結んだ。赤松は「どうかされましたか」とおそるおそるたずねた。すると東條は震える声で大命降下を受けたことを告げた。こんどは赤松のほうがことばを失なった。明治神宮、そして東郷神社、靖国神社と自動車を回しながら、東條は「このうえは神様の御加護により組閣の準備をするほかなしと考えて、このように参拝している」といって長時間参拝した。

このころ陸軍省にも、「東條に大命降下」の報がはいっていた。武藤、佐藤をはじめとする将校は、その意をはかりかね、天皇は戦争の決意をしたのかと緊張した。そういう緊張とは別に、政策決定集団の中枢になっている陸軍に組閣の命が下ったことは、彼らにいくぶんの充足感を与えたことも否定できなかった。

東條に大命が降下されたのは、内大臣木戸幸一の推挙によるというのが事実として語り継がれてきた。木戸自身は当時も、そして戦後もそう語ってきた。昭和五十一年十一月、身体の具合がよくないとの理由のため、私はある仲介者を経て、木戸に質問項目を渡した。木戸は丁寧に答えてくれたが、東條推挙の理由は各種の書物に伝えられているのと同様に、つぎのように答えた。

「あの期に陸軍を押さえるとすれば、東條しかいない。宇垣一成の声もあったが、宇垣は私欲が多いうえ陸軍をまとめることなどできない。なにしろ現役でもない。東條は、お上への忠節ではいかなる軍人よりもぬきんでているし、聖意を実行する偉材であることにかわりはなかった。では東條内閣はどういう内閣かといえば、つまり優諚を実行する内閣であらねばならなかった」

あのときから三十数年経ても、木戸のことばには変化はない。だが大胆な推測をするなら、東條首班は天皇の意思ではなかったか。東條は当時の他の輔弼者に比べて、信頼に足る条件をいくつももっていたのではないか。

東條はその場しのぎの上奏はしなかった。それまでの輔弼者が結果だけを、しかもときには杜撰と思われるほどの内容を上奏していたのに、東條は結果に至るプロセスも報告した。むろん天皇は、プロセスを知っても口をはさむわけにはいかない。東條は自らの上奏方法を「天子様にご安心いただく」ということで部下に説明した。が、これは天皇の信頼感を得るなによりの良策だった。

天皇は陸軍を信頼していない。その信頼できぬ集団の中でもっとも信頼できる輔弼者を見つけたのだ。それが東條英機だった……。そういう東條だからこそ、天皇の意に沿って和平を模索すると、宮中周辺が考えても不思議ではなかった。

天皇と木戸の間で、いつ東條推挙が話し合われたのか。十月十六日の午後四時、木戸は天皇に会い、情勢を報告している。ここでどのような話し合いが行なわれたかは判らない。しかし東條と話し合い、それから天皇と会っているのだ。そしてこのときから、木戸は東條内閣の画策をはじめた。午後五時、木戸のもとには近衛が内閣の辞表を提出に来たが、そのとき、ふたりの間で何らかの打ち合わせがあったと推測される。帰りの自動車に乗り合わせた女婿の細川護貞は、そのときの近衛の様子を、自著『茶・花・史』に書いている。近衛はつぎのように言ったというのだ。

「非常な名案がでた。それは木戸が、戦争をするという東條にたいして戦争をしないということを約束させ、内閣を組織させることにしたのだ。これは名案だろう」

すると細川が、「それはおかしいのではないですか」と反駁すると、近衛は珍しく激した声で言った。

「それはお前の書生論だ」

木戸と近衛は、すでにこの段階で東條首班を決定していたのだ。そこには天皇の意志があった。午後五時半から十五分間、「後継内閣に関して御下問を拝す」と『木戸幸一日記』にあるのはそれを裏づけている。

翌日の重臣会議の模様を、岡田啓介はのちに回顧して、木戸の一人芝居で東條推挙は決まったと意味ありげに書いている。さらに木戸の日記を分析すれば、なぜあれほど東條推挙についての弁解と詳しい報告が書かれているのかという疑問がわくが、ここで推測を進めれば、天皇と木戸は東條という駒をつかって危険な賭けに出たということができる。その期待どおり、東條は一気に和平の道を模索しはじめた。賭けは成功するかに見えたのである。天皇は、東條内閣が発足してまもなく、意味ありげに木戸につぶやいている。

「虎穴に入らずんば虎児を得ずだね」

話を戻そう。陸相官邸に戻った東條は、放心状態で、頬はけいれんしていた。貴賓室に軍務局の有力な将校、武藤、佐藤、石井らと木村次官、それに富永人事局長を集め、天皇と木戸から伝えられた内容を反芻した。「天子様が……」となんどもいい、日米交渉に全力を尽くすと自戒のことばを吐いた。それはこれまでの彼らの路線をあっさりと放棄することだったが、その不正常さを東條は理解しなかった。報告が一段落したあと、武藤が陸軍の希望する閣僚名簿を手渡そうとした。が、東條は受けとらなかった。

「本日より陸軍の代表者ではない。従って公正妥当な人選をしなければならぬ」

陸軍にふり回されるのを拒む宣言だった。東條は、国策を百八十度転回させるのだから、それに伴う摩擦を覚悟していた。そのために内相に座り、司法権を押さえるのは自らの役割と考えていた。木戸から要請された陸相と内相は、彼の内閣を支えるため、彼自身が握らなければならぬと決断していたのである。

ひとときの放心が去ると、東條は、すぐに行動を開始した。まず軍務課高級課員石井秋穂に、九月六日の御前会議決定を反古にし、国策再検討のための項目案をつくるよう命じた。ついで、参謀総長杉山元と教育総監山田乙三を官邸に呼び、首相になっても現役のまま陸相としてとどまりたいと申し出て承認させた。現役でなければ陸相にはなれないという、現役武官大臣制に沿っての発言であった。と同時に現役軍人のまま首相に就任することも、勅令に反することだったので、それも手直ししなければならなかった。

東條はこのとき中将だった。ところが海相に就任する人物は大将であろうから、「東條中将の下に入るのは実際上も具合が悪く、総理としての貫禄からも大将なるを良とする」と、人事局長の富永は追従し、大将進級を三長官会議にはかった。ところが中将在任五カ年以上が大将への条件だったが、東條はそれに一カ月欠けていることが判った。しかしそれも特例で認めることになった。

このようにして、いくつもの特例がつくられた。そのことは東條の立場が複雑だったことを物語る。この複雑さこそ、東條の負い目になり、あらゆる方面に心配りをしなければならぬ因につながった。

そのあと、東條は貴賓室にとじこもって大臣候補者をつぎつぎと呼びだした。書記官長には躊躇なく星野直樹を当てた。関東軍参謀長時代からの交際と近衛内閣時代に詰め腹を切らせた負い目のためだった。武藤が提出していた名簿には、このポストに新官僚の岸信介があげられていたのだが、東條はそれを無視した。司法・岩村通世、文部・橋田邦彦、農林・井野碩哉、厚生・小泉親彦、企画院総裁・鈴木貞一は留任で、商工に岸信介、逓信・鉄道には寺島健が座った。が、これらの閣僚はそれほど内閣の性格を問われない。陸相、海相、外相、それに蔵相が新内閣のカラーをあらわす。

「外相は玄人でなければならん。とくにこの期には熟達の者でなければ……」

と、東條は外務省長老の東郷茂徳に白羽の矢を立てた。東郷は、最近の様子は知らないので……と初めは躊躇したが、執拗な説得に、「日米協調に全力を尽くし、いくつかの懸案事項では譲歩しなければならぬ。合理的基礎のうえに交渉が成立するよう努力するというなら入閣してもよい」と申し出た。東條も異論はなかった。

蔵相は賀屋興宣である。彼は陸軍と関係の深い北支那開発株式会社の総裁だった。賀屋はこんどの倒閣が東條の頑迷な主戦論にあるという巷間の噂をきいていたのに、官邸では東條がまったく反対のことを言うのに驚いた。「できるだけ日米交渉をまとめる方向にもっていき、戦争にならぬよう努力するつもりなので協力して欲しい」。それで彼も入閣することになった。

海相は難航した。当初、海軍では呉鎮守府司令長官豊田副武を推してきた。豊田は陸軍嫌いで有名だった。東條も、「陸軍は彼の声を聞くのも厭だ」と断わった。

ついで推されてきたのは、横須賀鎮守府司令官の嶋田繁太郎だった。「日米戦うべからず」との主張に与しているし、それに温厚な性格と政治色のなさ、しかも軍令部畑育ちというので海軍内部から推されてきたのである。もっとも初めは、及川の説得を受けた嶋田も断わっている。しかし永野修身が口説き、東條が面談して説いた。それで嶋田は、陸海軍の協調、治安維持を条件に入閣した。しかし十八日の午後になると、東條を訪問し、入閣の条件として海軍の意向である「海軍軍備戦備の急速な充実」「外交交渉の敏速」の優先を求めた。東條はそれを受けいれなければならなかった。

こうして陸軍と海軍の表面的な合体ができた。

十八日夕刻、閣僚名簿が発表になった。街に号外が走った。近衛内閣の倒閣を電撃的幕切れと報じた新聞は、「生まれよ、強い内閣」と期待を寄せていたので、この内閣には成立当初から強力さを発揮することを望む筆調があった。〈断定詞をつかう指導者の登場〉が期待されていたのだ。

また東條を紹介する記事には、明治二十二年の大日本帝国憲法発布からこのときまで、現役の軍人が首相になったのは山県有朋、桂太郎、寺内正毅に継いで東條が四人目であり、その東條には、先達三人に優るとも劣らぬ軍人としてのプロフィルが与えられていた。そして、まさに決断こそが要求されているとあがめたて、東條を救国の英雄であるかのように語って、「鉄血」「鉄の人」という形容詞を乱発する新聞もあった。

一方で政界内部には、この内閣は、事務官内閣とか満州内閣、あるいは東條が側近ばかり集めてつくった小粒内閣と評する声があった。東條を讃える新聞をつくっている裏側で、つまり新聞記者の間でもそういう声はあった。さらに陸軍内部にも、そのような皮肉な声があった。むろん反東條系の将校の中傷であった。

だが問題は、日本の国策の流れを追う限り、〈東條内閣誕生〉こそ日本の意思表示、と受けとられる危険性があったことである。陸軍内部にさえそういう見方はあり、参謀本部戦争指導班の『大本営機密戦争日誌』には、「遂ニサイハ投セラレタルカ」と開戦を喜ぶ記述さえあった。東久邇宮は、「……私は東條に組閣の大命が降下したことに失望し、国家の前途に不安を感じる」と日記に書いた。

しかし日本国内だけならまだいい。アメリカ政府の要人は、日本が戦争を決意したと考え、太平洋艦隊を警戒配置につかせたほどだった。ハルは、その回顧録に「東條は典型的な日本軍人で、見識の狭い直進的な、一本気の人物であった。彼は頑固で我意が強く、賢明とはいえないが勤勉でいくらか迫力のある人物」と書いている。もっとも、駐日大使グルーの報告によって、この内閣は近衛路線を継ぎ、日米交渉に尽力すると知るや、ハルは警戒を解いている。だが、政治的に、この内閣を利用することだけは忘れなかった。

自らの内閣がさまざまに受けとられている様子は、軍務課の将校によって東條にも伝えられた。〈軍人は世間の評価を気にしてはいけない〉といわれているのを守って、東條はその報告をあまり重視しなかった。しかし日を経るうちに、官邸に殺到する激励の手紙の数がふえていくことに衝撃を受けた。日中戦争から五年目、耐乏生活に倦いた国民感情は強力なカタルシスを求めていたが、それが東條に殺到したのである。その凄じさに、東條は恐怖を感じた。国民も軍人も民間右翼も、東條に期待しているのは、対米強硬態度、その果ての対米戦争であった。激励文はそういう内容で満ちていた。それがこれまでの東條の帰結だったからである。

しかしこの内閣には、国策をひき戻す役割が与えられている。政策が実行に移されると、反動は大きいはずだ。東條は幻影に脅え、内相就任を内心で当然のように思った。特高をつかって国民のエネルギーのはねあがりを監視することが何より必要だと、いっそう確信した。「もし日米交渉が成功したらどうなるだろう。軍内外に不穏な動きが起こるだろう。二・二六事件に匹敵するほどのものになるかもしれん。それはいかなることがあっても阻止したい」と、東條は軍務局の将校たちになんども洩らしていたのである。

十九日、親任式が行なわれたあと、初閣議が開かれ、「この内閣は内患外憂の折り、ひとつに堅確なる実行を期したい。二つ目に日米外交交渉の促進、そして最後に治安維持に全力を投入する……」と、東條は熱を込めて言った。「治安維持」の意味は、外交交渉に熱を入れるのを軟弱外交と批判して策動があるだろうが、それを防止することだとつけ加えた。

閣議を終えたあと、東條は嶋田、賀屋、東郷、それに鈴木の四人を呼びとめ、国策再検討の項目案を手渡した。

「九月六日の決定を白紙にするために、これをそれぞれの省庁で詳細に検討されたい。その後に連絡会議を開き、徹底的に煮つめるようにしたい」

この項目案は軍務課の石井秋穂がつくったもので、国策再検討のためにいま懸案になっている問題を解体し、改めて十一項目に分けたものだった。

十一項目のうち八項目は戦争に踏みきった場合を想定し、のこりの三項目は和平の場合の日本の状態を考えたものだった。ここには欧州戦争の見透し、対米英蘭戦争の初期の作戦的見透し、国内の主要物資の需給状況、開戦時期はどの時点がいいのか、などの項目が並んでいた。

たとえば第十項には「対米交渉ヲ続行シテ九月六日御前会議決定ノ我最小限度要求ヲ至短時間内ニ貫徹シ得ル見込アリヤ。我最小限度要求ヲ如何ナル程度ニ緩和セバ妥協ノ見込アリヤ。右ハ帝国トシテ許容シ得ルヤ」とあった。日米交渉の打開工作につき、改めて条件を検討してみようというのである。新たに条件緩和の方向を見出せないか、それも検討してみようというのである。ここに東條の期待は集約されていた。統帥部が作戦準備にはいっていて、対米交渉打ち切りをのぞんでいるのを知りつつも、それに抗するには、この項目を梃に新たな方向を固めることだということを、彼は充分自覚していた。

嶋田も賀屋も東郷も、この項目を徹底して論じたあとならば、〈戦争か平和か〉の結論をだすことを納得するにちがいないと、東條はひたすら考えていたのである。

東條が、聖慮に耳を傾けるポーズをとって、その実はじめから日米開戦の道を歩むつもりだったという論者がいる。実際、東條内閣成立から五十日後には戦争状態にはいったのだから、結果からみれば、たしかにその指摘はあたっている。

しかし東條は、組閣時には聖慮に答えようと必死だった。九月六日の御前会議の決定を、紙クズ箱にいれたくて仕方なかった。だがそのことは、アメリカへの憎悪感を押さえることを意味しなかった。天皇の前では聖慮に答えようと思い、連絡会議ではアメリカへの軍事行動の誘惑にかられるという背反の中で、彼は動いていたのである。

号泣する首相

白熱する連絡会議

首相官邸ができたのは昭和三年である。東條は十代目の住人として、ここに住むことになった。

官邸には本館と別館があった。三階建ての本館は、閣議室、会議室、執務室、それに職員用の部屋もあり、首相はここにいて一切の事務をとることができた。裏門に近い別館は、通称日本間といわれ、私邸にあてられた。五・一五事件の際に、犬養毅首相が襲われたのも、日本間の食堂である。

日本間の二階には応接室、それに執務室、洋風の寝室があり、家族の住む部屋も二室ほどあった。一階には秘書官の執務室と会議室があった。東條は、この日本間にカツと三女、四女のふたりの娘とともにはいった。陸相官邸から自宅に戻った荷物は、ふたたび官邸に運ばれた。女学校に通う二女は、以前のまま陸相官邸に住むことになった。

首相になってからの東條は、家族との語らいの時を失なった。多忙でありすぎたからである。家族に代わって東條と行動を共にするようになったのは、三人の秘書官だった。陸相秘書官から首相秘書官になった赤松貞雄、海軍省軍務局から推されてきた鹿岡《かのおか》円平、内務省からの広橋真光。広橋は群馬県教育課長から、星野に呼びだされ、首相秘書官となった。伯爵家の出で、妻が梨本宮の娘だったので、彼の役割は宮中や皇族関係の窓口の意味でもあった。鹿岡が四十一歳、赤松四十歳、そして広橋は三十九歳で、東條とは十七、八歳の開きがあった。この三人が執務室で東條を補佐し、食事時には食卓を囲むことになったが、まもなく彼らの間には家族的ふんい気ができた。東條は彼らに自らの性格をあますところなく見せ、苦衷を訴えた。彼ら三人は交互に、そういう東條の言をメモ帖に筆記した。そのメモは『秘書官日記』として、いまも広橋真光や赤松貞雄の手元にある。

このメモ帖をひもとくと、首相になってまもない東條の、揺れる心の動きがわかる。「白紙還元といっても法的な規制はない。だから表面上でごまかせるという者もいるが、自分はそういう態度はとらない。三千年の歴史をもつ国体はそんな法律など越えているのだ。自分にたいする信頼には答えなければならない」「支那事変の英霊には申し訳ないが、だからと言って、日米戦争が起これば多くの将兵を犠牲にすることになる。それを考えると悩んでしまう」――。会話の端々には、心を許した者にだけみせる苦悩があった。

項目再検討の連絡会議は、十月二十三日からはじまった。十八日からこの日まで、海軍省、外務省、大蔵省、企画院が、東條の手渡した再検討項目案をもとに討議をつづけ、それぞれ草案をもって出席してきた。出席者には、ふたつの流れがあった。日米交渉妥結の方向に会議が進むのを願う外相、蔵相。逆に九月六日の御前会議の決定どおりに国策をもっていきたい統帥部――。会議は連日つづいた。ところが会議が進むにつれ、統帥部の怒りが高まっていった。

〈いまさら国策検討などというのではなまぬるい。一応は協力するが、しかしそれも外相、蔵相を説得するためだ〉

杉山も永野も、統帥部のそういう強硬意見に後押しされて出席している。東條をはじめ嶋田や東郷がどのような心算なのか、会議の内容が判るにつれ、彼らは真意が判らなくなったのだ。東條が本気で国策再検討を考えているとは思いたくなかった。ところがその東條が露骨に統帥部を牽制する発言をする。杉山から報告をきく参謀本部の将校たちはしだいに疑念をもちはじめた。連絡会議が回を重ねるにつれ、公然と謗る声が部内を覆った。

「東條はどうするつもりなんだ。総理になってすっかり怖気づいたか」

東條の陸相兼任を解き、主戦論者を陸相に据え、参謀本部の見解をもっと強く打ちださねばならぬ――中堅将校は言った。杉山のもとに駈けつけて「東條内閣はつぶさなければならん」と大声をはりあげる者もあった。それを杉山が辛うじて押さえた。

連絡会議は十一項目をひとつずつ論じていき、二十七日になって第五項の「主要物資ノ需給見込如何」が俎上にのぼった。ここで海軍省は、石油は二年間の自給が可能で、それ以後は南方での油の取得量が爾後の供給関係を決定すると言った。それでも戦争三年目の事態は予測できぬと発言した。陸軍は航空機用揮発油を南方から取得しても十一月開戦で三十カ月、三月の開戦では二十一カ月しかもたぬと報告した。需給関係は楽観できないのが、東郷や賀屋にも明らかとなった。

では石油にかわる人造石油はどうか。二十八日にはそれが論じられた。だが人造石油はまだ試験的な段階で、工場建設に必要とされる鋼材調達は、軍需に圧迫されて困難だという見透しが企画院によって具体的な数字で説明された。たとえ人造石油産業に転換できたとしても、海軍の軍備は大幅に遅れてしまうと、海軍省兵備局長保科善四郎は発言した。

討論が煮つまるにつれ、最終的に国策がどのように落ち着くのか、出席者の困惑は深まった。アメリカから石油禁輸の処置を受けて以来、日本の現状は苦境であり、ジリ貧である。が、だからといって戦争で解決するというのは短絡すぎる……。どのような方法で現状を打開すべきなのか、それぞれが自分の方向に結論をもっていこうと必死になった。

会議の終わるたびに、東條は武藤と打ち合わせて、陸軍省の態度を確かめた。ときに佐藤賢了、真田穣一郎、石井秋穂の軍務局の将校も官邸に呼び、彼らの意見に耳を傾けた。東條は、日米交渉に全力を尽くすが、その一方で作戦準備も進めるという考えを採り、この方向で陸軍省を統一したいと、彼らに言った。そのために統帥部の強い態度にどう対応するか、頭をひねった。杉山や永野は開戦論にこだわり、そこから動こうとせず、東郷や賀屋に強圧的な発言をくり返すばかりで、これがつづけば東條内閣の基盤も危くなるという危惧もあった。武藤は「白紙還元の方向で努力するには参謀本部の強硬派、田中新一部長を更迭しなければならない。そのために私も身を退く」と東條に人事での相撃ちを申し出た。

だが東條は統帥部の人事に手をつけなかった。本来ならこの案を受けいれるべきだった。しかし田中更迭で参謀本部がいっそう態度を硬化させるうえに、新たに就任した者が事情に精通するまでかなりの時間を要するのが不安だった。それに日米交渉をまとめるには武藤の政治力が必要だと、東條は考えていた。武藤は東條に向かって、「万人が納得するほどの手段を尽くしてアメリカに受け入れられなかったら戦争になるかもしれない。でもそのときは国民は奮起してついてきてくれるでしょう。一方、日米交渉が成功して支那事変解決となったら国民からは感謝されます」と言ったが、東條もその意見に異存はなかったのである。

こうして陸軍省の中枢である東條と武藤が日米交渉に本気で取り組んでいるという噂が陸軍内部に広がると、公然とテロがささやかれだした。「天誅を加えると公言する者がいる」と憲兵隊は情報をもってきたので、軍務局長室には終日護衛の憲兵がついた。東條もまた数人の護衛が身辺を守った。

東條に白紙還元の枠をつけて推挙したのが内大臣木戸幸一だという事実は、広く政策集団や民間右翼にも知れわたった。木戸襲撃という噂も流れ、二十名近い護衛が彼の周囲を警戒する事態になった。木戸も東條も、一面では自らのこれまでの幻影に脅えているともいえた。

十月二十九日、再検討項目の要である第十項が討議の対象になった。この項目が外交交渉を左右する当面の核であるのは、すでに出席者たちは知っていた。

この朝、東條は会議のまえに、東京中央市場を視察した。前々日の新聞で、総動員体制下での新機構というふれこみで東京中央市場が発足したが、かえって一般家庭に魚類が回らなくなったと報じられたのを見て、急遽思いついたのである。市場に乗りこむや、関係者を難詰した。首相がここまで出ていかねばならぬのかという疑問は、彼には通用しなかった。むしろこうした態度は「魚河岸へ首相の奇襲」と賞讃の文字をもって報じられ、東條の得意さかげんに輪をかけることになった。

連絡会議の冒頭にこの話が披露された。出席者の表情は和んだが、和戦の岐路にある会議の内容を柔らげるものとはならなかった。議題は、まず「日米交渉ノ見込如何」からはじまった。四月からの交渉経緯を見るに、現在では妥結の可能性はないという点で、全員の考えは一致した。つぎにアメリカの提案を受けいれた場合、日本はどうなるかが論じられた。東郷をのぞいて、全員が三等国になるだろうと判断した。彼らにとって、日本が三等国になるのは先人の業績を汚すものとして唾棄すべき意見だった。では日本側はどこまで条件を下げられるのかが、つぎに論じられた。――「我最小限度要求ヲ如何ナル程度ニ緩和セハ妥協ノ見込アリヤ」。三国同盟離脱、ハル四原則の承認、支那の通商無差別待遇、仏印からの撤兵、それに支那からの撤兵。これらのなかで、最大の懸案は〈支那撤兵〉ということで会議の空気はかたまった。しかし出席者は、東郷をのぞいていずれも支那駐兵を濃淡の差はあれ主張した。支那事変は、いまや否定しがたい重みとなって彼らの意見を支えた。

杉山は駐兵を期限付きとする案を示されると、これでは支那事変の成果を喪失せしめ、陸軍の士気も阻喪せしめると譲らなかった。嶋田も、いかなる場合の撤兵にも応じがたいと説き、賀屋でさえ駐兵は在支企業擁護のために必要だと言った。あまつさえ彼は頭を殴る真似をしながら、「駐兵しなかったら日本人は頭を殴られ、とても支那にはおれない」と断言した。東條も支那撤兵反対のニュアンスを含んだ発言をした。「この問題は慎重に考慮しなければならない」。東郷はこの発言で孤立しているのを自覚しなければならなかった。

支那駐兵か撤兵か——杉山とそれに抗する東郷の論議は果てしなかった。やがて例によって妥協の産物として、「期限付駐兵」がもちだされた。九十九年、五十年、二十五年、そして五年。まるで商談のように期限が根拠もなく論じられた。杉山は九十九年をいい、東郷は短かければ短かいほどいいと言った。東條が二十五年では……と間にはいった。東郷は、アメリカはたとえ十年であっても受諾しないだろうと胸中でつぶやいていた。

中国にたいするこの無神経な論議こそ、中国人に怨恨と悲劇を呼び起こすものであることに、彼らは無自覚だった。

この日、東條は官邸の執務室で夜おそくまで思考を煮つめた。会議で国策決定の土台になる懸案事項を論議しつくしたかが、彼の不安だった。だが二十三日から六回にわたってつづいた連絡会議のメモを見ているうち、彼はすべての論議は終わっていると自らを納得させた。石油供給の現況、日本交渉の反省、すべてが論じられているではないか……そこで彼はそろそろ結論をださねばならぬことに気づき、選択すべき三つの項目を練りあげた。全面的にアメリカに屈伏しての和平か、それとも状況打開策として戦争に頼るか、そしてもうひとつは、外交と作戦を併立させるというこれまでの進め方を踏襲していくか、その三つしか選択肢はないと考えた。彼はメモ帖の整理をつづけながら、それをなんども確認した。

海軍省、外務省、大蔵省、それに統帥部はこの案のうちどれを選択するか、それを東條は窺った。統帥部の態度は容易に判る。外務省、大蔵省も推測できる。ところが対米英戦の主役である海軍がどのような態度をとるか、それが東條には判らなかった。連絡会議でも、嶋田海相は、「資材を、予算を」というだけで、本心はなかなか言わないのである。東條は、なぜ海軍が胸襟を開かないのか、考えを整理しているうちに、憤りにも似た感情をもちはじめた。

皮肉なことに、このころ嶋田海相も、そろそろ明確な態度を表明しなければならぬことを自覚していた。大臣室にとじこもって、彼は『決心』と題した文書を書きあげ、自らの心算を整理していた。

「一、極力外交交渉ヲ促進スルト同時ニ作戦準備ヲ進ム　一、外交交渉ノ妥結確実トナラ

ハ作戦準備ヲ止ム　一、大義名分ヲ明確ニ国民ニ知ラシメ全国民ノ敵愾心ヲ高メ挙国一致難局打開ニ進マシムル如ク外交及内政ヲ指導ス」

彼は、この『決心』を海軍首脳に披瀝し、この方針を連絡会議の結論としたいと申しでた。

連絡会議では、本来なら企画院の数字が論議の軸になるはずだった。賀屋蔵相、東郷外相ら消極論の側に立つ閣僚は、数字だけを頼りに統帥部に抗していこうというのだから、必死に企画院の資料を頼りにした。しかし企画院の数字は、必ずしも妥当性のあるものではなかった。関係省庁から資料をださせ、並行して陸海軍からも物資の要求の数字が出て、それを比べながら配分量を決めていくのが企画院の本来の作業順序だったが、陸海軍の圧力のまえに、企画院が試算する基礎数字は曖昧で、正確な数字とはいえなかった。これが東郷と賀屋には不快だった。そこで彼らは執拗に基礎数字を要求し、やっと連絡会議の途中に数字がでてきたのである。

十月三十日の会議で、企画院から根拠のある数字が報告された。しかしこのころになると出席者の関心は驚くほど薄れていた。八日間の会議はこれで終わり、出席者の間に疲労をねぎらう声があがったが、それを打ち破るように杉山と永野が、この席で戦争か外交かの結論をださなければならぬと詰め寄った。戦機はこの一カ月以内にしかないというのである。だが賀屋は「一日考えさせてくれ」といい、東郷は「頭を整理したい」といって、時間の猶予を求めた。強行論と延期論が白熱しているのを制するように、東條が発言した。「十一月一日には徹夜をしてでも決定すべきである。三案に分けて研究してみたらどうか」と言って、三案を示した。第一案は「戦争セズ、臥薪嘗胆ス」、第二案が「直ニ開戦ヲ決意シテ作戦準備ヲ進メ戦争ニヨリ解決ス」、第三案は「戦争決意ノ下ニ作戦準備ト外交ヲ併行スル、外交ヲ成功セシムル様ニヤッテミル」――。

この案をもち帰り、最終的に態度を決めて十一月一日には徹夜になっても方針を明確にしようという結論で、この日の会議は終わった。こうして十月三十一日という一日の空白の日がつくられたのである。

この一日こそが〈戦争か和平か〉を決断する一瞬となったのである。

「乙案」をめぐる論争

十月三十一日、この日は東條には多忙な一日となった。彼の日程は早朝からはじまった。午前八時半すぎに官邸の執務室に、軍務課高級課員石井秋穂が、私案をもってたずねてきた。東條内閣の陸軍の政策は、この中佐によって起案されるのだが、彼は外交交渉を十二月上旬で打ち切るという期限を示して統帥部を納得させ、外交交渉に精力をそそぐというのはどうか、と私案を示した。下僚としては越権行為だったが、東條は黙ってきいていた。「参謀本部はこの案でも生ぬるいといっています」と石井は補足するように言った。

いわれるまでもなく東條も参謀本部を説得しなければならぬと思っていた。彼らは第二案であろうが、すこしでも第三案に近づかせなければならない——。

石井の去ったあと、東條は、腹心の佐藤賢了を参謀本部に出向かせた。しかし参謀本部では部長会議を開いていて、すでに「即時対米交渉ハ偽装外交トス」と決めていた。むしろ陸軍省のなかでも主戦論の側に立つ佐藤が、逆に彼らに説得されて、東條のもとに戻ってきた。佐藤をどなりあげる東條の声は震えた。

東條のもとには、海相の嶋田もたずねてきた。彼は、海軍側が普通鋼材、特殊鋼材の生産量の七〇％を取得したいと申し出た。「それが海軍の決断の前提になります」とつけ足した。海軍のこの態度は何を意味するのか、東條は真意をはかりかねた。陸軍省軍務局の将校たちは、海軍は自らの集団の利害だけで動くのかと憤慨し、東條のもとにも批判がましい繰り言をぶつけてきた。だが東條はそれに同調せず、海軍の言い分を飲もうと決断した。その決断の裏で、もしかすると海軍は要求したとおりの物資が得られないという理由を挙げて避戦の口実を陸軍と東條に押しつけるのではないかと疑ったからだ。海軍の連中なら、それくらいはやりかねないと思っていた。

十一月一日午前七時半、東條は首相官邸に杉山を呼び、統帥部を第二案から第三案に変えさせようと最後の説得を試みた。杉山が拒否すると、東條は怒り、「統帥部が自信あるならやりなさい」と恨みがましい口調で言った。このことばが参謀本部将校の知るところとなり、「大臣変節」という雑言が連絡会議に向かう東條の背中に投げられた。

午前九時から大本営政府連絡会議ははじまった。国策の最高決定が行なわれるとあって、出席者たちは曖昧な妥協を排そうと意気ごんでいた。が、会議のはじめは微妙なものだった。嶋田が鋼材問題を切りだしたからである。出席者はいぶかった。

「鉄をもらえば決心するのか」

と杉山はいらだち、嶋田はうなずいた。このやりとりが六時間もつづいた。そのあとで統帥部は、即時開戦論をもちだした。これに東條、嶋田、東郷、賀屋、鈴木の閣僚は反対した。即時開戦論を受けいれるなら二十三日からつづいている連絡会議がまったく意味をなさなくなる。そういう思いがけぬ提案、虚々実々の駈けひきが会議の前半を支配した。

休憩のあとに第一案が検討された。東郷と賀屋が永野にくいついた。こんな案は問題にならぬと永野は言い、「戦機はいまであって、あとには来ない」と断言した。第二案にはいっても彼らの論争はつづいた。東條も嶋田も口をはさまなかったが、ふたりとも賀屋、東郷の側で論議を見守っているのを、出席者はすでに知っていた。だが、統帥部は強い姿勢を崩さず、東條は焦り、接点をさぐりだそうとした。東條はいまや連絡会議のブローカーのような存在であるのを自覚しなければならなかった。

第二案と第三案が同じ土俵にあがった。そこでも東郷、賀屋と統帥部の論争はつづいた。

「国運を決するのだから、何とか最後の交渉をしたい。外交を胡魔化してやれというのはあまりにもひどい。乃公《だいこう》にはそんなことはできない」

東郷の言に軍令部次長伊藤整一がそくざに反論する。

「海軍としては、十一月二十日までは外交をやってもいい」

軍令部は、連合艦隊に十一月二十一日以降作戦行動開始のため作戦予定地への出動を命じる手筈になっているというのだ。参謀次長の塚田攻も伊藤に呼応した。

「陸軍は十一月十三日までならいいが、それ以上なら困る」

「なぜ十一月十三日が限界なのか」

「作戦準備とは作戦行動そのものだ。外交交渉打ち切りの時期は作戦準備のなかで作戦行動とみなすべきだ。この限界が十三日だ」

塚田は激して答え、この内容を詮索することは統帥を乱すことになると脅した。統帥部にいる者は、ここに逃げこんでしまえば、政治の側からは容喙できないことを知っている。だが東郷は、交渉が成功したら戦争準備を中止することを要求し、その意見を東條も後押しした。統帥部が「大権干犯」の囲いに逃げこむのを、とにかく防がなければ会議は決裂してしまうのが目にみえているからだった。

期限付きの外交を渋っていた東郷も、統帥部に押され、しだいに期限を先に延ばすことに焦点をもっていかねばならなくなった。東條もそれに加担し、期限を延ばすための論陣をはった。参謀本部が一歩ずつ譲り、十一月三十日までと言った。すると東條はさらに押した。「十二月一日にはならぬか。一日でもよいから長く外交をやることはできぬか」、塚田は憤激に耐えぬ表情で「絶対にいけない。十一月三十日以上は絶対にいけない」とくり返した。「十一月三十日の何時までか。夜の十二時まではいいだろう」。嶋田が助け舟をだし、塚田も「それでは……」と、しぶしぶ十二時までと妥協した。

幹は崩れ、末節が面子をかけて応酬されているのである。日時を区切りながら、その実、両者とも根拠は曖昧だった。なぜ十二月一日なのかを、誰ひとり深く確かめようとしない。このようなやりとりのあとに結論ができあがった。それはつぎのように明記された。

「(イ)戦争ヲ決意スル。(ロ)戦争発起ハ十二月初頭トスル。(ハ)外交ハ十二月一日零時マデトシ、コレマデニ外交成功セバ戦争発起ヲ中止ス」

ついで日米交渉にはどのような案をもってのぞむかが討議された。それは十月三十日に開かれた会議ですでに決まっていて、単なる確認事項として会議は終わるはずだった。これが「甲案」である。ところが、突然、東郷はこの案の補足として、外務省独自の案を提出した。いわゆる「乙案」といわれているものであるが、これは元外相幣原喜重郎の意を受けてつくられたもので、元駐英大使吉田茂がグルーに打診したところ感触があったとして、東郷のもとに届けられた案である。この案なら、アメリカとの間に妥結の余地があるというのが外務当局の判断だった。つまり外務省の最後の切り札でもあった。

乙案は三項目と二つの備考から成っていた。それは、太平洋地域で日米両国は武力発動をしない、蘭領印度支那では物資の獲得を相互に保障する、アメリカは年一〇〇万トンの航空機用揮発油の対日供給を確約するというもので、二つの備考のひとつには、南部仏印進駐を北部仏印にまで撤退するとあった。つまり骨子は、南部仏印進駐前の状態に日本もアメリカも戻すという点にあった。

東郷の説明が終わるか終わらぬうちに、杉山と塚田が声を荒らげた。南部仏印からの撤兵は国防的見地から認められぬと激昂し、会議は急に緊張したものになった。それは東條にも同様だった。この案を事前に聞いていなかったので、彼には東郷の背信と映った。

杉山と塚田が東郷と議論をつづけている間、東條はことばを失なっていた。だが冷静になると、東條の政治的立場はいまや東郷の側に立たなければならないことに思い至るのだ。東郷は辞職をにおわせた。逆に統帥部の出席者は、開戦に反対の外相なんかとりかえてもいい、とささやき、しだいに両者の対立は感情的となった。議長役の武藤が休憩を要求し、会議の空気に水をさした。

「外相のいう方向でまとめるべきではないか。彼らがああいうのだから、そのとおり外交交渉をさせてみるべきだ」

別室に杉山と塚田を招きいれ、東條と武藤は口説いた。杉山は東條をにらみつけた。塚田は忿懣をそのまま表情にあらわし、東郷の示した案は連絡会議の一切を否定するものだと罵倒した。東條も武藤も、それに抗する意見をもっていなかった。なんとか決裂を防ぎ、国家意思を一本化することが最大の目的であり、そのためにあらゆる異例を許容しなければならなかった。武藤が杉山にむかって、もしこれがまとまらなければ政変が起き、新内閣で再び初めからやり直さなければならない、と半ば懇願とも脅しともつかぬことばで説いた。それで杉山と塚田はやっと譲歩することになった。

再び会議が開かれた。こんどは統帥部が攻勢に回った。塚田は乙案の条文の変更を迫り、アメリカは日本に航空機用揮発油を供給するという第三項目を、「日米両国は通商関係を資産凍結前の状態に戻す」と直し、南部仏印には目をとじ、アメリカの資産凍結だけを改めさせるように主張した。そして新たに第四項目として、「アメリカは日支両国の和平に関する努力に支障を与えない」と明記するようにいい、それを認めさせた。しかしこうすることで東郷の案は完全に骨抜きとなったのである。

「これでは日本に利益があるだけで、アメリカが受けいれるはずがない……」

と東郷は渋り、不満を隠さなかった。だがここで妥協する以外に、会議は終わりそうもなかった。

こうして十一月二日にはいったばかりの午前一時、十六時間に及ぶ連絡会議は終わった。陸相官邸に戻った東條は、連絡会議がひとつの結論をだしたことに満足を隠さなかった。この内容でアメリカがどのような態度にでるか、はたして交渉がまとまるのかどうかを案ずるより、とにかく連絡会議が終わったという安堵感が彼の不安を消した。陸相の執務室で待ち受けていた将校たちに、

「一応の結論はでた。十二月一日まで外交にあたる。むろん戦争準備も進める。外交と作戦の二本立て、これで進める」

と上機嫌に報告した。だが冷静に結論を分析すれば、大勢は九月六日の御前会議を踏襲しただけで、細部が日本側の譲歩になっているにすぎなかった。〈これでまとまらなければ仕方がない〉——わずかなその譲歩に、東條は期待をつなぐだけだった。

独裁への傾斜

十一月二日夕刻、東條、杉山、永野の三人は、この日の未明に終えた連絡会議の内容を天皇に報告した。

上奏にはいくつかのしきたりがあった。そのひとつに、天皇の目を見ないという慣例がある。視線をあわせることは、恐れおおいというのであったが、視線を合わさないことで、それぞれの意を忖度《そんたく》できぬという長所もある。そこではことばだけが、生きた事実としてお互いに承認されるのである。

だがこの日の上奏は、ことばだけでなく、もうひとつ別なかたちの意思表示があった。連絡会議の内容を報告しながら、東條が泣きだしたのである。東條の涙には、天皇が白紙還元を望んでいたのに、それに充分応えられぬという意味があった。九月六日の御前会議の決定に近い内容であるのに気づき、天皇にむかって話をつづけながら、東條は耐えられなくなったのだ。天皇の前で涙を流す首相は、東條以外になかったであろうが、このことは、杉山や永野を驚かせた。

参謀本部に戻った杉山は、東條の涙が天皇との間に感情の交流があるためのように思い、下僚にむかって感に耐えぬようにつぶやいた。「東條はいつお上にあれほどの信任を得たのだろうか」。この事実は省部にまたたくまに広まった。

官邸に帰っても、東條はしばらくは放心状態にあった。そこに佐藤賢了が来て、乙案を認めたことで陸軍の中に〈東條変節〉の声が高まっているといい、日本もここまで譲歩したのだから堂々と開戦の主張ができると慰めた。それが主戦派将校たちの素朴な感想だった。

「誤解してはいかん。乙案は開戦の口実ではない。この案でなんとか妥結をはかりたいと神かけて祈っているのだ。それがわからんのか」

東條はどなりつけ、佐藤を追いだした。胸中は揺れていたのである。

このころアメリカ政府は、日本の動きを注意深く見守っていた。東條への警戒を解いたとはいえ、「東條は近衛と違って、交渉が成功しなければ行動にでる用意をしているにちがいない」というのが、ハルやルーズベルトの予測だった。十一月三日にはグルーから「日本は日米交渉に失敗したら、全国民がハラキリの覚悟で、のるかそるかの一大事をしでかすかもしれない」という報告が届き、ハルやルーズベルトを驚かせた。

ハルの机に積まれるマジック（傍受電報）は、しだいに日本のヒステリックな声で満ち、東郷から野村に宛てた五日付けの電報は、日本の国策の選択肢がいっそう狭まっていることを示した。「ついに傍受電報に交渉の期限が明記されるに至った。東郷は野村につぎのように述べた。『……この協定調印に対するすべての準備を今月二十五日までに完了することが必要である』――。日本はすでに十一月二十五日までにわが方が日本の要求に応じない場合には、米国との戦争も辞さないと決めているのだ」。のちにハルは回顧録にこのように書いている。

ホワイトハウスの閣議では、ハルがこうした日本側の焦りを具体的に報告し、「情勢は重大だ。われわれはいつどこに日本の軍事攻撃が加えられるかわからないから常に警戒していなければならない」と結ぶと、閣僚たちは、極東の日本が本気で開戦の決意をもっているのを、改めて自覚した。彼らは日本がそれほどまでの感情でいるのを知らなかった。そして日本がどのような態度にでてこようとも、いまや交渉成立はありえず、のこされた道は〈戦争〉しかないと理解した。

十一月五日。連絡会議の決定を追認する御前会議が開かれた。

政治の側、統帥の側、それぞれが、戦争によって状況を開くのも仕方がないという含みの発言をつづけた。会議の最後に、東條が数分間、政府と統帥部を代表して意見を述べた。これまでの経過をふり返り、もういちど日米交渉に全力をそそぐと約束し、「外交には若干は見込みがある。そもそも日米交渉に米国がのったのは、(1)作戦準備未完、(2)国内体制の強化未完、(3)国防資源の不足などの弱点があったためだ。米国は経済封鎖をすれば日本は降伏するだろうと考えたが、日本が決意したと認めれば、その時期こそ外交手段を打つべきと考えるだろう。それだけがのこされた方法である。長期戦の場合にはたしかに困難でこの点での不安はある。しかし米国のなすがままにしておいても、二年後に軍事上の油がなくなる。船は動かず南西太平洋の防備強化、米艦隊の増加、支那事変未完等に思いを及ぼせば思半に過ぐることが多い」と言った。

この演説原稿は、前日、官邸で東條自身がまとめたものだが、これは彼の胸中そのものだった。日本が戦争決意をしていると知れば、アメリカは譲歩するだろうという考え。国内では説得材料になっても、はたしてアメリカがどう受けとめるか、そこまで思考を煮つめる余裕は、東條にはむろんなかった。つけ加えれば、東條がこの原稿を書いているとき、外務省顧問来栖三郎の訪問を受けている。来栖は東郷の命令で、ワシントンに行って野村大使を補佐することになったのである。このとき東條は、まとめていた原稿の内容を、来栖に説明した。

「今回の使命が困難なことは認めるが、米国はみだりに戦争は望んでいないと思う。第一が両洋作戦の準備が不充分であり、第二に世論は参戦を支持していない。そして第三がゴム・スズなど重要物資の手当が不充分だからだ。交渉成功三分、失敗七分とみられるが、くれぐれも妥結のために努力してもらいたい」

「……」

「交渉の障害になっているのは三点、だがもっとも難関は支那からの撤兵だ。これだけはどうしても譲歩できない。もしそんなことをしようものなら、私は靖国神社のほうを向いては寝られない」

「昨日来、外務省で事情を聴取し、いままた総理の話を聞いて、卒直に申し上げれば、いささか交渉成立を楽観視しているように思う。万が一戦争になればどうなるのだろうか」

「緒戦では決して負けない」

戦後、来栖が著わした著作には、この会話のあと、「(東條は) それ以上のことは黙して語ろうとはしなかった。私としてもこれ以上追及して、強気一本に出られて、自分の手を詰めることを避けて方面をかえた」とある。こうして東條は、自らの意見を御前会議で明らかにする一方で、来栖をつうじて野村への伝言も託した。彼は、政策集団の指導者たちを自らの所信で動かしたいと思っていたが、ひとまずその第一段階は終わったのである。しかも十一月十六日を目標に、臨時議会も召集している。そこでこの一カ月の状態を部分的に国民に知らせておけばいいと考えていた。

首相という地位に就いてから、彼は自らの意思によって自在に各政策集団を機能させたいと思った。いや責任を負わされている以上、それは当然なことと考えていた。皇国の帰趨は自らの存在にかかっていることを強く意識することは、自らの所信をくまなく国家のすみずみまで貫徹することだった。こう思い至ったとき、彼はその胸中をつぎのようなことばであらわした。

「近衛には悪いことをした。陸相として力の足りなかったのは反省している。首相になってみてそれがよくわかったよ」

わずか一カ月ほど前の近衛との対立を思いだして、苦渋を交じえながら秘書に語ったのである。

沸騰する対米強硬世論

十一月六日以後、外交と作戦が御前会議の字句どおり動きはじめた。つまり、〈戦争か平和か〉というぎりぎりの選択を迫られることになったのだ。

統帥部は、武力発動を十二月上旬に定め、「陸海軍ハ作戦準備ヲ完整ス」に沿って、作戦準備を一段階高めた。杉山参謀総長は、南方軍、支那派遣軍各総司令官に南方作戦準備の実施を進める大陸命を発した。陸軍だけではない。軍令部は、山本五十六連合艦隊司令長官に、第一段作戦の初期として南雲忠一第一航空艦隊司令長官を指揮官とする機動部隊など七部隊を単冠湾《ひとかっぷわん》（択捉島《えとろふ》）に集結させるよう命じた。

外交はどうだったか。連絡会議で決まった甲案が野村に伝えられ、すぐにハルに届けられた。東郷は外相に就任してから、それまでの日米交渉の経緯を示す電報を読んで、日本が一方的な条件を示すだけでアメリカからはなんの条件も示されていないのに不満をもった。それは松岡、豊田と、外交交渉の経験の浅い外相の不手際と判断した。そこで東郷は、できるだけ相手に手の内を見せずに交渉することにした。そのことは野村や来栖にも外交方針を曖昧にしておくことを意味した。野村には甲案をハルに手渡し、交渉期限は十一月二十五日だからアメリカ側の考えをなるべく早くひきだして交渉を急ぐよう命じたのである。マジックはその機微を見ぬけなかった。

東郷と野村の往復電報は、すべて陸軍省軍務課の日米関係担当者石井秋穂から、東條のもとに届けられる。そういう東郷の電報を読むたびに、東條は外交官生活三十年という東郷の経験に敬意を表した。突然、乙案を提案した東郷の態度に割り切れぬ感情をもちながら、いまはこの有能な外相に頼らねばならぬ時期だと、東條は考えつづけた。

国民は国策が着々と動いていることなど知らない。だがアメリカにたいする国民の憎悪は高まった。新聞、雑誌、書物、そしてニュース映画。そこで描かれたアメリカは、個人主義、金権万能主義、エロティシズムの氾濫する国であり、アメリカ陸軍の士気は弛緩し、軍隊の体裁をなさぬ国として扱われていた。そしてこのアメリカが、ＡＢＣＤ（アメリカ、イギリス、支那、オランダ）包囲陣の音頭をとり、日本を苦しめ、生存を脅そうとしているのだとあった。東京朝日新聞が「見よ米反日の数々／帝国に確信あり／今ぞ一億国民団結せよ」と檄をとばした。反米的記事の隣りに、ドイツ軍の猛攻で、ソ連の降伏も時間の問題という記事が飾ってある。スターリンは弱音を吐いているとあった。

外電のニュースの蔭に、戦時色に溢れた国内ニュースがあった。隣り組の防空演習を伝える記事。「勝つための納税奉公」「我慢せよ〝寒い冬〟」、そんな活字が目を射た。首相官邸にも手紙類が殺到した。「何をしているのか」「米英撃滅」「対日包囲陣撃破」。手紙は秘書たちが目をとおすが、東條は決して手紙を見なかった。「どうせ弱虫東條と書いてあるのだろう」という東條の予想は当たっていた。

十六日から五日間の予定で、第七十七臨時帝国議会が始まった。東條内閣以前は武藤や軍務課内政班の将校が代議士工作にのりだし、議会を親軍的な方向にもっていかねばならなかったが、この議会に限っては、そういう工作は必要なかった。議会のほうが燃えていたからだ。

議会二日目、東條は施政演説を行なった。自ら筆をとった原稿を読んだ。「外交交渉に全力を投入する」といい、「外交三原則」を明らかにしたが、この三原則——(1)第三国は支那事変完遂を妨害せず、(2)日本を囲んでいる国家の軍事的経済的圧迫解除、(3)欧州戦争の東亜波及の防止——にもとづいて政策遂行にあたると約束した。

東郷も外交演説を行なって、日米交渉妥結は決して不可能ではないと強調した。政府の演説の端々には自制した意味あいがあったが、議会内の空気は、それを軟弱と誇るほど激しいものだった。全会一致で可決された東條内閣を激励する「国策遂行ニ関スル決議案」には、「世界ノ動乱愈々拡大ス。敵性諸国ハ帝国ノ真意ヲ曲解シ、其ノ言動倍々激越ヲ加フ。隠忍度アリ、自重限アリ……」との一節があった。さらにこの提案説明に立った政友会島田俊雄は、日米開戦を勧めるかのような口ぶりで、「国民がいかに押し詰められた気分になって、どうしてもこの重圧を押し除けて天日を見なければ止まないとの気持になっているのを政府は知っているのか——」と吼えた。なんども拍手がかぶさった。

予算委員会では、「戦争が起こった際の国防は大丈夫か」と東條は責められ、「万全であります」と答えるたびに歓声があがった。こうした議会の様子が新聞で報じられると、官邸にはさらに手紙がふえた。連判状、血書。民間右翼や在郷軍人会の動員によるものもあれば、平凡な庶民からの「米英撃滅」を謳ったものもあった。それは六間四方の書棚を埋め、総数で三千通にものぼった。日中戦争以来の不満が過熱したもので、このエネルギーは、東條には不安を与えるほどであった。

世論や議会がこれほど沸いているのに、交渉が妥結すればそれは鎮静化するだろうか、と東條は考えた。本来なら燃えあがる国民感情を抑制する権限が彼には与えられている。首相、内相という職能は言論統制の責任者であったからだ。しかし東條はその職能を行使しなかった。国民のエネルギーを対米英戦に向かって爆発するように仕向けながら、実際その段になると、こんどはそれを恐れるだけだった。日本陸軍で培養された彼は、状況をつくる立場にありながら、その責任を放置し、状況から期待感のみを汲みとり、それを自らの士気を鼓舞する手段としていたのである。このころ開かれた臨時地方長官会議での「聖戦必勝の信念で国難打開へ総進撃」とぶちあげる彼の姿は、そのことを存分にものがたっていた。

実際、表面上の彼の言動には、日米交渉が妥結すれば自らの政策を百八十度転回しなければならぬという不安感があるようには、見受けられなかった。それは彼の陣営にいる将校たちにさえ懸念を与えていた。参謀本部戦争指導班の『大本営機密戦争日誌』にも、「総理、例によって訓示せるも、当班馬耳東風なり。総理、強硬訓示は可なるも妥結せば如何にするや。もう芝居はたくさんなり」と、いささかうんざりした気持が吐露されていた。

野村大使が東京に伝えてくる甲案にたいするアメリカ側の反応は、あまりいい内容ではなかった。とはいえ交渉のポイントは明らかになってきた。十一月に入ってから、ハルは支那撤兵にふれなくなり、かわって三国同盟を重視するかのような口ぶりにかわったというのである。甲案への返答を迫る野村に、三国同盟死文化を要求してくる。十一月十五日付の電報がそうである。

こういうアメリカ側の態度に、東條はとまどい、「交渉をまとめなければならんが、しかしどうもアメリカという国の外交技術は狷介だ。自分にはわからない」とぐちった。このことばを受けて、赤松貞雄は、東條を外務省顧問で知英米派である幣原喜重郎に会わせて、アメリカ外交の真髄をきかせようと画策した。だがこれは新聞記者や政治家の間に洩れ、沙汰止みになった。幣原に会っただけで「軟弱外交」への転換と噂されることを恐れたのだ。「軟弱」という形容詞は、軍人にとってはもっとも唾棄すべき形容句だったのである。

いくぶん歴史上の皮肉をこめていうなら、東條がアメリカ外交を狷介というとき、ルーズベルトもハルも、日本外交をそう捉えていた。外交交渉で熱心に和平を模索しているというのに、議会では戦争止むなしの決議をしたり、政治の最高指導者が日米戦争必至の強硬発言を公開の席で論じるのは「二枚舌」だと考えていたのだ。

ルーズベルトもハルも巧妙だった。対日戦争警戒を説くとき、それは国務次官や陸軍長官と打ち合わせて彼らに発言させ、最高指導者は公開の席では決して言質を与えぬようにしていた。これに反して、東條は無邪気に強気の発言をすることが、ワシントンにいる野村や来栖に激励を与えると考えていたのである。この相違は、その後もさまざまなかたちであらわれた。アメリカの指導者は、対日警戒の根拠を太平洋に日本海軍がどのていど配備されているかの数字を裏づけとしたが、東條や大本営政府連絡会議の出席者は、己れの価値観に埋没し、己れの行動だけを道義にかなっていると信じることがあらゆる事態認識の根拠だった。だからこそ状況を透視しなければならぬ段階で、実体のない抽象の世界に逃げこむか、被害者意識で判断するかを通弊とした。

十一月十五日、連絡会議は「対米英蘭戦争終末促進ニ関スル腹案」を決定した。ここに並ぶ字句には、不確かな世界に逃げこんだ指導者の曖昧な姿勢が露骨にあらわれていた。二つの方針と七つの要領があり、方針には、極東の米英蘭の根拠を覆滅して自存自衛を確立するとともに、蔣介石政権の屈服を促進し、ドイツ、イタリアと提携してイギリスの屈服をはかる、そのうえでアメリカの継戦意思を喪失せしむるとあった。この方針を補完するために、七つの要領が書き加えられていた。そこにはイギリスの軍事力を過小評価し、ドイツに全幅の信頼を置き、アメリカ国民の抗戦意欲を軽視し、中国の抗日運動は政戦略の手段をもって屈服を促すという、根拠のない字句の羅列があった。願望と期待だけが現実の政策の根拠となっていたのである。

十一月二十日、野村と来栖は、ハルをたずねて乙案を示した。アメリカ側から甲案の回答は寄せられていないが、受諾の可能性はないと判断した東郷外相は、乙案提出を命じたのである。

ところが乙案を示されると、ルーズベルトとハルも急に顔をこわばらせた。彼らはこの内容を「マジック」で知っていたので、日本が最後通牒を迫る段階にはいったと確信したのだ。ハルは回顧録に書いている。「日本の提案は途方もないものであった。……私はあまり強い反応を見せて、日本側に交渉打ち切りの口実を与えるようになってはいけないと思った」――。ハルもルーズベルトも、回答を保留したり、日本側の提案を拒否したりすれば、日本の軍部がそれを口実に開戦にふみきるかもしれないと恐れた。そのあげくに彼らが選んだのは、日本をあやすために、国務省のスタッフに命じて六カ月間の暫定協定案をつくることだった。そうすれば事態にブレーキがかかると考えた。その草案は、国務省のスタッフが短時間のあいだに作成したが、そこにはアメリカの対日輸出禁止の解除、日本はインドシナ、満州、南方へ軍隊を送らない、アメリカが欧州の戦争に介入しても日本は三国同盟を適用しない、アメリカは日中会談を斡旋する、といった項目が含まれていた。

一方、乙案提示後のワシントンからの電報は、日米交渉に期待を賭けるグループを興奮させた。東郷は執務室で朗報を待っていたし、陸軍省軍務局の将校武藤章や石井秋穂は、その期待を隠さぬことばを吐いていた。野村の電報は、軍務局将校の手から東條に届いたが、東條もまた期待を隠さなかった。

しかしその電報をよく読むと、不安な徴候もあった。ハルは乙案の第四項に不満をもっていると野村に語ったが、そのときつぎのように言ったというのだ。「……独逸ノ止マル所ヲ知ラザル武力拡張政策ニ対抗シテ、一面英国ヲ援ケ一面蔣介石ヲ助クルニ在リ。従テ日本ノ政策ガ確然ト平和政策ニ向ヒ居ルコトガ明確ニ了解セラルルニ至ラザル限リ、援蔣政策ヲ変更スルコト困難ナルベキ……」。アメリカの援蔣政策が根深いものであることを、東條もまた知らねばならなかった。

十一月三十日という外交期限には一週間あまりの時間しかのこされていないが、この期間に日米交渉が妥結するとは、東條も考えたわけではない。「乙案での妥結はむずかしいなあ」と、秘書たちに洩らしたのもそのためだった。そのつぶやきは、この電報と前後して東條の手元に届いた「対米英戦開戦名目骨子案」第三次案への関心につながった。

事務当局がまとめたこの案には、〈東亜新秩序で東亜の平和を築くこと、英米は一貫してそれを妨害しつづけてきたこと、帝国は耐え忍び平和的解決に努力してきたが、いまや根源的な対立となり帝国の前途はきわめて危いこと〉という字句が並んでいたが、日米交渉の挫折はそのままこの案が国策になることだと、彼は充分自覚していた。とはいえ、この段階で「開戦名目骨子案」が主役になることは、まだ東條の胸中にかすかな抵抗感があった。

日米開戦への恐怖

ハルと国務省スタッフがまとめた二つの案、すなわち「暫定協定案」と十カ条から成る「平和解決要綱」が最終的に成文化されたのは二十二日である。「暫定協定案」には、両国が平和宣言を発し、太平洋地域で武力行使せず、日本は南部仏印から撤退し、仏印駐留の全兵力を二万五千名に制限するとあり、これを日本側が受けいれれば対日禁輸緩和を認めるとあった。

ハルは、この案を英・蘭・中国・濠州の大使に説明した。事態が進展すれば相談すると約束していたからだ。

しかし蔣介石は、駐米大使からこの報告を受けるや失望の色を濃くした。日本の「乙案」、アメリカの「暫定協定案」、それは彼のもっとも恐れている日米戦争回避の可能性を示していたからだ。〈断じて潰さなければならぬ〉――彼は外交部長宋子文と駐米大使胡適にたいして、ハルや国務省首脳、陸海軍有力者を説得するよう命じ、彼自身もチャーチルに「われわれの四年以上の抗戦もついに無益に終わるだろう」「わが軍の士気は崩壊しよう」「わが国をいけにえにして日本に譲歩するのか」と訴えた。

この電報を読んだチャーチルは、蔣介石が同盟から離脱するのではないかと懸念した。チャーチルはハルから示された案を受けとったとき、日米戦争勃発になればイギリスだけで対独戦を戦わねばならぬのではないかと不安に思ったのだが、蔣介石の電報を読んでからは、蔣介石の自棄的な行動が心配になったのだ。インドをはじめアジアに植民地をもつ英国としては、アジア人のアジアという日本の宣伝を裏づけてしまうのを恐れて、中国をつねに陣営に引きいれておかねばならないと考えていた。彼はルーズベルトに宛てて、「われわれは明らかにこれ以上の戦争を望んではいない。われわれは一点だけを心配している。……われわれは中国について心配している。もし中国が崩壊したならば、われわれの共通の危険は非常に大きくなる」と警告した。このメッセージが、国務省に届いたのは十一月二十六日の早朝だった。ところがこれが、実際にルーズベルトに大きな影響を与えることになったのである。

メッセージが届く三時間まえ、ワシントンでは最高軍事会議が開かれ、日本の最終期限をひとまず延長させるため「暫定協定案」の提案を検討していた。会議に集う者は、それが事態の本格的解決にならないことも知っていた。会議は難航したが、ルーズベルトが「日本人は無警告に奇襲をかけることで名高いから、もしかすると十二月一日ごろに攻撃されることもありうる」と発言してから、出席者たちは、この奇襲こそが救いになると気づいた。戦争反対の声や孤立主義に傾く世論を燃えあがらせるには、第一弾を日本に発射させるべきだというのである。対独戦に参加するためにも対日戦は必要だという暗黙の諒解がそれに輪をかけ、「暫定協定案」より「平和解決要綱」を示したほうが、日本に第一弾を投じさせることになるかもしれないという誘惑が彼らを虜にした。しかし最終的な結論をださぬまま、会議は休会となっていた。

この休会の間にルーズベルトはチャーチルの電報を読み、すぐ宋子文と胡適に会って蔣介石の要望を丹念に聞いた。またハルも陸海軍の責任者に会い、日本からの攻撃に反撃できるかを確かめた。そのあとルーズベルトとハルは長時間話し合い、この際事態を延ばす途を採らず、日本に第一弾を投じさせる途を選択することにした。

十一月二十六日午後五時、ハルは野村と来栖を呼び、「平和解決要綱」を手渡した。いわゆる「ハルノート」である。国務省の応接間にはいるまえ、ハルは陸軍長官スチムソンと海軍長官ノックスに、「まもなく日米間の主役は交代するだろう」と事態が政治から軍事に移ることを予言した。そして事態はそのとおりに動きはじめたのである。

野村と来栖は、「ハルノート」を読んでいくにつれ、身を震わせた。十カ条の項目のどれもが、半年にわたる日米交渉の経緯を無視していたからだ。とくに第三項と第四項に、ふたりの怒りは深かった。そこにはつぎのように書かれていたのである。

「三　日本国政府は支那及び印度支那より一切の陸海軍兵力及び警察力を撤収すべし

四　米国政府及び日本政府は臨時に首都を重慶に置ける中華民国国民政府以外の支那におけるいかなる政府もしくは政権をも軍事的、政治的及び経済的に支持せざるべし」

これでは日本の努力は少しも認められていない。ふたりはハルを恨みがましい目で見つめ、細部にわたって質した。彼らはそのときの状況を、つぎのように東京に伝えた（「マジック」で解読されたのが以下の文章である）。

「(本使は) ㈢と㈣はできない相談であり、㈣の重慶政権の承認については、米国が同政権を見殺しにできないというのと全く同様に、われわれとしては南京政府を見殺しにすることはできない、と述べた。ハルは、こう答えた。『㈢の撤兵は交渉によって行なわれるものである。われわれは必ずしも即時実現を要求しているわけではない。南京政府に関しては、米国の有する情報によれば、中国を一体として統治する能力がない』。本使はこれに対し、その議論は過去において数多くの政府が興亡した長い中国の歴史を無視したものである、と反論した」

あわただしく大使館に戻った二人は、駐在武官や館員に経過を報告した。駐在武官磯田三郎は、「アメリカは乙案を拒否、長文の強硬姿勢を伝えてきた」と参謀本部にフラッシュを送り、野村も要旨を外務省に打電した。

東京はこの一通の電報で揺れた。参謀本部には喜色が流れ、『大本営機密戦争日誌』には「天佑トモ言フベシ、之ニテ帝国ノ開戦決意ハ踏切リ容易ニナレリ、芽出度々々々」と記され、いまや主戦派の最大の援軍は、皮肉にもアメリカ政府の指導者ルーズベルトとハルであることを隠さなかった。

東條のもとには陸軍省軍務課から電報が回ってきた。一読するや、彼はすぐに将校を呼び集めた。軍務局長武藤章、軍務課長佐藤賢了、軍事課長真田穣一郎、それに軍務課高級課員石井秋穂が、東條の机をとり囲んだ。

「どうもアメリカ側の回答には進展がないらしい。支那における日本軍の全面撤兵、汪国民政府の否認、三国同盟離脱要求にも等しき案とあっては問題にならない。のこされた道は御前会議の決定どおり戦争しかない。もう今日からは戦争準備の仕事になっていくだろう。そのつもりでお国に奉公してもらいたい」

乙案が無視された以上、〈戦争に訴える〉という既定方針に沿う以外になかった。東條の決断は直線的だった。武藤が「どうもペテンにかかったようだなあ」とつぶやいたが、たとえペテンであろうとも日本はもう退けないという点で、彼らの胸中は固まっていた。ルーズベルトやハルが予想したように、陸軍の政策決定にあたる彼らは、第一弾を投じるための道を躊躇なく歩みはじめることになったのだ。

二十七日になって、「ハルノート」の全容が東條の机に届いたが、東條の感情はかなり激したものになった。のちに東京裁判で、キーナン検事から「ハルノート」の電文を示され、「これを見たことがあるか」と質問されると、東條は大声で「これはもう一生涯忘れません」とどなった。そして、この文書こそ「すべてのきっかけとなった」と吐きすてるように言った。

「もしハルノートを受諾すれば、帝国はどうなるのか」――首相官邸の執務室で、彼は項目を書き列ねたが、それはつぎのような文面になった。〈帝国は一時の小康を得よう。だがそれでは英米に死命を制されることになるだけで、小康というのも重症患者にモルヒネを射つていどの意味しかない。英米の意思で死命を絶たれることになる。また中国大陸からの後退は、支那の不法行為を増大することになり、帝国の威信は失墜する。貿易は後退し国民生活は不振になる。三国同盟離脱に至っては帝国の行動が功利主義に出るものとの印象を世界に与え、「義」を重視してきた帝国の態度に汚点をのこす〉――

だが東條にとってもっとも屈辱的だったのは、先人の指導者たちがつくりあげた輝かしいと考えている業績を、自らの時代に瓦解させてしまうことだった。それを自らの時代に、しかも自らの責任で行なうのは、彼には耐えられなかった。それは東條だけに限ったことではない。二十八日になるとその傾向はいっそう明らかになった。この日の閣議で、東郷外相から「ハルノート」の全容が紹介されると、閣僚の全員が激昂し開戦もやむを得ないと言ったのである。まるでこれを待ち望んでいたかのようにである。十月下旬の連絡会議で消極論の側であった賀屋でさえ、「これでは日本に屈服を強いるものだ」と言い、「支那事変にあれだけの努力をしてきたのがまったく水泡に帰する」と声を荒らげ、日本の国家的威信が一挙に下落するという論に与したのである。

二十九日には政府と重臣の懇談会が宮中で開かれた。

「開戦を決意するまえに重臣の意向を確かめるように」と天皇は東條に示唆したからである。天皇は指導的立場にいる者の意見を広範囲に聞くべきだと考えていたのだ。もっともその意見に東條は反撥している。「……重臣には責任なく、この重大問題を責任のない者をいれて審議決定することは適当でないと思います。この無責任なる者が参加して愈々帝国が立ち上がるとなれば、責任ある者の責任が軽くなるようなことにもなります」

この発言にあるように、東條にとっては、重臣は無責任な発言で政府の足をひっぱる厄介な存在でしかないと映っていた。それに日米交渉の経緯を重臣に知らせなかったのも、彼らを首相失格者と考える東條の反撥のあらわれだった。東條や陸軍省の将校は、重臣を官僚街道を平凡に歩いた連中の最後の名誉職にすぎず、それゆえ難局に身命を賭していく度量などないと考えていたのだ。彼らがいずれ辿りつく道であるのに、それには目を伏せての驕りであった。

七人の重臣のうち、広田弘毅、林銑十郎、阿部信行は「開戦やむなし」に与した。はからずも東條推挙に熱心な重臣たちだった。若槻礼次郎、岡田啓介、米内光政は現状のまま忍苦する論を吐いた。若槻は「物資面で不安はある」と言い、岡田は「アメリカと戦端を開けば半年は勝ったということになろうが、その後は不安だ」と強調した。とくに岡田は天皇への上奏でも、「政府の説明を聞けば聞くほど私にはアメリカとの戦争は憂慮に耐えない」と言ったが、東條はその詰問に顔面を紅潮させて、戦争には自信があると強弁した。岡田への憎悪はこのときからはじまった。そしてそれが二年九カ月後の岡田との衝突の伏線になっていった。もっとも私が取材したある将校は、東條の岡田嫌いは、「二・二六事件の生きのこりめ！」という陸軍内部の屈折した感情を受け継いでいたからだと証言している。

重臣懇談会につづいて、この年十回目の大本営政府連絡会議が開かれたが、ここでは喜色にあふれた統帥部ペースで議事は進んだ。「ハルノート」は最後通牒であり日本は受諾できない、しかも関係国と連絡してその諒解のうえに成り立っている。アメリカはすでに対日戦争の決意をしている、という認識で一致した。杉山元と永野修身は、今後の外交は偽装外交に徹しろと要求し、「開戦日はいつか。それを知らなければ外交はできない」とたずねた東郷に、「それでは言おう。八日だ。まだ余裕があるから、戦に勝つようつごうのいいように外交をやってくれ」と応じた。政治の側にいる東郷の敗北を示す光景だった。

連絡会議の認識を、正式な国策としたのは十二月一日午後二時から二時間にわたって開かれた御前会議だった。昭和にはいって八回目、この年にはいって五回目の御前会議、その空気は十日以内に予想される開戦に緊張し、それを和らげるために「ハルノート」への怒りがかきたてられた。まず東條が政治の最高責任者として、アメリカが一方的譲歩を要求したので、もう外交では主張がとおらないといい、日支事変がつづいている折り大戦争に突入するのは恐懼にたえないと言ってから、最後につぎのように結んだ。

「しかしながら熟々考えまするに、我が戦力はいまやむしろ支那事変まえに比しはるかに向上し、陸海将兵の士気愈々旺盛、国内の結束ますます固くして、挙国一体、一死奉公、以て国難突破を期すべきは私の確信として疑わぬ所でございます」――

東條のもっとも好む抽象的な慣用句が並んでいた。

つづいて統帥部を代表して永野修身が、作戦準備にはいささかの不安もないと断言し、「肇国以来の困難に際会致しまして、陸海軍作戦部隊の全将兵は士気きわめて旺盛でありまして、一死奉公の念に燃え、大命一下勇躍大任に赴かんとしつつあります」とことばを結んだ。これを受けて内相としての東條が、治安状況を説いた。その要旨はつぎの一節にあった。

「一般の労働者、農民等の部層におきましては……近来統制の強化に依りまして生活上に尠からぬ影響を受けております中小商工業者方面におきましてすら、今日の我国の立場を充分に理解致しましてその士気は相当旺盛なるものがあり、政府が明瞭なる指標の下に強硬政策を遂行致しますことを要望する向きが多いようでございます。しかしながら多数の国民の一部にはこの際できるだけ戦争を回避すべきであるというふうな考えの者もなしとしないのでありまするが、これらの者も米国が我国の正当なる立場を理解し経済封鎖を解除して、対日圧迫の政策を放棄するというようなことがありませぬ限り、我国の南進政策断行は当然のことであって、これがため日米衝突というような事態に立ちいたりますこともまたやむを得ないことであると決意しているようでございます」

そして戦争を開始したあとは、「共産主義者、不逞朝鮮人、一部宗教上の要注意人物の反戦運動」は厳重に取り締まると断じ、流言蜚語にも目を光らせ、人心安定のうえからも世論指導には留意すると言った。

厳しい取り締まりということばが、なんども東條の口から洩れた。はからずも政治家東條の国民観を見せつけることになった。彼はときおり秘書に、「大衆というのは灰色である。指導者は大衆より一歩だけ前にでて、白といえば白、黒といえば黒だと思ってついてきてくれるものだ」と語ったが、それは東條連隊長時代に新兵に接したときの構図を原型にするものだった。

内相東條の報告は御前会議でも了承された。ついで賀屋蔵相、井野碩哉農相が、戦時下財政と食料の見とおしを語った。国民の忍苦努力に期待し、南方地域占領後は現地で自活することが望ましく、そのために一般の現地民衆にも耐乏を要求することになろう。だが「現地住民は文化も低く、かつ天産比較的豊富なるをもって」民生維持は支那より楽であろう――とふたりは言った。

これらの報告に枢密院議長原嘉道が質問をはじめた。原の質問には、天皇に代わって実態を把握するという意味があった。このとき天皇は戦争の推移に不安をもっていたようで、前日には高松宮が、できれば海軍は戦争を避けたいと申し出てきたことを確認するために、嶋田と永野を呼んで確かめていた。ふたりは「艦隊の訓練はゆき届き、山本五十六連合艦隊司令長官は充分の自信を有しており、人も物も共に充分の準備を整え大命降下を待ち受けております」と答えたのである。だが天皇にはまだ不安があった。

それを補なうかのように、原の質問は、対米戦争の軍事力の差異をくわしく追及した。永野は「米の兵力は大西洋四、太平洋六となっておりますが、近来活動しているのは英国ではあります」といって、印度洋の英国軍事力の数字を披瀝した。しかし統帥部は御前会議で詳細に報告する義務はなかった。永野の報告は不透明で具体的な数字に欠けていた。政治の側の出席者は、そこから事態をつかまなければならなかった。だがそれに口をはさもうとすれば、〈大権干犯〉ということばが必ず返ってくることを知っていた。

御前会議はこうして終わったが、東條は最後に発言を求め、「私より一言申し述べたいと存じます。今や皇国は隆替の関頭に立っているのであります。聖慮を拝察し奉り、只々恐懼の極みでありまして、臣等の責任の今日より大なるはなきことを痛感する次第であります。……挙国一体必勝の確信を持し、あくまでも全力を傾倒して速やかに戦争目的を完遂し、誓って聖慮を安んじ奉らんことを期する次第であります」と言った。その間、出席者は顔を伏せて身を震わせた。そのあと「十一月五日決定ノ『帝国国策遂行要領』ニ基ク対米交渉ハ遂ニ成立スルニ至ラス、帝国ハ米英蘭ニ対シ開戦ス」を採択し、出席者十六人が署名した。東條英機、東郷茂徳、賀屋興宣、嶋田繁太郎、岩村通世、橋田邦彦、井野碩哉、岸信介、寺島健、小泉親彦、鈴木貞一、杉山元、田辺盛武、永野修身、伊藤整一、原嘉道の十六人だった。

この会議が終了すると同時に、参謀総長杉山元は、南方軍総司令官寺内寿一あてに、開戦日は十二月八日、この日を期して進攻作戦を開始するように命じた。軍令部総長永野修身は山本五十六連合艦隊司令長官に「新高山登レ一二〇八」と発した。十二月八日午前零時より予定どおり作戦行動を開始するとの意味である。

東條に与えられたのは、この作戦活動を支えるための国内政治の確立、つまり戦争体制の速やかな確立であった。それが彼の役割だったのである。

十二月一日から二日、三日、東條は三人の秘書官と、しきりに天皇の気持を推しはかる会話をつづけた。「この際、戦争に突入しなければならぬとの結論に、天子様はご不満であろう」とか「われわれはいくら努力をしても人格にすぎないが、天子様は神格でいらっしゃる。天子様の神格のご立派さにはいつも頭が下がる」——こういうことばには、東條の不安と焦慮の深いことがあらわれていた。それゆえに天皇にすがろうとする気持があった。しかし側近にそういう脆さを見せることはあっても、閣僚や陸軍省、参謀本部の将校らには苦悩のそぶりさえ見せなかった。杉山や永野には、いかにも自信にあふれているようなポーズをとった。むろん負けず嫌いの性格のためでもあったが、最高指導者の躊躇はそのまま帝国の躊躇につながるという気負いのためでもあった。

もし東條が冷徹な現実主義者なら、目前に迫った戦争を自己の威信を賭して挑む対象とみたであろう。ヒトラーのようにである。あるいは七千万人国民の運命を握っている責任を感じたならば、どこで戦火を鎮めるかを周囲に熱心に説いたにちがいない。いやこの戦争が歴史上でどのような位置にあるかを考えたなら、いくぶんの含羞をもったであろう。だが彼がそうした透視をもった形跡はない。それは鈍磨のためではない。

彼はひたすら逃げた。〈天皇親政〉という抽象の世界に逃げこみ、そのあげくに「私の肉体は天皇の意思を受けた表現体である」と自らを励ます小心な指導者の域からぬけだすことはできなかったのだ。開戦後、彼は内情視察と称して国内を歩きまわり、「天子様のお気持をひとりでも多くの国民に伝えたい。自分がその役目を果たすのだ」と言いつづけたのは、そのあらわれだった。

十二月六日の連絡会議は、宣戦詔書を採択した。「天佑ヲ保有シ萬世一系ノ皇祚ヲ践メル大日本帝国天皇ハ昭ニ忠誠勇武ナル汝有衆ニ示ス」ではじまる詔書は、十一月中旬に陸軍省軍務局の将校によって練られたが、それを東條は徳富蘇峰に推敲させ、そのうえで天皇にもなんども見せていた。日清戦争、日露戦争、そして第一次世界大戦（対独戦）につづく四回目の宣戦詔書だった。前の三回は「大日本帝国皇帝」とあったが、四回目は「大日本帝国天皇」となっていた。さらに文中の一句「今ヤ不幸ニシテ米英両国ト釁端《きんたん》ヲ開クニ至ル洵ニ已ムヲ得サルモノアリ豈朕カ志ナラムヤ」というのも天皇の意を受けて挿入したものだし、当初の原案には「皇道ノ大義ヲ中外ニ宣揚セムコトヲ期ス」とあったのを、やはり天皇の意を受け「帝国ノ光栄ヲ保全セムコトヲ期ス」と直した。そこに天皇の深慮があると、東條は感服しつづけた。

この宣戦詔書採択により、公式の手続きはすべて終わった。あとは二日後の開戦を待つだけとなり、東條を追いかける仕事はなくなった。すると〈東條〉という人間の地肌が急にあらわれてきたのである。もっともそれは、これまで家族しか知らぬ事実として伏せられてきた。

通称日本間といわれる首相官邸別館、その二階にある執務室は、十二月にはいってからはなかなか灯が消えなかった。壁をへだてた家族用の部屋にはカツとまだ女学生のふたりの娘が寝ていたが、書類をめくる音、東條の歩き回る音がよく聞こえ、それは事態が重大な時期に達していることを教えた。六日の深夜から七日にかけ、カツとふたりの娘は隣室からの泣き声をきいた。押し殺していた声が徐々に高まり、号泣にかわった。カツは布団から身を起こし、廊下の扉をあけ寝室を覗いた。するとそこには、いままで見たことのない夫の姿があった。夫は布団に正座して泣いていた。いつも自信にあふれ弱味を見せまいとする東條が、涙をぬぐおうともせず泣いていたのである。カツとふたりの娘には、夫や父の権威が崩れたように思われ、自室に戻ってそのことに泣いた。

東條はなぜ泣いたのだろうか。むろんそのことを彼は誰にも洩らしはしなかった。しかしその涙は容易に想像できた。公式の手続きを終えたこの日、彼は改めて責任の重さに恐怖感をもったのだ。二千六百年の国体を背負っての責任の重さ。昂じて彼はアメリカを憎いと思った。日本の「正当な言い分」を不当に愚弄するアメリカを憎いと思った。軍人の闘争心を支えるのは、敵にたいする憎悪と国家への忠誠心だが、いま彼の闘争心は一点にむかって集中し、やがて忠誠への求心作用となってはね返ってきていた。その渦のなかで東條の思考は混乱し、とくに大命降下の際に白紙還元の条件がついていたのに、それを全うできなかったことに思い至ると、彼は自省を失ない、泣く以外になかった。それは負債だった。期待にこたえられなかったこれまでの五十日間、そしてこれからの長期戦争は、彼にとって負債を清算する戦いとなるはずだった。

また東條の号泣は、山県有朋、桂太郎ら彼の先人たちが築きのこした矛盾の清算人の涙といえた。統帥権という抽象的で、無責任な機構が生みだした残滓を清算する宿命をもった首相の、誰かがいつかこの室で流さなければならぬ涙だった。そしてこの宿命を担ったのが、大日本帝国憲法発布以来、二十七人目の首相である東條英機だった。しかも皮肉なことに清算人としての登場を促したのは、陸相だった彼自身の軌跡のなかにあった。忠実な信奉者は無作為の謀叛人であるといえた。

東條の号泣はいっそう激しくなった。まさに慟哭というものだった。慟哭は自省を生まず、より激しい戦闘心を生んだ。そしてその戦闘心が、彼の理解ある友人として、しばらくの間、共に歩みをつづけることになった。

いまや時代は、悲しい指導者の掌中で踊りはじめた。

第三章　敗北の軌跡

戦いの始まり

東條讃歌の洪水

十二月八日午後七時、首相官邸一階の食堂に、東條の気を許した閣僚や軍人、官僚が集まった。この日一日の労をねぎらっての夕食会というのが、この集まりの名目だった。四角い食卓の中央に、東條と向かいあって嶋田海相が座った。東條の右には軍令部総長の永野修身、左に参謀総長杉山元が、嶋田の右には情報局総裁谷正之、左に書記官長星野直樹が腰を下ろしていた。海軍次官沢本頼雄、参謀本部第二部長岡本清福、陸軍省軍務局長武藤章、海軍省軍務局長岡敬純、法制局長官森山鋭一、外務省アメリカ局長山本熊一、内閣総務課長稲田周一、それに三人の秘書官がこの食卓を囲んでいた。

いまや東條には気のおけない要人たちであり、これからの戦争指導を担う人物たちであった。彼らの表情は安堵で満ちていた。「戦果を祝して」と、東條が笑みを浮かべてなんども乾杯の音頭をとった。

中国料理が食卓をにぎわした。彼らは料理をつつきながら、今朝からの朗報を反芻するのに忙しかった。ラジオニュースは、この席にも皇軍の進撃を伝えるアナウンサーの声をはこんできた。座は和んだ。東條のラジオ放送「大詔を拝して」が流れ、それが出席者にいくぶんの追従をもって讃えられた。

東條は饒舌だった。彼は大声で叫んだ。

「今回の戦果は物と訓練と精神力との総合した力が発揮されたのだ……」

その声に酔ったように、誰もがうなずいた。杉山も永野も上機嫌だった。統帥部の力が存分に発揮され、彼らの予想を超えるほどの戦果だったからだ。

「つい先日のことだが、石清水八幡宮に参拝したときは、勝ち戦で終わって神風なぞなくてもすむようにお祈りしてきた」

杉山が身体をゆすって笑った。

首相秘書官のひとり鹿岡円平は、ときどき席を立ち、大本営と連絡をとっていたが、食堂に戻ってくるなり、東條の耳に「総理、また新たな報告がはいりました」とささやいた。

東條は目を細め、全員に報告するよう命じた。鹿岡が姿勢を正して報告した。

「ただいま大本営海軍部発表の連絡がはいりました。ご報告いたします。本八日早朝、帝国海軍航空部隊により決行せられたるハワイ空襲において、現在までに判明せる戦果左の如し。戦艦二隻撃沈、戦艦四隻大破、大型巡洋艦約四隻大破、以上確実、他に敵飛行機多数を襲撃墜破せり、わが飛行機の損害は軽微なり、本日の全作戦でわが艦艇の損害はなし、とのことであります」

食卓を歓声がつつみ、空気はいっそう和んだ。

「この戦況はさっそくお上にも申し上げるようにしなさい。そうだ、ドイツやイタリアの大使たちにも知らせておくといい」

東條の声ははずんでいた。予想以上の戦果だという感想は、一段と出席者に共通のものとなった。

「これでルーズベルトも失脚するにちがいない。アメリカの士気は落ちるいっぽうだろう」

「そうです。これでルーズベルトの人気は下落するでしょう」

追従するように、何人かが東條の言に相槌をうった。

「それにしてもみごとなまでにこの日の攻撃を伏せられましたね。まったく省部でも寝耳に水だと受け止められていますよ」

秘書官のひとりが言った。「これは最高の機密だから洩れたら大変なことだった」、東條は含み笑いでこたえた。実際、十二月八日の午前零時を期しての対米英開戦という軍事作戦は、まったく伏せられていた。陸軍省、海軍省の局長さえ知らなかった。参謀本部でさえ「南部仏印基地航空部隊はマレー半島攻撃」という軍事作戦を命令する参謀だけが知っていたにすぎない。

東條でさえ数時間まえに、その具体的な内容をきいたにすぎなかった。東條の周辺にいる者、たとえば秘書官赤松貞雄もまったく知らず、この日の午前三時に、東條から帰っていいといわれ、官邸からでかかったとき、逆に自動車から降りてくる鹿岡に出会った。

「これからが大変な仕事なんだ」

鹿岡はそう言い、官邸に消えた。そのひとことで、赤松は開戦を知った。彼は再び官邸に戻った。秘書官の執務室で、「もっか連合艦隊が真珠湾を攻撃すべく前進中だ」と、鹿岡はやっと赤松に教えた。緒戦の主導権をとっている海軍側の秘書官は、さすがにこのことを知っていたのである。

午前三時半すぎ、首相官邸に軍令部から連絡がはいった。「海軍部隊ノハワイ急襲成功セリ」――。

鹿岡と赤松は、東條の執務室に走った。

「ただいま第一報がはいりました。真珠湾奇襲は成功しました」

ふたりは、東條が得意なときに見せる目を細める表情を期待した。が、それは裏切られた。むしろ日ごろの渋い表情のまま、「よかったな」とだけ言った。それからひと呼吸してつけ加えた。

「お上には軍令部から御報告を申し上げたろうな」

それが東條の乾いた第一声であった。

午前七時にJOAKの臨時ニュースが開戦を国民に伝えた。「大本営陸海軍部発表、十二月八日午前六時。帝国陸海軍は本八日未明西太平洋において米英軍と戦闘状態に入れり」――。東條は赤松と鹿岡、広橋の三人の秘書と執務室のラジオで、その放送を聞いた。「交戦状態ニ入レル旨ノ『ラジオ』ヲ聞キ乍ラ身心緊張愈々開戦第一日ノ多忙ナ日程ガ始マレリ」――この日の「秘書官日記」の冒頭はこう書かれた。

このニュースを聞くと、東條はすぐに軍服に着替え、枢密院会議に出席するために宮中に馳けつけた。対米英蘭への宣戦詔書の案文、布告の時期をどうするかが議題であった。宣戦布告の時期を遅らせるべきだと主張する顧問官に、東條は「すぐにでも布告すべきである。開戦時期の微細な点は問題にすべきでない。米英の帝国を圧迫する態度を広く世界に示さなければならぬ」と応酬して、宣戦布告することにより日本側に責任転嫁されるのではないかという枢密顧問官の懸念を押さえた。こうして正午に宣戦詔書が発表された。

このあと、すぐにJOAKのスタジオに行き「大詔を拝して」を読みあげ、国民に呼びかけた。「今、宣戦の大詔を拝しまして恐懼感激に耐へず、私、不肖なりと雖も一身を捧げて決死報国唯々皇国を案んじ奉らんとの念願のみであります」と前置きして、五分間にわたって、かん高い声で朗読をつづけた。「凡そ勝利の要訣は、必勝の信念を堅持することであります。建国二千六百年、我等は未だ嘗って戦ひに敗れたるを知りません」「帝国の隆替、東亜の興廃、正に此の一戦に在り。一億国民が一切を挙げて、国に報い国に殉ずるの時は今であります。八紘を一宇と為す皇謨の下に此の盡忠報国の大精神ある限り、英米と雖も何等惧るるに足らないのであります」――。

これらの草稿は、十二月六日の連絡会議で承認されたものであったが、日本の指導者の願いはここに凝縮されていた。なかでも東條が絶叫調で説いた「我等は光輝ある祖国の歴史を断じて汚さざると共に、更に栄ある帝国の明日を建設せむことを固く誓ふ」という一節こそ、この時代にめぐりあわせた彼らの責任感と恐怖がこめられていたのだ。

東條はラジオ放送を終えると、大政翼賛会の第二回中央協議会に出席した。東條と海相嶋田繁太郎が姿を見せただけで、出席者たちの歓声があがった。東條は彼らに救国の英雄と映ったのだ。首相官邸には国民からの電報や電話が殺到した。重臣の岡田啓介をはじめ要人たちも相次いで訪れ、相好を崩した。それだけではない。東條の私邸にも人々の歓呼が押し寄せてきたのである。

午後七時にはじまった夕食会は、二時間近くで終わった。誰もが上機嫌に席を立った。

「ルーズベルトはこれで失脚することになるだろう」

そのことに思いがいくのか、夕食会の終わりにも東條はつぶやいた。それをきく者は、いまやこの国の指導者は敵国の指導者の面子にまで関心を寄せているのだと思って感激した。

「総理、お疲れのようですから、今日はお早くおやすみください」という秘書官のことばに東條はうなずき、「今日は家族が待つ陸相官邸でゆっくり過ごすよ」と言って、彼は食堂を出ていった。その姿を出席者たちは頼もしげに見送ったが、この日からしばらく、彼の後ろ姿は〈頼もしく〉と形容しつづけられることになったのである。

東條には、この日は生涯の最良の日であった。輝かしい戦果、そして国民の熱狂的な歓呼。しかも枢密顧問官の懸念を押し切って、正々堂々と宣戦布告をしての戦争と、なにからなにまで彼の思うとおりに進んでいるのだ。「戦争はやはり正面から正々堂々と宣戦布告をしたうえで進めなければいけない」といっていた彼の日ごろの言も、ここに実証された。それこそが日本の軍人の拠って立つ基盤だと思っていた。

だが東條の知らない一面で、彼のもっとも嫌いな形容句〈騙し打ちの張本人〉として、アメリカ国民の憤激がこの日から東條に向けられているのを、彼自身は知らなかった。しかもその汚名は、永久に東條につきまとうはずであった。なぜなら日本はたしかに騙し打ちをしたからだ。

アメリカの巧妙な歴史的なアリバイづくり、その一方での駐米日本大使館の外交上の不手際。そのことを抜きに、この戦争を語ることはできない。まさにこのふたつのでき事こそ、太平洋戦争の方向をかたちづくる象徴的な事実であったのだ。

十二月七日午前七時半、中央電話局に一通の電報が届いた。ルーズベルトが駐日アメリカ大使グルーに宛てた電報だった。その内容は、アメリカではすでに新聞記者に公表され、ニュースとして世界中に打電されていた。陸軍省の電信課では、この電報を十五時間遅れて大使館に届けた。グルーは外相東郷茂徳に電話をかけ、天皇に会えるようにとりはからってもらいたいと要求した。ルーズベルトの親電は天皇に宛てたものだったからだ。

千五百字余りの電文の末尾は「余ガ陛下ニ書ヲ致スハ、此ノ危局ニ際シ陛下ニ於カレテモ同様暗雲ヲ一掃スルノ方法ニ関シ考慮セラレンコトヲ希望スルガ為ナリ」となっていたが、そこには日米交渉の障害となった項目への私見も述べられ、合衆国は、日本が仏領印度支那から撤退すればその地に進出する意思はないと約束されていた。しかし懸案を解決すべき新たな提案はなかった。

東郷は東條と木戸の三人で、このグルーの要求にどう対応するかを、七日の深夜から八日にかけて打ち合わせた。その結果、この親電を天皇のまえで読みあげて天皇に電報の内容を知らせ、そのうえで親電拒否の回答をすることに決めた。

……この親電をもうすこし早くに配達していれば、日米戦争は回避できたという論は、いまに到るも語られている。だが果たしてそうか。この親電は交渉打開のものではない。よく読めば日米交渉の経緯でのアメリカの和平をのぞむ部分を文書化したものにすぎない。のちにハルが回顧録で本音を吐いたように、「歴史にのこす記録として米国の和平の意思」を伝えたにすぎなかった。つまり五十年、百年先のアリバイでしかなかったのだ。

だがたとえそうであったとしても、歴史への透視に欠ける日本の指導者たちとは比べものにならないほど、彼らに理智があったのも事実だ。もし日本に救国の英雄に値する指導者がいたなら、この親電を逆手にとってアメリカに新たな外交攻勢をかけたかもしれなかった。実はそこにアメリカ側の弱味もあったのだ。東郷も東條も、そして木戸もそこまでの見取図をもった政治家ではなかった。そして、なによりアメリカのアリバイづくりを支えたのは、電報を遅らせた省部の融通のきかぬ好戦的な参謀たちだったのだ。

もうひとつの事実が、この失態に輪をかけた。主役は駐米日本大使館の館員たちであった。外務当局は、交渉を中止するという電報が真珠湾攻撃の前にアメリカ当局にわたるように措置をとっていたにもかかわらず、十二月七日の日本大使館は平常とかわらぬ休日勤務をとっていた。この日早朝に着いた電報は、数時間後にやっと暗号解読にはいり、ハルに手渡すよう指示された午後一時にもまだタイプを打っている有様だった。

野村と来栖がハルの応接室にはいったのは午後二時五分だった。さらに彼らは、応接間からハルの部屋に呼びいれられるまで十五分待たねばならなかったが、この間にハルは、すでに真珠湾攻撃の第一報を耳にしていた。しかもハルの机には、彼らがもってくるであろう電文がのっていた。「マジック」は対米外交の打ち切りという文字を伝えていたのである。

ハルの部屋に通された野村と来栖は、椅子も勧められないほどの非礼な扱いを受けた。野村から渡された文書を読むふりをし、さらに興奮した様子を見せるのは苦しい演技だったと、のちにハルは述懐しているが、このときハルは、語気鋭く言っている。

「……私は五十年の公職生活をつうじてこれほど卑劣な虚偽と歪曲に満ちた文書を見たことはない。こんなに大がかりな嘘とこじつけを言いだす国がこの世にあろうとは、私はいまのいままで夢想もしなかった」

ハルは怒り、あごでドアをさした。が、野村と来栖は、その怒りを充分理解していなかった。彼らが真珠湾攻撃を知ったのは大使館に帰ってからである。

こうしてアメリカ側は、思いがけぬ〝贈り物〟、事前通告のない奇襲という願ってもないものを手にいれた。〈土壇場まで和平を願っていたアメリカに対して、卑劣にも騙し打ちで奇襲攻撃をかけた日本〉という図式は、たとえ東條には不本意でも歴史的事実としてのこり、その卑劣の代名詞に、東條の名はつかわれることになった。

――駐米大使館の不手際は、しばらくの間、東條は知らなかった。それを知ったのは、大使館員が交換船で帰ってきた昭和十七年八月だった。だが戦況が順調に推移していると き、その行為は不問に付された。のちに巣鴨拘置所で、この不意打ちに東條が考えた弁明というのは、十二月五日にはアメリカは日本の機動部隊の動きを知っていたはずだし、このころ戦争があるのも当然予期していたにちがいないという論旨だった。だから、「奇襲ノ成功ハ奇蹟的ニシテ一ニ真珠湾ニ於ケル軍不警戒ノ賜ニシテ不警戒ヨリ生セル責ヲ負フ能ハズ」と、苦しい論理をくり返す以外になかった。

増長する指導者

八日、九日、十日、大本営発表は日本の電撃的な作戦の勝利をつぎつぎと報じた。そのたびに東條は、首相、陸相の立場から連合艦隊司令長官に祝電を打った。「開戦劈頭赫々たる戦果を挙げられたるを慶祝し将兵各位の御武運長久を祈る」という文章は、自ら筆をとってまとめたものだった。

そういう草案を書きながら、東條の関心は依然としてルーズベルトに向けられた。〈詐術と弁舌でヤンキー気質をあおっている敵国の大統領はどんなに衝撃を受けていることか〉

軍事調査部や外務省が届けてくるアメリカの国内情勢の報告書は、東條の期待のなかでページを開かれた。しかし事態は、東條の予想したほうへ転回せず、アメリカ国民はルーズベルトを責めはしなかった。

むしろルーズベルトを中心にして、アメリカ世論はまとまっていった。開戦とともに議会が開かれ、下院でひとりの反対議員があっただけで参戦決議が可決されたというし、ルーズベルトの戦争状態宣言を議会はすぐに認めた。ルーズベルトの議会での演説は、「昨日のハワイへの攻撃はアメリカ陸海軍に甚大な損害を与えた。甚だ多数のアメリカ人の生命が喪われた。……昨日日本軍はまたマレーを攻撃した。昨夜日本軍は香港を攻撃した。昨夜日本軍はグァムを攻撃した。昨夜日本軍はフィリッピン群島を攻撃した。昨夜日本軍はウェーク島を攻撃した。今朝日本軍はミッドウェー島を攻撃した。日本はかくの如く太平洋全域に亘って奇襲攻撃を敢行したのである……」と、平易なことばをつかって事実の報告だけをしている簡明なものだった。

これを通信社のニュースで知った東條は、この無味乾燥な演説は、国家の意思をまとめることのできない指導者の焦りで、それは野卑で忠誠心のひとかけらもないアメリカ国民を説得する詭弁術だ……と受けとめた。

「勝利の要訣は必勝の信念にあり、建国以来、我等はいまだかつて戦いに敗れたことを知りません」という高邁なことばで納得できる国民をもつ指導者として、東條はルーズベルトに優越意識さえもったのである。

東條に限らず枢軸側指導者、ヒトラー、ムッソリーニもアメリカ国民の鈍重さを嗤った。しかし彼らの侮蔑の蔭で、ルーズベルトの演説によってアメリカ国民は「リメンバー・パールハーバー」に結集し、「バイ・ウォア・ボンド・アンド・スタンプ」（戦時公債、切手を買え）を合いことばとして反枢軸戦線に結集したのである。

十二月十日、連絡会議はこの戦争を大東亜戦争と称することを正式に決めた。海軍は「太平洋戦争」「興亜戦争」を主張したが、「大東亜新秩序建設を目的とする戦争なることを意味するものとして、戦争地域を大東亜のみに限定する意味に非ず」という陸軍の意見がとおった。自給自足、資源確保を重視する海軍と、自給自足と大東亜共栄圏建設の折衷を戦争目的と考える陸軍の微妙な対立がここにはあらわれていた。

「大東亜戦争と称するのは大東亜新秩序建設を目的とする戦争になることを意味する」と、情報局は陸軍の見解を公式に発表した。思えば傲慢であった。自存自衛で戦いに入ったのに、緒戦の戦果に眩惑され、東亜解放の盟主気取りが前面にでてきたのである。浮わついた空気に国を挙げて捉われ、十六、十七日に開かれた第七十八臨時議会では、東條がかん高い声でアメリカの外交政策を非難し、「もし我にして米国の要求に従属すれば、大東亜安定のために傾注してきた帝国積年の努力は悉く水泡に帰するばかりで帝国の存立すらも危殆に瀕し……」という訴えは、興奮した議員の拍手によってなんども中断した。いま議事録を見ると、十分足らずの間に拍手は二十数回も響きわたっている。

有志議員からは陸海軍感謝決議案が提案された。提案説明に立ったのは、かつての桜会のメンバーで赤誠会の有力議員である橋本欣五郎だった。「衆議院は特に院議を以て陸海軍将兵諸士の偉功を感謝し其の勇健を祈り併せて忠肝義胆鬼神を哭かしむる殉国の英霊に対し深甚なる敬弔の忱を表す」――総員起立で可決された。

東條の立場は強固になる一方だった。

執務室の机に届く憲兵隊、軍事調査部、それに内務省からの「指導層の戦争協力」と銘打たれた書類には、東條を讃える声が溢れ、有史以来の指導者ともちあげる各界の指導者の声が報告されていた。各地で開かれる在郷軍人会と町村自治体主催の「米英撃滅大会」では、いまや帝国は米英の鉄鎖を断ったと言い、日本は国体を有する国、敵国アメリカのように無思想な国民とは異なるとの檄が飛んでいると、内務省の報告は伝えた。「東條首相は救世主です」と各地で賞讃されているとつけ加えられていたが、それは決して虚構でも追従でもなかった。戦後、東條を謗る側に回った論者の多くが、このとき歯の浮くような東條礼讃をつづけていることを容易に散見できる。

こういう国民の燃えあがりを、内務省警保局は特定の枠内でのみ認めていた。好戦意欲を刺激し持続すること、それが枠組みだった。厭戦、避戦につながる言動を監視し、その排除に躍起になっていた。むろん国民のなかには少数とはいえ戦争反対の声はあったが、開戦の翌日には、かつて左翼運動に関係した者、戦争に批判的な者は予防拘禁、スパイ容疑の名目で身柄を拘束されるか、特高の監視下に置かれた。反戦運動の動きなどすこしもなかった。

反戦運動とは別に、政界有力者の間で戦争への不安を洩らす者はあった。近衛と昭和研究会のメンバーは、「えらいことになった。こんな戦況は二、三カ月だろう」とささやき、重臣米内光政邸には前外相有田八郎、前蔵相石渡荘太郎らが集まって、時期をみて終戦にもっていこうと話し合っていた。

戦果を東條の個人崇拝に結びつけようと骨折ったのは、情報局だった。国民を戦争へ協力させるための宣伝活動をするこの組織は、総裁谷正之、次長奥村喜和男らが、いたる所の会合に出向き、東條を英雄視する歯の浮くような演説をぶって歩いた。「諸君はドイツのヒトラー、イタリアのムッソリーニを世界の英傑という。しかしながらもっと偉大な英傑が日本にいらっしゃるではないか。すなわちわが東條英機閣下がそうであります」。開戦から四カ月後には、大本営陸軍部報道部長の谷萩那華雄は、「北方から来襲した元寇を破ったのは北條時宗、いまや東方から脅威する米英を撃滅するのは東條英機である」と叫んだ。時流便乗の似非文化人としての彼らのふるまいは、東條にとっては、自らを偶像視させる手駒であった。

東條偶像化の波は、東條の足元にも及んできた。ある閣僚は公言した。

「これで東條首相は今世紀の英雄となった。やがていつかインド洋でヒトラー、ムッソリーニとで三巨頭会談が行なわれることになるだろう」

それに同調する閣僚もいた。根拠もないのに「アメリカは亡びるだろう」と得意気に吹聴して歩く閣僚もいた。議員、官僚、在郷軍人が相次いで追従や賞讃のことばをもって、東條をたずねてきた。そういうときの東條はうなずくだけで、それ以上の感情の昂まりを見せまいと気を配っていた。傲慢と小心との表裏の関係にあるその態度は、事態が好転しているときは沈着冷静で頼もしく映り、悪化したときには傲岸不遜と見られるにちがいなかった。

そういう東條の態度や表情に、側近たちは遠慮がちに注文をつけた。もっと表情を崩したり、笑ったりしたほうが人気が沸くというのであった。側近たちにすれば、この首相は驚くほど感情の昂揚を見せない人物だと思われるのを避けたかったからだ。

しかし東條は、「自分は追従やお世辞はいえん。このままでふるまう。政治家のような態度をとるなんてまっぴらご免だ。政治というのは人気でやるのではない。信念で指導にあたればわかってくれる」と反論し、その態度を改めようとしなかった。が、彼自身、お世辞や追従が嫌いだったわけではない。彼は側近や官僚たちの東條讃歌を止めるようには命じなかった。だから〈東條崇拝〉現象が彼の意図を反映していると一般に受けとられても、仕方がなかったのだ。

知識人と大東亜共栄圏

しかし順調にいっているときは伏せられていても、いつか新たな芽となって吹きでてくるのを窺わせるできごとが、この頃にはいくつかあった。背広よりも軍服を着ての執務は、戦況が悪化したときに悪評となってはね返ってくると予想できた。議会での答弁も、いつか反感を買うに違いなかった。たとえばつぎのような例があった。

第七十八臨時議会に提案した「言論出版集会結社等臨時取締法」は、戦争遂行のため一切の権限を政府が握るというもので、衆議院特別委員会で審議された。議員の質問の焦点は、この法律をやむなしとしつつも、いつの時点で実効を失なうのかという点に集まり、「この法案でいうところの戦時下でない状況とは、具体的にどういうことか」という質問が東條に向けられた。すると彼は、いささかの躊躇もなく平然と、「平和回復、それが戦争の終わりである」と答えたのである。

「そうした説明ではなく、法制的にはどういうことだときいているのです」

「それは戦争の必要がなくなったときです」

そんな東條にたいして、委員長は法制的に答弁するようにと注意を与える。だが東條はその意味がわからず、抽象的な答弁「戦争でないとき、平和になったとき」をくり返すことに終始した。その結果、むしろ逆にこの答弁に質問者が助け舟をだし、委員長は質疑を打ち切ることで東條は許容された。

その間、東條は謹厳な表情を崩さずに答弁席に座っていた。自らの答弁のどこが不備なのか、むしろ東條のほうが怪訝な表情を見せているほどだったが、こうした議会の寛容な態度も、すべて八日以降の〝戦果の賜〟だった。まるで陸軍省軍務課の雑談のような答弁を許すだけの雰囲気があったのだ。大本営発表はいっそう華々しくなり、東條はその象徴とされ、こうした彼の不手際もすべて許容されることとなっていた。

十二月三十日の大本営発表は、三週間足らずの戦果を総括した。中国からアジアの国々まで二万キロに及ぶ戦線を報告し、香港の英米軍を無条件降伏させたといい、「茲に支那大陸より英米の勢力を完全に一掃したのである」と断じた。香港だけでなくフィリッピン、マレー、英領ボルネオ、グァムなどでも日本軍は占領地をふやしているといい、日本軍は既に「粉砕した敵の飛行場六二、撃破せる敵機四百余、其の他莫大なる戦果をあげている」と報告した。それをきく国民に、カタルシスが支配しはじめたことは否定できなかった。

昭和十七年にはいった。

元日に宮中から首相官邸に賜金、酒が届き、東條を感激させた。それを秘書官や職員に配り、「天子様の意を受けるように……」と訓示した。天皇の意を代弁するのは自分であるという意識が彼のなかでふくれあがる徴候だった。ドイツとイタリアの駐在武官が、官邸の初の年始客であった。彼らと会うとき東條の表情は和んだ。圧倒的な戦況を、彼らに伝えるのは楽しいことだったからであろう。

「ドイツ、イタリアにはあらゆる便を惜しんではならない」

開戦以来、東條は陸軍省の将校から、ドイツ、イタリアの駐在武官に状況の詳しい報告を伝えさせていた。なかでもドイツの武官は、しばしば東條を訪ねてきた。日本の真珠湾攻撃を聞いたヒトラーは、テーブルをたたいて喜び、そくざに対米戦争を決意したと武官は言い、それだけにヒトラーは日本の状況を知りたがっていると、彼は補足した。それに日本、ドイツ、イタリアは開戦後まもなく日独伊共同行動協定をベルリンで結び、単独で対米英と休戦したり、講和したりはできないと定めてもいた。いまや三国は運命共同体だというのであった。

年始に来たふたりの武官は、ヒトラーやムッソリーニからの年頭のメッセージを手渡したあと、しきりに日本軍の健闘を讃え、東條は、そのことばに何度もうなずいた。官邸の庭では東條の娘たちが羽根つきをしている。それを武官は珍しがった。ヨーロッパのスポーツとはちがうというのである。

「白線をひいて羽根をつけば、それはすでに勝負になる。ヨーロッパはそういう勝負を土台にしている。でも日本はラインをひかずに相手の受けやすいように羽根をつく……」

と東條はいい、「これが日本精神というものなのです」と得意気に言った。

相手と戦いながらも、そこに思いやりと優しさがあるというのだ。それが武官にどのように受けとられたかは判らないが、しかし、実はそうしたことばは東條自身が納得することばとして吐かれていたにすぎない。

宮中での新年奉賀でも、東條は、〈救国の英雄〉として遇された。重臣たちは上機嫌で、真珠湾攻撃の当事者山本五十六連合艦隊司令長官を讃え、東條の労をねぎらった。彼らは近衛に、「悪いときに辞めましたね。もうすこし在任していれば、あなたが戦績の栄誉を担えましたものを……」といったが、それはそのまま東條に戻ってくる賞讃のことばだった。が、東條は、そういった賞讃にはすぐに天皇をもちだした。

「日本にはお上がいらっしゃる。自分が太陽なのでなく、お上が太陽なのです」

自らは全国民に敬服されるほどの人物ではない、日本精神の忠実な実践者なのだ……彼はしきりにそういって周囲のものに答えつづけたが、相手はそれをまた、彼の奥ゆかしさととったのだった。

正月の陶酔を見込んだように、一月三日の夕刻、大本営陸軍部は「帝国陸軍比島攻略部隊は二日午後首都マニラを完全に占領」と発表した。アメリカの拠点だったフィリッピンの首都が日本軍によって制圧されたという戦果は、熱狂にいっそうの輪を拡げた。

あわせてシンガポールの英国軍を撃退中であると、大本営は伝えた。太平洋とインド洋の接触点、東と西を結ぶ貴重な要港。ここを日本の通商輸送の拠点とすれば、対日包囲陣の殲滅を意味するし、戦略上からも重慶政府支援を断ち切ることになる。だから英国本位の世界歴史を崩壊させるのは、このシンガポールという大支柱を叩きこわすことだという日本軍の士気は高く、その陥落も時間の問題とされているというのである。

「もしシンガポールが陥落したならば……」

と東條は、これを耳にしたとき言った。

「日本は世界史に一頁を開くことになる。そのときは大東亜共栄圏の確立を目的にしなければならない。帝国を中心とする道義にもとづく共存共栄の地域にしなければならない」

軍務局軍務課の課員を呼び、連絡会議にかける草案のなかにそれを強くもりこむように命じた。一月二十一日に再開された第七十九帝国議会の施政演説の内容はこうした主旨に満ち、大半は大東亜共栄圏確立への根本方針を執拗にくり返すのに費されたのである。

「しかも今回新たにこの建設に参加せんとする地域たるや、資源きわめて豊富なるにもかかわらず、最近百年の間、米英国等のきわめて苛酷なる搾取を受け、ために文化の発達甚だしく阻害せられたる地域である……」

東條をはじめとする政府、統帥部の責任者たちは、つぎの段階として戦果をどのように日本の政略に組みこむかに腐心しつつあり、それが声高な大東亜共栄圏確立に直結した。東條は秘かに軍務課の課員を呼び、占領地行政を統轄する新しい機関の設置を検討させた。占領地政策は陸軍で行なおうというもので、外務省の外交権を牽制するという心算のあらわれだった。

二月十五日の夕刻、東條のもとに秘書官が電報を届けた。マレー方面から入電したものだった。「軍は本十五日十九時五十分シンガポール要塞の敵軍を無条件降伏せしめたり」――。

執務室の電話をとった東條は、木戸幸一にこの朗報を伝えた。木戸に報告すれば、そのまま天皇に伝えられるからだった。

「杉山総長は十時に参内し上奏いたしますが、私は、明日議会で声明を発表するつもりでおります」

一刻も早く天皇に伝えたいという東條の喜色が木戸には伝わった。それは下僚が上司に認めてもらいたいというときの口調や態度であったろう。そのあと東條は幕僚を集めて陸相の戦況報告演説草稿を練ったが、それはシンガポール攻略を軸にした記述で埋まった。

「我が第一線部隊は航空部隊および砲兵特に重砲兵部隊との密接なる協同の下、五日間にわたり、連日猛攻を加え、遂に二月十五日十九時五十分に至り、敵をして無条件降伏のやむなきに至らしめた。シンガポールはここに完全に我が手に帰した次第である……」と、いかにシンガポールが攻略不能の要塞であったかが延々と説明され、この地を占領したことによる軍事的な意義が、饒舌な形容句とともに語られた。

翌十六日の議会で東條は、首相、陸相として登壇したが、陸相としてのほうに圧倒的な拍手があった。

首相としての演説で東條が強調したのは、大東亜共栄圏建設だった。フィリッピンもタイも手に入れ、シンガポールを攻略し、まもなくビルマも手中に収めるといい、そのためにビルマの民衆に「……ビルマ民衆にして既に無力を暴露せる英国の現状を正視し、多年の桎梏《しっこく》より離脱して我に協力しきたるにおいては、ビルマ人のビルマ建設に対し積極的協力を与えんとするものであります」と呼びかけた。そしてインドに触れ、英国の暴虐なる圧制下より脱出し、大東亜共栄圏建設に参加すべきであると言った。「英国の甘言と好餌に迷い、その頤使《いし》に従うにおいては、私はここに永くインド民族再興の機会を失うべきかと憂えざるを得ないのであります」——。

予想したより早い戦果に、東條の演説は充分に検討されずに、早急に大東亜共栄圏を訴えつづけた。東亜解放の呼びかけは、この段階では理念として吐きだされているだけで、それぞれの国に説得力はもたなかった。

ところが、東條の演説は意外な面で評価された。戦争の大義を捜していた知識人が、植民地解放戦争と思いこもうとし、様子をうかがいだしたのである。いったいに東條内閣は知識人には人気がなかった。陸軍にたいする潜在的反感、その頂点にいる東條への侮蔑があった。それだけに軍務局長武藤や軍事調査部長三国直福、兵務局長田中隆吉らが知識人を監視し、憲兵隊も彼らの命を受けて必死に動向を監視していた。知識人というのは、大学教授、文化人などであるが、その知的能力は大衆に与える影響が大きい。そこでその影響を逆手にとらなければならないと考えていたのだ。

東條自身はきわめて楽観的に、知識人が戦争協力をするとみていた。日本人はすべて天皇の赤子であり、国家の政策に従うのは当たりまえという漠とした理由が根拠だった。それでも軍務局は東條の意を受け、秘かに文化人のいくにんかを嘱託にし、戦争協力者の拡大につとめていたのである。そういう文化人の中には、作家や大学教授、そして議員などがいたが、彼らが一見親軍派に見えないメンバーであっただけに効果は大きかった。

東條が議会で大東亜共栄圏を唱い、そうした協力者が、あらゆる場であらゆる形で歪んだ東亜解放思想を鼓吹しはじめると、知識人の関心は深まった。とくにインドに対する日本の関心が東條の口から洩れると、共感の輪はいっそう広まった。ヨーロッパのアジア支配の象徴インドの解放は、知識人の感覚にアピールしたのだ。総合誌にも急速に大東亜共栄圏がとりあげられていった。

昭和十三年四月に公布された国家総動員法によって、文化人も半ば強制的に徴用されたが、そういう文化人が南方戦線に従軍し、東亜解放に関心をもつレポートを送ってきた。それらの作品のモチーフに、インドが象徴的にとりあげられたのはこうした必然性のためだった。

折りしも日本にはインドの独立運動家ラス・ビハリ・ボースがいて、東條の演説を受け、「この天佑に乗じてインドは英国に対して過去の一切を清算すべきだ」と、インド人に呼びかけた。ベルリンに亡命している独立運動の闘士スバス・チャンドラ・ボースもそれにこたえて、日印提携してインド独立のために前進しようとの声明を発表した。

ドウリットル爆撃の波紋

日本軍の果断ない進撃がつづいた。ジャワでオランダ軍が無条件降伏、ビルマ戦線からも英国軍を追い払った。真珠湾の奇襲により制空、制海権を握った日本軍は、地上軍との連携作戦で予想外の戦果をあげたのである。
四、五日にいちど開かれる大本営政府連絡会議での統帥部の鼻息は荒く、杉山と永野も米英軍はたいしたことはないと言った。占領地にどのような行政を行なうか、今後戦局をどうするかと議論は浮わついた。「米国は飛行機や潜水艦の建造に力をいれているが、しかしまだ熟練した兵士は少ないはずだ」、それが会議の主流だった。そして三月二日の連絡会議では、「帝国資源圏は日満支及び西南太平洋地域とし、濠州、印度等は之れが補給圏足らしむるものとす」という案が採択され、当初の予想よりふくれて、濠州まで日本の補給圏とするとした。
このことは第一段階の作戦が順調にいったために、第二段階の作戦に進んだことを物語っていた。大本営が考えていた第一段階というのは、円滑な戦争遂行と自存のために必要な油、米、鉄、石炭などを南方から徴用することを目的とし、そのため必要地域の制圧を四、五カ月で完了するとなっていた。ついでにこれらの地域に防衛線をひき、ラバウル、ソロモン、ニューギニアと第二段階に進む計画だった。

第一段階から第二段階へは、アメリカの戦時体制強化を分析しながら移行するとなっていたが、それがなしくずしに行なわれることになった。ここに指導者たちの陥穽《かんせい》があった。国内の戦勝気分や新聞、ラジオの派手な報道に幻惑され、指導者自身が勝利を既定のこととして議論を交していったのである。そうしたことは、占領地の名称をつける委員会が書記官長の星野直樹を中心にして設けられ、シンガポールを昭南、ニューギニアを新大和と改名するといった愚行となってあらわれていた。

東條にも浮わついた感情が強まった。省部には東條の演説を、「芝居のみにては戦争は結末つかず」と酷評する空気がでていたほどだ。

しかしそういう参謀本部の参謀さえ、アメリカの戦力分析に甘い面をもっていた。開戦から二年を経ると、航空機も戦艦も十倍に増えるが、それもアメリカ本土やハワイにひしめいている限り、たいしたことはあるまいと考えた。三月七日の連絡会議でも、アメリカの戦力はかなりのスピードで上昇するだろうといいつつも、十項目の欠点をあげて有効な戦略は組み立てられないだろうと指摘した。その十項目には、人的資源の低下、戦勝の可能性のないときには士気が衰退するなど、きわめて抽象的な条件が指摘されていたが、第十項には「ルーズベルト、チャーチルノ政策ハ動々《やや》モスレバ投機冒険ニ堕シ国民必ズシモ其ノ指導ニ悦服シ居ラス」とあった。戦況の悪化は米国民を悲嘆のどん底に追いこみ、いまやルーズベルトもチャーチルも国民の信を失なっているはずだ。それこそ国家統合のシンボルをもたない自由主義国家の欠陥だ。——そういう願望とも期待ともつかぬ考えに捉われていたのだった。

さらにアメリカが有効な戦力を組み立てられない理由として、物量の損耗費の数字がもちだされた。海軍の報告では、飛行機の撃墜が四六一機、撃破炎上一〇七六機の計一五三七機の損害をアメリカに与えているが、日本軍はわずかに一二二機にすぎないとあった。

船舶も一〇五隻（六〇万トン）を撃沈させ、九一隻（三〇万二〇〇〇トン）を大破させたが、日本軍の損害は二七隻を失なっただけというのである。

こうした事情を考慮して、七日の連絡会議では、「戦争指導の大綱」を決めた。その方向は、イギリスを屈服させ、アメリカの戦意を喪失させ、ソ連とはできるだけ戦争を避け、中国には政戦両様の手段で屈服をはかるということで、開戦前の「戦争終末に関する腹案」に沿っていた。

しかしこの大綱の狙いは、実は第二項にあった。「占領地域及主要交通線ヲ確保シテ国防重要資源ノ開発利用ヲ促進シ自給自足ノ態勢ノ確立及国家戦力ノ増強ニ努ム」。つまり占領地域を日本の領有とし、それを守りぬくというのであり、その圏内は第一段階の成功で大きく広がっているので、それを維持するために膨大な人材と物資を必要とするというのである。

そこに指導者と軍人たちの思いあがった分析と判断があった。

戦況の劇的な展開に、東條には余裕が生まれた。国内を回って民情視察を積極的に行なうことを決意した。こういう決意を彼は誰にも相談しなかったが、しいていえば武藤に伝えるていどだった。まるで駈け込むように戦争にとびこんだのだから、戦況も一段落したこの機会に地方を回って戦争協力を呼びかけ、国内体制をかためたいと、東條は考えた。それに折りから進んでいる翼賛選挙の根回しという意味もあった。〈戦争完遂のための翼賛選挙〉を旗印に結成された翼賛政治体制協議会は地方で立候補予定者を集めているし、これに反対する議会人を押さえつけている時期だったから、東條もそれを秘かに応援する心算があったのだ。

地方に出るまえ、東條はまず東京都内を視察した。戦時下とあって、すべてが配給制なのだが、末端役人の不誠実、不明朗が目にあまり、尊大な態度で〈与えてやる〉式の態度をとる者があるらしく、庶民の訴えが官邸にも数多く寄せられた。

そこでその訴えの役所を視察に行き、役人をどなりつけることが重なった。

「役人は重点をつかんで国民をひっぱっていかなければならぬ」

最高権力者の声は絶対である。役人はうなだれ、叱られた子供のようにうつむく図が、東條のまえにあった。

たまたま東京の千住署を視察したときだった。「身上相談所」という看板のまえに人が並んでいるのに、だれひとり応対をしていなかった。すると例によって東條は、署長を呼びつけた。

「係員がいないのであれば、署長が窓口に立つのはあたりまえではないか」

署長がうつむいていると、東條が窓口に座って相談に応じはじめた。

徴兵検査の視察にもでかけた。かつて陸相就任時に強調した健兵育成の推移を調べるためだった。米穀店の倉庫に入り、貯蔵状況も確かめた。配給所では、応急米の配給の様子を見た。配給を受け頭を下げている老婆がいた。係員はそれを無視してつぎの者に配給をつづけると、東條はどなった。「君も挨拶しなさい。ちょっとの気持で同じ一升が二升にもなる。逆に五合にもなってしまうこともある。役人根性は捨てなければいかんではないか」。係員は万座のなかでうつむいた。東條の叱責は正論でもあり執拗だった。

大本営政府連絡会議という、国策決定の重要な会議の二、三時間後に内情視察で庶民に接する東條のなかには、あらゆる事象が同じ次元で視野にはいっていたのはいうまでもない。指導者にしては些事にとらわれすぎるという批判があったが、それはこのことをいったのである。しかし東條自身は、それを馬耳東風と聞き流した。いやその事実に気がつかなかったというべきかもしれない。彼の視界にはすべてが平面としてあり、事象に軽重はなかった。

内情視察にでかけるとき、あるいは役人をどなりつけるとき、彼はそこにつぎの考えを置いた。

〈天皇御親政の帝国にあっては、だれもが天皇に上奏できるわけではない。私は赤子の代表として、天皇のお考えをすべての国民の一人ひとりに伝えるのが役目なのだ〉

自らが天皇の意思の表現体なのだというぬきがたい信念が、彼に定着した。それはいつか、〈自分に抗することはすなわち天皇への大逆である〉という考えに成長するのが目に見えていた。

赤子の代表として、彼は閣僚たちに、天皇に中間報告、結果報告を欠かしてはならぬとなんども説いた。

「政治を行なうというのは、民心を掌握してその方向を与えるのが大切というが、しかし日本ではそれだけではいけない。国民に等しく天子様の御心持を隅々まで伝えると同時に、赤子である国民の心を纏めて天子様に帰一させることが大事だ。首相としての役割も、大臣としての役割もその点にある」

こうして東條内閣は、上奏が多いので有名になった。東條自身、「上奏癖」といわれるほど上奏に明け暮れた。その上奏の方法もこれまでの内閣と異なった。東條以前の内閣は結論だけを上奏したが、東條内閣の閣僚はそのプロセスも上奏した。むろん建て前として、天皇は肯定も否定もしない。だが上奏をつづけているうちに、天皇の表情から賛否を感じとり、改めて再考して上奏しなおすことができた。しかも東條の上奏は手がこんでいて、浄書したものは天皇には見せず、朱がはいった下書きをそのまま上奏した。

「こうした中間報告をすることで、上下真に一体となって天皇御親政の実があがる。もし浄書したものをお見せすれば、それは知らず知らずのうちに天皇機関説を実践していることになる」

内閣官房の総務課長稲田周一に東條はそう言っているが、上奏のたびに天皇と国民の仲介に立つ己れの姿に、彼は満足感を覚えていたのだった。「表現体」としての自信は、官邸に戦勝記念の奉祝行列が訪ねてくるときにもあらわれ、「東條総理大臣萬歳」と声があがると、あわてて手で制し「天皇陛下萬歳」と自ら音頭をとった。

いま残っているこのころの写真には、すべて共通点がある。東條は目を細めて喜色満面、彼の人生の節々にあらわれた表情のなかで、もっとも人間的な香りをただよわせている。

昭和十七年四月十八日、その東條に初めての衝撃が襲った。

この日、内情視察で水戸市内を歩き回っているとき、地元の県庁職員が耳打ちした。

「東京、横須賀、名古屋などに敵機襲来との連絡がはいっております」

東條は蒼白になった。それは間違いではないかとなんども確かめた。しかし事実と知ると、彼はことばを失なった。本土への空襲などないと陸軍はいいつづけていたのに、それが覆されたのである。内情視察は中止になった。水戸駅に駈けつけ汽車に乗った。東京に着くや、すぐに天皇のまえに進みでた。午後八時、爆撃から七時間を経ていた。上奏内容は『秘書官日記』によると、「恐懼ノ後敵ノ企図ノ判断、被害状況ノ後将来万全ヲ期スル旨ヲ上奏ス」とある。

上奏から戻って秘書官につぶやいた。

「陛下は落ち着かれておった。立派な態度だった。やはり少々まちがったところがあっても至急に中間報告をすべきであり、これがすなわち御安心遊ばす所以であると思った」

それが東條の東京爆撃直後の〝感想〟だった。

この爆撃は、初めは東條の周辺でも不安な面持で語られた。しかし東京、横須賀、新潟、名古屋、神戸など爆撃された都市にさほどの被害がなかったことが明らかになるにつれて、安易な気持に再び覆われていった。

「敵は焦っている。無謀な攻勢で日本の威信を失墜させようとしている」。そう思うことで事態をのりきることを、東條は命じた。が、心理的にはしこりも残った。陸軍の面目がつぶれたと考えられたからだった。

のちに東條自身が巣鴨拘置所でのメモに書いている。

「……当時国民ニ大ナル衝動ヲ与ヘ軍ニ対スル批難モ高マリ、軍内ニ於テモ非常手段ヲ以テ斯クノ如キコトヲ将来ニ封止スヘシト論多カリテ、殊ニ小学児童或ハ無辜ノ国民ヲ意識シテ機銃掃射等ヲナシ多数ノ死傷者ヲ出セシコトハ国民ヲ痛ク憤激セシメタリ……」

日本軍は、ドウリットル爆撃隊を撃墜し、八人の搭乗員を中国本土で捕虜にしたが、このとり扱いをめぐっても、陸軍と海軍は対立した。結局、支那派遣軍が軍事裁判を開いて八人のうち六人に死刑を宣告し、このうち三人を処刑した。

戦後明らかになったところでは、この爆撃はアメリカの示威行動だった。アメリカ軍上層部は、昭和十七年の初期に日本の面子を失なわせる奇襲作戦で米国民の士気を鼓舞しようと考え、〈日本本土爆撃〉を太平洋艦隊のキング提督が主張し、ドウリットル陸軍中佐を隊長とする爆撃隊が編成されたのである。キングは「大損害を与えることは期待できぬが、日本の天皇にはいろいろ考えさせることは確かだ」と、空母ホーネットからB25型爆撃機十六機を六六八マイル離れた東京をめざして飛び立たせた。

ドウリットル爆撃隊は、東京を爆撃してから中国奥地の基地に逃げこむことになっていた。が、爆撃隊は日本国内では日本軍によって射ち落とされなかった。このニュースはアメリカ国内を沸きたたせた。アメリカのマスコミはしきりに「反転攻勢」ということばをつかって情勢の転換を期待したが、この爆撃はその象徴的なできごとと、とらえられたのである。

この裏でアメリカと英国の間には、態勢建て直しの動きが煮つまっていた。チャーチルはルーズベルトに電報を送り、相互に作戦を緊密化することも呼びかけた。ルーズベルトは返事を書き、作戦地域と指揮系統について提案を行なった。提案は承認され、南西太平洋方面の最高指揮官はマッカーサー陸軍大将に、そして中部太平洋方面の海戦はニミッツ海軍大将が指揮にあたることになり、英国軍もこの指揮下にはいった。

いっぽうでアメリカは新たに戦時予算を組んで、この戦争は長期戦になるだろうとの確信のもとで巨視的な予算を組んだ。軍需原料をフルに供給できるように総生産をひきあげることにし、失業者を新たに労働力として組みこみ、基幹産業は昼夜交替操業で、航空機や航空母艦の生産体制をつくりあげた。

アメリカは日本についてはさほどの知識をもっていなかった。開戦と同時に精力的に日本の分析を行なったが、しかし資料不足だったので、日本の潜在能力をかなり過大評価していた。日本の貯油量は七五〇〇万から八〇〇〇万バレルとみたが、実際は四三〇〇万バレルだったし、ボーキサイトは五〇万トンと推定したのに、実は二五万トンだった。日本の鉄鉱も増加しているだろうと考えたが、その実態は徐々に貯蔵をくいつぶしていたのである。

アメリカの戦略は、まず日本を執拗なまでの消耗戦にまきこむことだった。物量をつぎこんで消耗させる作戦にかえていた。ルーズベルトは議会で報告し、二年間は生産に力をいれ、昭和十九年からは大反攻にでるといったが、それが国民にも共鳴をよんだ。態勢を整えつつあるアメリカのこの実態を、日本の指導者は見抜けないでいた。むしろ開戦前よりも軽視が深まっていた。あまりの戦果に具体案をつくるのを忘れ、かわって空虚なことばと、戦争協力に名を借りた指導者の傲慢がはじまった。

三月に発行された『大東亜戦争』（陸軍省刊）という小冊子は、初めから最後まで「正義なき国家は亡び理想なき国民は衰へる。幸ひなる哉、皇国日本はこの両《ふた》つながらを持つ」といった聖戦讃歌に満ちたことばで埋まっていた。聖戦を讃える演説が、ドウリットル爆撃後、より熱心に叫ばれたのも偶然ではない。ちょうど翼賛選挙の選挙運動が盛んなときであり、立候補しているのは翼賛政治体制協議会の推薦を受けた時局便乗主義者が多かっただけに、そのことばは彼らをつうじて臆面もなく全国にまき散らされたのである。

東條の意を受けた翼賛会政治部長、藤沢親雄は、翼賛選挙で推薦された候補者は、つぎのような性格をもっているといった。「国体観念に徹底している人、なかんずく日本は神国なりとの絶対的信念を把握している人たちである」——。

この選挙では、翼賛政治体制協議会推薦の議員が多数当選してくるだろうし、彼らが戦争協力のために手足となって動いてくれるだろうという確信が、東條にはあった。そうすれば議会も一段と熱心になるはずだった。憲兵隊の極秘情報は、充分、それを裏付けていた。内務省の情報よりも憲兵情報を信じるのが東條の性格だったが、その理由は、憲兵情報には細部のことまでも書いてくるからだった。しかも憲兵隊の中核である東京憲兵隊司令部には、東條系の人間を強引に送りこんでいた。のちには加藤泊次郎、大木繁、四方諒二など、かつての関東憲兵隊司令官時代の部下を要職に据えた。

彼らの報告書には、推薦候補者四百六十七名のうち九割近くの当選者があるだろうとあった。

「九割でも足りない。全国が推薦者でうまってくれればいい」

そういう願望が東條にあり、それを憲兵隊にも伝えた。するといっそう彼らの弾圧はひどくなった。東條に忠誠を誓う憲兵隊の暴走のはじまりだった。

一部のうるさい政党政治家には推薦が与えられていないが、そういう非協力的な足手まといの議員は国会にはきて欲しくない——東條のそういう考えは、彼に忠誠を誓う将校や官僚に当然のように理解された。本来なら東條は内相として、選挙の監視、指導をするつもりでいた。ところが、現役の将官が内相として選挙を担当するのは軍紀を破壊することになるとの批判が強まった。そのために彼は表面から身を退いたが、かわって東條の意を受けた阿部信行が総裁として翼賛政治体制協議会を動かし、ここで退役した軍人を立候補者に送りこんだ。阿部はことあるごとに「国民の要請せる建設戦の方途を政府と一体となって検討する国民代表を選ぶように……」と言い、東條はラジオ放送で「聖戦完遂に必要な候補者を……」と演説し、巧妙な選挙干渉だけはつづけた。

非推薦候補者には生っ粋の政党政治家が多く、尾崎行雄、鳩山一郎、星島二郎、芦田均ら選挙に強い者も多い。「これらの連中はとくに監視しろ」と、東條は内務省警保局長に命じていた。それがために非推薦候補者にたいする特高や憲兵の弾圧はすさまじかった。「戦争非協力者」「アカ」とのレッテルが浴びせられ、特高がこれらの支持者に脅しをかけるだけでなく、警保局長自身がいくつかの選挙区に行って陣頭指揮をとるほどの選挙妨害が行なわれた。

それに推薦候補者には臨時軍事費から五千円の選挙費用が渡されていた。蔭では臨軍議員と噂された。むろん非推薦候補者には手渡されない。

このいい加減な措置は、生っ粋の政党人をあきれさせた。尾崎行雄は東條宛てに「憲政の大義」と題する一文を送ってきたが、そこには「閣下が主宰し、巨大な国費を使用する所の翼賛会が、直接と間接とを問わず、総選挙に関与し、遂に翼賛会をして候補者を推薦せしめたるに至っては、私が閣下のために嘆惜する所であります」とあった。だが東條はまったく無視した。それどころか東條は尾崎を憎み、身柄を拘束できる理由をさがさせたのち、東京三区の応援弁士として演説した尾崎の言のなかに不敬罪に抵触する部分があるとして、強引に逮捕させた。ところが尾崎を逮捕したことは政党政治家の閣僚のなかに反撥を招いた。閣議でも即時釈放を主張する者もあるほどで、このあまりの抗議に東條もまた驚き、尾崎を釈放するように警保局長に命じざるを得なかった。

四月三十日、こうした干渉のなかで行なわれた翼賛選挙は、推薦候補者四百六十七名のうち三百八十一名が当選、当選率は八割を越えた。東條には満足すべき結果ではなかったが、ラジオ放送では、この選挙結果により翼賛議会は確立したと、不満を隠して彼は演説した。そしてその不満を、すぐに国会内で策を弄することで解消しようとした。

議会を戦争協力体制一色に変えるために、まず彼は書記官長星野直樹と、内務官僚出身で東條内閣の蔭の議会対策の助言者である貴族院議員横山助成を動かして、翼賛政治会をつくった。そして五月下旬に翼賛政治会の総会を開くべく、翼賛政治体制協議会幹部の阿部信行や後藤文夫らを精力的に動かし、この日までに衆議院の各政党を解党させて、この総会に加わらせたのだ。この翼賛政治会は「国体の本義に基き、挙国的政治力を結集し以て大東亜戦争完遂に邁進せんことを期す」「大東亜共栄圏を確立して世界新秩序の建設を期す」などの四綱領を掲げた。

結局、非推薦で当選した議員もこの会に組みこまれ、わずか八名の無所属議員だけが、この結社に加わらなかった。この組織に入らなければ、まったく議会活動はできなかったからである。東條は、翼賛政治会以外の政治結社を認めないと脅したのだ。

こういう強引な方法を東條に示唆したのは、星野や横山であった。議会政治についていささかの定見もない東條は、とにかく〈討論〉という手段を理解しようとする姿勢がなかった。議会をまるで陸軍省内部の部課長会議ていどにしか考えてなく、ひたすら恫喝を加え、それを星野や横山が追従を交じえて議会政治の形式を骨抜きにしていったのである。

表面では、すべてが東條にとって順調に回転していた。あまりの順調さに、秘書官や書記官長との夕食の席ではそれにふりまわされぬよう、自戒のことばをも東條は洩らした。
「すべて順調にいくなあ、昨今のことは、どれも一度失敗すれば内閣の命とりになるものだが、みなうまくいくよ。こういうときにこそ謙虚にならなければならん」
「自分はこれからいっそう下手にでていくつもりだ。物事がうまくいくときこそ、この心がまえが必要なんだ。誠心誠意やっていれば気が楽だし、術策を弄するのはまったく気が重いよ」

しかしそういうことばを洩らすのは、彼自身、謙虚にふるまっていないとの反省があったからだろう。また、あまりの強引さに〈政敵〉を意識したからだろう。彼が己れの行動をふり返り、自省じみたことばをつぶやくのは、このとき以外にない。『秘書官日記』を開いてもこのときだけだ。その後の彼の行動も、果たして自省したものであったといえるだろうか。

〈水商売は性格にあっていない〉といっていたのが、まるで嘘であるかのような政治力を彼は身につけつつあった。その政治力が直截な恫喝であることが、不快感として議会人のなかにのこっていったが、いつかそれが表面に浮かんでくることは充分に予想されることだった。

快進撃から停滞へ

東條時代の帝国議会

陸軍内部の反東條グループは、戦果があがっているこの期には沈黙のなかにいた。東條の威令は官民のすみずみまでゆきわたり、昭和十七年の四月から五月にかけて、これら批判派の言動は、声をひそめて目立たぬようにくり返されていた。

東條によって陸軍を追いだされた石原莞爾は、東亜連盟会長のポストに就きながら、東條憎悪に燃え、ときに東久邇宮のもとに行ってその怒りを語った。「日本は重慶政府と和平交渉し、アメリカとの戦闘はこれ以上深入りしないほうがいい」。そして「今回の翼賛選挙で、人心は悪化し、国民は東條内閣と陸軍を恨んでいる。この内閣は一日も早く交代し、外交および国内問題を解決しなければならない」と訴えた。

真崎甚三郎、柳川平助、香椎浩平、小畑敏四郎ら皇道派の重鎮は予備役になっていて、陸軍内部に影響力はなかったが、訪う者には反東條を公言した。香椎は、「あんな男が戦争指導などできるわけはない」と罵った。皇道派ではないが、西尾寿造、谷寿夫、酒井鎬次、それに多田駿らは東條の包容力のない性格を皮肉った。予備役という自由な立場で、彼らは、しだいに軍外の要人とも接していくことになる。逆に東條が嫌った軍人は、『東條英機』(東條英機刊行会編)によれば、「同期十七期の篠塚義男、鈴木重康、前田利為、一期後の十八期の山下奉文、阿南惟幾、安井藤治、二十二期の鈴木率道などがその最たるものであり、これに皇族の秩父宮、朝香宮、東久邇宮……」という。いずれも「頭脳明敏で批判精神の旺盛な人々であったので、東條陸相の下では余り重く用いられることはなかった」と書いている。東條の度量のなさが露骨にあらわれているというのである。

軍務局長武藤章は二年半にわたってその職にあり、開戦前の日米交渉では、東條の右腕だった将校であり、しばしば大胆な直言もした。はじめのうち東條もその言を受けいれたが、真珠湾攻撃以来の戦果のまえに、しだいに渋い表情を見せるようになった。武藤は、東條内閣の他の閣僚より政治、軍事の両面に発言権をもち、なかでも書記官長星野直樹をぬくほどの権勢をもった。それが徐々に星野との対立に発展した。東條自身は星野の側に立った。

四月にはいって、東條は武藤を南方の占領地視察に赴かせたが、その間に、武藤を南方の近衛師団長に転勤させることを決意した。直接のきっかけは、星野や鈴木貞一が東條に働きかけたためといわれている。東條を補佐するその役割に、東條のほうがしだいに疎んじるようになったとみるほうがあたっている。立川の飛行場に戻った武藤に、副官の松村知勝が転任の命令書を手渡した。無礼といわれても仕方のない方法だった。このとき激昂した武藤は、迎えにでていた松村にむかって、

「東條は政治亡者になったのか。クーデターを起こして東條を倒すか。このままではズルズルと亡国だ」

とまで口走ったという。しかし軍務局長という激務に疲れていたこともあって、彼は黙したままスマトラのメダンに赴任していった。胸中の無念さの一端は、村田省蔵著『比島日記』に書かれている。

軍務局長の後任は佐藤賢了だった。

陸軍内部はこの人事で、東條時代を明確にした。辛うじて参謀本部の若手将校が、首相と陸相の兼任は無理だから専任の陸相を置いたほうがいいと批判したが、杉山元参謀総長や田辺盛武参謀次長がそれを押さえつけた。

無所属の八名を除き東條の勢力下にはいった議会では、翼賛政治会の主導権を旧政友会前田米蔵、旧民政党大麻唯男が握り、東條をつなぐパイプ役になった。津雲国利、三好英之が彼らのつかい走りとなり、連日、官邸に顔をだし、東條の意を翼賛政治会の領袖たちに伝えた。

五月二十五日から二日間の予定ではじまった第八十帝国議会は、東條時代の様相をはっきり示した。軍服に身を包んだ東條は、「大東亜の要域はことごとく皇軍の占有するところとなり、戦勝の勅諭は実に八回に及んだ」と自讃し、「今後の戦果指導は世界の驚異の

的になって居りまする陸海協同作戦の妙を愈々発揮し……」敵を撃退すると演説した。「積極作戦に呼応し、雄大なる建設を敢行し、もって国家総力の飛躍的向上をはかる」というと、拍手がなりやまず、東條はしばらく議場を見回していた。二階の傍聴席からはどの議員が熱心に拍手をしたか、誰が不熱心だったかを星野らが採点したというが、それほどのことをしなくても、東條を讃える空気に満ちていた。

この議会では、国民精神の昂揚、戦時生産力の強化、戦時国民生活確立を掲げて、各地で講演会や国民大会を行なうことを決め、議員はその先頭に立つと決議して選挙区へ散らばっていった。議員は政府の意を受けた宣伝部隊だった。「政治家というのは利害でしか動かん。奴らが流言蜚語をとばしたり、厭戦気分をもちはじめたら注意しとかなきゃいけない。国民の考えもそうだからだ」と、東條は彼らに心を許さず、監視だけは充分につづけさせた。

議員だけが宣伝部隊ではなく、東條の内情視察も、実は戦意昂揚の講演行脚だった。行脚での演説は、精神力が何よりも重要であり、共産主義排撃を目標にするといいつづけ、その合い間に秘書官にはつぎのように言っていた。

「昔の人はうまいことを言ったものだ。打出の小槌というのは、自分の努力によって金がでるか、銀がでるか、それを教えてくれる。……職域奉公、みなしっかりやれということではないかな」「秦の始皇帝の焚書を聞いたのは子供のときだったが、ずいぶん残酷なことをすると思った。だがいまの時代にあてはめてみれば、共産主義撲滅と考えてみると合点がいく」――。

講演行脚とともに、憲兵隊からの報告を、東條は信じた。憲兵司令部本部長加藤泊次郎や東京憲兵隊長増岡賢七らが部下に命じて集めてくる情報には、末端の憲兵のいいかげんなものがあったとされるが、それを東條は信じた。東條の側近や議員の注進による根拠のない情報も信じた。しかし東條が直接末端の憲兵隊員にまで指示をだしてくるようになると、憲兵隊のなかに東條に抵抗する者があらわれた。それはサボタージュとなってあらわれたが、そういう硬骨の士は必ず地方に追いやられた。

東條への忠誠心しかもたぬ憲兵で要職は充たされた。彼らはとくべつの根拠もなしに、マークした者を連行した。理由も告げずに取り調べた。「どんな人間だってたたけばほこりがでるさ」、それが彼らの台詞だった。そして取り調べの過程で罪状をつくりあげた。それがひどければひどいほど、政治家や文化人、それに国民を反東條の側に回すことになったのである。

力で押さえつけている状態は、力が弱まれば反動となってあらわれてくるのを予想させた。四月、五月まで、憲兵隊や内務省警保局がまとめた報告には、まだそれほど反東條の空気はなかったが、それでも「大阪でももはや東條奴を信ずるものなく、選挙は自発でなく、隣組で無理に命令投票であり、米砂糖は腐敗する程倉庫にありて……生活の不公正に『内乱だ、革命だ、東條必殺だ』大衆は今や東條打倒を計画中にて」（大阪南郵便局消印）という投書もでていて、情勢が悪化すれば、東條が憎悪の対象に逆転することをうかがわせる芽はあった。

国内情勢が固まったと判断した東條の関心は、占領地にむかった。

「大東亜建設のためにじっくりみてきたい。総理大臣が直接現地に出かけて、住民に呼びかければ効き目はあるはずだ」と秘書官に日程をつくらせた。

そうして六月上旬の一週間を占領地視察にさこうとしているとき、軍令部が作戦行動の挫折を告げてきて、首相の外遊などできる時期ではないと暗に釘をさしてきた。このとき、その意味を東條は深く知らなかった。作戦行動失敗と聞かされたが、それほどひどいものとは思っていなかったのだ。

昭和十七年六月十日午後に、大本営海軍部はミッドウェー作戦を「我が方損害㋑航空母艦一隻喪失、同一隻大破、巡洋艦一隻大破、㋺未帰還飛行機三十五機」と発表した。東條もこのていどの数字しか知らされていなかった。ところが政務上奏の折りに、天皇が何げなく実際の数字を洩らしたのである。秘書官赤松貞雄は、「天子様がミッドウェーで喪失した隻数を洩らされ、この海戦への憂慮を示されたおりに、東條さんは自分に報告されている数字とあまりにも違っているのに驚き、改めてそれを調べてみるとやはり相当の被害があることが判ったのです」と証言している。実際の数字は、空母四隻を喪失、重巡洋艦一隻、巡洋艦一隻、潜水艦二隻が大破していた。しかも三千二百名の死傷者をだし、このなかには多くのベテランパイロットが含まれていたのだ。

東條は海軍の作戦に不信をもったが、かといって軍令部に苦言を呈することはしなかった。他の集団へは、彼は、臆病なほど口出しできない性格で、このときも海軍出身の秘書官鹿岡円平につぎのような不満を洩らしたにすぎなかった。

「この戦争が負けるとすれば、その理由は陸海軍の対立と国民の厭戦のふたつしかない。海軍ももっとしっかりしてくれなければ困る」

ミッドウェー作戦そのものは、東條も四月下旬に知らされていた。杉山と永野に呼ばれた東條と東郷は、フィジー・サモア作戦を進めるにあたり、この周辺にある島はフランス領なので外交上の措置をとって欲しい、と要請されたのである。これらの島にはニッケルや地下資源があるし、しかも日本軍の占領によってアメリカとオーストラリアが遮断できるという戦略上の有利さがあった。軍令部としては、これらの島々に航空基地を設営すれば、ソロモン群島と珊瑚海の制空権を握ることができ、アメリカ軍が基地を建設しているニューヘブリデス諸島と対峙できるという判断もあった。

軍令部は参謀本部を説き、フィジー・サモア諸島を占領することにしたが、この分不相応な計画がほころびのはじまりだった。本来なら内海洋のマーシャル、東カロリン、マリアナを最前線とし、そこでアメリカ軍をひきとめるはずだった。しかも日本の戦艦はその距離に見合うように建造されてもいたのだ。

軍令部のなかでも対立があり、連合艦隊司令部は、フィジー・サモアよりミッドウェーを占領することで、アメリカがハワイからでてきても艦隊決戦で迎撃できると主張した。

山本五十六連合艦隊司令長官は、ミッドウェーを押さえなければ本土空襲は予想されるし、アメリカの機動部隊は行動の自由をもちつづけると説いた。軍令部と連合艦隊司令部が対立しているころに、ドウリットルの東京爆撃があった。天皇への忠誠心の強い山本は、帝都が爆撃されるのは許されぬといい、強引にミッドウェー作戦の計画にあたった。軍令部は躊躇したが、結局、六月にミッドウェー作戦とアリューシャン作戦を行ない、そのあとにフィジー・サモア作戦を進めることで妥協がなった。

六月にはいって、アリューシャン作戦を含め参加艦隊三百五十隻（一五〇万トン）、航空機一千機、兵力十万名という海軍の総力がそれぞれの集結地に集まった。

ところが攻撃開始前に、日本の機動部隊はアメリカの航空機に奇襲を受けた。赤城、加賀、蒼龍は集中的な攻撃で機能を失ない、かろうじて飛龍だけが孤軍奮闘し、アメリカの空母ヨークタウンに打撃を与え沈没させたにとどまった。が、日本海軍は致命的な敗北を受けた。なぜこのような事態になったか。アメリカは日本海軍の無電をすべて傍受し、劣勢を補うために先制攻撃をかけてきたのである。

軍令部は作戦の成功を信じ、祝宴の用意までして報告を待っていた。ところが現地からはなかなか朗報がはいらない。それどころか海外放送は、アメリカがミッドウェーで大勝利を得たように放送している。

〈日本の機動部隊殲滅〉

その信じられぬ報道に軍令部内は衝撃で埋まった。

参謀本部作戦参謀であった井本熊男の証言によれば、戦果をたしかめようと軍令部をのぞくと、全員が憂鬱な表情であった。軍令部参謀の山本祐二中佐も「どうもうまくいかない」と声を落とした。作戦は大失敗だったのだ。しかし参謀本部の参謀たちも、完膚なきまでにたたきのめされた被害状況を詳しくは知らなかったのである。『大本営機密日誌』には、「知らせぬは当局者、知らぬは国民のみ」と書いてあるが、海軍も陸軍も、真相は集団内部の一部の者にしか知らせなかった。

軍令部はフィジー・サモア作戦を中止した。新たに戦略を練り直さなければならなくなったのである。しかも虚心に傲慢さを捨てなければならなかった。そこで軍令部の考えた計画は、南東方面へ飛行場を設営し、そこから東部ニューギニア、ソロモン諸島、ギルバート諸島で戦略態勢を強化して、米英連合軍を押さえようというものだった。そのために若干の兵士と人夫を設営隊としてソロモン諸島に送った。のちに判ったことだが、このときからアメリカは航空機中心の戦略にかえていた。日本も口ではそう言いつつ、実際は戦艦至上主義からぬけだせなかったのである。

ミッドウェー敗戦の実態を知ってから、東條は戦局への緊迫感を覚えた。神経質になったのもこのころからである。占領地視察は中止したが、内情視察をつづけ、役人をどなりあげた。あからさまに役人への不満を口にするようにもなった。

「役人というのは何だ。まるで第三者みたいな言い方をするではないか。ときに批判的な口のきき方をする」

軍人社会のように〈命令と服従〉の一枚岩でないことに苛立ちをもった。それが昂じて大政翼賛会を手直しし、行政簡素強化実施要綱を議会で立法化させ、細則を明文化して「業務はすべて簡素化し即決を旨とすべきである」と訓示をつづけた。陸軍こそが日本精神の具現者、日本はこの具現者によって指導されなければならぬという自信のもとに、陸軍の規律や仕組みを日本の社会すべてに当てはめようとしはじめた。

役人には神経質に接したが、国民には東條の小心さは判らなかった。依然として彼は救国の英雄だった。東京・四谷のある地区では、東條が毎朝、馬に乗って散歩するのが知れわたり、その姿を一目見ようと路地の間で待つ人がいた。東條の乗馬姿を見ると、その日は僥倖に恵まれるという〈神話〉が生まれたのである。

ガダルカナル攻防の裏

東條の権勢が高まった裏には、新聞記者の協力もあった。彼らの記事の内容と方向は、内務省警保局が毎週発行している『検閲週報』によって規定されていた。たとえばこの期には、「国民の楽観を戒める意図で新聞をつくれ」と命じられていて、それも急いで行なえば紙面が暗くなるから漸進的に……と見出しや記事の大きさまで指定してあった。新聞連盟編集委員会は、「活字や組み方まで指定するな、事実を歪曲せず自然な世論指導を行なってこそ民心は昂揚される」とクレームをつけたが、大本営報道部や内務省警保局は無視した。東條の権勢はそういう仕組みに支えられていたのだ。

戦後明らかにされた書物では、内閣記者室の新聞記者たちは東條を快く思っていなかったとある。それは東條が、記者の質問に居丈高に答えたり説教したりして、まるで新聞記者を回覧板の原稿を書く者ていどにしか思っていないと彼らが受けとめたからである。「この首相は知性に欠ける」とささやきながら、しかし彼らの筆は東條讃歌を延々とつづけていた。

また当時、新聞記者たちは、東條は細君にふり回されていると噂していたが、それは母子家庭や戦災孤児への慰問は東條の人間的な思いやりであり、それを美談として報道させたいカツが直接新聞社に電話をして取材要請をするのを、東條が野放図にさせていたからである。

東條の新聞記者への態度は、内閣官房の役人には喜ばれた。この内閣は秘密が洩れないというのであったが、この噂を耳にした東條は得意気に発言した。

「聞けば政党内閣時代には閣議の内容はその日のうちに新聞記者に洩れたそうだ。お上にも上奏していない内容をどうして新聞記者に洩らすのだろう。東條内閣では、断じてそんなことは許さない」

とにかく洩れないということ、そのことだけが大切なのであった。本質より形式を尊ぶのが彼の性格だった。

東條の性格が、この期にはすこしずつ露呈した。むろんそれは彼の周囲でしか知られないことだった。たしかに、彼はひとりの人間としてみるなら善意にあふれた行動をつづけていた。官邸では電話交換室に入り、交換嬢を励まし、用務員が子沢山と聞けば衣料切符を都合したりした。東條は、歴代首相のなかでも官邸職員に慕われたほうだが、それもこうした親切さの故だった。

衣料の配給がとどこおっていると聞くと、彼は不安にとらわれ、秘書官をつれて住宅街に入っていき、物干し場のおしめに触れて、「まだ木綿だ。大丈夫」と安心した。また魚の配給が減ったときくと、今度はゴミ箱を開いて歩いた。魚の骨を見つけると安堵し、見当たらないと漁獲量を増すためにどうするか、魚に代わってどんな栄養価の代替物があるかを関係者に調査させた。

「総理、もっと大局的な立場から国策を考えられたら……」

秘書官もそれとなく言い、内大臣の木戸幸一も諫めた。そのたびに彼は反論した。

「自分はなにも演技のつもりでやっているのではない。本当に国民の健康が心配なんだ。心配でたまらないからだ」

官邸で家族や秘書官たちと昼食をとることがあった。そういうとき急に箸を止めてつぶやいた。

「日本人がいま全員昼食を食べている……」、頭のなかには、その年度の米の産出石数や貯蔵米の数字があるのだ。日本人全員が昼食に平均一膳半食べるとして……と試算をはじめ、その数字をたちまちのうちに貯蔵米から引き算をする。〈責任感で食事もとれないのだ〉と食卓を囲む者は思った。

　東條自身も、自らのこうした懸念こそ為政者の思いやりと考え、それをまた自らの責任と考えていた。そしてそういう日常の気の配りを、東條とその周囲にいる者は東條の最大の暖かさだと思った。

　昭和十七年の夏になると、東條は側近たちにすこしずつ精神論を説くことが多くなった。たとえばつぎのような話をした。

「日露戦争のときだった。わしも後方で補給にあたったが、そのとき脚気の兵隊の足に軍医が聴診器を当てているのを見た。おかしなことをするもんだと思った。だがいまならわかる。よくわかる。医者の真剣さが患者に伝わり、それが信頼感になる。病気は気で直る。なにごとも精神のもちようひとつなのだ。あの軍医もそれを知っていたにちがいない」

　自分は脚気の患者の足に聴診器を当てる医師になるつもりだというのであった。現実逃避の危険な徴候だった。奈良に視察に行ったとき、演説中に過労からの貧血で倒れそうになったが、旅館に運ばれるや、「大東亜戦争はなんとしても誰かがやらねばならぬ。完遂したときに死ねといわれれば死ぬことなんかお安いことだ。だがいまはまだ死ねない」と言った。そして「国体のある日本は何という幸せな国だろう。そういう国はどこの民族よりもすぐれた精神力をもっている」と、彼はつづけた。

　さしたる根拠もなく、平然とそういうことばを吐く東條。果たしてこれが指導者のことばといえようか。

しかしそういう東條の精神力讃歌に、周囲の者は口をそろえて調子を合わせた。情報局次長奥村喜和男が東條のもとに来て、五月にコレヒドール島を日本軍が占領したとき、敵将が、「日本の兵隊が攻めてくるのではなく、精神のかたまりが突撃してきた」と本国に打電していたと電報内容を報告すると、東條は我が意を得たとばかりに得意になって言った。

「そのとおりだ。日本では飛行機が空を飛んでいるのではなく、あれは精神が飛んでいるのだ。精神のかたまりが飛んでいる以上、この戦は負けるわけがない」

東條の私設宣伝係でもあるこの官僚は、東條のこの言を演説のなかにとりいれ、国民の士気を鼓舞した。こういう官僚が、東條の周囲を埋めつくしていたのだ。

精神力をふりまわす東條の真意は何であったか。むろん彼自身の性格に由来しているといえるが、それだけではない。戦況に停滞の兆がみえてきたのを知ったからである。

八月七日にソロモン群島の最南端の島ガダルカナル島にアメリカ軍の急襲があった。ラバウルから南へ一千キロの距離にあるこの島には、航空基地を設営した海軍の陸戦隊二千人が守備にあたっていたが、充分な防禦基地もできていなかったので、あっさりと上陸を許した。アメリカ軍はガダルカナル、ツラギ両島に日本軍が航空基地を設営するのを警戒し、早めにこれをたたいておこうというのであった。

日本軍は、この急襲を重視しなかった。陸軍中央はガダルカナル島という名前さえ知らなかった。ましてやこの島で半年間にわたり死闘がつづくことになろうとは予想もしなかった。急襲の翌日、日本軍は第八艦隊（三川艦隊）が攻撃をかけ、アメリカの重巡四隻と四千名の乗組員を沈めた。これが大本営にアメリカ軍の実力を過小評価させた。全力をあげれば、ガダルカナル奪回は容易であるとして、ミッドウェー占領を予期してトラック島に待機したままの一木支隊九百名に作戦命令が下された。八月二十一日、一木支隊は夜襲をかけたが、戦車と砲火の集中攻撃を浴び全滅した。このことはアメリカ軍が急激に態勢を整えていることを意味した。実際、アメリカ軍はガダルカナルに滑走路を完成し、爆撃機と戦闘機を進出させて制空権を握り、攻撃圏内に日本の輸送船の侵入を許さない戦略をとっていたのである。

大本営は焦った。ガダルカナルに進攻を許せば、つぎはラバウルが、そのあとはトラック島が危くなる。八月二十八日、川口支隊三大隊をつぎこんだが、輸送船団は打撃を受け、ガダルカナルにわずかの兵隊が辿りついただけで、やがて飢えとマラリヤでつぎつぎと死んだ。このころになると、ガダルカナルの絶望的な状況が東條にも伝えられた。のちにこのときを回想して東條は、「最初から一個旅団でもガダルカナルに入れておけばよかった」といったが、当時はそれまでの軍事的勝利に酔ってそれを忘れていたのである。

ガダルカナル奪回か、それともここをあきらめ防衛線をひきさげるか、大本営は二者択一を迫られた。〈ここでひきさがったらアメリカの戦意は高まり、逆に日本の戦意は落ちこむ〉。こうして大本営は、面子から物量戦にまきこまれることになった。九月二十九日に決めた作戦というのは、弾丸や糧食をそろえ第二師団を中心に正面から戦いを挑み、ガダルカナルを攻略する、そのために海軍は連合艦隊を投入して側面攻撃にのりだすというものであった。このころアメリカでは、ガダルカナルの勝利に沸いていた。ルーズベルトは「……わが国は南西太平洋に足場を獲得いたしました」とスターリンに伝えたし、アメリカ国民は従軍記者の書いた『ガダルカナル日誌』を読み、戦意を昂揚させていた。それも大本営の焦りを誘った。

日本軍の作戦がはじまったころ、東條は国内政治での地歩を固めるため、対東郷との政争に結着をつけつつあった。政争の根は大東亜省新設にあった。占領地がふえるにつれ、「占領地行政を実らせるための機関設置を検討してみろ」と、軍務局の将校に命じていたのが、徐々にかたちをつくった。それを土台に軍務局と東條と統帥部で検討して、大東亜省構想をまとめた。

東條と東郷の関係はそれほど円滑ではない。もとはといえば、開戦回避を前提に入閣した東郷は、東條内閣のなかでは異質だったのである。事務屋と満州組と東條の追従者でできている東條内閣に、いくらかの重みを与える役割を彼は果たしていた。そのぶん東條には煙たい存在でもあった。ふたりの間は戦果があがるにつれ、占領地行政をめぐって亀裂ができた。

占領地行政の責任者は軍司令部が兼務するとなっているが、その実態は歴史上で誇れるものではなく、占領地を補給地と考え、戦勝国の傲慢さで日本化を要求した。現地の人びとに日章旗への礼拝を要求し、神社への参拝を求め、真影への敬礼を強要する……。そういう占領地行政が各国での軍司令官の実態だった。

「主権を尊重して経済協力の基礎のうえで善隣外交を行なわなければだめだ」

東郷は言い、武力統治一本槍でなく、文官統治へと変えていくべきだと主張した。閣議に大東亜省設置がもちだされたとき、東條の意を受けて東郷と論争したのは、企画院総裁の鈴木貞一であり、情報局総裁の谷正之だった。彼らには東條の根回しができていたからだった。

だが東郷は猛然と反論した。

「外交が二元化されるではないか」

この執拗な反論に、東條がこんどは答えた。

「従来の外務省の外交だけでは、東亜の諸国はその他の諸外国なみだと不満に思い、日本にたいし不信の念を抱くことになろう。これらの国々の自尊心を傷つけては独立尊重の趣旨に反する」

東條はきわめて都合のいい論で対抗し、そして最後に本音を吐いた。

「大東亜諸国は日本の身内として他の諸外国とは取り扱いが異なる」

だが東郷もひるまず、外交二元化の不利をなんどもくり返した。外交関係があるのはドイツ、イタリア、ソ連、バチカン、スイスなどわずかの国々だ。このうえ東亜各国との外交交渉から手をひいてしまえば、外務省としても手足をもぎとられたも同然だという反撥が彼にはあった。それだけに東郷も必死だったのだ。ふたりの論争は意地のはりあいとさえなった。

　加えて東條の側には、生理的な嫌悪感もあった。外務省には要職から追われているとはいえ英米協調論者も多い。それに二千名の外務官僚の閉鎖性、蝶ネクタイ、洋食、マナーの外交官にたいする生理的な反撥——それらが一体となって、東條は東郷の抗弁に激して反駁していた。

　閣議後もふたりで話し合ったが、結局結論はでなかった。かつての近衛と東條のような険悪な雰囲気となり、東郷は辞意をほのめかした。閣内不統一で東條内閣総辞職につながる恐れに、東條は鈴木貞一を呼んで命じた。

「木戸と賀屋を説得して、とにかく大東亜省の設置を認めさせろ」

　それでも怒りを隠せない。秘書官にむかっては苦虫をかみつぶしたような表情をして、彼はぐちをこぼした。

「まったくつまらんことで時間をとられる。戦局が停滞気味で、やらなければならんことは多いのに、なんということだ」

　八月三十一日、鈴木は賀屋と木戸に会い、大東亜省設置を説き、消極的な賛成を得た。その報告を受けた東條は、きわめて手のこんだ手段で東郷追いだしをはかった。九月一日の午前、東條は東郷に通知せず、閣議を開いた。そこで閣僚に大東亜省の設置の諒解を求め、全員が賛意を示すと、「どんなことがあっても結束を乱さないように……」と確約をとった。午後、東條は東郷を官邸に呼んだ。東郷を待ち受けながら、すでに東條は興奮を押さえきれずに言いつづけた。

「国務大臣たる者は犠牲を忍んでこそ、そこに発展がある。第一線で将兵は大君のために名誉の戦死をしている。大戦下なればこそ、このくらいの心がけがなければ国務大臣たる資格はない」

自らはあらゆる政治的責任から免責された地位にいるという認識、そして自らこそ聖慮の具現者であるとの自負だけが彼に宿っていた。

ふたりの会話は初めからかみあわなかった。

「大東亜省設置案は断固実施する予定だ。この案に不賛成ならば、午後四時までに辞表を書いていただきたい」

東郷が出て行くと、東條は宮中に木戸幸一をたずねた。外相が辞職しないときは閣内不統一で総辞職のほかはない、と言った。木戸は驚き慰留した。この期に首相がかわるのは、内外に与える影響は大きいというのである。天皇も驚いた。

「内外の情勢、戦争の現段階、ことにアメリカの反攻気勢の相当現われ来れる今日、内閣の総辞職は絶対に避けたい」

天皇のことばは木戸をつうじて、たちまちのうちに政策集団内部に広まった。そうなると東郷も打つ手がなく、辞表を書かざるを得なくなった。

きわめて狡猾な東條の戦術だった。この期に首相更迭ができるわけはないと知っている。

しかも天皇に信頼されていると自負している。それを読みとって木戸に恫喝をかけた。思惑どおり成功したのである。九月二日の夜、官邸の食堂で食卓を囲んだ秘書官にむかって、東條は得意さを露骨にあらわしていた。「外務省も東郷も見とおしが甘いよ」。彼はそういって嘲笑した。

「奴らは十月にはいってから大東亜省設置が起こると考えていたようだ。だがそうはいかんよ。もしそうなら枢密院がうるさくてかなわん。先手先手は戦争の常識さ。進退と死にぎわはきれいでなければ……。それには修養がいるよ」

東條には、国内政治も戦争の一形態であるというのだ。とすれば外務省は戦略のない烏合の集団でしかないというのだった。夕食をとる東條は機嫌がよかった。そして麗句に満ちたことばを飽きるほど吐きつづけた。

中傷と誹謗の渦

だが東條は、国内政治という〈戦争〉に勝った指導者ではなかった。外務省内部は東條憎しで固まったからである。引き継ぎの際には、臨時外相の東條を前にして、東郷は局長たちに退任の経緯を伝えたが、その声は口惜しさのために震えた。外務省の将来は暗澹たるものがあるといったとき、かわって東條の表情が曇った。局長たちは心中では快哉を叫んでいた。

外相に外務省から人選は得られなかった。そのため東條は連日外務省に顔をだし、次官、局長、課長を呼んでは、協力を求めなければならなかった。だが外務官僚は顔でうなずいても心は開かなかった。戦後になっての元外務官僚による東條批判の強さには、日米交渉とこの大東亜省設置案をめぐっての反感が底流にあったのだ。

二週間後、情報局総裁谷正之が外相に横すべりして表面上の結着がついた。

大東亜省設置案は枢密院でも反対が強かった。外務省に好意的な顧問官が多かったからだが、東條は彼らの抵抗に激怒し、のちに連絡会議では、「枢密院では時代認識ができていない。顧問官の一部を戦地に送り、戦争というものを実際に見せなければならん」といきまいたりした。しかし、ともかく対満事務局、興亜院、拓務省を廃止して、十一月一日には大東亜省を設置することが決まり、初代の大東亜相には東條の側近のひとりで、国務相をしていた青木一男が座った。

大東亜省設置では外務省を押さえた東條も、中国の現地機関設立問題では海軍に手を焼いた。軍司令官と大使を一体とせよという陸軍と、それに反対する海軍の間に対立が強まり、もし陸軍がそれを強行するなら海軍は海相が辞職すると迫った。

この恫喝に東條は頭を痛め、結局、大使は文官から送ることで結着をつけた。東條が東郷や木戸にたいして行なった脅しは、そのまま海軍からお返しをされていたのである。

だがこうした指導者間のエネルギーの空費は、東條自体の性格から発したものが多かった。たしかに東條には、それまでの首相と違って精力と決断力があった。だがそうであるなら、彼は、戦争の推移や終結に目を転じるべきなのに、機構をいじることに熱中した。いみじくも東郷は、最後の閣議で大東亜省設置に反対すると述べたあと、現下の急務は戦力を充実し、速やかに不敗態勢を築くべきで、行政機構改革の如きに時日を空費するのは不可だと言った。

東條のこの期の末節的な行動は、南方軍の首脳がシンガポールに神社を建設したり、真影に敬礼を強要したり、酒樽を日本からとりよせて料理屋をつくったりするような愚行とまったく同次元のものであった。

指導者間の不毛の争い、そして東條の驕慢ともいえる態度は、真綿が水を吸い込むようにそのまま国民の意識に反映した。直接のきっかけは配給制度の不満、物価騰貴からくる生活の苦しさであったにしても、国民の間で秘かに語られる攻撃や中傷の対象は東條英機だった。憲兵隊からの、東條英機を中傷する噂がはびこっているという報告に接するたびに、東條は「芽のうちにつみとらねばならぬ」といって、いっそう厳しい監視を要求した。

そして情報局は各新聞社に紙面づくり九カ条を示し、厭戦気分の蔓延を警戒した。この九カ条のなかには、長期戦を覚悟し、勝ち得るとの自覚をもたせろとか、士気を昂揚して「生産力拡充と貯蓄の増進に総力」をあげるようにさせろといい、「困苦欠乏に耐えて戦争に打ち勝つ」よう指導しろと命じた。国民に少々冷水を浴びせよというのが九カ条の意味だった。

戦争の結果が思わしくないのは国民の熱意が足りないからだといいたげな、大本営と情報局の偏狭な世論対策だった。

統帥部の幕僚、情報局の官僚、それに東條内閣の軍人や官僚たちは、まるで国民の意思などはアメ細工のようなもので、熱したり冷やしたりすれば自在になると考えたのかもしれない。彼らは〈日本人は順境に強く、逆境に弱い〉との神話を心の底から信じていたのである。

「国民は灰色である。指導者は一歩前にでて白といえば白となり、黒といえば黒となるものだ」

東條は秘書官に日頃からそう洩らしたが、こうした考えは栄達をきわめた官僚に特有の性向だった。とくに軍人は、陸軍幼年学校、陸軍士官学校そして陸軍大学校と、徹底的に選民意識を植えつけられ、国民を侮蔑する教育体系の中で育った。「軍人は二十四時間身を天子様にあずけたものだ。だが地方人はちがう」という東條の尉官時代の発言は、まさにそれをものがたっている。

だが東條を中傷する流言蜚語や諷刺話は、執拗なまでに一部の層には広がった。それに音をあげた東條は、十月二十九日の連絡会議で、「議事にはいるまえに一言述べたい」といって、その不満をあからさまにした。

「はなはだ不愉快なのは、とみにデマの交錯していることで、そこには三つのデマがいりまじっている。ひとつは東條内閣は総辞職するといい、ふたつは欧州方面の戦局は頓座しているというもので、三番目はソロモン方面の作戦は過失なりとのデマである。これらは秘かに英米と連絡して局面の打開を図らんとするものの仕業か、または重慶との和平を策せんとする空気を醸成するもので、実に不愉快なものである。これらのデマはこのたびの海軍の戦果と政府の三大政策の実行により解消すべきだと思う」

デマ解消の海軍の戦果とは、この会議の三日前にはじまった第三次ソロモン海戦、ガダルカナル奪回のことを指している。これまでは小部隊をだしての偵察戦だったので、アメリカ軍に全滅を喫したが、本格的に正攻法でいどめば、ガダルカナル奪回は容易であるという認識を根拠にしていた。この作戦に成功して、デマを粉砕しようというのが東條の発言だった。

「少々戦況が停滞しただけで、これだけのデマが飛ぶのだから、まったく日本人というのは逆境に弱い」

無念そうに東條はつぶやくのであった。

だが客観的にみれば、デマは誇張したものではなく、一面の真理は伝えている。

ヨーロッパ戦線では独ソ戦が一進一退をつづけている。状況打開のために、ドイツはしきりに日本に対ソ戦参戦を要請してきている。だが日本にはそんな余裕はない。むしろ日本は独ソ和平を望み、後方に戦火を広げたくはない。ドイツも自国エゴまるだしなら、日本もそうだ。しかも参謀本部はドイツに虫のいい電報を打っている。鉄一〇〇万トン、船五〇〇万トンの購入を申し入れていたのだ。陸軍の将校は〈乞食電報〉と自嘲的につぶやいた。もしドイツにこれだけの余裕があるなら、対ソ戦参戦など要求してくるわけはないと知りつつ打った電報だった。当然のようにドイツは拒否を回答してきた。

東條がいったデマのひとつ「欧州戦線の停滞」は、まったくの事実であった。

ガダルカナル奪回も、東條が考えているほど甘い情勢のなかにあったのではない。軍令部主導の奪回作戦にしびれを切らした参謀本部が、正攻法の作戦計画を練り、その実施に入ったのだが、「ガダルカナルは日本の決戦場であり、必要とあれば何でもやる」という杉山元の督励で、参謀次長田辺盛武、作戦部長田中新一が作戦の中枢に座るほど追いつめられていた。

十月中旬からは兵員二万五千名と軍需品多数をこの島に輸送する計画が実行に移された。依然として制空権はアメリカにあり、それを破って陸揚げするには多数の船舶と艦艇が必要だった。しかしアメリカ軍の目を盗んでの輸送に耐える艦艇の不足に悩み、わずかの物量と兵員を潜水艦で運ぶねずみ輸送まで行なわれた。しかしアメリカ軍の空と海からの攻撃は熾烈で、ガダルカナルへ辿りつくまえに艦船の大半は沈み、兵隊も軍需品も海中に没した。

連絡会議のあと、東條はガダルカナル奪回が容易でないことを知り焦りはじめた。ガダルカナル視察から帰った陸軍の竹田宮恒徳王が、東條のもとに戦況報告にきたときには、「海軍が勝手な作戦をやり、その尻ぬぐいを陸軍に頼むというのでは困る」と、はじめのうちは自らの周囲でつぶやくだけだったことばをあからさまにぶつけた。

そして、作戦が順調にいかないのを知るたびに、参謀本部の将校にも不信を洩らすようになった。「なぜ奪回はできぬのか」、それを彼は、統帥部にも隠さなかった。

ガダルカナルの情勢は悪化するだけだった。十月下旬から十一月にかけて、東條の焦りはさらに深まった。

実際にガダルカナルは悲惨のきわみと化していた。アメリカ軍の猛爆をくぐって上陸したわずかの兵隊で地上戦闘がくり返されたが、補給物資を期待できない日本軍兵士は、糧食の欠乏とマラリヤに痛めつけられて死んでいった。

「この奪回作戦に失敗は許されぬ」

統帥部は増援用の船舶をつぎこんだ。しかし結果ははかばかしくなかった。陸軍も海軍も手持ちの船舶は減り、補充がしだいにむずかしくなった。新たに船舶を投入しなければ作戦の実行は困難になった。このガダルカナル奪回作戦がはじまる直前に、陸海軍の船腹は、陸軍一三八二（九〇〇万トン）、海軍一七七一（五〇〇万トン）、民需二一一二（四〇〇万トン）までに回復し、国民生活物資、軍需生産物資を占領地から輸送するのに必要な民需用三〇〇万トンを、とにかく満たしていた。ところが相次ぐ敗戦で、統帥部は民需用の船舶も作戦行動に回すように申し入れた。しかしそれに応ずることは、南方地域から国内に運ばれている米、麦、野菜などの食糧、それに軍需生産資源が一挙に減り、国民生活は苦しくなり、航空機や船舶の生産の鈍化を覚悟する必要があった。だからもはや敗戦は許されなかったのだ。

ところが被害は拡大する一方であった。十一月十三日にはアメリカ軍が日本の正攻法を予想して大量の物量で待ちかまえている海上で、増援にむかった十一隻のうち六隻は沈められ、軍需物資も猛烈な砲撃のまえに陸揚げができなかった。

ここまでくると道は二つしかなかった。徹底的にガダルカナル奪回に固執するか、それともガダルカナルをあきらめて、後方に強固な陣地を築くか――それが統帥と国務の側に問われることになった。

陸軍省の態度を、東條は軍務局長佐藤賢了、軍務課長西浦進らとはかって、つぎのように決めた。はかって、といっても、東條の考えが追認されたにすぎない。

「国力戦力のすみやかな増強が必要なときだから、この際撤退して態勢を建て直すべきだ。企画院に検討させてみると、現状では南方物資を国内に輸送し、持久戦争態勢を固める方針を崩すべきでないということだった。民需用船舶を軍需用に回さず、ガダルカナル奪回にこだわるべきではない。陸軍省はこの立場を守りたい」

長期戦にそなえるために、ガダルカナルにだけこだわれない。企画院の唱える生産力拡充、つまり後方陣地拡充の側に、東條は立つことを決めた。ところがこの立場は、〈ガダルカナル奪回作戦はあらゆる条件に優先する〉という統帥部と対立した。

玉砕への道

十一月十六日、東條のもとに参謀本部が新たな計画実施のためとして、船舶三七万トンの増徴を要求してきた。海軍も二五万トンを主張してきた。これが無茶な数字であるのは統帥部も知っていて、『大本営機密日誌』には、「陸海軍のこの過大なる要求に政府はどう出るか……嵐の前夜を予想せらる」「冷静に考えて、何人にも必勝の成戦はない。しかし決戦を避けることは、大本営の意気地が許さない。もしこの決算に敗れたら、後は戦争は御破算だろう」とあり、背水の陣をにおわせていたのである。

参謀本部第一部長田中新一と作戦課長服部卓四郎が、三七万トンという数字をもって大臣執務室に入ってきたとき、東條はすぐさま答えた。

「船、船といわないで、補給基地をつくったらどうか。ラバウルまで五〇〇〇マイル、ラバウルからガダルカナルまでは東京、下関間の距離ではないか。航空基地をつくればいいではないか」

補給を船舶に頼るのではなく、現地ガダルカナルでも甘蔗を栽培するようにしろとも提言した。だが現実に兵隊三万名が孤立して死と対峙していることは、なににも増して東條には不満であった。

「三万人を餓死させたら、その責任はあげて統帥部にあるぞ。もしそんなことをしたら、おまえたちとは生きてお目にかからない。地獄で会おう」

と、ふたりにいい切った。

だがふたりは執拗に船舶を要求した。服部卓四郎は官邸の私室にのりこんできては、東條に訴えた。彼は東條の関東軍参謀長時代からの子飼いの参謀であったが、辞表を懐に、風呂にはいっている東條にガラス越しに訴えをつづけた。「辞表を懐に」というのは、東條の性格を知りぬいている幕僚のつかう常套手段で、このことばがでると、とたんに東條は「それほど熱心なら……」と受けいれてしまうのだ。このときもそうだった。服部の訴えに動かされ、東條は第一次分として、陸軍には一七万五〇〇〇トンの増徴を決めた。

あまつさえ服部のその意気込みを評価して、この直後（昭和十七年十二月）には陸相秘書官に据えた。参謀本部との情報窓口とするつもりがあった。作戦課長には、軍務課長の真田穣一郎が横すべりした。

だが統帥部の作戦は、第一次分一七万五〇〇〇トンを確保してもガダルカナル奪回作戦には足りそうもない。船が欲しいと田中新一は軍務局長室にどなりこみ、佐藤賢了と殴りあいの喧嘩をした。そして十二月六日、田中は官邸にのりこみ東條に膝詰め談判に及んだ。東條が拒絶すると、田中は興奮し、「この馬鹿野郎」といきりたった。間に人が入ってこの場はおさまった。

翌日、田中は南方軍総司令部付に転じた。東條の報復だった。後任には第一方面軍参謀長綾部橘樹が座った。かつて関東軍参謀時代に東條兵団の作戦を立案し、東條に能力が評価されていた軍人である。しかし田中が去っても、統帥部の要求は鎮まらない。

統帥部との打ち合わせでは、杉山や永野に頭を下げて懇願する東條の姿があった。

「国民生活を最低限度に圧縮し、一般生産も極度に抑制して統帥部の要求に応じるよう努力している。それを汲みとりながら、統帥部も作戦を考えて欲しい」

海相の嶋田繁太郎も、船舶増産にさまざまなアイデアが民間から寄せられているといって、そのいくつかを報告している。本来なら国務の側にいる者は、統帥にはいっさい口だしができない。だが統帥からの要求を受けいれることは、そのまま国民生活の崩壊につながるとあって、東條も嶋田もガダルカナルからの撤退を説きつづけた。両者の対立はお互いの立場そのものに発していた。政治の側にある者は、民需用船舶の犠牲は限界だと考えていた。実際、このとき重要物資を輸送する船舶は辛うじて二五〇万トンラインを維持していたが、これは開戦時の予想を五〇万トンも下回っていたのである。

鋼材、鉄鉱石、石炭の消費規制で、戦略物資だけでなく消費物資もいっそう不足がちになった。本来この戦争は、経済封鎖により首をしめられたから、戦略物資を求めて起ちあがったのである。南方資源地域から一次産品を日本へ輸送し、航空機と船舶を製造して海上交通路を維持することが前提だったのだ。

統帥部との激しい応酬を終えて戻るたびに、東條は溜息をもらした。そして秘書官に言った。

「陸軍大臣のときは近衛首相に協力しようとしたが、のちに考えると足りないところがあった。それは自分が陸軍ということだけしか考えなかったからだ」

統帥部のかたくなな主張に、かつての近衛内閣での自らの立場を重ねあわせていたのである。

いっぽう統帥部も、いつまでもガダルカナル奪回に固執しているわけにはいかなかった。国務の側の抵抗に加えて、全般的に戦線が停滞してきたからだ。そこで統帥部は、参謀本部作戦課長真田穣一郎をラバウルの第八方面軍に送り、実情を掌握させたが、真田はこれ以上の戦力投入の危険を説き、戦術転換を訴えた。面子にこだわる論が依然としてこれに抗したが、結局、撤退を決めた。自信を失なっていた軍令部もこれに応じた。

十二月三十一日の御前会議で、ガダルカナル撤退が正式に決まった。かわって日本が死守すべき防衛線をつぎのように決めた。㈠ソロモン群島方面はガダルカナル奪回作戦を中止、一月下旬から二月上旬にかけて撤収。その後はニュージョージャー島、イサベル島以北のソロモン群島を確保する。㈡ニューギニア方面は、ラエ、サラモア、マダン、ウェーク島の作戦拠点を増強し、スタンレー山脈以北の東部ニューギニアの要域を確保する。ブナ付近の部隊はサラモア方面から撤収し所要の地点を確保する――。天皇は、「陸海軍は共同して、この方針により最善を尽くすように……」と言った。

しかしこの防衛線は、ガダルカナル奪回失敗を教訓としているとはいえなかった。ニュージョージャー島もイサベル島もガダルカナルの隣りの島なのだから、やはり面子の上塗りでしかなかった。

昭和十八年一月から二月にかけて、撤退は行なわれた。ガダルカナルに上陸した三万一千四百名のうち、戦死者は約二万八百名。しかもこのなかの一万五千名は戦病死だった。当時第八方面軍参謀として、ガダルカナル作戦に関与した井本熊男は、その日記に「ガ島を餓島たらしめたる責任は後方の司令部、大本営（陸海軍共）に在る。第一線の将兵は悉く飢餓に瀕し、悉く病に冒されたのである。軍隊の戦力は極度に低下し、個人を見ても軍隊を見ても悉く半身否全身不随になってゐた」――と書いた。

十二月三十一日の御前会議では、もうひとつ重大な国策が決まった。「国民政府への政治力を強化し、重慶抗日の名目を覆す」という内容であった。中国政略は「対支全面的処理の礎地を確立して、対英米戦争遂行に専念しうる事態の造成に努める」という背景によっていた。だが真の原因はこうした大義のためではなかった。支那事変の武力解決が無理だという認識が、政治、軍事指導者の間で常識化していたからだ。

重慶政府壊滅作戦（五号作戦）の挫折はこれを端的に示していた。この年秋から立案されたこの作戦は、マレー、フィリッピン、インドネシアの作戦完遂と、ビルマでのイギリス軍撃滅のあとに企図されたもので、南方、満州、朝鮮、内地から兵力を集め、十五師団をもって四川省を攻撃し、蔣介石に打撃を与えようという内容だった。だがガダルカナルへの戦力投入は、この作戦を不可能にした。それが戦略転換の引き金になった。御前会議のあと、東京に集められた支那派遣軍の参謀たちは、軍事作戦から一転しての政略に戸惑いを隠さず、露骨に不満な表情を示した。

ところが政略といっても、日本が後押しする国民政府は、中国国内ではまったく人気がなかった。八路軍が反日抗日を合いことばに国民的支持を広げているとき、国民政府は日本軍のいいなりにふるまっていたからである。その国民政府主席汪精衛には、御前会議の決定に沿って、対英米戦争へ参戦するよう要請がだされた。昭和十八年一月九日という日時まで指定された。このとき日本の指導者たちは、対英米戦に宣戦布告をさせれば、中国人も一丸となって国民政府のもとに結集するだろうと本気で信じた。しかも国民政府の参戦は日本が望んだのではなく、中国国民が自発的に望んだもので、中国民衆には日本の日支提携の誠意を信頼するよう宣伝につとめよとも伝えた。追いつめられた日本のあがきだった。

この一連の政策を、東條は、陸相秘書官に据えた服部卓四郎につぎのように言った。

「この戦争を勝ち抜くには他民族の心をつかまねばならぬ。軍は万一の場合にそなえているだけで、あとは国民政府に任すほうがいいのかもしれん。それが国民政府を有力化する途になるのだろう」

つごうのいい言い分だった。そのご都合主義の蔭に、東條のふたつの側面がはからずも顔をだしていた。ひとつは、日本の軍事力の劣勢を自覚していることだった。もうひとつは、日本の特権的地位を確保している日華基本条約の撤廃を考えつつあることだった。この意見は汪政権の顧問から大東亜相になった青木一男と、駐華大使重光葵に説かれていたのだが、ここにきて日本の権益放棄、中国人の自主性回復の方針に耳を傾けるようになったことを意味した。二年前、日華基本条約が枢密院で審議されたとき、枢密顧問官のひとりが、この条約は日本の信用を下落させたと発言したのに激怒した東條の姿は失せていた。そしてこのころ、ルーズベルトはホワイトハウスで年頭教書の草案に目をとおし、「われわれの敵が、一九四二年、戦争に勝ち得なかったことは、改めて諸君にいう必要はない」という字句を見ていた。

強引な議会人説得

昭和十八年にはいった。官邸での正月は秘書官と陸軍省将校など、東條の側近に囲まれてのものだった。しかし東條は、そういう追従の語らいの席でも気が晴れずに不機嫌を隠さなかった。

元日付の朝日新聞に掲載された囲み記事。東方同志会の中野正剛が、「戦時宰相論」と題して原稿を寄せていた。ビスマルク、ヒンデンブルク、ルーデンドルフを引用しながら、非常時宰相は強くなければならぬ、戦況が悪化したといって顔色憔悴してはならぬ、と説いていた。「……非常時宰相は必ずしも蓋世の英雄足らずともその任務を果たし得るのである。否日本の非常時宰相はたとえ英雄の本質を有するも、英雄の盛名をほしいままにしてはならないのである」——。桂太郎は貫禄のない首相に見えたが、人材を活用してその目的を達したと賞め、「難局日本の名宰相は絶対に強くなければならぬ。強からんがためには、誠忠に謹慎に廉潔に、しこうして気宇広大でなければならぬ」と結んであった。新聞記者出身の中野正剛の文章だが、読みようによっては東條を激励していると受けとめられる。彼の政治経歴からはそのほうがふさわしい。が、東條は、自分へのあてこすり、批判、中傷と読みとった。一語一句にこもっている意味は、戦局への対応を誹謗しているというのであった。

すぐさま電話をとり、情報局検閲課を呼びだして「新聞紙法第二十三条により発売禁止にしろ」と命じた。すでに内相の椅子を離れている彼の行為は、この二十三条の〈内務大臣の権限で、安寧秩序を紊したと認めたとき発売、頒布を禁止できる〉という条項そのものに違反していたが、東條は、こんな記事をパスさせるのは検閲課の官僚が寝ぼけまなこで仕事をしているからだと疑って、そんなことにはお構いなしだった。

〈陛下の御親任によって首相の任にある者にたいする批判や中傷は、すなわち陛下にたいする中傷である〉

いまやそれが彼の唯一の武器であった。彼は本当にそう信じていた。そしてこのときから、憲兵隊は中野正剛を監視するように命じられたが、監視するという意味は、ときに「法律違反」の捏造《ねつぞう》を意味していた。

東條と憲兵隊の関係は、このころからさらに親密な関係になる。戦況の悪化とともに有力者の東條への反撥が強まった。近衛は東久邇をたずね、東條への生理的反撥を隠さずに、財界、政界、一般事業界はこの内閣に反対であり、これ以上東條内閣がつづけば前途は楽観できないとまで言った。東條を批判する空気は政治指導者の間でも広まった。参謀本部の若い参謀たちは、やはり東條の陸相兼任を快く思っていなかった。それに新聞記者たちまでもが、「正月の朝、寝床の中で新聞を読んだ東條の虫のいどころが悪く、中野弾圧をはかった」と噂するようになり、指導者の器ではないと伝えて歩いた。

そういう中傷が入ってくると、東條は露骨に憲兵隊に頼った。〈弱味を見せてはならぬ。些事から大事に広がる。いささかでも甘い態度をとってはならぬ〉

一月下旬の議会開会をまえに、彼は風邪で倒れたが、それが不穏な噂となって流れるのを恐れ、秘かに官邸の階段を登り下りして体力をつけ、議会での演説でも身体を後ろにそらし、右手を軽く腰にあてて左手で原稿をめくり、意識的に高い調子の声で演説した。彼の施政演説は、依然として日本に有利だと書かれていた。米英は南方資源を失なって苦境にあり、最後の抵抗にはいっているときめつけていた。

この第八十一議会は、開戦以来四回目の議会で〈決戦議会〉と呼称され、「米英との決戦は今年に在り」が合いことばだった。

東條の施政演説は強気にあふれ、南方諸地域の住民は「御稜威《みいつ》の光に浴し、早くも新しき建設に向かって心からなる協力を示しつつあります。……帝国は、わが真意を了解せざる者に対しましては、徹底的にこれを膺懲するものでありますが、一たびわが治下に入り来れる者に対しましては、真にこれを親子の情を以て遇するものであります」と自讃し、バーモ首相以下の日本軍への協力があるから、ビルマ独立は本年中に承認すると約束した。

聞きようによっては、〈独立〉とは日本の傀儡化を意味することのようにも受けとれた。

衆議院、貴族院での質問は、表面上はいずれも東條を激励し鼓舞する内容だった。衆議院本会議での山崎達之輔の質問は、「国家のために切に自愛を祈るところであります」という発言からはじまった。貴族院本会議では伍堂卓雄が、大戦下の思想戦、宣伝対策を質問し、国民の一部に弛緩があるのを憂うると檄を飛ばした。東條は、我意を得たりと長広舌をふるった。「戦況等に関して、帝国の大本営発表が如何に正確無比であるかは、すでに世界周知のことであります」――。ガダルカナルの敗戦を、巧みに「転進」ということばで飾ったが、転進が成功していると解釈する限りでは、たしかに大本営発表は正確であった。

世界のニュースはミッドウェー、ガダルカナル以来、日本の大本営発表を笑っていたが、そんなことは東條とその周囲には認められぬことだった。認めぬ限り、それは存在しないことだった。

そして伍堂の質問を補足し、日本が負けるとすればふたつの理由があるといった。陸海軍の対立と国民の足の乱れ、とくに国民の足の乱れに懸念をもつと断言した。指導者の責任転嫁の弁であった。

「従いまして国内の結束を乱すべき言動に対しましては、徹底的に今後も取り締まってまいるつもりであります。たとえその者がいかなる高官であろうと、如何なる者であろうと、容赦は致しませぬ。……自由主義の打倒、その他の点に仮面を被って、共産主義の台頭という点につきましては終始注意を払って居ります」

この答弁に議場には拍手が沸いた。むろん東條の真意を理解してというわけではない。東條が、高官として意識しているのは、近衛文麿、中野正剛のふたりだというのは、よほどの事情に通じている者しか知らなかった。そういう事情通のなかには、憲兵をつかっての近衛、中野逮捕が近いと判断した者もあった。

この議会では、議員の側から盛んに綱紀粛正が問題にされた。配給制度がゆるみ、横流しや闇屋に便宜をはかる官吏もいるというのである。そのたびに、「私は吏道作振のため自ら陣頭に立つと共に機会あるごとに訓示をし、指導してまいったのでありますが、しかしながら私の徳およばず、その成果未だ全からざることはまことに遺憾であります」と頭を下げねばならなかった。東條に反撥を感じている議員は、とくにこの点を執拗に質した。そこを東條の弱点と考えたのである。議会が進むにつれ、東條の表情は険しくなり、「議員は自分たちは神様のような顔をしてうるさくいうのは遺憾だ」と、官邸に戻るたびにつぶやいた。とくに糾弾型の質問を受けた日は、憮然とした表情を崩さなかった。

「通常議会ノ開期ヲ努メテ短縮シ戦争指導ニ全力ヲ盡ス必要アリ」――このころ彼はメモ帖に憤懣を書いて憂さを晴らしている。

会期が終わりに近づくにつれ、東條の神経を逆撫でする質問がだされるようになった。底流にある反東條の感情が、時間とともに浮上してきたのである。衆議院戦時行政特別法委員会で喜多荘一郎が、「総理の指示権、命令権等による超重点主義生産増強行政は総理の独裁主義化ではないか」と質した。すると東條は怒りのまま、とりとめもなくつぎのように言いつづけた。

「……独裁政治とかいわれましたが、これは一つ明確にして置きたいと思う。ヒトラー総統とか、ムッソリーニ首相とか、スターリン首相とか、ルーズベルトとか、チャーチルとか居ります。これと――日本の私は、陛下の御命令で内閣総理大臣という重職に御任命になって居る。しかして現在におきましては、私は全国の指導者である。これとは本質が全然違うのであります。私一個の東條というものは草莽の臣で、東條そのものはあなた方と一つも変りはしない。むしろあなた方のほうが草莽の臣の中でも草は長いかも知れぬ。私の草莽の臣は草が短いかも知れぬとくらいに感じているのであります。ただ私はここに総理大臣という職責を与えられて居る。これにおいて違うのであります。私は、陛下の御光を受けて初めて光るのであります。陛下の御光がなかったならば、こんなものは石っころにも等しいものである。陛下の御信任があり、その地位について居るが故に光って居るのであります。そこが所謂独裁者と称するヨーロッパの諸公とは趣を異にして居るのであります。これは陛下の御信任がなくなれば、もう罷めろと仰せになれば、それから先は一つもない。石っころである。そこのところの本質は、いまの独裁主義ということと本質的に非常に違う。日本の国体はどうしてもそうでなければならないのであります。どこまでも私は陛下の御光の下においてはじめて存在意識があり、丁度月みたいなもので、陛下の御光を受けて光って居るだけのことであります」（『衆議院戦時行政特別法委員会議事録』）

という名目で堂々と話されているのである。

とりとめのないことを、くどくどとくり返した。権力者の雑談が、公の席で「答弁」と

しかもこの論を進めれば、東條は天皇の意を受けた執政であり、天皇こそが実質的な独裁者であると推論されていく。この陥穽を彼は自覚していなかった。

だが議会内部には暗黙の諒解があった。

軍人出身の首相にありがちな脈絡のない自己満足に満ちた発言は、法律的な次元からの質問とはとうてい嚙みあわぬという諒解だった。すきなだけ話をさせておけ——ということでもあった。たしかに東條の答弁は自讃に終始し、徴用工の士気昂揚のため最低生活の確保を質されると、社長と従業員の関係は親子の関係であるといって、自らの連隊長時代の話をとくとくと話した。国民の士気をどう捉えるかと聞かれれば、負けると英米の奴隷になるのだから、石にかじりついても勝たなければならないと答える。さらに鶴見祐輔に「必勝の信念は何を根拠に言われるのか」と質問されたとき、東條の答弁はまるで人を食ったようなものだった。だがそれは多くの議員の士気を鼓舞するものであったので、さして問題にならなかった。東條はつぎのように答えたのだ。

「由来皇軍の御戦さは、御稜威の下、戦えば必ず勝つのであります。これは光輝ある皇国三千年来の伝統であり、信念であります。われわれの祖先は、御稜威の下、この信念の下にあらゆる努力を傾倒し、戦えば必ず勝って今日の帝国を築き上げてまいったのでありま す。……」

脈絡のないこの答弁を許容したのが、戦時議会の実態だった。

東條の神経を逆撫でする露骨な質問が、さらに激しくなったのは、戦時刑事特別法改正案の審議にはいってからである。治安を害する罪の実行を協議ないし煽動した者の罰則を重くするというのがこの法案の狙いで、政府への一切の批判は許されないというのだった。この法案を、政府原案どおり通過させようという翼賛政治会幹部と、これに反対する議員の間に対立が起こった。これこそ武断独裁専制法案で議会の機能が失なわれると、反対派の議員は主張した。

「国民は萎縮するだけではないか。これでは戦争協力もおぼつかない」

中野正剛の東方同志会系の議員が反対を唱えた。とくに中野の側近を自他共に認める三田村武夫が反対論の先鋒だった。軍人から政治家に転身した橋本欣五郎、満井佐吉らもその意見に同調した。若手議員のひとり中谷武世らの間には、「権力主義者にこれ以上の権力を与えてなるものか」というつぶやきがあった。

議会内部で反対論が強いと聞くと、東條はすぐに行動を起こし、軍人出身の議員を呼びだして切り崩しにかかった。まず翼賛政治会の有力議員である橋本欣五郎を、築地の料亭に呼びつけた。

橋本の秘書岡忠男は、隣室で、東條と橋本のやりとりを聞いている。はじめのうち東條は声をひそめて橋本を説得したが、逆に橋本のほうが「国民を自発的に戦争協力にもっていくのが本当ではないか」と抗議しはじめたのである。すると東條が怒りだした。

「橋本、貴様はおれの敵か味方か。敵なのか味方なのか、はっきりしろ」

橋本は沈黙のままだった。東條との会議を終えた橋本は、帰りの自動車のなかで、「もし敵だと答えたら、ああいう人だから明日あたり憲兵隊に呼ぶつもりだったにちがいない」と言った。彼も東條の権力的体質を恐れていたのである。

東條の焦慮に呼応して、翼賛政治会の前田米蔵、大麻唯男らも若手議員を説得した。書記官長星野直樹も根回しに走り回ったが、このとき陸軍省から大量の資金が撒かれ、それがために多くの議員が賛成に態度を変えたといわれる。たしかに反対派の議員は短期間に少数になったのだ。そして、三月八日にこの改正案は可決された。

「議会のなかにも聖戦の意味がわからぬ者がいる」

この夜、東條は秘書官との夕食の席で洩らしている。彼の言動は冷静さを欠き、支離滅裂だった。

皮肉なことに、前田や大麻とは逆の立場に立つ議員、中野正剛、鳩山一郎、芦田均、三木武吉らが、この日から東條の姿勢に不安と焦慮をもって動きはじめたのである。彼らも羊でいることに耐えられなくなったのだ。

法案が可決されてまもなく、東條のもとに憲兵司令官加藤泊次郎が報告を寄せた。「憲兵司令官を大臣級にもっていく」と豪語する加藤は、東條の側近を自認する鈴木貞一とはかって、大がかりな情報網を宮中、政界、官界につくったと報告してきたのだ。この報告は東條を感激させたが、内大臣木戸幸一、内大臣秘書官長松平康昌、閣僚では鉄道相八田嘉明が加藤と連絡をとり、その情報を東條に伝えるといい、治安関係は司法次官、警視庁特高部長が加藤の副官岩田宗市をつうじて、東條に定期的に情報を寄せることになった。

東條のまえに出るとまるで太鼓持ちのような態度をとる加藤は、得意気にその忠勤ぶりを示した。その加藤に、東條はつぎのように言ってさらに新しい仕事を与え、より一層の忠勤を要求した。

「議会の動きは厳重に監視しろ。不穏な動きは許されない。しかしあえて敵に回すことはない。どうかと思う者の注意だけは怠ってならない」

山本五十六元帥の死

私は東條家に近い人びととなんどか会った。もとより私に特別の縁とか紹介者があったのではない。きわめて直接的に手紙で取材の申し込みをしたのである。三年余にわたって関係書の多くを読み、私なりの疑問点を記してそれに回答をもらえないかと申し出た。関係書を読めばすぐ気づくことだが、東條英機に関しては、恐るべきほどその実像が曖昧だ。資料の孫引きで描かれた東條像には、うんざりするほどの劃一化さえある。

そうした像をいまいちど壊し、改めて東條像を描きたいという私の願いに、もっとも必要なのは新しい資料の発掘である。東條家周辺の人びとや関係者は、そのために、いまいちど関係書類の整理をしてくれた。そこで数冊の新たな手帖が発見された。東條自身の手になる手帖である。昭和二十年八月十五日の夜、東條は自宅の庭で、それまで綴ってきたいっさいのメモ帖を焼却したとされているが、その焼却を免れた手帖が、まだ関係者に残されていたのである。

手帖のひとつは昭和十八年の二月から九月にかけて、主に、国務にたいする偶感を綴ったものである。本人がそのとき、その場で、自ら綴ったものだけに資料的な価値は高い。この手帖の第一頁には、第八十一議会の法案提出についての彼の感想が記されてある。

「一、本議会ニ於ケル模様ヨリ見ルニ議員ノ態度モサルコトナカラ政府トシテモ直接戦争ニ関係浅キ法律案ノ提示多キニ過ク　二、事務当局者ニマカセス各大臣ノ許ニ於テ厳選ニ厳選ヲ重ネルノ用意厳重ナル指導ヲ要ス　三、明年度ハ法律案ハ極度ニ制限（便乗的法案ハオコトワリ）（通常議会ノ開期ヲ努メテ短縮シ戦争指導ニ全力ヲ盡ス必要アリ）」

ここには、官僚が競って法律案をつくりたがり、指導者がふり回されている姿が示されている。

内閣強化を考え実行したのも、生ぬるい答弁に終始する閣僚、官僚にふり回されるだけの閣僚をすげかえ、強力内閣をつくろうとの意図からだった。内相安藤紀三郎、農商相山崎達之輔、国務相大麻唯男、文相岡部長景。安藤は大政翼賛会総裁で陸軍中将、大麻は翼賛政治会幹部、岡部は学習院初等科時代の同級生。わずか一年余しか在学しなかった学習院小学部の同窓会を開き、そこで岡部を見識ったのである。強力内閣といっても東條色の濃い内閣で、外相重光葵だけが斬新だった。中国を武力制圧から政治工作に方針転換するためには駐華大使重光葵を必要としたのである。

当時日本軍の戦況はどうだったのか。二月二十七日の大本営政府連絡会議で、「世界情勢判断」が論議されたが、陸軍省、海軍省、それに統帥部の事務当局がまとめた原案に、東條は執拗に質問をつづけた。原案には米英に勝つ明確なプログラムがないと書いてあるのだ。ガダルカナルの失陥以来、東條は徐々に公式の席上でも統帥部の作戦に口をはさんだが、このときもあからさまにその不満を洩らした。

軍令部次長伊藤整一が、東條の不満に、以前に考えた戦争指導の方法を変える必要があると弱々しく答えた。

ドイツ軍が英国を屈服させるとは、誰も信じない時期にはいっている。英国どころかソ連でも、ドイツは苦境にたっていた。〈ドイツ軍、スターリングラードで大敗〉というニュースは、日本の新聞では伏せられたが、枢軸側の地位が揺らいでいるのは指導者たちも充分理解しなければならぬ事実となっていた。統帥部の出席者は、このころの会議ではひたすら沈黙のなかに逃げこんだ。

東條の質問には、悪化する情勢のなかからすこしでも意気のあがる側面を見つけようとの意味があった。だが重慶政府は日支提携で弱っているはずだと言っても、統帥部の責任者は答えず、アメリカは国内分裂と人的払底でそろそろ戦力もダウンするのではないかといっても、誰もそれを肯定しなかった。東條のかん高い声だけが、連絡会議の進行役になっていたのである。もし東條がこのときのアメリカ軍の作戦の実態を知ったなら、そういう楽観的な予想は筋ちがいもはなはだしいと自覚したはずだった。

統帥部は詳しい報告をしていなかったが、昭和十八年にはいって、アメリカ軍は民需用の船舶を撃沈する作戦を採用していた。日本をしめあげる作戦——国民生活を追いこみ、厭戦気分をひきだそうという意図だった。毎月七万トンの商船喪失を予想した日本は、現実にはこのころから一三万トン以上の商船を失なっていたのだ。

この連絡会議が終わって、まもなく、統帥部は新たな作戦活動に取り組んだ。昭和十八年にはいるや、アメリカは大西洋から太平洋にも力を入れるようになり、東部ニューギニアがその対象となった。ここには日本側は留守部隊しか配置してなかったので、ラバウルから大量の兵員、軍需品を輸送することにして、三月一日から「八十一号」作戦と名づけて、物資を送った。しかしアメリカ軍は大型機で迎え撃ち、日本軍は六千九百名のうち三千六百六十四名の兵隊を失ない、軍需品、兵器も海底に没してしまった。援軍の上陸を絶たれた東部ニューギニア、ソロモン群島には、アメリカ軍の爆撃がいっそう強まり、これを打開するには制空権を奪い返し、輸送作戦を進めるのが日本軍の急務となった。そうでなければ、決定したばかりの防衛線もあえなく崩れてしまうからである。

つぎに考えられた作戦計画は「い号」作戦とよばれ、山本五十六連合艦隊司令長官が前面に出て航空戦力の総力を挙げ、東部ニューギニアの制空権奪回にのりだすことであった。四月五日から十日までのソロモン方面をX戦、四月十一日から二十日までのニューギニア方面をY戦として、連合艦隊司令部はその準備をはじめた。

太平洋での新たな戦闘とともに、大陸にも米英連合軍の動きがはじまった。日本が制圧していたビルマにも、米英軍の爆撃機が飛来するようになった。そのために軍事行動だけでなく、政治的にもビルマとの連携が必要という声が高まった。すでに軍事行動が限界に達しているというのであった。

第八十一議会の東條の演説に盛りこまれたビルマ独立の約束には、こうした背景があったが、日本のいう東亜解放とはつねにそういう意味であった。もっとも独立の形態については、ふたつの考えがあった。

大東亜建設という大義のために、ビルマ人に一切を任せるべきだという考え。もうひとつは、新秩序建設という以上、英米流の民主主義思想に追随するのなら独立の意味はないという考えである。後者は軍中央と現地軍の意向だった。ふたつの案が示されてきたとき、東條は躊躇なく後者を選んだ。

「ビルマ独立は戦略のうえでも影響は大きいから、日本側の意図を実行できうる独立でなければ意味はない」

この考えを背景に「緬甸《ビルマ》独立指導要綱」が決まり、「八紘為宇ノ皇道ニ基キ万邦ヲシテ各々其ノ所ヲ得シムルノ大義ニ則リ……大東亜共栄圏ノ一環タル新緬甸国ヲ生育ス」と唱い、日本軍の指導のもとに独立準備委員会を設けて八月一日を独立日とし、独立とともに米英への宣戦を行なうように指導することが明示された。この大綱は三月下旬にビルマの首相であるバーモを東京に呼んで手渡した。大学教授から独立運動の闘士に転じたバーモは、このとき、典型的な日本軍人である東條に好感をもたなかったようで、「日本政府の発表した声明には深い感謝があるのみです」と儀礼的に答えるだけだった。

「建国精神についてはビルマ人のビルマであるが、しかしビルマは大東亜共栄圏の一群として道義国家であらねばならない。すなわち世界新秩序の建設に協力するものでなければならない」

東條はバーモにそう語ったが、側近に、「バーモにいいふくめておいた」といっているように、東條自身はバーモを自分より下位にある者として見下していた。

しかし、戦況が悪化しつつあるとはいえ、一国の責任者を呼びつければすぐにでも駈けつけてくるのだから、日本の権勢はまだ充分にあった。そしてこの権勢のあるとき、東條の言動が真に東亜解放にふさわしいものであったならば、歴史上、東條の存在もいくぶんは評価されるものになったにちがいない。

「い号」作戦が予定どおりはじまった。当初この作戦は順調に展開した。山本五十六自ら率先してラバウルで作戦指導にあたり、巡洋艦一隻、駆逐艦二隻、輸送船二十五隻を撃沈し、飛行機三十四機を撃墜、飛行場四カ所に大損害を与えたと判断されたが、日本軍もまた四十九機を失なった。日本の被害機数が多いのだ。この損害は連合艦隊の参謀を驚かせたが、このことはアメリカ軍のパイロット技術が、着実に上達していることを教えていた。

四月十八日、山本は、この作戦に従った参謀たちを激励するため、ラバウルからブインに向かったが、ブイン上空で待ち受けていた米軍機に撃墜された。日本海軍の暗号解読に成功した米軍機が待ち受けていたのである。アメリカにとっては、山本五十六の名前は開戦時にマレー攻略戦を指揮した第二十五軍司令官の山下奉文とともに日本軍の象徴のように語られていて、尊敬と憎悪のいり混じった感情で見られていた。山本を倒すのはアメリカ国民の士気を鼓舞し、日本の戦意をくじくと考えての作戦だった。

山本の戦死は、統帥の秘密事項として統帥部と政治の上層部にしか知らされなかったが、その死に天皇は、木戸幸一に痛嘆交じりに話すほどの衝撃を受けていた。一般には一カ月後の五月二十一日、やっとその死とともに、六月五日の国葬日程が発表されたが、〈山本元帥死去〉の報は、財界や政界、それに一般の国民のなかにも、「この戦争はもうだめだ」との感を与えたのであった。

東條は「山本元帥の薨去に遭いて」と題して、メモ帖に和歌二首を綴った。

君逝きみにしむ責の重き加那
　　されどやみ那ん勝てやむへき

たゞ一にすめらみことにつくす身は
　　尚ほ足らじとぞ思ふ外に那志

有力な指導者の一角が崩れたことは東條をもとまどわせた。いっそう自らの双肩に責任がのしかかってくることは明らかである。和歌にはその意味があった。

チャンドラ・ボースとの出会い

南方ばかりでなく、北方にもアメリカ軍の攻撃がはじまった。

前年六月のアッツ島、キスカ島の占領は、アメリカ軍に日本本土爆撃の基地を設営させぬようにするのと、米ソの連絡を遮断するとの意味があった。この両島には二千五百名の守備隊がいた。しかし五月にはいると、一万一千名のアメリカ軍がアッツ島に上陸した。この報を受けて統帥部は会議を開き、制空制海権のない作戦は自滅以外にないと認めて、キスカ部隊の撤収を決定した。第二のガダルカナルを恐れたのである。

「西部アリューシャン部隊の撤収に務めるよう、大本営から樋口季一郎北方軍司令官に下達されました」

この報を聞いた東條は不快気にうなずいた。統帥部の要求にあらゆる犠牲を払いながらこたえているのに、ことごとく戦況が悪化するのはどういうことか。これまで占領していた地域から制空制海権を失なうのは、統帥部の怠慢ではないか。彼は不信感を募らせ、メモ帖につぎのように書いた。

「従来ノ経緯ニ見ルモ統帥部ノ重大ナル要求等カ政府事前ニ殆ント関知セス動カス可ラサル至リ然モ事急ヲ要スル直前ニ従テ政府ニ提示セラレ政府ハ情勢上之レヲ承認シ其ノ国防的ノ分野ニ於テ之レカ遂行ノ重大責任ニ当ラサル可ラサル事態トナル例今日迄尠シトセサ

リキ」

統帥部への不満は、つまり海軍への不満だった。ミッドウェー、ガダルカナル、それに「い号」作戦の失敗、いずれも海軍の不手際に端を発している。太平洋での戦闘というのは海主陸従であるのに、戦闘がうまくいっているときは陸軍をないがしろにし、うまくいかなくなると、陸軍に泣きついてくるのは非礼だというのであった。だがそれを表向きには言えなかった。それをいえば、彼の政治的立場を支える海軍が彼を見限るにちがいないからだった。それだけに海軍には遠慮し、口だしをしてこなかったこれまでの態度への苛立ちが昂まっていた。

「海陸軍攻勢終末点ノ研究不十分ト不一致ニ就テ」と題した彼のメモは、海軍の作戦の不手際を思う存分なじっていた。東條がいかに海軍に憎悪をもっていたかが、そこでは明らかになっている。〈陸海軍の対立が日本敗戦につながる〉というのは、彼の焦慮の反映だったのだ。

「一　陸海軍ノ南方北方西方方面ニ於ケル作戦指導ニ当リ攻勢終末点ノ研究ヲ彼我ノ情勢及国力ヨリ判断シ深刻ナル研究ニ基キ之レヲ決定シ一致セシメ置クヲ必要トセリ　然ルニ事実ハ開戦当初ノ赫々タル戦果ニ眩惑（?）セラレ其ノ研究カ軽視セラレ従テ陸海一致ヲ名実共ニ（一応型式的ニハ一致シアリシヤモ知レサリシカ）一致セシムルコトナカリシカ如シ

従テ其ノ後ノ作戦経過ヲ追フニ随テ暴露セラレツツアルノ感ヲ深ク、今日ヨリ考フレハ

『ミッドウェー』海戦ノ蹉跌ヲ見タルトキ国軍ノ追撃情態ヨリ既ニ戦略守勢態勢ニ転移スヘキナリキ
二（ガダルカナルについて海軍を批判…略…）
三　ニウキニア作戦ノ今日ニ於テモ海軍ノ要望ト又戦局自体ノ必要トヨリ『ライ』『サラモア』ニ陸軍兵力ヲ進メタルモ補給担任ヲ負フ海軍ハ海事力ノ関係上昨今逐次不活潑トナリ陸軍自体ニ於テ何トセサル可ラサル現況ニシテ稍モスレハ陸軍兵力ノ置キサリヲ喰ワントスル形況ニ在ルカ如シ
又該地ニ於ケル航空ニ就テモ同様ニシテ頭初《ママ》ハ該方面ハ『ソロモン』方面ト共ニ海軍カ航空ヲ担任スル約束ナリシニ不拘逐次海軍ノ切ナル要求ニ牽制セラレ相当ナル陸軍航空勢力ヲ該方面ニ割ク（一時的ノ約束）ニ至リ而シテ海軍ハ今日航空ノ主力ヲ後退セシメ一部ヲ『ソロモン』方面ニ充ツルニ過キス
四（アリューシャン方面の輸送補給を受け持ったはずの海軍を批判…略…）
海軍がなにひとつ約束を守らぬと憤激し、つねに作戦に名を借りて大量の船舶や航空機の一定量を要求し、それを獲得すればこんどはまったく別の方面につかっていると批判している。とくにソロモン海域での作戦では、海軍の主張を受けいれ、中部ソロモンに前進基地をつくっていたはずなのに、海軍は主力を後方にさげてしまったというのだった。アリューシャン方面にしても、「……海軍ノ活潑ナル作戦ニ依リ其ノ保持ヲ保証セラレアリシモ今日見ル如キ殆ント海軍ノ活潑ナル活動ヲ見ス　該地守備隊ノ悲惨ナル決意ノ情態ニ追ヒ込メラルルニ至リ」といって、彼は海軍の怠慢をしきりに責めた。

このメモを記してから十日後の二十九日、アッツ島の守備隊（山崎部隊）は「残存兵力一丸トナリ、敵集団地点ニ向ヒ最後ノ突撃ヲ敢行シ……」と連絡して玉砕した。日本軍の初の玉砕であった。この報告を耳にして、官邸の執務室で東條は涙をふきつづけた。将校のまえでも涙を隠さなかった。

玉砕の寸前に杉山参謀総長と東條の打った電報の末尾に「必ズヤ諸氏ノ仇ヲ復シ、屈敵ニ邁進セン」とあったが、その電報を誦じながら、東條は徐々に海軍への怒りを増幅させていった。


東條から笑顔が消えた。官邸の執務室で物思いにふけっている姿が、側近によってなんども目撃された。気をきかした秘書官が、官邸に落語家や漫才師を呼んだ。東條が笑い、手をたたくと、彼の側近たちも笑い、手をたたいた。

東條が新たな闘志をもって執務室にすわったのは、六月にはいってからである。五月三十一日の御前会議で国策の方向が決まり、それが彼の意欲を刺激した。新たな国策とは「大東亜政略指導大綱」で、この末尾で大東亜会議の開催を唱っていたのである。「本年十月下旬頃（比島独立後）大東亜各国ノ指導者ヲ東京ニ参集セシメ牢固タル戦争完遂ノ決意ト大東亜共栄圏ノ確立トヲ中外ニ宣明ス」――。

国民政府、タイ、ビルマ、フィリッピンは、大東亜共栄圏の一員として「更生」しつつあり、その他の国々にも〈英米のアジア支配の切断者としての帝国を誇示し、あわせてアジアの人びとに帝国の存在を知らしめる〉というのである。そして東亜の指導者に日本精神を鼓吹するというのが、東條の考えだった。

日本精神鼓吹は有力な武器であると、東條は考えていたからだ。たとえば、このころ国民政府の軍事視察団が東京に来て、東條を儀礼訪問したときには、

「戦いは精神と精神、意志と意志との闘いである。モノはあくまで従にすぎない。どうかしっかりやってもらいたい」

と、まくしたてた。相手にことばを発する隙を与えず、東條の訓示を一方的に開陳するような会見であった。

このころ東條自身、精神論を吐く者に異常なまで傾斜した。たとえば、インド独立運動の志士チャンドラ・ボースとの出会いがそうであった。マレーのペナンでドイツ潜水艦から日本の潜水艦に乗りかえて日本に来たボースは、日本にいるビハリ・ボースと手を結んで反英活動に入ろうとしていたが、そのまえに協力を求めようと、東條に面会を申し込んだ。だが東條は申し込みを無視した。〈自国の独立運動を自国で進めていないうえにドイツの力に頼ろうとしている〉、それが不快の因だった。

東條が、ボースの執拗な依頼にやっと応じたのが六月十四日だった。翌十五日から第八十二帝国議会がはじまるが、その最終的な打ち合わせで忙しいときに、わずかの時間をさいて会おうというのであった。

その日、官邸の応接室にはいってきたボースは、東條に会うなり、射るような視線でまくしたてはじめた。インド人がインド独立のためにどれほど熾烈に反英運動をつづけているか、ことばは途切れることなく、通訳が口をはさむのももどかしげに吐きだした。東條はこの男に関心をもった。

「明日もういちどお会いしましょう。私のほうもあなたといまいちど話したい」

翌朝、ボースは官邸にたずねてきて、また自説を述べた。雄弁は彼の最大の武器であった。

「日本は無条件でインド独立を支援して欲しい。インドの苦衷を救えるのは日本しかないのだから、その点は約束して欲しい」

ボースの申し出に東條はうなずいた。

「もうひとつお願いがあるが、インド内にもぜひ日本軍を進めて欲しい」

さすがにそこまで東條は約束できない。これは統帥にかかわる問題だったからだ。だが、この日からボースと東條の交際がはじまった。

「あの男は本物だ。自分の国をあれほど思いつづけている男を見たことはない。なんとか協力したいものだ」

いちど胸襟を開くとあとは肝胆相照らす仲になる癖をもつこの首相は、いままた新しい友人を見つけたのである。第八十二帝国議会の施政演説でインドに触れた部分は、「印度民衆の敵たる米英の勢力を、印度より駆逐し、真に独立印度の完成の為、あらゆる手段を尽くすべき、牢固たる決意をもっているのであります」と素気なくおざなりの一節だったが、彼はそのことを悔み、もっと強引にインド支援を訴えるような内容にすべきだったとぐちった。

帝国議会の終了日、ボースは記者会見をして、「インド独立のために剣をもって闘う」と言明した。このあとシンガポールに飛び、インド独立連盟大会に出席して、組織的な独立運動にのりだすことを約束した。それも東條の勧めによるもので、日本の新聞に大きく報じられたのは情報局の指導によった。

議会を終えたあと、東條は、東亜各国の訪問に飛び立った。

御前会議の決定に沿って、大東亜会議の根回しと占領地行政にあたっている司令官や参謀をねぎらうためだった。訪問地の最初はタイであった。この訪問のまえに、タイのピブン首相に、英国にとりあげられていたマレーの北部四州と東部の二州をタイに返し、そのうえで大東亜会議の出席を呼びかけようと画策し、東條は南方軍総司令官の寺内寿一にその打診を申し出ていた。ところが寺内は、「タイの協力態度は怪しい。日本側の勝利にも疑念をもっている。そうしたタイに、旧英国領を与えても有難迷惑だろう」と伝えてきて、東條の申し出を一蹴していた。

「日本の皇国精神をありがたいと思ってもらうだけでなく、充分説明しておかなければならない」

そういう東條の意気ごみは、タイに着いても南方軍の幕僚に冷ややかな目で見られたし、ニューギニア、アリューシャンで日本が追い込まれているのは、タイの指導者たちにも充分知られていた。バンコクでピブンの儀礼的な歓迎を受け、日泰共同声明が発せられただけだった。ついでシンガポールに向かった。占領以来、昭南市と名づけていかにもこの地の支配者であるかのように装う日本に、シンガポール市民の空気は冷たかった。

それだけでなく、南方軍総司令官の官邸での東條の訓示は、寺内や幕僚たちから嘲笑された。寺内は東條を嫌い、彼の周辺に集まっている幕僚も東條を中傷している者が多かったからで、当時寺内の幕僚のひとりだった稲田正純は、その日記に、「東亜民族大同団結をするという一人合点の、冷かせば悪足掻きの弁」だと大東亜会議を酷評した。

しかもこの地でも、東條は彼らしい事件を起こしていた。この地に来て二日目の早朝、東條は早起きして単独で街に出た。すると日本兵を乗せたトラックが走ってくるのが目にはいり、これを呼び止めたが、官邸の護衛に向かうのだと聞いて彼は怒った。そして官邸に戻るや、

「自動車の無駄づかいではないか。日本は石油が足りなくて困っているのだ」

と、顔色をかえて南方軍の幕僚を怒鳴りつけた。

そういう細かさは、東京にあっては率先垂範の美談として報じられるのだったが、この地にあっては、小心で事務的な官吏の像としかとらえられなかった。現地の幕僚たちは、そういう東條を嘲笑の眼で見つめたが、その視線には軍中央での権勢にたいする反撥も含

まれていた。

シンガポールにビルマのバーモ首相を呼んだ。

独立準備の進行を確かめ、新しく英国領だった二州をビルマ領にすると約束した。バーモは東條の言を受けいれ、大東亜会議に出席することを約束した。さらにシンガポールでチャンドラ・ボースとも会った。この地で自由インド臨時政府の樹立を宣言し、二万人のインド人に向かって「デリーへ、デリーへ」と呼びかけて意気が上がるボースは、

「自由インド国民軍にぞくぞく入隊志願者が殺到している」

と東條に感謝のことばを伝え、さらに強力に支援をつづけて欲しいと要望した。

シンガポールからジャカルタに向かうコースは、突然決められた。独立運動をつづけているスカルノとハッタが日本の占領地行政に不満を洩らしているのが、手のこんだ方法で東條の耳にはいっていたのだが、それを確認しようというのであった。

インドネシア独立運動の闘士たちは、東條の、インドネシア独立をゆるやかに認めるという議会演説に失望していた。しかも日本軍のインドネシア統治は、民族の誇りをないがしろにするもので、国民の日本への期待は急速に薄らいでいた。陸海軍将校や民間人のなかに、この独立運動を支える者がいて、なんとか東條に宛ててインドネシアの苦境を伝えることができないかと考えた。

そんな折り、青木一男大東亜相がインドネシアに来て、実情を視察した。スカルノ、ハッタ、デハントロ、マンスールの四人の独立運動指導者は、日本軍将校と民間人の助言で、

東條宛ての要求書をつくった。そこにはつぎの三点があった。

一、今次戦争後のインドネシアの地位の明確化。当面の日本陸海軍政の一本化。

二、民族旗の掲揚、独立歌の高唱許可。

三、日本人の粗暴な態度を改めること。

日本側の将校が、これを「海軍」の便箋にタイプを打ち、青木に渡した。青木はこの要求書を東條に手渡した。むろん東條は、すぐに背景をしらべた。海軍がこの独立運動の後ろで糸をひいているのではないかと疑ったのだ。結局、海軍の若い士官や民間人が、独立運動を熱心に応援しているだけとわかり、東條は例によって、憲兵に彼らの動きを監視するよう命じた。

独立を許すという東條の言のなかに、この三点ていどの政策さえ認めていない日本の占領地行政の破綻があったのである。もし東條が〈東亜解放の父〉になりたいと熱望していたならば、勝者の驕りを捨てて独立運動闘士の言に耳を傾けるべきだった。英国やオランダの強圧的な植民地政策を批判しつつ、実は日本もそれを踏襲しているにすぎないのではないかと自省してみるべきだったのだ。

だが東條は、陸軍の将校に要求書の事実を確かめただけで、むしろ独立運動が行き過ぎて反日運動に転化しないように、厳重に釘をさすだけだった。

一週間余の東亜各国訪問から帰って、東條の言動にわずかだが変化が起こった。以前よりもっと盟主意識が昂まったのだ。

「大東亜民族十億の指導者たる心やりをもつこと。すなわち母が子や孫の食べ物を心配するように、帝国はそのことを大きく念頭におかなければならない」

そういうことばを食卓を囲む秘書たちに言った。

「各国の指導者とも会ったが、自分は軍人なのでまったく外交を知らないので……といっておいた。しかし至誠のわからぬ国民は世界中にはいないと信じているというとわかってくれた」

指導者たちに自らのことばと日本精神が充分理解されたにちがいないと補足した。そして東條は、バーモやボースの愛国者としての言動を讃えるのだった。

だが、アジア各国にとって、もっとも関心のあることは自国の独立であった。各国の指導者も、自国の独立のために日本がよき随伴者である限りにおいては、日本にそれなりの礼を尽くした。しかし、日本とともに大東亜共栄圏を確立しようなどと考えるそれ以上の〝親日〟指導者などひとりもいないことにまで、東條はまったく思い至らなかったのであった。

「私への反逆はお上への反逆である」

勝利とはバランスの問題

歴史年表を見れば、昭和十八年の夏は、第二次世界大戦の転回点だったことがわかる。枢軸側の劣勢は明らかであり、連合軍の勝利は疑い得なかった。北アフリカで、ドイツ、イタリア軍が連合軍に追われ、七月に入るとイタリア領のシシリー島に連合軍は上陸し、七月下旬には、ムッソリーニが反政府派の政治工作によって失脚、退役軍人のバドリオが首相の座につき徹底抗戦を主張したが、その声は弱かった。ドイツもかつてとは逆に、ソ連軍から逆襲を受けていた。態勢を整えた連合軍は、国内の戦時産業を整備して、前線にぞくぞく航空機や艦船を送りこんだので、物量の差が歴然としてきた。

日本軍の敗退も物量の差だった。ソロモン群島の島はひとつずつ消され、中部ソロモンとサラモアの防衛線も陥落した。レンドバ、ムンダ、コロンバンガラ島も日本軍の手を離れた。

戦場の主導権はアメリカ軍にあった。

つぎにどこを戦場とするか、どれだけの戦力をつぎこむか——それはアメリカ軍の思惑で決まった。アメリカ軍によって選ばれた戦場に日本軍はあわてて駈けつけ、兵員や物資の補給をしなければならなかった。補給に向かう船隊が、アメリカ軍の潜水艦に沈められた。

当時（昭和十八年七月）船舶の割り当ては、陸軍用が一一八万三三〇〇トン、海軍用は一六七万七一〇〇トン、民需用は二七三万九六〇〇トン。民需用は国民生活に必要だとされる三〇〇万トンを下回っていた。しかし陸海軍の割り当ては従前と比べて劣っておらず、この事実は、日本が国民生活を無視して物量消耗戦にまきこまれていたことを物語っていた。

ひとつの作戦に失敗し、戦闘に負けるたびに民需用の割り当ては削られる。そしてそれが、国民生活にはね返ってくる。国務は統帥に口だしできない建て前がある限り、統帥の要求する船舶に応じていかなければならない。両者の対立はいずれ隠蔽できぬ段階に達するはずだった。しかも統帥の責任者は、戦況が好転しないのに苛立たしさをもったが、国務の側からの追及を恐れて、〈統帥権〉という隠れ蓑に身を寄せ、戦況の詳細は統帥事項にかかわることとして説明しなかった。それでもこの期になって軍令部は、大艦巨砲主義にこだわっている限り、アメリカ軍の航空機によって撃沈されるだけなので、航空主力の作戦に切りかえなければならぬという反省をもった。それはミッドウェーの敗戦を教訓としていた。

八月二日に開かれた大本営政府連絡会議では「昭和十九年国家動員計画策定ニ関スル件」を採択したが、そこでは「……戦争指導上ノ要請ニ基キ米英戦力ヲ圧倒スベキ直接戦力就中航空戦力ノ飛躍的増強ヲ中心トシテ国家総力ノ徹底的戦力ヲ強化スル……」と国家のすべてを戦力化することを唱いつつ、「直接戦力就中航空戦力ノ飛躍的増強ヲ図ルヲ以テ第一義トシ……」と明文化し、航空主力の作戦に転換することを初めて明らかにした。

このころの航空機生産は、陸海軍あわせて月産千百機ていどで、六百機は陸軍が、五百機は海軍が割り当てを受けていた。しかしこれだけでは統帥部の要求を充たさない。そこでこの連絡会議を機に、航空機増産態勢に努めようということになったのである。航空主力――国民には窮乏生活がさらに強くなることだった。航空機の増産は、あらゆる産業に優先するとし、国民動員にも拍車がかけられ、学徒動員もいっそう進んだ。


戦況が悪化したときこそ、指導者の資質が問われるとするなら、東條はどのように変貌しただろうか。

彼のふたつの性格が、日常の執務のなかに反映した。ひとつは細心さだった。「工夫、創意、努力」――そういうことばが東條の口から洩れ、軍内外の研究家の話をきき、自身でもさまざまなアイデアをだした。たとえば第一連隊長時代の軍医だった松崎陽は、このころ陸軍省のある研究所に勤務していたが、東條に呼ばれて、同一時間内に二倍もの作業能力を発揮できる人間改造や、脳波を改良して思考を最大限に広めることが可能な人間研究のテーマを与えられた。また航空本部総務部長遠藤三郎は、「寡を以て衆を破る方策を考えて答申せよ」と命じられ、航空戦略を再検討して答申したが、その主眼は最新鋭の戦闘飛行団を編成し、これを「新選組」として戦闘地域に自在に飛行させるというものだった。技術畑の将校が官邸に呼ばれ、昭和十五年から進んでいる原子爆弾研究に拍車をかけるようにも命令された。

まさに泥縄式の対応がはじまったのだ。

東條の神経は昂ぶり、感情の振幅が激しくなり、好悪をその発言の核にしはじめた。大臣の服装にさえ口をはさんだ。目前の事実を容認する者や弱気な言を吐く者がいると遠ざけた。負けるというのは、当事者が負けたということによってはじめて負けたことになる。……たとえ客観的に負けていても、それは認めない限りその事実は存在してはいないのだ。

そういう東條の苛立ちは、新しい対象にも広がった。ムッソリーニのだらしなさを嘆き、イタリアの国民性を罵倒し、そして米英の国民性には憎悪を燃やした。「ドイツの国民性には重箱の隅をほじくるようなところがある。これではいけないというので、独裁ということを言って国民を率いているのだろう。およそことばとその実情は反対ではないか。英米人が博愛というのは、それだけ残酷だからだ……」――。会話の最後に「日本にはお上がいらっしゃるので、われわれは救われている」とつけ加えた。

精神論に傾斜する東條の言には脈絡もなく、根拠もなく、ひたすら願望を基にしているだけだった。それは首相としての資格に欠けていた。

しきりに天皇をもちだした。それがこの期の彼のふたつ目の特徴だった。天皇との直結を欲するのは東條の性格の主要な部分を占めていたが、戦況の悪化とともにそれは堂々と公言されるようになった。極論すれば、天皇の威を借りて執務にあたった。天皇は戦況の悪化を心配しているといい、何とか安心させる方法を考えたいといい、たとえばつぎのような意見を秘書に洩らした。

「閣議を宮中で開きたい。それだけでなくもっと天子様にご安心いただくよう配慮しなければならない。天子様の隣室に総理大臣室を設け、統帥関係の首脳部もそこにはいって常時ことあるごとに奏上すれば、敏活に天子様のもとで輔弼、輔翼の任がはたせるはずだ」

実際に九月にはいると、宮中を説得し、毎週火曜日、木曜日の閣議を宮中の一室で開くことを決めた。これが〈御親政の実をあげる〉具体策というのであった。

これらの東條のふたつの性格に加えて、東條の周囲にいる者は、不都合なことは彼の耳にいれなくなった。それが昂じると、具体的な名前をあげて「東條の側近は四奸三愚だ」と誇られるようになった。統帥部は、陸軍省の幕僚に伝えても局長や陸相には届かないことに不満をもった。とはいえ、これは下僚だけが責められることではなかった。不快な情報を耳にすると、東條はたちまち不機嫌になり、あたかも報告に来た幕僚に責任があるかのように叱責するからである。こうして東條の周囲から諫言の士は消えた。

昭和十八年後期から十九年にかけ、米英軍はラバウル、スマトラ、ビルマで攻勢をかけるだろう——統帥部はこう予測した。とくに戦略上重要なラバウルを目標とするだろうと考えた。ラバウル死守を至上命令とした軍令部は、この地に一個師団の派遣を要するとみて、上海に集結している第十七師団の派遣を参謀本部に要求してきた。参謀本部は同意し、これを陸軍省に伝えた。いわば統帥に関しての事後報告にすぎなかった。ところが東條はこれに異論を唱えた。彼は参謀本部の参謀に思いのすべてをぶちまけた。

「戦争指導のうえからも、陸軍の士気からも軍令部のいうとおりにはできない。これまでの経緯はまったく軍令部から欺かれてきただけではないか。つねに陸軍は孤立し、海軍は補給を約束しながら、それを実行してこなかったではないか」

海軍との闘いの第一歩だった。

軍令部も東條への不信を隠さなかった。

「防衛計画が狂ってしまう。すでに事務レベルでは話がついているではないか」

何度かのやりとりのあと、第十七師団の一部の派遣で双方の妥協はなった。だが東條にも、統帥部にも、この一件は傷となった。アメリカ軍の攻勢を予測し、そのつど守備隊の派遣を決めるのでは場当たり的な対応をするだけである。どこをどのようにして守るのか——この段階ではそれが曖昧だった。そしてその曖昧さは、統帥部が巨視的な戦略をもっていないことを意味していた。

東條はそのことをはっきりと知った。〈まったく統帥部は何をしているのだ〉東條の胸中は煮えたぎった。戦略に必要だというので航空機や船舶をその要求どおりに与えようと頑張っているのに、統帥部は作戦行動を起こすたびにあっけなくそれを海の藻屑と化しているではないか――。

その怒りをもとにして、彼は戦争の見通しをメモ帖に書いた。昭和十八年九月七日の日付のはいったメモには「偶感」とあった。

「一　戦争ハ漸次深刻ナル侍《ママ》久戦ノ様相ヲ呈シテ来テ居ル、戦場ニ於ケル大規模ナル作戦即チ決定的ナル卓越セル作戦ハ遂ニ彼我共ニ望ミ得サルニ至ル。二　最後ノ勝利ヲ得ルモノハ国民精神ト食糧確保カ最後ノ決ヲ与フルニ至ルヘシ　之レカ国内ノ団結、大東亜ノ団結ト共ニ国内ハ元ヨリ各地域ニ於ケル急速ナル自給態勢ノ確立ヲ急務トス」

だがこの戦争が最終的に勝てるか否かは、東條もつかんではいなかった。それゆえにこの日付のメモには、ポツンとつぎのように書かれている。

「勝利トハ危機存亡ノ瞬間ニ於ケルパ《ママ》ランス、ノ問題テアル」

バランスとは何を指すのか。陸軍と海軍の対立、政治と統帥の相剋、あるいは東條自身と反東條要人との力関係。米軍と日本軍との相対関係、あるいは連合軍と枢軸側との勢力バランス。それらのいっさいのものが含まれていたにちがいない。そしてこのメモの二日後に、大きなバランスの変化を認めなければならなかった。国内では政治と統帥の乖離《かいり》、そして国外では枢軸側の一角の瓦解がはじまったのだ。

九日の早朝、イタリアの無条件降伏が外務省に入電した。さっそく連絡会議や閣議で、対応策が検討された。どの会議もこの衝撃的な事実に沈黙が流れるだけだった。〈米英軍が上陸しただけで降伏するというのでは弱すぎるのではないか。そのうえ事前に日本にもドイツにも諒解を求めてこないとは……〉――それが出席者たちの共通の認識だった。しかもイタリアが、連合軍に武器を没収され、それが対ドイツ軍への有力な武器にかわると判ると、連絡会議の空気も急激に悪化した。それでは敵国に寝がえったことではないか、というのだった。

「無条件降伏とはことばをかえた侵略行為になる。イタリアの駐日大使のごときを優遇することはない」

と東條は激怒し、連絡会議はこの日以後、イタリアを敵国として扱うことを決めた。それでも東條の怒りはおさまらなかった。負け惜しみ気味にいうのだ。

「なにかもやもやしたものが除かれてさっぱりした。だいたいイタリアっていう国は、背信の国で困ったものだが、今後はどちらからも責められるだろう。ドイツは苦しいだろうが、足手まといがなくなって、かえっていいのではないか」

イタリア降伏後、日本はドイツと協議して、「バドリオ政府の背信は三国同盟条約に些かの影響を与えるものに非ず」との声明を発表した。しかもヒトラーが幽閉されているムッソリーニを救いだし、ムッソリーニがバドリオ政府に対抗してファシスト共和国政府をたてると、すぐさま日本も承認し、かたちのうえでは三国同盟がつづくことになった。

絶対国防圏構想

とはいえ、イタリア降伏は軍事上のバランスが崩壊することでもあった。統帥部は改めて戦争内容を詳しく検討した。すると南東太平洋の局地的な戦闘では戦力を消耗するだけなので、〈絶対国防圏〉を設定し、国内外の戦時態勢を堅めようという論が有力になった。参謀本部の部員がこの案をもってきたとき、東條は上機嫌でこれに賛成した。すこしは事態が進むからである。

九月三十日の御前会議は、約五時間の討議をつづけたうえで、ふたつの方針を採択した。「今後採ルベキ戦争指導大綱」、「『今後採ルベキ戦争指導大綱』ニ基ク当面ノ緊急措置ニ関スル件」——。戦争指導大綱は、昭和十八年、十九年中に戦局の大勢を決するのを目的とし、そのために絶対国防圏の不敗態勢を唱い、その地域をつぎのように定めた。

「帝国ハ戦争遂行上太平洋及印度ニ於テ絶対確保スベキ要域ヲ、千島、小笠原、内南洋（中、西部）及西部ニューギニア、スンダ、ビルマヲ含ム圏域トス　戦争ノ終結ヲ通シ圏内海上交通ヲ確保ス」

この国防圏を確保するため、ラバウル、中東部ニューギニア、外南洋方面は放棄し、国防圏内の地域で守備をかため、アメリカ軍を迎撃しようという考えだった。そのため昭和十九年中期までに強力な防壁を完成するとした。御前会議で決定したもう一件「当面ノ措置」というのは、防壁完成に要する船舶、航空機の銅、アルミニウムなどの機材の目標数字を明文化したものであった。「陸海軍ハ十月上旬ニ於テ計二十五万総噸（九月徴傭分を含ム）ヲ増徴ス　九月以降ニ於ケル陸、海船舶ノ喪失ニ対シテハ計三万五千総噸以内ニ於テ翌月初頭ニ補塡ス」――。さらに「今後ノ兵備」として、昭和十九年度において、陸海軍の所要機数を五万五千機にするとも決めた。東條はこの数字を天皇のまえで約束した。枢密院議長原嘉道の「政府として当面の四万機の努力目標を確実に引き受けられるか」という質問に、自信たっぷりに「非常なる決意でやります」と答えたのである。

だが実際はどうだろうか。このとき年間生産能力は一万七、八千機が限界だったから、相当に無理な数字だった。この根拠が曖昧だったのは、実は、上層部の顔色をうかがう下僚の思惑で安易に試算されたことで明らかになる。このときの御前会議では、四万機で絶対国防圏を死守できるのかという点も盛んに論じられた。すると軍令部総長永野修身は、「絶対確保の決意はあるが勝負は時の運でもある。独ソ戦の推移を見ても初期のとおりにはいっていない。今後どうなるか、戦局の前途を確言することはできない」と答えた。軍令部の自信のない態度に会議の空気は変わり、誰もがことばを失なった。それをふり払うように、東條が発言した。

「元来、帝国は自存自衛のためやむにやまれぬため起ったのである。帝国はドイツの存在の有無にかかわらず最後まで戦いぬかなければならない。戦局の如何を問わず戦争目的完遂の決意には変更はない」

しかしそれでも会議は沈んだままだった。開戦以来、本音である開戦目的を確認するような会議の空気にとまどいがあった。かつての東亜解放の盟主意識はどこかに飛んでいた。「作戦上の要求から見るならば五万五千機を要する。しかし国力を賭してもできぬときはやむを得ないから機動力を利用して数の不足を補い、目的達成に努力することにしたい」参謀総長杉山元がとりなして会議の空気はおさまった。東條の航空機四万機生産の約束だけが出席者の救いだった。

このころの航空機生産は、陸軍と海軍の対立のなかにあった。両者とも一日も早く、一機でも多く航空機を手に入れたいと、三菱飛行機や中島飛行機に予算を先に払ったり、相手の生産工程の工員をひきぬいたりの足のひっぱりあいをしていた。機種の選定も運用も陸海軍まちまちで、大量生産の組織も作業順序もできていなかった。

まず陸海軍で調整して、資材を適当に配分し工程を整えるのが必要だった。

「航空機、船舶だけを生産管理する組織、軍需省が必要だ」

それが機構組織を点検したうえでの東條の結論だった。陸軍と海軍の間では「軍需省に庇を貸して母屋をとられる」警戒心が働いたが、十一月一日を期して企画院、商工省、それに陸海軍の航空兵器総局を加えて軍需省をつくることにまとまった。東條は自身で軍需相に座って、航空機生産の陣頭指揮をとる心算だった。

軍需省設置をまえに、国民生活の一切は航空機増産、船舶増産態勢に向かった。「学徒戦時動員体制確立要綱」が本決まりとなり、学生は軍需工場へ勤労動員されることになった。しかし誇大な大本営発表とは別に、国民の意気も沈みはじめていた。内務省警保局の報告書は、経済活動不振や労働の強化で国民の間に拘束感が強まり、生活必需物資の不足、配給機構の不備でヤミ物価が横行して不満は高まっていると認めていた。労働者の間でも欠勤やサボタージュ、厭戦、反戦的な落書きや流言蜚語もふえて、その憎しみの対象に東條がいた。「東條のバカヤロー」「東條殺せ」という類の落書きも、公共の建造物に多くみられるようになった。

とはいえ、国民の多くは「頑張れ！　敵も必死だ」という標語のもとに、いまだ国家の方針に忠実だった。米英への憎悪をかきたてるため、生活のなかから西欧的なものを消すという国家の命令が忠実に守られていた。弁護士正木ひろしの個人雑誌『近きより』には、電車の中で医学書を読んでいた医学生が、「敵性のものを読むな」とその本をたたき落とされる挿話が紹介されている。〈見ざる、聞かざる、言わざる〉の閉鎖集団として、国民のエネルギーは歪んだまま内部に充満していたのだ。そしてこのエネルギーが、こんどは航空機生産に向かうことになったのである。

正木ひろしは、やはり『近きより』で、人間は感情の動物だから言論を統制しても感情を統制することはできない、と言った。たしかに日本の指導者たちは、言論だけでなく、感情も統制しようと躍起になっていた。だからつねに疑心暗鬼だった。

アメリカの日本向け放送の内容が、東條の机に届いたときの彼の態度は、そのいい例だった。意識的に反政府運動が大きく報じられていたが、これに東條は苛立ちを示し、「敵性情報では、日本にはわが同志がいるといっているではないか。足並みを乱す者は断固取り締まらねばならぬ。まったく内務省の手ぬるさには困ったものだ」と毒づいた。憲兵司令官加藤泊次郎を呼び、いっそうの取り締まりを命じた。

戦況の正確な情報、指導者の対応、それは国家の最大機密とされていた。統帥部と東條、嶋田の周囲にいる陸海軍の幕僚だけが、情報の中枢にいた。閣僚にも知らされなかった。閣僚は陸海軍の下僕でしかないからだ。むろん重臣にも情報は知らされない。開戦以来、二カ月にいちどの割合で重臣会議は開かれてはいても、ここで報告する陸海軍の幕僚はまるで新聞の焼き直していどのことを伝えるだけで、重臣たちに屈辱感を与えるだけだった。かつて米内光政首相の秘書官だった実松譲の証言では、米内は「どうして本当のことを教えないのか。われわれの発言を押さえるためにか」と憤慨していたという。

昭和十八年秋になると、重臣の間でひそひそ話がはじまった。息子や姪の婿が統帥部の中枢にいる岡田啓介が、その仲介者となった。彼は戦況が容易でないことを重臣たちに伝え、そのあとで「まったく自己反省のない男だからね、東條という男は」とつけ加えた。

この岡田の呼びかけに、米内、若槻礼次郎、広田弘毅が応じて、東條を呼び重臣たちで諌めようと招待状をだした。ところが当日、ひとりで来て欲しいという要請を無視して、東條は閣僚や将校をつれてやって来た。岡田は計画の失敗を知った。東條は、岡田の申し出の裏に反東條の動きがあるのを見ぬき、機先を制したのである。

しかし正確な情報を知らせろという重臣たちのこの呼びかけは、反東條運動の契機となった。近衛もこれに刺激されたのか、木戸幸一に書簡を送り、日本が敗戦の道を歩んでいった。

るのは統制派幕僚が仕組んでいる革命計画のためだ、と断じ、東條こそその元兇だときめつけた。皇道派と関係の深い近衛にすれば、統制下のこの日本の現状は、まさに共産主義体制そのものだというのであった。しかも皇道派の荒木貞夫、真崎甚三郎、柳川平助、小畑敏四郎と近衛との接触が深まっているのを、この書簡は裏づけていた。

岡田や近衛のもとには、外務省長老幣原喜重郎の「現政府は英米撃滅など英米人を鬼畜のごとく思わせているが、こんな方針では和平になったら英米に対する政府の態度が急に変わり国民は納得しないだろう」という伝言を吉田茂が伝えてきたし、さらに吉田をつうじて岡田は、東久邇宮との接触もできた。

東久邇宮は、戦争指導、国民指導で東條に誤りがあると、その日記に書いているが、ここで歴史的一次資料としての、戦後公刊された『東久邇宮日記』の不明朗な部分を指摘しておく。

この日記には「東條の私設秘書若松華遙来る」という項がしばしばでてきて、いかにも若松某が歴史上の重要な役割を担ったかのようにみえる。しかし、若松が東條の秘書だった形跡はない。京都の染色家である彼は皇族に出入りしていたが、東條内閣が生まれるやその伝記を書きたいといって赤松貞雄のもとに来て、その後ときおり東條家に寄った。彼は東條とは二、三度、それも挨拶を交すだけの関係でしかなかったのだ。

その若松が『東久邇宮日記』の軸になっているが、これも上京のたびに赤松や東條家に寄って、東條のことを聞きだし、それを増幅させて東久邇宮に伝えたにすぎない。若松が語った内容は、ほとんどが東條の考えと反していて、単なる情報屋にすぎなかったのではないかというのが、東條家や東條側近たちの推測である。

岡田、近衛、広田、米内、東久邇宮、そして近衛に連なる皇道派将軍。反東條の動きはまだ点にすぎなかったが、いずれ面になることをうかがわせた。海軍内部の反陸軍感情は反東條として凝集し、対米英戦必敗論の幕僚が力を盛り返して和平交渉のプランを練るほどになった。議会でも翼賛政治会を指導する前田米蔵、大麻唯男の東條寄りの姿勢に、すこしずつ批判がではじめた。洩れてくる戦況の悪化がきっかけになっているのであった。

内大臣の木戸は、このころトルストイの『戦争と平和』を読み、戦争には国民の団結が必要だと改めて感じていた。ところが彼のもとにも、しきりに反東條の動きがはいってくる。彼は、東條を代える必要はない、と岡田や近衛の動きを無視していた。結局、東條を更迭するには内大臣の協力が必要であり、いずれ彼のもとにすべての動きが集中するのを、彼は充分に知っていた。国民の団結のため、まだ東條の役割は大きいと考えていたのである。

重臣、外務省、海軍、議会の動きの断面は、東條の耳にもはいってきた。近衛の家を見張っている憲兵は、その動きを執拗に監視したし、重臣には護衛と称して監視役がついた。そこからの報告をきくたびに東條は焦り、何かと天皇の威を利用しようとはかった。天皇の行幸に自らが随行することを希望し、宮内大臣松平恒雄に拒まれると、「宮中の考えは現実に即していない」と怒った。いま天皇と東條の直結を妨害するのは、宮中の古い体質なのだ——そこにも東條は不満でならなかったのである。

中野正剛の自決

昭和十八年十月二十一日。この日、東條はふたつの感情を象徴的に示した。午前中、神宮外苑での学徒出陣式では、雨のなか演壇に立ち、大学旗を立てて行進する大学生を見て泣いた。そして午後、警視庁特高課が東方同志会、勤皇同志会の会員百数十名をクーデター計画未遂というでっちあげの容疑で逮捕したのを聞いて笑みを洩らした。このなかには東方同志会を主宰する衆議院議員中野正剛が含まれていたからだ。

中野正剛を、東條打倒を進めたとして国政変乱罪で検束したいというのが東條の希望だったが、該当する事実がないため流言蜚語で検束させたのである。

いまや東條には、中野は目障りだった。このまま野放しにすれば議会で何を言いだすかわからないと恐れた。二十六日からの第八十三帝国議会の開会前にその動きを封じたいと考えていた。しかし警視庁から届く報告は、中野の容疑はひとつとして固められないというのである。議会召集日の前日、二十五日の夜、東條は首相官邸に安藤紀三郎内相、岩村通世司法相、松阪広政検事総長、薄田美朝警視総監、四方諒二東京憲兵隊長を集め、中野正剛の処置を打ち合わせた。このとき、東條は戦時に準じて法解釈をすべきだと、松阪と薄田に詰めよった。

「警視庁からの報告ていどでは身柄を拘束して議会への出席を止めることはできない」

と松阪は拒み、薄田も同調した。そこで東條は四方に意見を求めると、四方はそくざに「私のほうでやりましょう」と応じた。それは議会に出席させないための罪状をつくりあげようという意味であった。そして二十六日早朝、中野の身柄は憲兵隊に移され、四方は腹心の大西和男に「二時間以内に自白させろ」と命じた。午前中に拘留手続きをとらなければ、中野の登院阻止ができないからだった。

大西と中野がどのような会話を交したのかは明らかでない。だがある憲兵隊関係者は、中野の子息を召集し最激戦地に送り込むと、大西が脅迫したという。妻、長男、二男の三人をこの三年の間に亡くしていた中野は驚き、それで憲兵隊の意に沿うような証言をしたとしている。中野と親しかった人物が、昭和五十二年に岐阜に住んでいる大西をさがしだし、脅迫的に証言を迫ったが、彼は震えるだけで決して詳細をもらさなかったという。

この日の夜、自宅に戻った中野は、隣室で大西ともうひとりの憲兵に監視されていたが、秘かに自決した。

この報は開会中の議会にも伝わった。原因は不明とされたが、あの豪気な中野が自決するには東條の圧力があったからだと噂した。噂はふくれあがり、東條が中野に向かって「不忠者」とどなりつけたとか、日本刀を渡して暗に自決を勧めたとか、ひそひそ話となって流れた。「東條という男は何をするかわからん」という恐れを露骨に口にだす者もあった。

代々木の中野家を訪れた議員は、わずか十人ていどだった。東條の報復を恐れたのだが、中野家の周囲は憲兵が埋めつくし、誰何したので途中で引き返した者も多かったのである。

中野自決は、東條にも驚きだった。政治的行動を封じこめようという思惑が裏目にでてしまったからだ。新聞記者や議員が、それとなく自決の背景を確かめる質問をすると、彼は不機嫌に「おまえは中野の味方をするのか」とどなった。議会に出席した東條は、笑顔も見せず、不愛想に答弁した。それがまた議員の反感を買った。「だれがあの男の首に鈴をつけることになるのか」、議員たちはつぶやいたが、議会のなかにそういう腰の座った者はいなかった。かわって噂話だけが飛んだ。東條の枕元に中野の幽霊がでたとか、東方同志会の会員が深夜の銀座に「米機討つべし。英機討つべし」と張り紙したとか、そんな類の噂だった。

この議会の会期は三日間だが、東條は、連日参内して上奏した。十日後の大東亜会議の進行具合を天皇に伝えるというのであったが、その実、中野自決の真因を天皇に知らせないための防御であると噂された。いかにも事実であると思わせる色づけが、この噂にはあった。

十一月に入った。一日に軍需省が発足し、東條は「企画院、商工省の業務は軍需省にひき継がれるが、生産行政には支障がないよう、いっそうの奮起を望む」と言った。三日、明治節のこの日、東條にとって晴れの舞台の序幕がはじまった。満州、国民政府、タイ、フィリッピン、ビルマ、自由インドの代表が、大東亜会議に出席するため東京に集まり、首相官邸でのパーティに出席した。噴水、生け花、そして七カ国の国旗をめぐらした官邸の食堂に、国民政府汪精衛、満州国張景恵、フィリッピンのホセ・ラウレルが随員とともにはいってきた。そのたびに東條は彼らの手を握り、おたがいの紹介者になった。つづいてタイの王族ワンワイ・タイヤコン殿下、ビルマのバーモ首相が入ってきた。

東條にすれば、タイからはピブン首相に出席してもらいたかった。しかし健康上の理由で出席できないと通知があり、代ってワンワイ・タイヤコン殿下が出席したのだ。現地の日本軍からは、ピブンが訪日しないのは戦況が枢軸側に不利になっているからで、この期に国内を離れると立場が微妙になるためと伝えてきた。だがそれを知らぬげに、東條は殿下と握手をした。

バーモはすこし遅れて食堂に入ったのだが、このパーティの模様を、のちに自伝のなかにつぎのように書いた。「会合はきわめて感動的な雰囲気をつくり出していた。……東條首相は、にこやかで観察が鋭く、見せかけでなく会場の空気を支配しており、疲れを知らずわれわれを結びつけた。彼がこの歴史的瞬間と彼がそのなかで果たす役割について、十分自覚していることは明らかだった」——。

そして東條は、チャンドラ・ボースが入ってくると笑みを浮かべ、なんども握手をした。ボースは愛想よく、これは「ひとつの家族パーティだ」と言って、大東亜共栄圏を讃えた。

それが東條の笑みをさらに深くさせた。東條とボースの輪が、もっとも活気があった。

翌日の新聞はこのパーティを大きく報じた。〈東亜各国を指導する帝国〉の像が国民の士気を高めるように配慮されていた。国民のカタルシスを刺激するこの記事は、情報局の命令によるものだった。

大東亜会議は、十一月五日、六日の二日間、帝国議会議事堂で開かれた。議長席に東條が座り、式の一切は日本側の手で進んだ。東條自身がもっとも得意の絶頂にあったのは、このときだったろう。首相退陣後、彼はこの大東亜会議をしきりに話したし、昭和二十年九月に自殺未遂を起こしたとき、彼の応接間にとびこんだMPの眼を最初に射たのは、このときの会議の写真である。

この会議の初めに、東條は、いつものかん高い声で、「英米のいう世界平和とは、すなわちアジアにおいての植民地搾取の永続化、それによる利己的秩序の維持にほかならない」と言い、日本はその解放者であり、独立を援助する救世主だと説いた。つづいて各国の指導者が演説した。そこにはルーズベルトやチャーチルに向けての意味もあった。ラウレルは「中国が速やかに統一され、三億五千万のインド民衆がボース氏指導のもとに完全に独立し、再びイギリスの支配に帰するがごときことのないよう希望する」といい、ビルマのバーモも同意した。しかしラウレルの演説のなかに、日本の軍部の占領行政を批判した部分があったが、それは、不思議なことに東條には訳されなかった。

翌六日、自由インド臨時政府を代表してボースが発言した。インド民族は、イギリス帝国主義に抗して自由を戦いとらねばならぬといったあと、「岡倉覚三（天心）および孫逸仙（孫文）の理想が実現に移されんことを希望する」と結んだ。雄弁に長けている彼は、この戦争を自国の独立運動、アジアの解放に結びつけ、日本の自存自衛の戦争だけではないぞと宣言したのである。

ボースの演説が終わると、東條は発言を求め、彼にしては珍しく芝居気たっぷりにメモを読んだ。「帝国政府はインド独立の第一段階として、もっか帝国軍占領中のインド領アアンダマン諸島およびニコバル諸島を、近く自由インド臨時政府に隷属せしむるの用意ある旨を、本席上において闡明《せんめい》する」――。ボースの表情が大仰に喜色にかわり、自由インド臨時政府の幹部たちと肩を抱きあった。それは彼のスケジュールが成功したことを物語っていた。来日するや、東條に、アンダマン、ニコバル諸島への自由インド臨時政府の進出を許可してほしいと訴えつづけ、それを受けいれた東條は、この日の午前中に連絡会議を開いて、急遽、ボースの申し出を受けいれることを決めたのである。国土をもたなかった自由インド臨時政府は、これによってはじめて自国の領土に足がかりをもつことになった。

六日の夜、大東亜会議が終わってのレセプションが大東亜会館で開かれた。宴会室の壁には、モザイクスタイルで大東亜共栄圏の地図が描かれ、日本の勢力範囲は赤タイルで浮きあがるようにできていた。美麗なモザイク模様に各国の代表者たちは感嘆の声をあげたが、しかし自国が日本の勢力範囲としてまるで属国のように扱われているその地図に、口にはださなかったが不愉快な思いをしたのは当然だった。大東亜会館支配人三神良三は、このレセプションに集まった各国の指導者たちが一様に浮かぬ表情でいるのに気づいた。日本の高官は微笑を浮かべて接待にあたっていたが、汪精衛も張景恵、ラウレル、バーモ、ワンワイ・タイヤコンも憔悴《しょうすい》しきった表情で、なにか思い悩んでいるように見えた。張景恵にいたっては、この会議を舐めきっているような態度であったと、三神は自著に書いている。

この会議のあと、東條の口からしばしばつぎのことばが洩れた。

「あらゆる機会をつうじて大東亜会議共同宣言を通達し、その具現をはからなければならない」

宣言というのは五項目から成っていた。「大東亜各国は協同して大東亜の安定を確保し道義に基く共存共栄の秩序を建設す」ではじまり、「大東亜各国は万邦との交誼を篤うし人種的差別を撤廃し普く文化を交流し進んで資源を開放し以て世界の進運に貢献す」で終わっていた。東條は執務室の机から、なんどもこの宣言を引っぱりだし、「歴史的文章だ」とつぶやいていたから、南方軍の一部で占領地行政に不手際があるという報告があると、大東亜省から人を送り宣言の実施をさえ督励した。

のちに巣鴨拘置所で綴った彼のメモには、占領地の不祥事や軍政批判は心外に耐えぬとして、大東亜会議の宣言の精神を反論の材料として指摘した。だがたとえ精神が高邁であろうと、現実が腐敗していればそれは精神の腐敗と考えられても仕方がなかった。

虚しい精神論への傾斜

大東亜会議で麗句に彩られた共同宣言を採択しているころ、アメリカ軍の反攻はいっそう激しくなっていた。アメリカは、タイやビルマ、フィリッピンを日本の傘下から引き離すためには日本を軍事力で圧倒する以外に途がないことを自覚していて、作戦活動は熾烈になるいっぽうだった。

このころアメリカ軍の潜水艦は集中的に日本の輸送船を狙い、空母機動部隊は中部太平洋を襲い、絶対国防圏の内部にも深く侵入するようになった。そして狙い定めた島には陸海空軍の総力で攻めこみ、その島を占領してはずみをつけては、つぎの島に攻撃をかけてきた。「飛び石作戦」あるいは「蛙飛び作戦」といわれるこの戦略に日本軍はふり回された。

十一月中旬、アメリカ軍はギルバート諸島のマキン、タラワなどに上陸した。マキンの日本軍守備兵七百名は、六千名のアメリカ軍と三日間の戦闘ののち全滅、タラワでは四千八百名の日本兵のうち十七名をのこして全滅した。アメリカ軍は、この年の初めにはこれらの島を攻撃する戦力をもっていなかったのに、このときには上陸作戦を行なうに充分な攻撃空母、戦車揚陸艇をもつほどになっていた。物量の差がしだいに顕わになったのである。

「航空機を、船を……」

という声が統帥部に満ちた。作戦の失敗を隠蔽するかのようにその声は高まった。

だが軍需省は設立されたばかりで、まだ充分な生産態勢をもっていなかった。それどころか仕事にとりかかる準備をやっと終えたにすぎなかった。軍需相に東條、軍需次官岸信介、総動員局長に椎名悦三郎が座り、付設された航空兵器総局には長官遠藤三郎、総務局長大西滝治郎が就き、さしあたり昭和十九年四月からの生産計画を練り直した。昭和十九年七月までに十八年九月の二・一倍の航空機生産、つまり月間三千八百機を目標とすることを決めた。

昭和十八年暮れ、東條は全国の軍需工場を見て回った。日曜日には軍需省に行って、宿直の職員が軍需工場との連絡に当たっているか否かを調べた。どこの工場も終日稼働していたが、工場長に細かい質問を浴びせメモをし、旅館に帰るとそれを整理した。例によって各工場の生産数字をそらんじてみせた。執務室の机に軍需工場の一覧表を貼り、作業がどのていど進んでいるか、それを見るのが日課になった。航空機生産はしだいにふえ、十一月には千七百八十二機だったのが、十二月には二千六十九機になった。さらに昭和十九年にはいると毎月二千五百機以上を生産することになり、目標の数字に近づいていった。

いっぽうで十八年から十九年にかけ、駆逐艦、潜水艦、輸送艦、上陸用舟艇輸送船の生産が飛躍的にふえた。生産工程が簡素化され能率は向上した。航空機も艦艇も完成するやすぐに前線に運ばれた。

人力と資源と時間が軍需生産に向けられた。その分、生活必需品の生産は極端に悪化し、国民の聖戦意識は鈍った。あえていうなら、国民のなかに、戦争とはこれほど苦しいものではなかったはずだという思いが沸いてきたのである。『東洋経済新報』論説委員石橋湛山はいみじくも、「……戦争に対する我が国民の認識は、日露戦争時代の儘に止った。彼等は只だ当局を信頼し、其の為す所に委せて置けば、やがて日本海の敵艦隊殲滅戦は再現し、大東亜戦争は容易に我が大勝利の下に終局するものと、容易に考えた」と書いたが、満州事変、日中戦争とつづく間に、戦火は自らの生活の周囲にこれほどの影響を与えるとは思わなかった。ドイツやアメリカでは軍需生産ばかりでなく、適当に贅沢品の生産をつづけて国民の消費意欲を満足させたが、日本の指導者は耐乏を訴えるだけで、ひたすら軍需生産のみに熱をいれた。だから熱がひとたび冷えると、抗戦意欲は急速に失なわれてしまうのであった。

とくに闇物資横行、不公正な配給が、抗戦意欲を減退させた。このころ庶民の間では、「長い事日本も戦争で疲れていて物の配給も思うようにこないし、値段もあがって生活も困難となり、日本は負けるに決まっている」という話が半ば公然と話された。軍需工場での仕事が辛く、生活が苦しくなればなるほど、東條と天皇を批判する風評が国民の間を歩きだした。それを押しとどめるものは何もなかった。

昭和十八年の暮れのある一日。首相官邸の食堂で赤松、広橋、鹿岡の三人の秘書官と東條の女婿古賀秀正が、東條を囲んでいた。陸大在学中の古賀が、まもなく卒業し近衛師団に戻るのを祝して、一夕食卓を囲み、軍人の心がまえを説いておこうというのであった。

東條は古賀を気にいっていた。長男、二男とも近眼で陸士を受けられなかったが、三男が陸士に入学して、やっと彼の気持もかなえられた。そして四人の娘のうち二女を、陸士十七期同期生の三男古賀秀正に嫁がせていたのである。

「現状はあまりにも法令にしばられているように考えますが、これではいけないのではないでしょうか」

まだ二十八歳の古賀は遠慮もなく岳父に質問した。他人がたずねれば気色ばむ質問だったが、東條はそれを許容した。

「戦争を遂行している現在、いまの法令が不備だらけのことは判りきっている。たとえば空襲警報下の窃盗を現行法では死刑にできない。これは大きな欠陥だ。たぶん明治の先覚者は日本精神を承知しつつも、欧米法を採りいれたのだろう。帝国大学というのは、この法律を教えているだけにすぎん」

結局のところ、日本精神の継承者は陸軍だけというのであった。古賀が、天皇機関説を批判すると、東條もうなずき、つぎのように言った。

「憲法学者は憲法論を杓子定規にいうけれど、輔弼の責任とは簡にして明だ。よいことは天子様の御徳に帰すべきであり、悪いことはすべて大臣など輔弼者の責任になると考えるだけでいい」

むろん身内の会話だから、これをもって東條の政治感覚を判断することはできない。しかし東條がこのていどの雑駁な感覚であったことは記憶されていい。このとき東條は、天皇の赤子とはいえ国民のなかには不届きな者もいるといわれると、「お上が一億国民を視られること一視同仁である。悪い子供ほどかわいいものと思う。これを直すのが、日本の法律のいき方だ」とも答えた。

東條を囲んでの彼らの会話は、ほとんどがこうした核のない内容で、堂々めぐりをする虚しさをもっていた。こういう会話は、官邸の食堂だけで交されたのではない。それは閣議にも広がった。精神力ということばが閣僚たちの耳に快く響いていったのである。この年の標語「進め一億、火の玉だ」とか「一機でも多く飛行機を！」というスローガンを決定したときの指導者たちの気持も、東條が古賀や秘書官たちに洩らしている精神構造とまったく同じであった。

自由主義的評論家清沢洌の『暗黒日記』には、東條の演説は「恐ろしく抽象的である。『不撓不屈、努力と工夫を凝して、その責務を貫徹すべし』といった調子だ。これをまた東條が例の説教をやっている」とあり、東條の訓示に倦んでいる国民の気持が代弁されている。

昭和十九年にはいり、一月二十一日からはじまった議会での東條の施政演説は、つぎのような内容だった。これまでの施政演説にこもっていた戦況の自讃が消え、形容句だけが蟻の行列のようにつづいている。

「一人克く十人を斃さずんば已まざる皇軍将兵の前に、不逞にも、挑戦し来れる米英軍の前途たるや、正に暗澹たるものがあり、彼等を待つもの只最後の敗北のみであります。此の前線将兵の勇戦敢闘に呼応し、一億国民は愈々奮起したのであります」「……大東亜戦争究極の勝利獲得の確信であります。申す迄もなく、戦争は、畢竟、意志と意志との戦いであります。……最後の勝利は、あくまでも、最後の勝利を固く信じて、闘志を持続したものに、帰するのであります。最後の勝敗の岐れ目は、真に紙一重であります」「斯くして、敵味方双方共、疲れに疲れ果てた末、必勝の信念に動揺を来し、闘志を一歩でも早く失った方が、参ると謂う過程を辿るべきは、当然予想せらるる所であります。此の点に於て世界に冠たる国体を有し絶対不敗の帝国に、敵対し来る国々こそ、洵に憐れむべきものであります。三千年来弥栄に栄えます皇室を戴く、大和民族の盡忠報国の精神力は、萬邦無比であります。而して、自存自衛の為、已むに已まれずして起ち上った、此の大東亜戦争に於いて、此の力は何物をも、焼き盡さずんば止まざる勢をもって進んでいるのであります。危険が身近に迫れば迫るほど、困難が眼前に積めば積むほど、われら一億国民の精神力は熾烈となっているのであります」——。

これが施政演説なのだろうか。まるで皇国少年の気休めの愚痴みたいなものではないか。それでも議会では拍手が高く長くつづくのだ。そうなのだ。戦況が悪化し、国民の多くが死んでも、それは戦争に負けたことにはならない。目前の現実はすべて勝利の日までの過程にすぎないのである。〈戦争が悪化している〉というのは、そのことばを吐いた瞬間にのみ事実となるのだ。東條にとって帝国に敗戦ということばはなかった。意識と肉体が消滅するときまで目前の事実を認めないのだから、それはありえないことなのだ。指導者の間に詭弁に似たこういう論理が支配した。目前の事実を認めた者は「非国民」のレッテルを貼られ、すぐに戦場か、監獄か、精神病院かに運ばれた。

詐術の参謀総長兼任

客観的にみれば、戦況は悪化し、すでに戦争の概念をはずれていた。

一月にはニューギニア方面のグンビ岬にアメリカ軍が上陸、二月にはいってからはクェゼリン、エニウェトク環礁が攻撃を受け、日本守備兵は全滅状態になった。マーシャル群島にもアメリカ軍の空襲ははじまった。アメリカ軍の目標が、トラック島であることは容易にうかがえた。だから「トラック島に海軍ははっきりした守備戦略を考えているだろうな」と、アメリカ軍の急襲をきくたびに東條はそのことを確かめた。

いってみればこの島は、日本の〈真珠湾〉だった。連合艦隊司令部がある絶対国防圏の要衝で前進基地だった。ここを失なうと戦略は根本から崩れる。トラック島守備は海軍の担当で、連合艦隊司令長官古賀峯一は、トラック島攻撃にそなえて、二月十五日にパラオに司令部を移した。海軍の第四艦隊、陸軍の第五十二師団が守っているだけだった。二月十七日早朝、アメリカ軍が母艦機による攻撃を加えてきた。十八日にはトラック島に集結している艦船が攻撃された。日本軍の指揮は混乱し、守備はあっけなく崩れ、艦艇（沈没九隻）、特殊艦船（沈没三隻）、輸送船（沈没三十四隻）、航空機（二百七十機大破）、死傷者（約六百名）という打撃を受けた。そしてトラック島への補給をつづけていた輸送船二隻が沈没、千百名の兵員が死亡した。わずか二日間の戦闘で、日本の被害は甚大なのに、アメリカ軍の艦船を一隻も撃沈することはできなかった。日米海軍の軍事力の差は歴然としていた。

二月十九日になって、被害の実相をつかんだ軍令部は、あまりの打撃に顔色を失なった。訓練を終えて第一線にでるばかりの六十機の航空機が全滅し、港内にいた艦船が沈没して、つぎの作戦が停滞してしまったのである。さらに追い打ちをかけるように、南支那海で五隻のタンカー沈没の報が入電してきた。シンガポールからの油槽船は、昭和十九年にはいってつぎつぎと沈められていたが、いちどに五隻というのは例がなかった。このころアメリカの戦略は、油槽船を撃沈させ、日本の存立の基盤をゆさぶろうと考えていた。潜水艦部隊はタンカーを意識的に狙っていたのである。

輸送船団の護衛艦艇が、日本では不足だった。南支那海の五隻のタンカーを護衛していたのも、わずか一艦だったが、この五隻沈没で国内の生産体制は根本から揺らぎ、航空機生産ペースは一気に下落していった。

十八日夜になって、トラック島の守備隊壊滅の報告が、東條のもとにも伝えられた。東條は頭をかかえて考えこんだ。衝撃の大きさに身を震わせているのが、秘書官たちにも判った。

「すこし考えたいことがある。重要事でない限り、連絡はしてくれるな」

と言って、日本間の執務室に入った。いちどだけ赤松が呼ばれ、戦況を綴った参謀本部からの報告書をもってくるよう命じられた。東條は書類を繙き、読みふけっていた。二時間後、もういちど赤松が呼ばれた。机上の書類を整理するよう命じられたが、そのとき東條はつぎのように言った。

「おい赤松、陸相と参謀総長を兼ねる、これについておまえはどう思うか」

秘書官として仕えて以来、東條から意見を求められたことがなかったので、彼は緊張した。しかもその内容が軍令と軍政を兼ねるという、いわば憲法に抵触するような考えであり、山県有朋や桂太郎、寺内正毅さえも試みたことのない権力の掌握であった。

「重大事とも思いますが、ことここに至っては仕方がないのではありませんか」

「そうか、おまえもそう思うか」

東條は満足気にうなずいた。明治以来の慣例を壊すことに東條も恐怖感に駆られているのだと、赤松は思った。

官邸の居間に陸軍省の三人の幹部が集められた。富永恭次陸軍次官、佐藤賢了軍務局長、西浦進軍事課長。彼らにも東條の決意が伝えられ、そのために根回しを行なうよう命じられた。戦況の悪化は統帥の不手際であり、これでは政治が統帥にふり回されるだけではないか。航空機、船舶増産に励んでも、それをつぎつぎに失なうのはなぜか。こうした事態になった以上、国務と統帥の合体で危急をのりきらねばならぬのではないか。

「むろんこれは憲法公布以来の重大事である。だがこの状態はこうした処置でしかのりきれない。そこで自分の人格を、陸相としての東條英機と、参謀総長としての東條英機に区分し、誠意執務にとりくむつもりだ。そうすれば支障はないはずだ」

人格を二分する、それが東條が自らを納得させた論であった。この論に三人はうなずき、東條の命に添って政治、軍事の要職にある者を説得するために、官邸から散った。午後九時すぎのことである。

三人が説得活動にはいったころ、東條は、赤松、広橋、鹿岡、それに昭和十八年十一月に陸相秘書官に就いた井本熊男の四人の秘書に、改めて心がまえを説いていた。抵抗が強くなるから、側近から固めておこうというのである。

「米英相手の戦争だからなまやさしいものではないのは当然覚悟をしているが、わが足を斬らせて敵の生命を断つ、あるいはわが腹を斬らせて敵の生命を断つの覚悟が必要になってきた……。戦況がいよいよ苛烈になればなるほど、秘書官はいっそう沈着冷静にことにあたらなければならない」

「実は、今日のような戦況はもっと早くくるだろうと覚悟していました」

井本がそういい、鹿岡も言い添えた。実際、こうなっては政治と統帥を合体させる指導者がいなくては局面の打開はできないと、ふたりは考えていた。

「いよいよ艦隊決戦のときが来たように思われます。今の防衛線で敵をたたかなければならないと思います」

トラック島を失なえば、日本が不利な状態になるのを、秘書官たちも知っていた。「いまの線で敵を叩きつけられればそれに越したことはないが、たとえいまの線を失なっても決してへこたれることはない」

東條は余裕を見せるかのように答え、鹿岡に、海軍省には嶋田海相の軍令部総長兼任の根回しをするように命じた。

秘書官に気持の一端を伝えたあと、東條は宮中に出向いて木戸幸一に、「トラック島への敵の攻撃作戦は、わが戦況の不利、同方面の配備の現状からみて容易ならざる事態と思います。一段と一億結集にたいする施策の必要を痛感いたします」と前置きして、自らの案を説明した。それはつぎのような内容だった。

統帥強化のため、杉山参謀総長の辞任を求め、自らがその職に就く。だが自分ひとりでは責任を果たせないので、参謀次長を二人置き、作戦担当と後方兵站担当に分ける。――「海軍には容喙できぬゆえ、陸軍のこの話を伝えるだけにとどめます。しかし軍令部総長が更迭され、海相が兼任されるのは結構なことだと考えます」

木戸の驚きにかまわず、東條はことばを足した。

「さらに新しい提案があります」

統帥部は常時宮中で執務し、統帥部の両総長も宮中で執務をとる。そして国政では賀屋大蔵、岩村司法、山崎農商、八田運輸の各大臣を更迭し、石渡荘太郎を大蔵、高橋三吉を司法、内田信也を農商、五島慶太を運輸に奏請したいといい、天皇親政の実をあげるために、今後も閣議は宮中で開く、という内容を伝えた。

これは三点とも憲法に触れる重要な問題だった。統帥部が宮中で執務するのは、東條にすれば天皇に詳しい内容を伝え安心させるということだが、当然、天皇の意が統帥部に反映する。〈君臨すれど統治せず〉の枠内に天皇を留めておきたいと考える木戸は、この提案に愕然とした。それだけではない。木戸には、東條が天皇の背後に隠れることで事態の責任を逃れようとしているようにも考えられたし、天皇の側近、内大臣や侍従武官長の職務をも奪いとってしまいかねないことも恐れた。まさに天皇を国務と統帥の実質的な地位にひきこもうとする〈宮廷革命〉と受けとめた。

木戸は東條の提案のうち、参謀総長兼任と内閣改造のみに限って了承し、そのほかは保留するとだけ答えた。翌十九日午前、木戸は天皇に会って、東條の申し出を伝えた。すると天皇は、参謀総長兼任は統帥権確立の憲法に触れぬかと質し、再考するよう命じた。木戸はこの言を東條にとりついだ。『木戸幸一日記』には「首相の心境は思召の点は充分考慮して居り、厳に此点は区分して取扱ふ旨、又、今日の戦争の段階は作戦に政治が追随するが如き形なれば、弊害はなしと信ずる旨話ありたし」とある。木戸は東條のこの言を天皇に伝えるが、天皇の疑念は晴れず、東條自身が直接上奏することになった。

午後二時、東條は天皇に上奏した。そのときどのような会話が交されたかは明らかではないが、東條は政治と統帥とを明確に区別して任にあたると述べたであろう。そして天皇は、結局は東條の提案に同意したと推測される。

天皇のお墨つきをもらったあと、東條とその側近の動きが激しくなった。

陸軍次官富永は杉山をたずね、東條の参謀総長兼任に同意されたいと申し出た。唐突の申し出に杉山は絶句し首をふり、建軍以来の伝統の破壊者になるのではないかと抵抗した。杉山の頑強な姿勢に、いちどは富永は退いたが、再び杉山を訪れ、こんどは三長官会議を開くことを提唱した。むろん富永は東條の意を受けていた。しかもこの間に三長官のひとり山田乙三教育総監を説得し、東條の参謀総長兼任を認めさせていた。三長官会議は二対一で杉山の意見が退けられることを意味した。杉山はむろんこの根回しを知らない。

東條の腹案は海相の嶋田にも伝えられた。すると嶋田は自らは辞任し、豊田副武、加藤隆義などを推してきた。これは東條の意に反することで、海軍も嶋田兼任でなければ均衡がとれぬと、東條は官邸に嶋田を呼び説得すると、東條の目くばせで動くといわれる嶋田は、結局、東條の説得を受けいれた。『木戸幸一日記』によれば、午後五時半、東條が嶋田海相は留任の線で決意するが、一日の猶予が欲しいといっていると伝えてきたとあり、さらに「杉山総長は承知せり、との連絡あり」とも記されている。そこで木戸は天皇にこの結果を上奏した。

ここで『木戸幸一日記』が正確であると仮定しよう。とすれば東條は、木戸に偽りの報告をしたことになる。杉山は富永に抵抗し、この段階では三長官会議も開かれていないからである。それなのに、なぜ偽りの報告をしたのか。木戸に報告することは天皇に伝えることでもある。天皇に偽りの報告をする……それは東條には恐懼の沙汰ではなかったか。

もし東條を弁護しようという眼でみれば、富永が東條に偽りの報告をしたとも考えられよう。だが午後七時からはじまった三長官会議の討論をみるなら、富永に責任を負わせることはできない。東條は半ば脅迫気味に杉山を説いているからだ。

「永年伝統の常則を破壊することになる」という杉山に、「逼迫する状況下ではしかたがない」と東條ははねつける。もし杉山を口説けないならば、天皇を欺いたことになる。それを恐れているからこそ説得は強引になったにちがいない。

三長官会議のやりとりは、参謀本部第一部長真田穣一郎が会議の終わったあと杉山から直接確認し、内部資料としてまとめている。そこから重要な個所を引用するならば、つぎのようになる。

「……ドイツの統帥もヒトラー総統の考えと統帥部の考えが一致しなかったためにスターリングラードで誤った。これを範にしてぜひとも考え直されたい」

「ヒトラー総統は兵卒出身、自分は大将である。一緒にされては困る。首相としても今日迄の政策には軍のことも充分考えてきている。その点はご心配ない」

「そう言うが、一人の人間が二つの仕事をするときに、どうしても相背馳することがあろう。いずれに力をいれるのか」

「いやその点はご心配ない」

「悪例を将来にのこす。これが前例になって、首相が総長を兼ねることも考えられるではないか」

「そんなことはない。自分は大将、参謀総長も現役の大将、その両者を兼ねる。現役以外のものにはできないではないか」

「そうはいかない。現役以外のものでも、法令を変えればできることにならぬか」

「未曾有のこの大戦争に、常道を変えてでも戦争に勝つ道があるならばやらねばならない」

「それはいけない。こんなことを君がやったら陸軍の中が治まりませぬぞ」

「そんなことはない。文句を言う者があれば、とりかえたらいい。文句は言わさない」

　ふたりの会話は堂々めぐりをするだけだ。すると富永が口をはさんだ。

「それならば、総長御不同意で大臣が上奏したら、総長は単独上奏をなさるか」

　杉山はうなずいた。しかしこれは、東條にとってはもっとも恐れている方法だった。杉山は諒解していると伝えている天皇への報告が覆えることになる。東條は必死につぎのように言った。

「陛下は私の心持をすでにご存知です。総長が単独上奏すれば、私は私の考えを覆さなければならない。なんとかご同意を得られないか」（傍点保阪）

　東條がここまで言うと、山田乙三が口をはさんだ。ここまで逼迫しているのだから、変則的ではあるが認めなければならないだろうと、東條を擁護したのだ。

　杉山は孤立を自覚しなければならなかった。しかも天皇はすでに東條に同意を示しているかのような言い回しに、杉山はあっさりと自説をひっこめて、「戦時下の特例で今回限りの処置ということで同意しよう。陛下にもこの点を申し上げ、記録にもとどめおかれたい」と、辛うじてこの点だけを東條に約束させた。

このあと参謀総長室に戻った杉山は、次長秦彦三郎と真田穣一郎、有末精三、額田坦の三人の部長に経過を報告したが、真田は立場と信念を天皇に伝えたほうがいいといって、上奏案を届けることを杉山に勧めた。そして二十一日午前十時、真田の作成した上奏文をもって、杉山は天皇に会った。「洩れ承る所に依れば、苛烈な大戦下の特例として陛下既にこの趣旨を御許し賜るやの御内意の由なるも、事の重大にして軍は勿論のこと、……〝今次限りの特例、非常の処置であって、決して常道でない旨〟を明確にしていただきたい」

すると天皇は言っている。

「お前の心配の点は朕もそう思った。東條にもその点は確かめた。東條もその点は十分気をつけてやると申すから安心した。お前も言うとおり十分気をつけて非常の変則ではあるが、ひとつこれで立派にやっていくよう協力してくれ」

疲労困憊の国民

東條の参謀総長兼任には不明朗な動きがある。杉山が秦次長と三人の部長に三長官会議の経過を報告したとき、「東條陸相は本日（二十日）上奏する由である」と言い添えている。

つまり杉山は、東條がこの日に〈参謀総長も同意した〉と天皇に伝えると思っていたのだ。ところが『木戸幸一日記』は、この日もつぎの日も東條の上奏を記していない。なぜか。上奏する必要はなかったのだ。十九日の夕刻、〈杉山諒解〉とすでに上奏していたからである。

疑問はもう一点ある。軍務局長佐藤賢了は、十八日夕方、官邸に呼ばれ東條から参謀総長兼任を聞かされ、軍内の主だった者に説得活動をはじめている。これは『秘書官日記』で明らかにされているが、一歩譲って佐藤も十九日には知っていただろう。富永はこの日、杉山を説得しているからだ。ところが不思議なことに、戦後の佐藤賢了の著作には、錯誤か恣意的にか、明らかに歪めている部分がいくつかある。さしずめ、つぎの個所はそうだ。

「二十一日朝、登庁すると富永次官があわただしく私を呼んで『大臣はえらいことをやったぞ。杉山さんを辞めさせて、自分で参謀総長を兼ねた。海軍も永野さんを辞めさせて嶋田海軍大臣が軍令部総長を兼ねるんだそうだ』といった。私も驚いて『ヘイ……』といったきり、しばらく言葉も出なかった。『次官も同意されたのですか』『いや、何も相談がないんだ。今朝、大臣に呼ばれて、こう決めたのだから、直ちに事務的手続きをとれといわれたんだ。これは大変なことで参謀本部では騒ぐかも知れないが、大切な時だから君も注意して善処してくれよ』。私は胸にぐっと応えるものがあった」（『佐藤賢了の証言』）

佐藤と富永は、いかにもこの日（二十一日）にはじめて知ったように書かれているが、はたしてそうか。なぜ佐藤は十八日、十九日、二十日には知らなかったように書かなければならなかったのか。憲法の根幹にかかわることの大事は、東條を中心に富永、佐藤の間で緻密に計画が練られていたのを、この側近は戦後になっても忠実に隠蔽しつづけたというのはいいすぎだろうか。終生、東條に忠勤を誓った佐藤は、しかも、参謀総長兼任の契機がトラック島破滅だけでは弱いと思ったのか、さらに「マリアナ、カロリン放棄、比島決戦論」をもちだして、統帥部は比島決戦に抵抗するだろうから、統帥部の権限を握り、国務との一体化をはかろうとしたのだという。そして、この比島決戦論は、佐藤が東條に説いたもので、東條はそれを受けいれたというのだ。だが東條が比島決戦論者であった証拠はどこにものこされていない。不明朗な経過がここにある。

私の推測をいう。――東條の参謀総長兼任は虚偽と詐術に満ちたクーデターだったのだ。

二月二十一日、東條は参謀総長に就いた。

「人格を二分して考える。陸相が参謀総長を兼任するのではなく、東條英機が兼任しているのだ」

彼は就任にあたって、そのように自らを戒めた。はじめのうち、参謀本部に入るときは軍服に参謀肩章をつけ、陸軍省ではその肩章を外した。制度が人をつかうのではなく、人が制度をつかうのだとそのたびに言った。

初仕事はふたりの次長を命じることだった。秦彦三郎は留任、もうひとりの次長に中部軍司令官の後宮淳を就けた。東條と同期の陸士十七期生、それゆえ「情実人事」という批判が流れた。海軍もこれにならい、嶋田が軍令部総長を兼ね、次長は二人制で伊藤整一と新たに海軍航空本部長の塚原二四三が就任した。嶋田も伏見宮を後楯にして、永野修身の反対を押さえての兼任だった。だが海軍内部には国務と統帥の合体への反撥が強く、それは東條に盲従する嶋田への批判となって、三カ月後に具体的にあらわれてくるのである。

「統帥権の独立を犯す」「あれもこれも兼任して仕事ができるわけはない」「独裁熱に憑かれている」「東條幕府の時代だ」——東條を誇ることばは陸軍内部にも乱舞した。前線の司令官や師団長にはとくに評判が悪かった。統帥の事務化——作戦活動が政治に従属するのは耐えられないというのだ。これらの批判のなかには明らかに理不尽なものもあった。東條個人にたいする嫌悪の空気のなかで、それは一定の働きをもった。東條はそういう批判を気にした。それゆえにいっそう憲兵を批判封じに使った。彼はそういう方法でしか延命できぬと考えたのだ。陸軍省内部でさえ憲兵が闊歩したし、東條に諫言にきた代議士がその帰りに身柄を拘束されることさえあった。こうしたことで東條の不人気はいっそう広まった。

国民の間でも東條の評判が悪くなった。それは参謀総長兼任のためだけではない。戦況の悪化と航空機増産に伴う労働強化と日常生活に必要な消費物資の欠乏による生活の苦しさ、それに憲兵が国民の間に入りこみ威嚇と恫喝をくり返していることが、いっそう拍車をかけた。本来東條だけに向けられるべきではないのに、国民の不満は東條だけに向いた。巷間ではさまざまな噂話が語り継がれた。アメリカ製の五万円もするピアノを五十円で買ったとか、官邸では夕食は毎日肉を食べているとか、料亭で酒色にふけっているとか、根拠のない噂ではあったが、その広まりは厭戦気分に比例していた。

一月からは学徒勤労動員は年に四カ月が義務づけられた。三月になって大劇場、料亭が閉鎖となった。防空体制強化が叫ばれ、国民はそれぞれの持ち場で戦争協力を求められた。貯蓄が奨励された。十四歳から二十五歳までの未婚婦人も軍需工場に動員された。大政翼賛会傘下の隣り組制度が国のすみずみにまでいきわたり、相互監視はいっそう強まった。国家の意思に反する考えをもっている人物には、この国の制度は〈奴隷制度〉と変わりはなかった。


参謀総長を兼任したその日の連絡会議で、東條は、一月から統帥部が要求していた中部太平洋方面の防備強化のための船舶増徴を、国力とのからみで十万トンと決めている。そしていくぶん遠慮がちに、「今後は作戦行動を国力とのバランスで検討する」と発言し、この日から総長室に入りびたりで戦況の把握に努めるようになった。

その間にもアメリカ軍の攻撃はつづいていた。マーシャル群島クェゼリン島からも日本軍は追いだされ、日本軍の占領する島はアメリカ軍に切断された形になった。地図を広げながら、東條は負け惜しみを言うだけだった。

「物事は考えようで、敵の背後にわが基地があると考えればよい。機を見て両方から攻めればいい」

総長になってからまもなく、東條は、参謀本部の作戦計画が佐官クラスによって立案されていることを批判しはじめた。航空主力の戦争指導ではこのクラスがもっとも軍事知識をもっているのだが、東條にはそれが上級者の怠慢に映った。「上から方針を明示して、下の者はそれに応じて動くだけでいい」と参謀本部の部長たちに訓示し、太平洋方面の防衛線確保を至上命令とするよう作戦部長真田穣一郎に命じ、将校にもその腹案を検討させた。ここまでいって、今度は東條の軍事的能力が試される時がきた。つまりこれ以後の軍事作戦は、東條も責任を負わなければならなくなったからだ。

アメリカ軍の攻撃に休止はなかった。ラバウルは孤立し、ニューアイルランド島を含め十一万名もの兵隊が南東方面に釘づけになった。マッカーサーの指揮する米軍団の、ニューギニア海岸沿いの飛び石づたいの攻撃。ニミッツ艦隊によるマーシャル諸島への攻撃。その攻撃のまえに、日本軍の劣勢は事実に目をつぶらぬ限り誰の目にも明らかだった。三月下旬には内南洋パラオがアメリカ軍機動部隊の攻撃を受け、船舶三十隻、艦艇七隻、航空機二百機が撃破された。むろん大本営発表は日本軍の損害は軽微であり、アメリカ軍の被害を水増しして発表した。

東條は多忙であった。参謀総長として、南方統帥組織を一元化し、ニューギニア、フィリッピン作戦を南方軍総司令部が行ない、本土と切り離しても独自に作戦行動ができるようにという考えを土台に、「フィリッピンを最終絶対なる総決算地域とし、陸海同時同正面作戦、航空の徹底的集結運用による空陸総合決戦」を挑むという方針を決めた。絶対国防圏はもう完全に崩壊していた。

またその一方で、三月から四月にかけ陸軍は第三十一軍を編成し、連合艦隊司令長官の指揮下に入れてカロリン、マリアナ作戦の待機にはいるよう命じた。寺内寿一南方軍総司令官が、国家存亡の危機が迫っていると檄を飛ばしたが、実際そのとおりで、背水の陣をしいた作戦でもあった。東條が多忙だったのは、この作戦に熱中したからではない。相次ぐ航空機、船舶の損失を補うため、その増産にも軍需相として責任をもたなければならなかったからである。まるで〈東條ひとりの戦争〉でもあるかのように、動かねばならなかった。作戦計画、航空機・船舶生産、国民監視、国内戦時体制整備、議会との折衝——彼の日程は分刻みであった。

航空機生産は、彼のもっとも気に懸るところで、時間をみつけては軍需工場を回った。二月に二千六十機、三月は二千七百十一機と、三千機に近づく航空機生産は国民のあらゆる能力、生活を犠牲にしているのだから、もう限界に達しているのは明らかだった。軍需工場に行くたびに無駄がないかを見て回り、たとえば突然、火力発電所を視察し、ボイラーの火が埋火してあると石炭が無駄だと怒鳴ったことさえあった。しかし工場幹部たちは、夜に火を落とすと翌朝ボイラーが冷えて、かえって多くの石炭をつかわねばならぬのに、いきなり怒鳴るというのはまるで無知な子供のようだと、東條を内心で軽蔑した。

軍需工場での演説には、「必勝の信念」「鍔ぜりあいの時期」といったことばが乱舞した。「日本の特徴は三つある。皇室中心の忠勇兵、それに皇室中心の一億国民結集、皇室中心の家族制度隣傍共助であります」。そして、これがある限り日本は負けないと、彼は声をはりあげた。また軍需工場の重役には、これまでの会社機構はあまりにも欧米流すぎたから、今後は重役の頭を切りかえ、「家族共同体の心づもりで経営にあたれ」とも注文をつけた。

四月、五月になると国民の忍耐は限界に達した。航空機生産が大幅にダウンしたのだ。軍需省航空兵器総局がその実態を調査すると、原因は、学徒や徴用者が民間企業の社長や株式のために働くのは納得できない、軍人が監視し必要以上に恫喝する、熟練工の不足などにあることがわかった。兵器総局長官遠藤三郎が、民間会社を軍の工廠に改めるべきだと東條に申し出てきたが、制度や機構の問題ではなく日本精神の欠如、敗北主義者のためだと一蹴した。もう東條には、冷静な組織原理や合理的規範などは見えていなかった。

包囲される東條人脈

太平洋方面での戦況が思わしくないとき、すこしでも朗報をと捜していた東條が、もっとも期待をかけたのはビルマ方面軍のインパール進攻だった。東條が参謀総長になってまもなくこの作戦の開始を命じたが、本来なら彼のそういう態度は矛盾に満ちたものだった。この期に戦線を拡大しても補給の見とおしはないうえに、昭和十六年九月の対米英蘭戦争指導計画策定時にはインドに戦線は広げないとの諒解があった。東條自身、昭和十八年夏にはインパール作戦には反対していたのだ。

それがなぜ急に態度を変えたのか。そこに政治上の理由があった。チャンドラ・ボースへの関心があったからだ。「あの愛国者に報いるのも日本の使命だろう」と、彼は秘書官に洩らしたし、作戦遂行にあたってビルマ方面軍司令官河辺正三に、「インド独立推進の後ろ盾を確立せんとするところにある」とも話しているのだ。彼はボースに振り回されていたのである。

三月上旬にインパール攻略作戦を始動した日本軍は、太平洋戦争の初期がそうであったように緒戦は華々しかった。三月下旬に東條はこの報を知り、喜色を浮かべ、大本営報道部長松村透逸を呼んで「これは重大ニュースだ。すぐ大本営発表しろ」と命じた。「我軍は……印度国民軍を支援し三月中旬国境を突破し印度国内に進入せり」は、この期の大本営発表ではただひとつ正確なものだった。ところが四月に入ると、日本軍は補給に悩み、制空権をもつ英印軍のまえに苦しい戦闘となった。とたんに大本営発表は消えた。

東條がインパール進攻に喜色を浮かべ、つぎに渋い表情にかわったことは、容易に参謀本部の将校から官民指導層の間に洩れていった。清沢洌の『暗黒日記』四月二十三日の項には、つぎのように書いてある。

「インパール攻撃は、最初は秘密にし、……ところが国境突破の反響がよく、西アジアのほうからもそうしたニュースがあったというので、今度は東條自身が乗気になり、陣頭に立って宣伝を命令しているとか。知識をもたず、目前の現象で動いている、東條らしい話だ」

書斎にとじこもっている一評論家の耳にも、東條の焦りが入ってくるほど、世間には伝わっていたのだ。

反東條の声は高まっているが、その具体的な行動を起こす者は、昭和十九年初めにはまだなかった。東條の権勢に恐怖を覚えていたからだった。ところが四月ごろから、重臣の間に少しずつ動きがはじまった。岡田啓介、若槻礼次郎、米内光政、広田弘毅、平沼騏一郎、近衛文麿、阿部信行のうち、岡田と近衛がそれぞれの人脈のなかで動いた。このころ東條だけでなく、陸軍と東條政府の顧問的存在である徳富蘇峰への批判は許されない状況であったが、岡田と近衛の動きは、そのタブーを破る芽になるはずだった。

昭和十八年暮れに近衛の口添えで高松宮の〈情報役〉となった近衛の女婿で私設秘書の細川護貞が、先ず各方面の有識者と接触をはじめた。近衛は、天皇に実情を伝えるルートとして細川を高松宮の傍に置き、高松宮から天皇へ東條批判の報告を伝えようと考えたのである。彼自身も東久邇宮と会って、東條の指導力は失なわれたから退くべきだと同意させた。

細川はこうした近衛の意に沿って忠実に動いていた。戦後、彼が著わした『情報天皇に達せず』には、その辺の事情が充分に語られている。

この書によれば、逓信省工務局長の松前重義は日米の物量比較の数字をあげ、戦争の困難なことを細川にも伝えているし、陸軍内部からは戦術の専門家であり参謀本部の顧問でもある酒井鎬次が、「敗戦は必至だ。……最後の一兵まで戦うのは国家の滅亡だから、いまただちに降伏するがいい」といったことを伝えている。

細川の行脚は、しだいに池田成彬、小畑敏四郎にも及び、陸軍内部からも積極的に細川への通報があった。もっともそこには真偽とりまぜてのものがあり、東條がある少将に得意気に訓示をしているとか、ヒステリーを起こしてものを投げつけるとかいう類のものだった。しかし、たとえそれが偽りであっても、東條の周囲からそうした情報が洩れていくのは、東條の足元が揺らいでいる証しであった。加えて参謀総長兼任以来、海軍との間に摩擦が生まれ、航空機配分や海軍省詰め記者新名丈夫の召集などで対立が昂じていたから、東條の基盤は徐々にではあるが、なし崩しに弱まってきていたのである。細川の耳にははいっていないが、杉山元でさえ心を許した政治家や軍人にあからさまに不満を口にして歩いていた。

「戦局の挽回には自分が総長を兼務する以外にないから辞めてくれといわれた。私が断わると、それでは戦争の責任がとれぬので内閣を投げだすより仕方がないというし、私は倒閣の責任はとれぬのでやむを得ず辞職したのが真相だ」

これを聞いた内相湯沢三千男は、東條の二枚舌を知り反感をもった。外相重光葵でさえ、「高松宮殿下が時局を憂慮している」と説く細川のことばに、外相としての仕事に口をはさむ東條には、ほとほと愛想をつかしている、と答えたというのである。

　このころ高松宮は天皇に会って、「東條では駄目だ」と上奏している。細川の書には「東條では駄目になることを御上に言上遊ばされたるも、代案があるかとの仰せに、柳川（平助）中将のことを申されたり」とあるが、天皇はこの上奏内容を木戸に打ち明けている。『木戸幸一日記』には、天皇から「高松宮より東條に代えて次は陸軍に柳川を起用せよとのことなりしも如何」と下問されたことが記述されているが、このとき木戸は、すぐに近衛に会って「かかる御下問は困る。誰が申したのだろうか」と注文をつけた。むろん木戸は、それが近衛から出ていることを知ってのうえである。木戸はまだ東條を擁護する立場にいたのだ。木戸は二年半まえに東條を推しているだけに微妙だった。彼は自らの立場を勘案しながら、しばらく情勢の推移を見守ろうと考えていた。

　本来なら、東條は孤立感を味わわねばならなかった。

　憲兵隊からの報告書には、近衛や岡田、その他の重臣の行動が詳しく綴られており、彼らはしばしば会って情報を交換しているといったことが書かれてあった。「護衛」という名目の監視では、話の内容までわからないのが苛立たしかった。会合のあとは、憲兵が出席者一人ひとりにあたって話をさぐる。熱心な憲兵は床下にもぐって話を聞いてくる。電話はむろん盗聴している。それでも正確な内容はなかなかつかめない。

　いまや重臣たちの動きは、東條の敵愾心をかきたてるだけだった。〈天皇の信任がある以上は全権を委ねられていることだ。その委任受託者たる自分への反対は天皇に反対することであり、天皇への反逆である〉と信じこんでいる東條の闘志は、燃えあがる一方だった。孤立感など寸分も味わうことはなかった。

「この戦争を指導するのは自分しかいない。そのことに絶対の自信をもっている」

と、国務相大麻唯男や秘書官に話しているのも、その裏返しであった。いやそう思うことで自らの闘志をかきたてていたともいえるが、彼に実相を伝える側近や部下がいなかったことが、この〝闘志〟の底にはあった。

五月に入っての一日、東條は陸軍大学の講演の帰りに、麹町にある女婿古賀秀正の家に寄った。運転手を待たせたまま家にあがった。二女との雑談のあと、墨と硯をもってくるように言って、わら半紙に「いまの心境だ」といって筆を走らせた。

此の道や　ゆく人も那志　秋の暮

芭蕉の句だった。改めてそらんじてから、「此の道というのは人の道であり、芭蕉は秋深き道というのに託して、人の道を語ったのだろう」と彼は説明した。そしてこの句の隣りに、「人は無心にして道に合志　道は無心にして人に合す」と書いた。自身は無私の立場にいるのに、世間には中傷や策謀をつづける人物がいる。彼らこそ私欲のあらわれではないか、というのであった。

「世の中の、いや歴史の毀誉《きよ》褒貶《ほうへん》を度外視しても大東亜戦争の完遂に全力をつくすつもりでいる」

東條はそういって起ちあがりかけたが、いっそう身体に気をつけてくださいという娘のことばに、彼はもういちど筆をとってつぎのように書いた。

迷ふては此の身に　使はれ
悟っては此の身を　使ふ

肉親の激励に、東條は改めて嬉しさを味わい、首相の座にあって戦争指導をつづける決心を固めたのである。もっとも娘には、この時の父親の表情には疲れがあり、これまでにない弱気な曇りがあるように見えたという。この時期、東條が微妙に変化しているのを肉親たちは見ぬいていたのである。

また東條の次妹の息子、山田玉哉は、陸軍省兵務局の将校として学徒動員を担当していたが、あるとき東條に官邸に呼びつけられ、いきなり殴打された。東條の末妹の家に遊びに行って、冗談にせよ女中の手を握ったことが許されぬというのである。些細なことである。こんなことで官邸にまで呼ばねばならぬのか、と山田は不満だった。しかしこのとき、山田は東條の目に涙が浮かんでいるのを見た。孤独であり、なにかに不満をぶっつけたいのだと思って、彼は殴打に耐えたという。

孤独感が寂寞とした感情を生み、東條はそれを隠そうと思いつつも、身内には隠せないでいたのだ。

また東條は、軍需工場での演説では、たとえひとりであろうともわが道を行く、という演説を好んだ。が、一方で演説の枕詞に吉田松陰の「天人心一なれば百万の敵も恐れず」をつかったりした。だからその演説は聞く者に奇妙な印象を与えた。

精神論への傾斜はますます目立つようになり、明野飛行学校を視察した折りには、十五、六歳の少年にむかって「敵の飛行機を何で撃墜するか」とたずねた。それに少年たちは、機関銃で、高射砲で……と答えた。しかし東條は首をふりつづけた。それでは答にならないというのだ。ひとりの少年が「自分の気魄によって墜とします」と答えたとき、初めて東條の表情は笑みでいっぱいになった。それが正解だと言うのであった。

しかし、飛行学校の教官か下士官がこういう答に満足するのなら、それは美談になりえても、戦争を指導している最高責任者が、少年たちとこの時期にこのような会話を交しているのは、確かに国民を侮辱しているといえた。戦争への冷徹な眼をもち、その収拾に努めなければならぬとき、彼は己れの充足感を得るためにのみ時間を空費していたのだ。

また宮内省を訪れることでも時間は空費された。省内の一角では統帥部が執務する部屋の増築工事が進んでいたが、天皇の膝下で統帥の仕事を進めるという東條の願いが、しだいに現実になりつつあるのを確かめるためである。参謀本部と軍令部の作戦課だけでもここに移り、作戦計画の立案から実施まで一部始終を天皇にお目にかけて、安心してもらおうというのだ。

この時期、二つの大規模な作戦に着手していたが、ひとつは「一号」作戦で、日本本土爆撃阻止のため中国の桂林、柳州を日本軍の手中にするという目的で実施され、その成功とともに、新たに五月下旬からは「粤漢打通」作戦が開始されて、日本軍は中国内部に入っていた。

もうひとつは、天皇のまえで統帥部が研究しまとめた「あ号」作戦だった。マリアナ、西カロリンを含む中部太平洋方面、西部ニューギニア、フィリッピン南部などを決戦地区に選定し、ここに海軍決戦兵力を主体とする反撃作戦を展開し、敵に徹底的打撃を与え、その進攻企図を破砕する――という作戦だった。この作戦を採用するにあたり、東條は、マリアナ確保には自信があり、トラック諸島は軍事的に敵に利用されないようにすると天皇に約束した。

この「あ号」作戦の約束を守ることが、たとえ指導者間で孤立していても、天皇との信頼関係を不動とする紐帯になるはずだった。天皇の信任が崩れればそくざにこの職から離れると豪語する東條にとって、いま果たさなければならぬ約束は、とにかくこの作戦を成功させ、戦況をこれ以上悪化させないことだった。

ところが二つの作戦の推移を占うかのように、インパール進攻が停滞した。英印軍の反撃のまえに死傷者は増大し、戦場では軍司令官と師団長が対立して、復命と抗命と私怨がらみの相剋があり、一司令官の意地を賭けた愚劣な戦争に変質させていた。参謀次長秦彦三郎は現地に出向き、戦場を視察して作戦行動停止か続行かの分析をしたが、すでにこの作戦は成功の見込みがないと判断した。参謀本部の会議で、秦は、「作戦成功の公算低下しあり」と遠回しに報告した。作戦失敗のショックを東條に与えずに伝えようと、こうしたゆるい表現になったというが、その実、東條の機嫌を損じたくなかったのだ。ところがこれが東條の気に障った。

「どこでどのように成功の公算が少いというのか。何か悲観すべきことがあるのか」

東條は秦の報告に怒りをそのままあらわした。出席者たちはあきれた表情で一言も発せず、そのままこの会議は解散となった。

「この作戦の成功には政治的にも賭けていた期待が大きかっただけに、気に入らなかったのであろうか。……どんな含みで総長は言ったか知れぬが、みんなの前で次長を叱り飛ばす総長の態度は軽率である。怒りを顔にださず、ヌーボーと黙ってしまった秦次長はみんなの前でますます男をあげた」と、『大本営機密日誌』に参謀本部戦争指導班種村佐孝は書いている。会議の終わったあと、執務室で、「困ったことになった」と頭をかかえる東條を見る参謀本部の部員の眼は、必ずしも好意的ではなかった。

六月にはいると、インパール作戦の失敗はいっそう明らかになる。英印軍はさらに戦力を整え、日本軍に攻勢をかけてきたのに、日本軍は糧食の不足、疾病、弾薬の欠乏と、なにひとつ戦うべき条件をもっていなかったのである。ここでも兵隊は見捨てられつつあった。

統帥部の作戦室はできあがったが、東條の意図したような状態にはならなかった。参謀本部、軍令部の作戦担当参謀は、毎日午前中はこの作戦室に詰めたが、実際には業務が思うように進まないため、数日を経ずしてもとの状態に戻った。

確かに陸海軍の作戦担当者間の連絡はよくなったが、参謀本部、軍令部とも各部間の情報交換はかえってとどこおってしまった。しかも戦地から連絡に戻ってくる前線部隊の参謀は、あちこちで報告を行なわなければならず、業務は停滞するほうが多くなった。当時の作戦担当の参謀にいわせれば、数人が数日間この作戦室を使用しただけで、ここの席に座ることはなかったという。

そのほか、東條の命令でできあがった宮内省の執務室や控室は、まったく利用されなかった。〈天皇を御安心させる〉という東條の行動原理は、天皇と同じ屋根の下で執務することだという子どもじみた感覚を基にしていると、統帥部の参謀たちは心底では嗤っていたのである。

舞台から消える日

「あ号」作戦の失敗

内大臣は天皇の私的な相談役で、とくに憲法上定められた権限はもっていない。明治十八年、伊藤博文が内閣制度をつくったときに、太政大臣三条実美の処遇を考えて用意した椅子である。もともとは天皇の疑問に答え、天皇へ上奏にくる輔弼者の取り継ぎを任とした。現実の政治に直接関与をしないのを建て前としていたのに、詔勅など宮廷の文書事務、天皇への奏請の窓口という位置にあったことからしだいにその力は拡大し、昭和十年代には天皇制を補完する重要なポストに変質していた。とくに元老西園寺公望が老齢で後継首班決定の主導権を手離すと、内大臣の司会のもとに首相経験者（重臣）を集めて重臣会議が開かれ、そこで後継首相を決定することが慣例となり、昭和十五年七月の第二次近衛内閣から二十年四月の鈴木貫太郎内閣の成立まで、この慣例はつづいた。

天皇機関説反対論者が、天皇をとりまく奸臣というとき、まっ先に鉾先を向けられるのが内大臣だった。木戸はそういう反対論者を、「天皇を機関みたいにして政治をやっているのだからいけない、天皇みずからが御親政になって号令をおかけになればいい、後醍醐天皇みたいにやればいいんだという頭なんだ」と一蹴していた。

東條が木戸をわずらわしく思い、その存在を秘書官にぐちるようになったのは、昭和十九年の五月から六月にかけてである。

「どうも木戸が伝える天子様のお考えは、実際に上奏したときに感じる内容と異なっているときがある。この期にはやはり天子様に直結しなければいけない」

天皇へ国政責任者の意思を正確に伝えるのが、内大臣の役目なのに、木戸はその役目をはたしていないというのであった。ここに及んで東條は、天皇親政を考えていたのである。実際のところ、東條は内心の腹だたしい思いを隠すことはできなかった。重臣、海軍、宮中の反東條一派が口うるさく中傷し、なにかと足を引っぱる。いつそれが天皇の耳にはいるかもしれないのだ。

「自分は辞めるわけにはいかぬ。陛下の御信任がある限り辞められぬ」

反東條一派の間で、東條の表情は青ざめ自殺しかねないとの噂がとんでいるという報告をきくと、彼は顔面を紅潮させてどなった。海軍省の教育局長高木惣吉を中心とする反東條グループは、東條の唱える宮中での統帥部合同執務案は、陸軍に海軍を吸収する国軍創設ではなかったのかと不安に思い、しかも嶋田が東條の意を受けて軍令部総長を兼任したことに怒りを増幅させ、米内光政、岡田啓介のふたりの重臣をつうじて嶋田に兼任を解くよう説得させた。そのたびに嶋田は東條を訪れ、苦衷を訴えた。「陛下の御信任がある以上、やめる必要はない」、東條はそういって嶋田を激励した。

だが、「御信任がある……」と考える東條の論理は、あまりにも自分につごうのいいものだった。天皇の信任を失なうということは、天皇から辞めるよう意思表示をされることだ。ところが天皇は、「信任しないので辞めるように……」ということばは憲法上言えないし、これまで言ったこともない。つまり東條の弁では、終身総理大臣でいることも可能になる。

しかし東條自身には、そういった自覚はなかった。

彼の頭には、「辞めたい」と申し出ることは天皇の信任に叛く大権干犯だという〝素朴〟な意識しかなかったのだ。

天皇との直結を考える東條は、内大臣木戸幸一だけでなく、宮内省の官僚にも忿懣を洩らした。「なにもかも慣例の一点ばりだよ、宮内省の役人たちは。奴らが自分たちだけの天子様だと思っているのはまちがいだ」と、秘書官にぐちり、つぎのようにも言った。

「連絡会議だってそうだ。われわれは陛下の御膝下の統帥部であるから、内々にお気軽に御出席いただけるのが本当と考えている。ところが宮中では、やはりこれも行幸であって内大臣以下を従えられた行幸のかたちをとり、軍刀を帯し白手袋を用いられるやり方である」

皮肉なことに彼の憎悪の対象は、戦況の悪化に比例して天皇の側近にまで及んだ。彼の思いは天皇だけにそそがれた。かつて「君側の奸」排撃を唱った二・二六事件の青年将校たちが、権力者に抱いたような思考形態がそこにはあった。自らが権力者であるにもかかわらず彼の心情は維新前夜の草莽の士のそれにも似ていたのである。

木戸幸一は、昭和十九年五月の段階では反東條の側にはなかった。岡田や近衛が訴えてくるのは感情的すぎるうえ、とくべつの解決策もないから、上奏はしなかった。下手に動いて陸軍から敗戦主義者とか「君側の奸」といった誇りを受けることを彼は恐れていた。

ところが五月下旬から六月に入ると、木戸は近衛や西園寺公望の秘書だった原田熊雄に、東條への嫌悪を洩らすようになった。ちょうど東條が、木戸の発言が天皇の意思だろうかと疑いはじめたときである。細川護貞は彼の著書に、「最近、木戸侯も、東條首相の言動に見兼ねて注意することあるも、その都度『夫れは御上の思召しなるや』と反問する有様にて『大分木戸も弱って来た様だ』とのことなりき」と書いた。たぶんふたりの間はかなり険悪になっていたのだろう。もし木戸が反東條に回れば、東條内閣の支持基盤は失なわれる。にもかかわらず、東條が木戸に抗するのは、天皇に〈木戸か自分か〉の択一を迫るつもりだったのかもしれない。

参謀本部総長室の壁に貼られた東亜の地図から、日本軍の占領地域が減っていった。二年半ほどまえ日本軍が快進撃した道は、いまや撤退と玉砕の道になっている。

五月から六月にかけてのアメリカ軍の攻撃を追うと、マリアナ諸島がつぎの目標になることは容易に想像できた。マリアナ諸島のうち、サイパン、テニアン、グァムは絶対国防圏の要衝で、そのために陸海軍共同で防衛態勢を布いていた。「あ号」作戦の準備を充分に整えたとして、とくに陸軍はサイパン防衛に自信をもっていた。

参謀本部の参謀たちは、サイパンに敵が上陸しても二、三カ月は維持できるから、その間に海軍が敵艦隊を撃滅すればいいと、軍令部の参謀に豪語した。だがサイパンの防衛の実態はそれほど強固だったわけでなく、防衛部隊は寄せ集め、しかもセメント不足のためにタコ壺を掘っただけ、大砲と砲弾も限られていた。陸地要塞は海軍艦艇よりも強いという神話にすがり、この防衛線を省部の幕僚は「東條ライン」と呼んで、不敗を信じようとしていたのである。

六月十一日、十二日、巡洋艦インディアナポリスを中心にしたアメリカの大艦隊——十三万名の上陸攻撃部隊、九百機の艦載機、六百隻を越す艦隊——が、サイパン、テニアン、グァムの日本軍飛行場を攻撃し、十三日、十四日には、サイパン沖合のアメリカ軍戦艦と巡洋艦、駆逐艦が大規模な攻撃をかけ、十五日には、海兵隊員二万名が上陸した。サイパンの日本軍守備隊三万名は、アメリカ軍の上陸作戦を七月以降と予測し、作戦準備を六月下旬に想定していたため統一した行動がとれず、地上での航空機のほとんどを失なった。

十七日、豊田副武連合艦隊司令長官は、小沢治三郎率いる機動部隊に「あ号」作戦の発動を命じた。「我が決戦兵力の大部を集中して……一挙に敵艦隊を撃滅して敵の反攻企図を挫折」させるのが目的だった。

小沢の機動部隊はサイパンへ向かった。三隻の軽空母を中心とした輪型陣の前衛部隊が進み、その背後をそれぞれ三隻の空母を中心とする二群の輪型陣の主力部隊が進んだ。しかし、日本艦隊の東進はアメリカ軍の潜水艦に発見された。アメリカ軍は大機動艦隊を編成して、サイパン西方で小沢の部隊を待ち受けていた。

東京の大本営では、小沢提督の指揮する機動部隊の動向を注意深く見守っていた。東條も嶋田も、まもなくはじまる海戦が日本の命運を決するのを知っていた。日本の艦載機と地上機の同時攻撃で敵空母群を撃沈し、つづいて戦艦と巡洋艦が敵輸送船団とその支援軍艦をたたけば、サイパンの日本軍守備隊は上陸した敵軍を殲滅できるはずだった。

だがこの作戦に敗れたらどうなるのか。空母と航空兵力の損失だけでなく、サイパンが奪取されることは、中部太平洋の要が敵の手に渡ることになり、初期の「戦果」は一気に失なわれてしまう。とりわけ、アメリカの新しい長距離爆撃機B29の航空基地がサイパンを中心とするマリアナ諸島に設営されれば、日本本土は爆撃圏内に入ることになる。すでに六月十五日には中国の成都からB29約二十機が飛来し、北九州の工業地帯を襲った。被害はとるに足らず、その半数近くを撃墜、撃破したものの、この本土空襲が西日本全域の国民に与えた衝撃は大きかった。

「これぐらいのことは予期せねばならない。蚊がとまったようなもの、泥道で泥がはねたようなものだ」

と、東條は言い、内務省からの報告が誇大すぎると批判した。閣議での内相報告が過大なのも、現地の指揮官の総合判断ができていないからだと叱責した。

中国からのB29二十機の飛来でさえ心理的衝撃は大きいのだから、サイパンから本土爆撃が行なわれたら国民の動揺は大きく、それは日本の最終的な敗北につながると予測された。日本の指導者は、この冷厳な事実に思いをめぐらし、太平洋の一点に目を据えていた。

六月十九日朝、日本の艦隊とアメリカ軍艦隊が遭遇した。小沢提督は、第一次、第二次と三百四十機の攻撃機を出撃させた。先制攻撃で一気に結着をつける考えだった。ところが同じ日の朝、陸上航空部隊が米軍の執拗な攻撃を受け、グァム、トラックの航空部隊はすでに機能を失なっていた。そのため「あ号」作戦の狙いである母艦航空部隊と陸上航空部隊が一体となっての航空決戦構想は、あっけなく崩れた。

日本軍は空母搭載機だけで戦わねばならなかった。

アメリカ軍には高性能のレーダーがあり、これが日本軍の攻撃機接近を捉えた。四百五十機の戦闘機が待ちかまえていた。日本軍の第一次攻撃隊は、この迎撃の網にかかり、辛うじてこれを突破した攻撃機も戦艦からの対空砲火を受け撃墜された。四分の一がやっと母艦に帰りついた。第二次攻撃隊はもっと惨めだった。伎倆未熟な搭乗員では遠距離攻撃が無理だったためもあるが、ほとんどがアメリカ軍の攻撃で撃墜された。

航空兵力だけでなく、空母翔鶴、大鳳は魚雷を打ちこまれ炎上した。不沈空母とされていた大鳳が魚雷一本で炎上を起こしたのは、海軍の首脳部には衝撃だった。空母瑞鶴に乗り移った小沢は、翌二十日に再び攻撃をかけようと戦力を点検したところ、艦載機が百機に減っているのに驚かされた。さらにこの日夕刻、アメリカ軍は日本の機動部隊に攻撃をかけ、空母千代田、瑞鶴の飛行甲板を破壊し、飛鷹を爆発炎上させた。豊田連合艦隊司令長官は、ここに至って全軍の撤退を命じたが、日本海軍は三隻しかない大型空母のうちの二隻と三百九十五機を越す艦載機、それに四百名近くのパイロットを失なっていた。アメリカ機動部隊に被害らしい被害を与えることができなかったばかりか、決戦まえには誰ひとりとして想像しなかったほどの惨敗であった。

六月二十日午後四時四十五分、大本営は「サイパン島付近十二日以降、本日までの戦果」を発表したが、それは撃沈（戦艦一、巡洋艦二）、撃破（空母四以上、戦二、巡四、輸六、未二）、撃墜（航空機三百機以上）という内容で、末尾に「我方船舶飛行機に相当被害」という語が小さくあった。そこには、日本軍がかなりの打撃を受けながらもアメリカ軍に甚大な被害を与えたというニュアンスがこもっており、この発表で見る限り、日本軍の負け戦は勝ち戦に変わっていた。大本営発表が虚偽と誇大の代名詞といわれるとき、もっとも顕著な例として語られるのはこの発表である。

大本営発表文は作戦行動の主軸側が原案をつくる。「あ号」作戦は海軍主導の作戦であったから、原案は軍令部で作成した。そして参謀本部に回した。このとき参謀本部の部員の多くは、この作戦結果をそのまま発表すべきだと言った。しかし、だからといって彼らが国民に真相を伝えようとしたわけではない。海軍主導の作戦が失敗することに業をにやした参謀本部の部員が、腹いせに真相の公表を主張したのである。

東條は、参謀本部の部員たちを押さえた。彼はつぎのような論理を説いた。

「この作戦は軍令部の作戦といっても連合艦隊が中心になった作戦で、こちらから発表内容に口をはさむことはできない。海軍はミッドウェー以来の敗戦で気の毒だ。彼らの言うとおりにしたらいいだろう」

東條としては、海軍に貸しをつくった心算だったのだ。いまや面子が彼らの行動原理だった。

ドイツ敗戦濃厚

「あ号」作戦の挫折は、海軍首脳を困惑させた。あわてて開いた首脳会議では、本土爆撃阻止という至上目的のためサイパン奪回作戦を行なうべきだという点で、嶋田や海軍次官沢本頼雄、軍令部次長伊藤整一の意見は一致した。が、軍令部の作戦参謀は、母艦航空機の損害が大きいことを理由に作戦中止を求めた。六月二十三、二十四日の二日間、陸海軍統帥部の意見調整を行なったが、二個師団の増援部隊を送りサイパンの確保を図ろうと主張した東條の意見は、十日間の制空権を必要とし、空母と航空機を失なった現状では目途がたたないという意見であきらめなければならなかった。ここに日本はサイパンを放棄することになった。

東條と嶋田は天皇に拝謁し、この結論を上奏した。天皇はこれを裁可せず、判断を保留し、戦争がはじまって以来はじめての元帥会議を開くよう命じた。しかし伏見宮、梨本宮、永野修身、杉山元の各元帥が集まって協議をしても、事態を憂慮するだけで建設的な示唆などできようはずがなく、サイパン失陥は避けられぬという両総長の上奏はやむを得ないと天皇に伝えた。

天皇の焦慮は東條を混乱させた。『近衛日記』の七月二十四日には、木戸幸一と近衛の話し合いの内容が記述されているが、木戸は近衛に、連合艦隊が潰滅的な打撃を受けたといったあと、つぎのように語ったというのである。

「赤松貞雄（首相秘書官）が松平（康昌内大臣秘書官長）の処へ昨日か一昨日かに来て『首相は適当の人があったらやめたい肚だ』と言ったから、松平は『やめるやめないより、四役の荷を軽くしたらどうだ』と言ってやったそうだ。ところがその翌日東條が自分の処に来て、常とは違い酷くしょげて何も言わず一時間余いたが、結局不得要領のままで帰った」

——

たしかに東條は自失のなかにいた。しかし彼は内心では辞める心算はなかった。赤松がそれとなく木戸の周辺を打診した結果をきき、さらにその感を強くした。たとえ東條がその職を離れても、次期首班の具体的な人選も戦争への対処も、木戸はまだ考えていないと判断したからである。「なに、まだまだ負けるもんか」、東條は秘書官たちに洩らしている。

「マリアナ諸島の戦況は、天がわれわれ日本人に与えてくれた啓示である。まだ本気にならぬか、真剣にならぬかといっているのだ。日本人が真剣にがんばらないと、もっともっと天の啓示があるだろう」

そして願望ともつかぬ口調でつぶやいた。

「日本人は最後の場面に追いつめられると、何くそと驚異的な頑張りをだすことを私は信じて疑わない。真にわが底力をだすのは今である。壁にいやというほど頭をぶつけて、壁があるのがわかるようでは困る」

彼の意気込みは昂まるいっぽうだったが、指導者がこういう言を吐くのは現実逃避でしかなかった。特攻隊を生みだす精神構造はこうした考えからはじまった。

指導者層の間にサイパン失陥はすぐに知れわたった。近衛、東久邇宮、高松宮のもとには陸軍内部の中堅幕僚が秘かに訪れ、戦争に勝つ可能性がないこと、東條を更迭させねばならぬことを訴えていった。かつて日本軍がシンガポールやマニラを陥落させたときは歓声をあげたのに、いま自らの都市が戦火にさらされると途端に臆病になるのは、東條のいう意味とはちがう意味で卑劣であった。

岡田啓介は重臣のなかでももっとも反東條だった。彼はとき折り重臣会議に出席する東條の怒声に愛想をつかしていた。それに彼は恵まれた情報源をもっていた。長男、義理の甥、女婿が、統帥部や企画院にいたので、戦況悪化の報告は彼に直接流れてきた。典型的な海軍軍人の彼は、嶋田が東條のいうままに軍政と軍令を兼任しているのを、ことのほか怒っていたので、六月にはいってからの彼の行動は精力的だった。米内光政、末次信正のふたりの海軍大将、伏見宮、高松宮、木戸幸一と会い、軍令と軍政は切り離すべきであり、評判の悪い嶋田をとりかえなければならないと説いた。そして米内を海軍大臣に、末次を軍令部総長に、とつけ加えた。

木戸はこれを東條の耳に入れておいたほうがよいと考えた。そこで赤松貞雄を呼び、嶋田の評判が悪いから更迭するよう東條に伝えよと命じたが、赤松の報告を受けると、東條はそれを一蹴した。そこで岡田は、マリアナ海域の作戦が進んでいるころ、つまり六月十六日に嶋田をたずね、軍令と軍政の兼任を解き、米内、末次を現役復帰させてはどうかと進言した。いまや東條しか頼れない嶋田はすぐに首相官邸に飛んでいったが、東條はこれを拒否するよう命じた。

こうして六月上旬から中旬にかけての岡田の反東條策動は失敗に終わった。岡田と気脈をつうじていた海軍軍人の失望は深く、東條暗殺を企図し、民間右翼と接する者もあった。

このころ東條暗殺の噂は至るところできかれた。近衛でさえ、作家の山本有三に東條暗殺をほのめかしていたが、こうした噂が一人歩きをはじめると、しだいに反東條を口にするのをはばかる空気は薄れていった。

憲兵隊からの情報も、以前ほどスムースに東條には入らなくなった。当時、東京憲兵隊特高課長だった大谷敬二郎によれば、憲兵隊のなかにも反東條感情があり、消極的なサボタージュがあったと指摘している。もっとも、暗殺の気配がありそうだという噂は東條の耳にもはいっていた。陸相秘書官井本熊男は、東條の寝室の隣りで、拳銃を枕元に軍服姿で寝た。刺客が乱入すれば応射する手筈になっていた。

サイパン失陥を耳にした岡田啓介は、海軍省教育局長高木惣吉と謀って、嶋田更迭運動を再び進めることにした。高木は海軍省幹部のなかで、露骨に東條に反旗を翻している幕僚だった。彼は、反東條、反嶋田を直接掲げないで「サイパン奪回」を大義名分とすることを考えつき、六月二十一日から二十二日にかけて、高松宮、鈴木貫太郎、米内光政を説いて歩いた。呼応して岡田も、鈴木、高松宮、伏見宮と意見をかわし、二十五日には木戸をたずねて嶋田更迭を説き、伏見宮が天皇に拝謁できるようとりはからって欲しいと頼んだ。嶋田の熱心な支持者である伏見宮に、天皇のまえで反嶋田を語らせようという狙いだった。

しかし木戸は、それを拒否した。

ところがサイパン奪回が無理というほどの戦況悪化は、岡田、高木が考えていた以上に海軍内部に反嶋田感情を生んだ。戦況悪化の不満が〝いけにえ〟を求めているのであったが、それに嶋田が選ばれたのである。

「事態を放置するわけにいかぬ。この期に及んで足をひっぱるなどもってのほかだ」

岡田の動きを封じようと、東條は、陸軍次官富永恭次、参謀次長の秦彦三郎と後宮淳、軍務局長佐藤賢了を集めて対策を考えた。東條の胸中は、これ以上、彼をのさばらせてはおけぬというのであった。このときも東條の意を忠実に代弁する佐藤が、岡田を拘禁してしまえと言った。しかし東條はこれを採用しなかった。岡田をはじめ倒閣運動を進めている者への憎悪はあったが、下手に手出しをすればそのはね返りが大きいのを、彼は警戒していた。中野正剛の自決とその波紋は、彼には教訓となっていたのだ。

結局、岡田を呼んで警告を与えることにした。岡田を助力する高木には、海軍側から脅しをかけさせ、動きを封じようと考えた。六月二十七日の朝、赤松が岡田をたずね、首相に会って陳謝し、今後は自重して策動と思われるような行動を慎しむ旨をはっきり述べて欲しいと求めた。岡田はうなずいた、と赤松は言う。そのあと、赤松は沢本海軍次官をたずねて、岡田と東條が和解することになろうとの見とおしを述べた。岡田の動きを批判的にみていた沢本は、そのことを歓迎すると言った。

この日午後、岡田は東條に会いに来た。いくつかの不明朗な動きを岡田は遠回しに謝まった。しかし岡田は、海軍部内で嶋田の評判は悪く、部内掌握もできていないと海相交代を要求することは忘れなかった。岡田はその回想録で、「果たしあいにのぞむような気持だった」と言っている。東條は岡田の申し出を、この期に政変があっては国家のためによろしくないと拒み、つぎに睨み据えて言った。

「現今、注意すべきは反戦策動である。ひとつは近衛公を中心とする平和運動、二番目は某々らの赤組、三は各種の倒閣運動で、閣下はこれらのものに利用されているのを承知されたい」

そのあとに、つぎのようにつけ加えた。

「おつつしみにならないとお困りになるような結果を招きますよ」

まさに脅しだった。のちに岡田は、回顧録のなかで、このとき暴力的な脅威を感じたと告白している。

東條のいう「某々らの赤組」というのは、石原莞爾と東亜連盟の動きをさしていて、この人脈と岡田との接触を東條は恐れていたのである。もっとも東條は気づいていないが、六月にはいってまもなく、参謀本部に転勤してきた石原莞爾に師事している中佐の津野田知重は、これ以上は東條暗殺以外にないと考えて、同志の間を動きつつあった。

さて岡田は、後日、平沼騏一郎と近衛をたずね、東條との会談の様子を伝えている。平沼は、東條は国民の怨みを買っている、天皇の聖断がおりてもいい時期だといい、岡田もそれに同調し、近衛が木戸にそれをうまく伝えて欲しいと頼みこんだ。近衛は岡田を帰したあと、彼にしては珍らしく、どのようにこの事態をのりきるかを考え、木戸あてに自らの考えをまとめ提出した。その前文には、「敗戦必至なりとは陸海軍当局の斉しく到達せる結論にして、只今日はこれを公言する勇気なしという現状なり」とあった。

東條はこうした動きに拘らず、表面的には意気軒昂を装った。岡田と会った翌日に、駐日ドイツ大使スターマーが、戦況の見通しを聞くため官邸をたずねてきた。アメリカはサイパンの戦況で重大な事実を伏せている、それは戦場地域と基地とが離れているのを隠していることだと、東條は強がりを言い、「つまりアメリカの基地と基地の間に、わが基地が残存しているのが現状なのだ。米英は宣伝がうまいので弱点を隠して発表しているが、この点を抜きにして判断すると見誤る」と結論を語った。冷めた現実主義者といわれるスターマーは、この東條の言に相槌を打って帰っていったという。

この時期、ドイツの敗戦は事態を見抜く者には既定のことだった。東部戦線はソ連軍の反撃で敗走をつづけ、西部戦線でも手ひどい攻撃を受けていた。前年十二月のカイロ会談、つづいてのテヘラン会談でスターリンの意向がいれられ、第二戦線が決定していたが、いまそれが効力をあらわしていた。六月四日、ローマから、アメリカ軍とイタリア国民とによる攻撃でドイツ軍が追われた。六日にはノルマンディに連合軍が上陸し、挟撃態勢は一段と固まった。ドイツ国民の厭戦感情は頂点に達し、軍人、政治家、実業家、地下に潜っている社会党、共産党の連携で、ヒトラー暗殺が計画されるほどになった。すでにヒトラーは絶望的で、自己破滅におちいる寸前だった。彼には民族や歴史への展望はなかった。

しかし愚かにも、日本はまだこういうドイツを信じて、ドイツはまもなく新兵器を開発し、それで戦況を一変させるという神話にしがみついていた。

状況に絶望しているヒトラーとちがって、東條は精神論に救いを求め、いつか何かとてつもない力が働き、戦況を挽回することができると信じていた。それが天皇へ忠誠を誓う日本人の底力だというのである。東條のそれは指導者には不要な願望だった。

反東條の動きが線から面になったのは、七月六日からである。この日、翼賛政治会の代議士会が開かれた。前日のサイパン玉砕が口から口へと広がり、代議士たちの感情は興奮気味だった。議会を東條の意を受けて動かしている前田米蔵、大麻唯男も、若手の代議士たちの反東條の火を消すことはできず、遠回しに東條を批判する決議文を認めなければならなかった。むしろこの代議士会で東條擁護の弁を吐く者は、野次のなかで立ち往生する有様で、あまつさえ血気盛んな若手代議士たちは、血判状を回して反東條の意思統一さえした。

この様子は東條への協力者津雲国利、三好英之らによって星野書記官長に伝えられ、東條の耳にもはいった。「代議士風情が何を言うか」と東條は怒り、憲兵隊は、反東條の発言をした代議士を瞬時をおかず呼び威嚇した。代議士の側も憲兵隊があまりにも事情に精通しているのに驚き、議会内部に通報者がいるのを知り、東條への怨嗟はさらに深まった。

若手代議士の血判状は秘かに木戸のもとに届けられたが、その木戸は、重光葵外相と終戦の方向をどう模索するかを話し合っていた。さらに築地のレストランでは、海軍省の高木惣吉が国務相の岸信介と会っていた。この段階では、岸はまだ東條を担いでいて、東條内閣の改造を高木にもちかけたが、高木はそれにのらなかった。

いまや誰もが、反東條の方向を模索しはじめていた。とくに木戸は、集めた情報のほとんどが反東條関係であることに驚き、彼自身もその一派につらなることを明言しなければならぬと考えた。高松宮邸で夕食を共にし、改めて天皇への輔弼の責任の重さを語りあった。また彼のもとに、重臣そろって上奏する機会を与えて欲しいという近衛の伝言が入ると、「東條に辞職を勧告するのは賛成だが、適当な時期を待っている」と答えた。彼は政治学者矢部貞治にも会った。内閣更迭のさまざまなケースと憲法の関係を確かめようというのであったが、結局、内大臣の上奏による政治転換は宮中クーデターにつながり、国内事情の逼迫か東條の自発的な退陣しか更迭の途はないと、矢部は洩らした。

木戸は重光、岸、そして安藤紀三郎内相ら東條内閣の閣僚とも秘かに会って意見交換したが、効果的な施策がないことに苛立たざるをえなかった。

東條は反東條グループがしだいに広がり、自らの足元に及んでいることに焦った。神経質に人と接し、自らの意に添わぬ意見には露骨に不快な表情をした。それがまた敵をふやす原因だった。たとえば陸海軍の大将会のメンバー、南次郎、荒木貞夫、松井石根、末次信正、米内光政らが「サイパン奪回」を決議して東條と嶋田のもとを訪ねてきたが、東條は「承っておきましょう」と言うだけで追い払った。政治指導の第一線にあるわけでもないのによけいなことを言うな、という態度がありありで、彼らは憤慨し、いっそう東條から離反した。

閣議でも安藤は、首相の考えはすべて楽観的すぎると決めつけ、東條と口論まがいの議論が行なわれるほどになった。

東條は官邸に富永、佐藤、赤松、それに後宮、秦を集め、陸軍の態度を確認した。「奴らの動きは敗戦に追いこむものだ。サイパン陥落ぐらいで敗戦主義者になって……」とか

「開戦時の首相の更迭は敗戦を想定したことになる」という意見が彼らの考えだった。佐藤と富永が、反東條に熱心に動いている重臣を各個撃破して威圧をかけることになり、重臣の家を訪ねて釘をさした。

「東條を倒せば敗戦につながり、そうなれば敗戦の責任はあげてあなたがたにある」

だがこれは逆効果だった。岡田も近衛もますます反東條の感情をもった。

東條もまた、陸軍出身の重臣阿部信行を官邸に呼び、頭を下げた。

「反政府的動きが重臣の間で活発だという情報がありますが、これは敗戦につながると思われます。ぜひ閣下の力で押さえるようにしてください」

ところがこれまで東條の意見に背いたことのなかった阿部がうなずかなかった。むしろ海軍内部では〈嶋田更迭〉の声が強いことを示唆した。翼賛政治会の代議士たちの声も、阿部は説明しはじめた。東條は阿部の説明を聞き流したが、自在に扱っていた阿部からの弁だけに衝撃は大きかった。阿部を帰したあと、彼はひとりで考え込み、〈陸海軍が一体となって戦況を打開し、さらに国民の協力を求めるため天皇の勅語を奏請する〉という結論をひきだした。

七月十二日、東條は反東條運動を抑えるための陸海軍首脳会談を提唱し、陸軍側から東條と後宮、海軍側から嶋田と塚原二四三の四人が集まった。しかし米内、末次、岡田から圧力を受け、軍令部内の中堅幕僚からも辞職勧告を受けている嶋田は弱気で、そのため東條は、ここでひき下ってはバドリオ政府の出現を許すことになると説いた。それでまた嶋田は気を奮い立たせた。

どうにか嶋田を説得したあと、東條は重光外相を呼んで強力内閣をつくりたいと伝え、大東亜相を兼任してもらいたいと要請した。これが重光には魅力あるポストだと思っていたのである。ところが重光は、それには答えず政局への私見を述べ、諸政一新をはかり民心掌握に力を入れるべきだと答えた。

東條には意外な意見だった。いまや彼の意見にうなずく者はなく、回りくどいことばをつかっているとはいえ、要は協力できぬといっているのだ。包囲されつつあるのが明らかだった。この夜、東條は抜本的な対策でこの事態をのりきらねばならぬと、執務室で考えた。彼の周囲に、彼の政策に助言を与える有能な士はいなかった。彼はひとりで悩み、そのあげくに辿りついた結論は、大幅な譲歩を示す案だった。そうしなければ彼の内閣が延命しないことを知ったのである。

彼の案は五項目から成っていた。「陸海軍の真の協力一致」では陸海軍の同一場所での執務を唱い、「大本営の強化」は構成員に両総長、両大臣、外相、そして新たに入閣させる国務大臣二名を加え、大本営の意向に内閣も従うとした。〈内閣改造〉では軍需相を更迭し、米内光政、阿部信行の総理級の国務大臣二名を入閣させ、〈閣議の刷新〉は、今後は閣議も国策審議の場とするように変えるというのである。軍令への干渉を防ぐとして、閣僚は戦争の真相を知らされていず、東條に命じられた業務を消化するだけだったのだ。〈重臣の取り扱い〉は、参議制の運用を考えるというのである。つまりもっと彼らの意見に耳を傾けるというのである。

この五つの政策は、一見、筋がとおっているようで、しかし矛盾にみちていた。大本営の構成員を変更するには法的な手続きが必要だし、その大本営が政策決定するというのでは事実上の戒厳令と同じ状態になる。しかも大本営を国家の最高機関に据えるといいながら、閣議を国策審議の場とするよう変えるというのでは、論理に一貫性はなかった。すべてを小手先で処理しようというのがこの案だったが、実は、これらの項目に重要な問題が含まれていることが、のちに明らかになるのである。

重臣の倒閣工作

七月十三日午後一時、東條は内大臣室に木戸をたずね、この五項目を示した。『木戸幸一日記』には、東條が「国内の情勢を深く考察するに、反戦厭戦の空気、統帥に対する批判等あり、政変を惹起し一歩誤れば即敗戦となるの虞れあり、之は真に臣節を全ふするの所以にあらずと考ふるを以て、此際サイパン失陥の責任問題は暫く御容赦を願ひ、此際は戦争完遂に邁進することに決意せり」と言ったとある。そのうえで五項目が示された。

五項目を聞き終えた木戸は、そくざに質問した。

「参謀総長、軍令部総長はやはり陸相、海相が兼任するのか」

東條はうなずいた。

「統帥の確立は必要で、このままの状態ではいっそう批判は強まる。それに嶋田の評判が悪く海軍の士気昂揚など望むべくもないとうかがえる。さらに一点、重臣や指導者層の適確な把握を行なわなければならぬ」

この三点を述べたあと、木戸は、なぜこのようなことを言うかと前置きして、今日の問題は一内閣の問題ではない、一歩誤れば、御聖徳への批判につながると言って懸念を示した。

「片手間の作戦にお任せになって戦争の将来をどう考えるのか、あるいは東條ひとりに国家の運命をお任せになってそれでよろしいのかという風説をしばしば聞くありさまのゆえ、意見を述べてみた」

東條の失態は天皇の責任につながる恐れがあり、そのことに宮中周辺は不安を抱いていると、木戸は正直に告白したのである。この木戸の言に東條は脅えた。そこに天皇の意思が含まれているように思えたからである。

「統帥兼任は再考してもいい。しかし嶋田の更迭を受けいれるのはつまり下僚への屈伏であり、これでは二・二六事件前の陸軍の状態になるかと思います」

と東條はこたえた。木戸は、自ら述べた三項目を検討するように言い、ふたりの会話は終わった。

官邸に戻った東條は蒼白であった。天皇からの信任が失なわれたと彼は考えた。富永と佐藤を執務室に呼び、木戸がつきつけた三項目は詰め腹を切らそうとするもので、これは天皇の意を体してのように思われる。だから内閣にとどまってはおられない――と説明した。

「はたして木戸の発言が聖意を体してのものか否か、直接お確かめになられたらどうですか」

　と佐藤が反論すると、東條も気をとり直し、木戸が天皇の意であるかのように言ったにすぎないのかもしれぬ、と思い直した。佐藤がつけ足した。

「天子様のところに行かれて、私にたいして退めろという動きもありますけれど、お上のご意図はどうでしょうかとおたずねになったらどうですか」

　午後四時半、東條は拝謁した。木戸に伝えた自らの案を述べ、それにたいする木戸の考えを言い、そしておそるおそる天皇の考えを確かめた。

　このとき天皇と東條のあいだに、どのような会話があったかは不明だ。資料はない。しかし天皇は、自身の回答を午後七時に木戸に語っている。『木戸幸一日記』によれば、それはつぎのような内容である。

「第一、統帥の確立については此際行はざれば大物に動《ママ》く虞れある故、考慮せよ。第二、嶋田については、東條は部下がと云ふも、部下のみならず伏見宮元帥が御動きになりたる事実もあるにあらずや。第三の重臣云々は、前の二項に比すれば問題にあらずと思ふ云々」――

　この記述から推しはかれば、天皇は遠回しに木戸の言を認めたともいえる。いや天皇の考えを、木戸がいくぶん整理して東條に伝えたとも推測できる。もっとも微妙な違いはある。木戸の言にはそれとなく東條の退陣を促す意味があるのに、天皇のことばには国務と統帥との兼任を解き、嶋田の辞任を勧める意味が強い。必ずしも東條退陣の意味あいはないともいえる。「重臣云々は……問題にあらず」というのはそれを裏づけている。

宮中から戻った東條は、天皇から言われたとおり、参謀総長と軍令部総長に専任者を置き、嶋田の辞任を認めることで、この状況を切りぬけることにした。官邸に嶋田を呼び、彼の手を握り、涙を流して辞任を要求した。二日前には陸海軍の首脳会談を開き、共同歩調をとることを約束したのに、いまそれを反故にしなければならぬというのが、東條の涙だった。嶋田はあっさりと東條の申し出を受け入れ、むしろこの難局にさらに首相を継続していく東條に同情を洩らした。それは嶋田の本音でもあったのだ。

十四日朝、東條は、〈嶋田更迭〉という自らの案を上奏した。天皇がどのように答えたかは判らない。だがこの上奏のあと、参謀総長、軍令部総長と海相人事、それに重臣をどのようなかたちで入閣させるかが、彼の関心事となった。これに失敗すれば彼の内閣は瓦解するはずだった。

いっぽう東條の天皇への上奏は、木戸から近衛に、近衛から重臣たちに伝えられた。東條の政権執着には愛想がつきたという意味を込めて、彼らの間で語られた。たとえば近衛は細川護貞に嘆息している。

「実に厚顔というか、狂人とは話ができない。まさかお上から辞めろと仰せあるわけにはいかぬから、統帥の全きを保つためというお言葉で不信任をお示し遊ばされたるを、その点のみ改めて泰然たるは驚くの他ない」

近衛から見れば、天皇のことばは〈信任していない〉という意思表示なのだ。鈍重な東條は気づかずにいる、まったく輔弼の任にある者の条件に欠ける。東條こそ国体の破壊者だ、と近衛は考えた。近衛や重臣たちは、延命のためになら何でも起こしかねない東條の性格を恐れた。とくに東條の意を受けて天皇が勅語を発し、戦局困難の折りいっそうの協力を……とでも呼びかける事態になれば、反東條の動きはそのまま反乱罪につながることになるので、東條と天皇の結びつきを極力薄めなければならぬと考えていた。それは木戸の立場を微妙にした。

このころ木戸のもとに海軍司政長官山崎巌が訪れ、もし東條が勅語の奏請を申し出てもそれを天皇にとりつがないようにして欲しいと訴えた。木戸もその申し出を受けいれた。山崎は、高木惣吉を中心とする海軍幕僚の「勅語奏請阻止」運動の意図を受けていたが、この運動は重臣の鈴木、岡田、米内へも伝わり、学界指導者には矢部貞治が、近衛には昭和研究会の後藤隆之助が説得にあたることを決めていたのである。

ところで東條が内閣改造で延命をはかろうとすることが判ると、どのような方法で内閣改造を阻止するかが、これらのルートで検討された。高木ら海軍幕僚は、伏見宮に働きかけた。嶋田が自分は軍令部総長にとどまり、海相には海軍次官沢本頼雄を擬すことにし、伏見宮にそれを相談にいくと、伏見宮は幕僚たちの説得どおりに、それではこれまでの嶋田路線の継承にすぎないといって嶋田の案を拒んだ。しかし幕僚たちの力はまだ弱く、永野修身らの威令が一定の力をもっていて、とにかく東條へ協力することになった。参謀総長梅津美治郎、軍令部総長嶋田、それに海相には呉鎮守府司令長官の野村直邦が決まり、それを上奏して裁可されたのである。

これによって東條内閣延命は、重臣の入閣が成功するか否かにかかってきた。それゆえ東條と反東條派の動きは、この一点をめぐる権力闘争となってあらわれたのだった。

東條は軍務局長佐藤賢了を呼び、阿部信行に入閣するよう説得せよと命じた。阿部は佐藤の説得をすぐに受けいれた。つぎに東條は、海軍の幕僚を通じて米内への説得を試みた。だが米内は容易にうなずかなかった。東條は知らなかったが、阿部を除く重臣たちの間では、入閣の誘いがあってもそれを拒否するという合意ができていたのである。

そのことは重臣たちが明確に東條内閣倒閣の意思表示をしたことでもあった。七月十六日夕刻、近衛と平沼が木戸をたずね、東條内閣を総辞職させよと迫った。しかし木戸は、それを天皇にとりつぐことはできないと断った。ふたりが帰ったあと、木戸のもとには東條が、内閣改造の骨子を説明に来た。このとき東條は、閣僚の岸や重光、それに翼賛政治会の幹部大麻唯男、前田米蔵さえ秘かに反東條で動きはじめているのを知り焦っていたから、内閣改造では岸を退任させ、藤原銀次郎を国務相に据え、議会からも前田米蔵、島田俊雄を入閣させるという内閣強化案を伝えた。阿部、米内ともさらに交渉をつづけて協力を仰ぎたいと、東條は木戸に訴えたが、彼は木戸に訴えながら、この改造計画に自信をもっていることをもにおわせた。彼は〈伝家の宝刀〉をもっていたのである。

東條は十七日中に岸を退陣させ、米内を入閣させて、いつものように電撃的に改造計画を行なおうと考えていた。それが指導力の誇示になるという自負すらあった。米内だって海軍側が説得すればいずれ入閣するだろうと甘く考えていたのである。岸の退陣はそれよりも容易なはずだった。なぜなら、東條内閣成立後まもなく燃料庁に汚職があり、その責任をとって商工大臣の岸が進退伺いをだした時、東條は辞めるなと慰留したことがあった。さらに岸と星野との間には、満州国以来の根深い感情的な対立があったが、東條にすれば、両者をうまくたててきたという思いもあり、岸にたいしては、なにかとひきたててやったではないかという自負すらあった。岸が自分のいうことをきかぬはずがないと思っていたのである。

木戸と別れて官邸に戻った東條は、自らの改造計画がまもなく成功するものと信じて機嫌がよかった。藤原銀次郎には、親任式に備えてモーニングを用意して欲しいと伝えたほどである。ここで東條がもうすこし洞察力に富んでいたなら、木戸の胸中を見抜いたであろう。木戸は重臣たちの反東條連合戦線を知っていたし、岸信介や重光葵とも情報交換をつづけ、東條への不信感が広まっているのを充分確かめてから、東條の楽観的な見通しに半ば啞然として耳を傾けていたのだ。

十七日朝、東條は岸を官邸に呼んで、当然のことのように辞職を促した。すると岸は、東條の期待に反して意外なことを言いだした。彼は、「挙国一致内閣ができる保証がない限り辞職はしない」と言ってから、「しばらく時間が欲しい、木戸内府に相談する」とつけ加えたのである。

それはどういうことか——東條は困惑した。飼い犬に手を噛まれたような気持になった。岸が退出したあと、東條は側近たちを集めた。そして憲兵隊に岸の終日監視を命じ、富永や星野には有力者をたずねて情報を集めるよう伝えた。

岸は二時間ほど経てから、再び官邸に来て東條と話し合った。彼は辞表の提出を拒み、改造が完了するまで国務相としての発言権を留保すると言いだした。東條の申し出を拒否するというのだ。『岸信介回想録』（毎日新聞連載）によれば、「……この戦争の状態をみると、もう東條内閣の力ではどうしようもない。だからこの際、総理が辞められて、新しい挙国一致内閣をつくるべきというのが私の原則だ」と言ったとある。

岸の造反は、東條だけでなく陸軍省軍務局の幹部たちを怒らせた。彼らは岸の電話を盗聴し、この二、三カ月の行動をさぐり、さまざまな情報を集めてきた。「岸と木戸は一体のようだ。岸は他の重臣とも連絡をとり後押しを受けている」「松平康昌内大臣秘書官長の話と、これまで届いた憲兵情報や警視庁情報をつき合わせると岸の造反をにおわせている。やはり岡田らが元兇だ」「岸は閣内で自爆覚悟でいる」——。

岸への辞職勧告が暗礁にのりあげたと同様に、米内光政の説得も進まなかった。海軍省軍務局長岡敬純、大麻唯男、石渡荘太郎がのりだして説得したが、米内は他の重臣との約束を守り、入閣要請には決してうなずかなかった。米内の背後では、海軍の反東條の幕僚が説得に負けぬようにネジをまいていた。最後に佐藤賢了が米内邸に来て、威圧した。

「あなたは東條内閣だから入閣しないのではないですか。それともいかなる内閣でも入閣するつもりはないのですか」

「いかなる内閣であっても入閣するつもりはない」

　米内はあっさり答えた。

　ここで東條の延命策は停滞した。十七日夕刻、陸相官邸に、東條は、富永、佐藤、赤松ら腹心の将校を呼び、対策を打ち合わせた。彼らの怒りは深く、「国賊どもを逮捕しろ」という激したことばがなんども吐かれた。木戸や重臣は君側の奸だ、彼らをはずして直接天皇を説得しようという案も語られた。民間右翼をつかい、岸に圧力をかけ辞表を書かせようという案。ついで陸軍の兵隊を動かしてのクーデターに近い方法も練られたが、それでは国内の摩擦が大きすぎるという結論が出て沙汰やみとなった。ところがこの打ち合わせの席に新たな情報がもたらされてから、東條の意思は急に萎えた。

　その情報というのは、重臣阿部信行からのもので、平沼邸での重臣会議の結果、挙国一致内閣樹立が必要で、一部の閣僚の入替えでは何の役にもたたないという結論をだしたというのであった。阿部の伝言は、「これに抗したのは自分だけで、全員の見解がこれに集約され、この方針のもとに木戸から上奏されることになろう」といっていた。東條内閣では人心掌握はできないというのが切り札だともいい、はじめから重臣たちは入閣の意思などなかったことも明らかになった。

部下たちの激怒をよそに、東條の辞意はかたまった。天皇には重臣の入閣を約束していたのに、それが無理なことが裏づけられたのである。

「お上のご信任にこたえられなくなった以上、もうこの地位にはとどまることはできぬ」

そのあと無念そうにつけ加けた。

「重臣たちの排斥にあって退陣のやむなきに至ったのだ。むずかしい改造計画をだしてきて、しかもそれを邪魔するというのだから言語道断な話だ」

その夜、東條は、家族に荷物の整理を命じた。二年十カ月に及ぶ官邸生活は、この住居を自分のものであるかのように錯覚させていたことに気づくと、改めて重臣を呪咀することばを吐いた。が、これまでと同じように、そこに自省のことばはなかった。

省部から消えた東條色

この夜から朝にかけて、「東條が内閣投げだし決定。明朝十時、閣議を開き辞表をまとめる予定」という噂が広まった。だがそれを東條一流の偽情報として疑う者も多かった。

翌十八日、東條は辞意に沿って行動を起こした。まず宮中にいって天皇に辞意を告げることにしたが、それは書記官長星野直樹の示唆によるものであった。そこには辞意をきいた天皇が、「さらに政権の座に居て戦争完遂に努力せよ」と、東條の翻意をうながしてくれるという期待がこめられていた。

天皇に拝謁するまえ、第一休所で待ち受けていた東條は、木戸と会話を交したが、このときも辞意をもらした。そのときのやりとりを『木戸幸一日記』はつぎのように書いている。

「円満に政変を推移せしむる為め自分の含み迄に後継首相に御考へあらば承り度しと尋ねたるに、首相は今回の政変には重臣の責任が重しと考ふ、従って重臣には既に腹案が御ありのことと思ふ故、敢へて自分の意見を述べず、只皇族内閣等を考慮せらるる場合には陸軍の皇族を御考へなき様願度し云々と答へられたり」——。

陸軍の皇族というのは東久邇宮のことで、東久邇内閣阻止は、各重臣が後継内閣に想定していることへのしっぺ返しだった。このあと東條は天皇に辞意を伝えたが、宮中から帰って東條が星野に洩らしたところでは、このとき天皇はとくにことばを吐かず、「そうか」といっただけだったという。それが事実なら、天皇も東條の辞意を既定のことと受けとめていたのである。つまり東條の天皇への訴えは失敗したということになる。

総辞職を決め辞表をまとめる閣議は、午前十時からはじまったが、東條はメモをとりだし声を震わせて読みあげた。内容は、重臣の陰謀と閣内に不統一の動きがあるとなじったもので、その末尾は「敗戦の責任は重臣にあり」とあった。激情に駆られた東條の思考がそのまま盛られていた。閣僚たちはしばらく黙って東條の様子をうかがっていたが、やがて重光外相が口を開いた。

「挙国一致体制を整備するのに総辞職を行なうことに異議はないが、いまの声明では、国内に分裂があるやにみえて対外的にも好ましくない」

他の閣僚たちもこの意見に賛成した。東條に加担する閣僚はいなかった。こうして東條の声明は発表されないことになった。東條の力はもう完全に失なわれていたのである。

午前十一時四十分、東條は参内し、閣僚全員の辞表を提出した。ここに東條内閣は瓦解した。戦争に勝って国民の歓呼のなかでこの職を離れたいと願っていた彼の就任以来の夢は、この瞬間にあっけなく消えた。これが二年十カ月の在任期間の結末であった。

官邸に戻ってからの東條は、しばらく椅子に座ったまま物思いにふけっていた。彼の不満は重臣たちと閣内の岸や重光にあった。まったくのところこの連中に一杯くわされた――と彼はつぶやいたというが、恨みは深かった。そして彼は、首相を去るときは陸相のポストも去ることだと決心していたそれまでの考えをあえて口にせず、陸相に座れるものなら座っていようとも考えた。それが開戦時に陸相だった者の責任のとり方だと彼は割り切った。

この日午後、東條と教育総監杉山元、それに参謀総長就任予定の梅津美治郎の三人で、次期陸相を誰にするかを打ち合わせた。梅津が、この際東條大将が留任するのは適当でない、杉山元帥に就任してもらうのがいい、と主張した。東條は曖昧に返事をにごした。三人の話し合いは物別れに終わった。しかし、このころから陸軍省のなかに培っていた東條人脈の中堅将校たちが、「陸相は東條留任」とか「富永陸相に決定」とふれ回り、それが宮中や重臣たちの間に不気味に広がっていった。東條系の中堅将校が近衛師団を動かし、議会や宮中を包囲するという噂も意識的に撒かれた。

午後四時からはじまった後継首班を決定する重臣会議は、こうした不穏な情勢のなかで開かれたが、戦時下であり、政治的手腕もある陸軍軍人の首相就任が望ましいとして、寺内寿一、小磯国昭、畑俊六の順に名前があがった。この報告をきいた天皇は、折りから梅津参謀総長の親補式に随行するため参内している東條に、寺内就任によって作戦上の無理はないかをたずねるよう侍従武官長蓮沼蕃に命じた。蓮沼の質問に東條は答えている。

「第一戦の総司令官を一日でもあけるのは不可能であり、内地の政治情勢を前線に影響させてしまうのでは士気が落ちてしまう」

すなわち東條は、寺内に反対し、小磯を首班とするのが望ましいと示唆したのだった。

このことばは、その後もずっと東條を語るに際して引用されている。木戸、岸、それに寺内という長閥に失脚のきっかけをつくられた東條が、腹いせのため寺内首班を阻止したというのである。事実、東條は、岸と木戸が長州閥のよしみで寺内内閣を画策しているのではないかと不安に思っていたから、彼にとってこの行動はまったく的外れでもない。しかしこの噂は、東條の行動を不安と猜疑のなかで捉えることで、東條の政治的狡猾さを浮かびあがらせようとしていることも否めない。

また天皇が、東條の意向を確かめてみよ、といったからといって、東條への信頼があったのではない。梅津の親補式の際に、東條が陸相然としているのに天皇は驚き、木戸を呼びつけると、東條は陸相として居座るのではないかと疑念を洩らしていたからである。さらに蓮沼侍従武官長のもとには、侍従武官山県有光が秘書官の赤松貞雄や井本熊男の働きかけを受け、東條を何らかのかたちで陸軍にのこすよう訴えてきていた。これに蓮沼は困惑し、しぶしぶ東條を呼んで、軍事参議官としてのこったらどうかと打診した。

「いずれの公職をも去って、一介の野人となりたい。こんどお召しがあったら、かりに予備役となっても進んで第一線に行って軍務をとりたい。信念として出処進退だけは潔くしたいと思う」

東條は答えている。これが赤松、井本の工作と知ると、東條は「余計なことはするな」と怒った。だが、不思議なことに東條は、すでに荷物も整理し、秘書官たちには辞任することを約束しながら、表向きはそれとまったく別な態度をとっていた。

天皇から大命降下を受けた小磯は、戦後になって自伝『葛山鴻爪』を著わしたが、そこにつぎのように書いている。

「先づ首相官邸に東條首相兼陸相を訪ね『一体なぜ辞めたのだ。戦争の終結は始めた時の輔弼者が責に任ずべきではないか』と訊ねた。『種々事情もあるが、まあ重臣連と一部議会人の為ですな。閣内でも某大臣の如きは之に合流してゐたのです。かういふ前閣僚には前官礼遇を与へないで貰ひたいのです』……筆者（小磯）は重ねて『僕は思ふ所あつて陸相兼摂を申出す考はないのだが、君は陸相に残る考かね』と聞いて見た。『三長官の協議

にも解されたを遂げなければ今の処何ともお答は出来ません』といふので、半ば留任の意志があるやう

このとき小磯は、つぎのように言って東條を諫めた。

「君がこのうへ陸相に残るのは全般の関係からも面白くないし、君個人の為から見ても適当でないと思ふね。断念した方がよいな」

東條は、たぶん、このことばによって自らの役割が終わったことを知らされたであろう。七月二十日、小磯内閣の発足が発表になり、それを補足するかのように情報局が東條内閣総辞職の顚末を新聞発表したが、そこには「人心を新たにし、強力に戦争完遂に邁進するの要急なるを痛感し、広く人材を求めて内閣を強化せんことを期し、百方手段をつくしこれが実現に努めたるも……」と、総辞職が本意でないとの意味がこめられていた。実はこの声明こそ、東條が閣議で読みあげたメモだったのである。閣議では発表できぬため、陸軍省が強引に情報局に発表させたのであったが、こう見てくると、東條の真意がどこにあったのか、そのへんは実に曖昧になってくる。

この声明は議会、重臣、陸海軍内部の反東條の人びとの憫笑を誘った。東條はもう正常の感覚でなくなったと揶揄《やゆ》する者もいたほどである。衆議院の事務総長だった大木操が昭和四十四年にあらわした『大木日記』には、この声明について、新聞記者や代議士、官僚がどのように語っているかが紹介されている。

「今朝発表の文は実にひどい。あの原文はもっとひどい。中に重臣の協力を求めたが遂に

得られず云々の文句があった。それはあまりひどいと云うので削って出した。それも強要してやったそうだ」（読売新聞記者）、「あの情報局の発表はひどい。東條の信念はあの通りなんだ。重臣の協力を得ず、その陰謀で倒れたと信じている。あれで頭脳の程度が判る」（内閣参事官）、「惚れた女に迷うと云うが、ああまで思い込むものかな。我々同志の者がどの位その点を注意したか判らぬが、結局見透せなかった」（翼賛政治会代議士）――

戦況悪化と強権政治の責任をとって身を退いたはずなのに、東條はそれをすこしも理解していないというのである。しかし東條自身は、本気でこの声明どおりだと考えていた。一切は重臣に責任があるのだと信じていたのだ。

小磯内閣発足からまもなく、東條は数人の秘書官たちと送別会を開いたが、はじめのうちは「新内閣に批判的な動きをしないように……。自分の気持を汲んで欲しい」と言っていたが、やがて涙声になり、「どうか諸君にはそれぞれの任で国家のためご奉仕を望む」といい、自分への批判や中傷には露骨に不満をあらわした。そして会食の間、口惜しそうになんどもつぶやいた。

「サイパンを失なったぐらいでは恐れはしない。まだまだ戦機は微妙だ。それなのにあらゆる手をつかって内閣改造に努力したが、重臣の排斥にあってやむなく退陣を決意した……」

唇をかみ、涙を流して重臣を罵り、東條は官邸から去っていった。秘書官たちに求められるまま書いた揮毫は「自処超然　人処靄然　無事澄然　処事昂然　得意淡然　失意泰然」というものだったが、それは彼の精神状態とはまるで逆であった。

東條が退陣したころ、ドイツでは陸軍の将校たちによってヒトラー暗殺未遂事件が起こった。会議室の机の下に仕掛けられた爆弾は、ヒトラーに軽傷を負わせただけだった。

これと同じように、日本でも参謀本部の津野田知重が東亜連盟系の柔道家牛島辰熊と謀り、石原莞爾らに相談したうえ、東條暗殺の計画を進めていた。決行日は七月二十五日で、宮中での閣議の往復を狙って秘密兵器を投げる手筈になっていた。東條を倒して終戦内閣をというのが、決行者たちの心算だった。——牛島辰熊は、いま重い口を開いて証言する。

「このために山形にいた石原先生のもとにも相談に行きました。そうしたら諒解してくれました。小畑敏四郎、加藤完治、浅原健三にも打ち明けました。私と津野田とは、帝国を救うために終戦は避け難く、東條暗殺は必要なものと思っていたのです」

この計画は、津野田をつうじて三笠宮や高松宮にも伝わった。終戦内閣をつくるために、天皇に働きかけてほしいというのである。しかし現実は、計画が実行に移されるまえに崩壊しつつあったのだ。

参謀本部の将校がこのような計画を立案するほどだから、陸軍内部、ことに南方軍、支那派遣軍、関東軍の師団長、参謀らの間には、東條にたいする批判が極点に達していた。むろんそれは、サイパン失陥による戦況の悪化を東條を憎悪することで解決しようという屈折した心理のためでもあったが、東條はそのことをすこしも考えようとしなかった。しかし指導者は、それを宿命としなければならなかったのだ。

東條退陣後しばらくの間、陸軍省内部でも東條系の中堅将校と反東條の中堅将校が勢力を競いあった。杉山陸相のもとで人事権を握ったのは、これまで東條陸相に冷や飯をくわされていた中堅将校たちだった。彼らが東條憎悪の直接の対象にしたのは、陸軍次官の富永恭次と軍務局長佐藤賢了であった。なかでも富永は、人事局長を兼任していて、その地位をふり回して恫喝を加えるタイプだったので、省部の幕僚からは目の敵にされることとなった。

杉山陸相は、参謀総長解任時の不快な記憶を忘れようとせず、かねてから富永の追放を目論んでいたが、富永が陸軍省の公用車を東條の私用に利用させたという事実をとりあげることによって、富永を第四航空軍司令官に追い払うことに成功した。

もちろん、これが追放の理由になるほどのことでないのは誰もが知っていたが、あえて杉山を諫めようとする者も、既にこの時はいなかった。

富永につづいて佐藤も支那派遣軍参謀副長に追われた。

一方、のこされた東條系の将校への風当たりも強かった。たとえば東條退陣後、身体をこわして一カ月ほど入院した赤松は、しばらくは東條流の執務をひきつぐために軍務課長の椅子にあったが、省部の会議では「ほほう、あそこにまだ東條の残党がいるな」と小磯に揶揄されたりしていた。すでに省部には、赤松以外に会議に列なるような幕僚もいなかったのである。

月にいちど宮中で開かれる重臣会議では、陸軍出身の重臣には陸軍省の自動車が回されたが、東條の家にはこの自動車も意識的に回されなかった。無視するという空気が陸軍省のなかにはあったのだ。

重臣会議の開かれる日、赤松のもとに東條から電話がかかってくる。いくぶんためらいがちに、自動車を回してくれという。そのたびに軍務課長の自動車が用賀の東條宅に駆けつけた。そしてそれが慣例になっていったが、この一事に象徴されるように、東條の時代は、いまや完全に終わったといえた。自らつくりあげた時代によって、東條は露骨に復讐されはじめたのである。

無残な終焉といえた。が、東條はたしかに、「大日本帝国」の最終走者としての地位にあったのだ。それは彼が去ってから徐々に明らかになってきたのである。

第四章　洗脳された服役者

承詔必謹

4月25日までの忍耐

権力者がその座をはなれたあとは、いかに孤独になるか――東條はそれを味わわねばならなかった。

玉川用賀の自宅に籠った東條のもとに、一カ月間は、軍人、代議士、官僚が慰労のことばを伝えに来た。しかし八月も半ばになると、門をたたく者はいなくなった。東條の部下も寄りつかなかった。東條への反感が、各界に充満していたから、その東條と親しくするのは誤解を受けるというのである。

東條は六十歳であった。彼の人生で、初めて裸で生きていかねばならなかった。彼の性格はここでもあきらかになった。日常生活は、自分の庭につくった菜園で鍬をもつか、玄関脇の書斎か応接間で読書をするか、丹念に新聞を読み目をひいた部分をメモ帖に書き写すか、それとも妻と三人の娘、そして警視庁と憲兵隊から派遣されている護衛の者と雑談するしかなかった。ときに彼は、和歌や漢詩に目をとおした。

いま私の手元に、当時の東條のメモ帖がある。忠、孝、仁、義、礼と頁ごとに分けられ、藤田東湖や西郷隆盛、頼山陽らの歌がかきこまれている。「忠」の頁にはつぎの和歌がある。

身の為に君を思ふは二心
　君の為には身をも忘れて　（大楠公）

一日生かは一日の命
　大君の御為に盡す我が家の風（橘曙覧）

天皇を想い、そこに自らの生きる支えを見いだし、それを失なえば生の意味が消滅してしまうという自覚を、この和歌はあらわしていた。彼の寂寥感は天皇との接触が切れたことにあった。

メモ帖には、七月二十日に参謀総長を辞したときに、天皇からの「其職ヲ解クニ臨ミ茲ニ卿ノ勲績ト勤労トヲ朕深ク之ヲ嘉ス　時局ハ愈々重大ナリ益々軍務ニ精励シ朕カ信ニ副ハムコトヲ期セ」という「賜リタル勅語」が一言一句、右上りの字で書かれてあり、「大東亜共同宣言」も、こまかい字で書かれていた。

彼はそれらをながめ確認し、いまいちど反芻する。それが臣民の務めだと考えていたのであろう。なんとも実りのない日々の営みであった。

外出するのは、月に一度の重臣会議と陸軍省の大将会であった。そんなとき、東條の周りに賑いはなかった。出席者は挨拶にきても、深く会話は交さない。東條の命令調の口調が嫌われたのと、東條を白眼視するのがこのころの当然の空気になっていたからだ。

いっそうの孤独感をもって、彼は自宅に戻った。そしてそれを埋めあわせるかのように、隣家の医師鈴木をたずねては雑談にふけった。鈴木の眼には、東條はいつも寂しげにみえたという。会話の切れめに東條は、

「誰が何といおうと、俺はまちがっていない。いま弁解したところで判ってもらえるわけはないが……」

と、洩らすことがあった。それがしばしばなので、鈴木には異様に映った。

〈俺はまちがっていない〉と口にしなければならぬほど、東條を見る眼はきびしかったのだ。「疎外された悲しみに耐えているかのような視線だった」――鈴木は、昭和三十四年にある週刊誌に書いている。

東條は四つの新聞を読んでいた。毎朝、順々にそれを読みふけった。彼が知りうる情報というのは、情報局が統制している新聞からであった。それをいま彼は、むさぼり読むだけだった。かつて戦況のすべてが彼のもとに集められたが、いまは虚飾に満ちたニュースを味気なく嚙むだけだった。

昭和十九年秋、戦況は悪化しているのに、新聞はまだ戦意昂揚のためと称して、それを伏せていた。事実は無残だった。九月二十七日、グァム、テニアン両島の日本軍全滅。十

月十九日、神風特別攻撃隊編成。十月二十日、アメリカ軍、レイテ島に上陸。そしてレイテ沖海戦で連合艦隊は壊滅状態になる。

こうした軍事的敗北のまえで、彼は依然として精神論のなかにあった。昭和十九年の暮れ、彼はメモ帖に「偶感」と題してつぎのように書いていた。

「活殺自在ノ利剣ヲ味方ノ掌中ニ収メルニハ寂トシテ声ナク漠トシテ形ナク、敵ノ心理ヲ全ク支配シテ敵ヲシテ見ルニ能ハス聞ク能ハサルニ到ラシメ得ルニ至ルヲ要ス、孫子曰ク微ナルカ微ナルカナ無形ニ至ル、神ナルカナ神ナルカナ無声ニ至ル、故ニ能ク敵ヲ司命ヲナス

ト、戦ハ武力ノミニ依リ勝ツ能ハス、即チ他民族カ精神的ニ共鳴シ来レハ武力ニヨル征服ヨリ有力ナル征服カ可能ナル訳テアル」

これはどういうことか。彼には、いまや精神論に傾くだけの凡庸な一国民の感覚しかなかったのだ。もしいささかでも冷めた眼があるなら、この戦争の敗北を見ぬくのが容易であるのに、現実を見つめようとはせず、とりとめもなく聖戦完遂を叫ぶだけだった。〈現実〉とは認めない限り存在しないと考える夢想家のそれであった。

もっともこのころ、陸軍省内部に〈小磯内閣は非力だから東條内閣を〉と主張する一派があったという。彼らは陸軍の極秘情報を東條のもとに届けていたともいわれているが、のこされた『東條メモ』からはそれがうかがえない。東條は自らの時代が去ったことを、ひっそりと自覚していたのである。

昭和二十年にはいった。元日づけの新聞は金切り声をあげた。「年頭の諸御議、前線将兵に大御心畏し、野戦食を召させ給ふ」「感状上聞、特攻中核に沖縄猛攻、山本飛行隊」という具合に、天皇の慈悲、天皇への死を誓う忠節が強調された。まさに日本をあげて人間爆弾の局面をつくりだそうという意図が紙面に流れていた。

一月十八日の最高戦争指導会議は、本土決戦即応態勢確立と全軍の特攻化を決めた。国土の一木一草まで戦うと決意した。だがそれは国民に向けての強がりだった。陸軍省と参謀本部の幕僚の会議では、すでに航空戦は無理だという冷徹な数字を確認していたのだ。

航空機の生産は下がる一方で、昭和二十年一月には二千二百六十機の目標のうち、完成したのは三分の一の八百九機にすぎなかった。物資もなく勤労動員も鈍り、生産体制はすでに息も絶え絶えだった。客観的にみれば、戦争終結が具体化しなければならなかった。二月三日、アメリカ軍はマニラに進出した。日本軍は局地的な抵抗をくり返すだけでこの要衝を失なった。

この期にきて、小磯国昭首相をはじめとする日本の指導者たちは、目前に三つの道があることを知らねばならなかった。彼らが信じている国体二千六百年の破壊者として屈辱に耐え敗戦にもっていくか。戦局悪化をくつがえす武器を生産するか、それとも依然として状況に流されるままに対症療法でのりきるか。もっとも安易な道は、最後の道を歩むことだった。小磯はその道を選んだ。

天皇もまた状況の悪化に困惑していた。種々の資料を分析する限りでは、最初の道と最後の道を振り子のように動いていた。天皇はその決断の参考にしようと考え、木戸に向かって、ひそかに重臣を呼び意見聴取をしたいといった。そこで木戸は、重臣たちが天機奉伺という手続きで意見を奏上することにした。二月七日から三、四日おきにひとりずつ宮中に呼び、情勢への私見を述べさせることにした。

平沼騏一郎は戦争施策を重点的に行なうべきだといった。広田弘毅は対ソ工作に意見を述べた。近衛は上奏文を提出した。戦争が長びくと共産革命の危険が増す、そのために陸軍内部の統制派を一掃する必要があるといった。粛軍こそ当面の急務だというのである。若槻礼次郎は、平和回復は普遍的意見だが敵が戦争継続の不利を悟る時機を待つほかはないといった。重臣ではないが、とくに呼ばれた牧野伸顕は、和平の期を選ぶより戦局を有利にするほうが先決だといった。岡田啓介は戦争終結と陸海軍の協力が必要だと答えたが、その具体案を語ることはできなかった。

情報から閉ざされ、事態の悪化についていけない老人たち、近衛を除いては七十代の老人たちは、なにひとつ有効な意見を吐けなかった。戸惑い、おろおろするだけで、ただ国体の直接の破壊者になることに恐怖感をもっているだけだった。

東條が、重臣の最後として天皇のまえに進みでたのは、二月二十六日である。東條は半年ぶりに宮中に入った。前日、B29百五十機からの爆弾が皇居を襲い。建物のいくつかは崩壊していた。それが東條の戦闘心をかきたてた。天皇のまえに立った東條は、すでに興奮をかくせない状態であった。

侍立している侍従長藤田尚徳には、この時の東條の意気ごみが、現役時の傲慢さにつながっているように見えたと、戦後になって彼の著書で証言している。

天皇は、東條に、「その後元気でいるか」とたずねた。東條は身を正した。上奏の機会を与えてもらったことに感謝する旨をこたえた。そしてポケットからメモをとりだし、読みはじめた。この数日来書き綴っていたものである。参謀本部戦争指導班種村佐孝から軍事情勢をききだし、それをもとに自らの考えをまとめたものだった。大局では、陸軍が東條の口を借りて、自らの意思を示そうという内容である。

東條が最初にいったことばは、つぎのことばだった。

「知識階級の敗戦必至論はまことに遺憾であります」

これによって東條がどのような意見を述べるか、天皇も藤田尚徳も知ったであろう。

……二月四日のヤルタ会談では、チャーチル、ルーズベルト、スターリンとも日本にふれていないが、実際はアメリカとソ連の間に諒解事項があるはずだ、そのために太平洋方面の戦況は日ソ中立条約の失効する四月二十五日がメドになるだろう。アメリカは条約を破棄させるためフィリッピンを押さえ、台湾、沖縄、上海へ手を伸ばし、日本の動きを封じこめ、勢力の誇示をはかるだろう、と東條は強調した。

「わが国としましては、四月二十五日までに急速なる変転が起こるということを、しかと考えておくべきかと存じます。わが国の戦備がいかなる状態にあるかについては、半分成功、半分不成功と見られます。楽観はできませんが、さりとてまた悲観もいたしておりません」

東條にいわせれば、アメリカ軍の攻撃はいまがピークだというのだ。生産力にしても、日本も低下しているが、アメリカも可能の限界にまで達しているというのが根拠である。しかし、裏づけになる資料はなにひとつない。

「アメリカ軍が戦艦一隻、空母一隻をふやしたからといってそれを見倣う必要はなく、日本軍は一機か二機の飛行機と爆薬、それに快速艇で対抗すればいい」とも東條はいったが、それは折りからすでにはじまっていた神風特攻隊のことをさしていた。

東條の意見は作戦面にも及んだ。そのことを、のちに藤田は木戸幸一に語ったが、木戸は『木戸幸一関係文書』にそれを書きのこしている。「作戦地域ト各々ノ本土トノ距離ハ、米本土ヨリ八千キロ、我本土ヨリ千数百キロ（注・硫黄島ヲ指セルモノト思ハル）而シテ補給可能ハ距離ノ自乗ニ逆比例ス。漸ク考へ来レバ、我国ハ作戦的ニモ余裕アルコトヲ知ルベシ」――。

この期に及んでもまだ東條は、作戦地域論をふりまいていた。内閣総辞職まえに、スターマー・ドイツ大使にもこの論をくり返したが、実際にはアメリカ軍は多くの輸送船を基地に送り補給に成功していたのだから、この見とおしはくつがえされていたのだ。距離が短いというのは何の利点になるというのだろうか。補給能力は距離の〝自乗〟に逆比例するといっても、補給すべき航空機も船舶も、日本にはないのだ。相次ぐ本土爆撃は、補給の要である生産地帯を狙っているのである。

のちに藤田は、その回顧録のなかで、東條の報告がつづくうちに天皇の表情も不満の色に変わったと記し、また、七人の重臣のうち東條だけが依然として強気でいることに、怒りすら感じたと書いている。海軍出身のこの文官（侍従長は文官）は、東條を心底から憎んでいたのだ。

東條にとって、負けている現実はない。それは認めぬかぎり存在しない。知識階級の非戦論は、彼我を客観的に見ることによる結果なのだが、東條はそれを認めぬのだから存在しないのである。たぶん開戦時の首相として、東條は現実を認めたくはなかったろう。天皇に〈まだ負けていない。勝機はある〉と伝えることが彼の責任であり、またそれが客観的には彼の責任のがれであるという迷路のなかに彼は身を置いていた。彼は、やはりもっとも安易な道を諾々として歩いているにすぎなかったのだ。

だがこのようなときにも、戦場では兵士が、本土では非戦闘員が死んでいる。そこに彼の思いは至らなかった。

東條の上奏は国内にも及んだ。和平工作を批判し、国民生活はそれほど苦しくないといった。いまなすべきことは大本営を天皇の膝下に置くことであり、閣議も宮中で開くべきではないかということだ。東條退陣後、閣議を旧に復し、首相官邸で行なっているのは納得できないといった。藤田尚徳は、しだいに不快になり、天皇が和平に傾いているのにその意を汲もうとせず、国民の厭戦思想をどなりつけるだけだと憤慨した。

結局、一時間もの間、東條は強硬論を吐き宮中から去っていったが、この内容はたちまち宮中グループと議会に広まった。〈相かわらず頑固で無責任な東條〉という枕詞がつぃた。「判断は甘く軍事的見通しに至っては一方的な詭弁だ」と海軍内部ではいわれたが、それはかたちをかえた陸軍批判だった。

だが東條の上奏に驚いたのは、近衛文麿であった。彼は、東條の意見を押し進めれば敗戦となり、現実に存在する機構や組織が瓦解することになりかねないと恐れた。実体のない強硬論を唱えつづける軍人の背景には、共産革命の意図があると懸念する近衛は、猛進したあげくに自己崩壊する軍人の精神構造が共産主義者に巧みに利用されるのに充分な資質であることを知っている。東條の上奏にそれを感じていた。

その意味では、近衛は、確かに歴史を透視する眼をもち、国体破壊を寸前で止める重臣であったことになる。彼の触覚は、本能的に自らの出身階層を保持する能力をもっていたということにもなる。

東條排斥の動き

四月二十五日まで戦況をもちこたえれば、アメリカ軍の攻撃は政治上の役割を終え弱まるだろう——東條のその意見は何を土台にしていたのだろうか。実際は、陸軍が傍受したヤルタ会談の内容を楽観的に伝えていたにすぎなかった。戦況の推移が何よりそれを証明した。

三月十七日、硫黄島の日本軍は全滅、四月一日、沖縄にアメリカ軍が上陸を開始した。しかも三月十日以後は、B29が大挙して日本本土を襲い、都市への無差別絨毯爆撃を始めた。アメリカ軍が南方ルート、台湾航路を閉鎖したので、食料品、軍需資材は日本に入ってこない。それにB29の爆撃は国内の生産地域を破滅させ、もう日本は壊滅状態だった。こうまで打撃を受けて、四月二十五日までの我慢だといったところでどうして信じられようか。四月二十六日になれば、これが復興するとでもいうのだろうか。四月に入ると情勢はさらに悪化していったのだ。

四月五日、ソ連は日ソ中立条約の不延長を通告してきたし、呼応してアメリカ軍の攻撃は熾烈なものとなった。この日、小磯内閣は局面を打開する施策をうてず総辞職した。陸軍の非協力に悩まされていたこの内閣は、表面上は対重慶工作の失敗とレイテからルソンへの相次ぐ軍事上の敗北の責任をとったのだが、実際には、戦争終結をめざすのか、それとも本土決戦で状況を打開するかの選択に失敗したからだった。政府、統帥部、宮中、それに議会の多様な声を一本化できず、結局、政権を投げださなければならなかったのである。

次期首班は誰にするか——四月五日夕刻、宮中で重臣会議が開かれた。内大臣木戸の挨拶のあと、すぐに東條が発言を求めた。彼は依然として、四月二十五日にこだわっていた。「戦時中にしばしば内閣が更迭するのはよろしくない。ことに四月二十五日に開かれるというサンフランシスコ会議が重大なる時期だと思う。そのためにもこんどの内閣は最後の内閣でなければならぬ」

いま必要なのは、最後まで戦うべきだという論と、無条件降伏を甘受して和平を結ぶという論のどちらをとるか、それを先議すべきだと東條は言った。この意見に平沼騏一郎と枢密院議長鈴木貫太郎が賛成したが、岡田、近衛、若槻は、重臣会議の目的は後継内閣の首班を選ぶだけで、そういう権限はもっていないと反対した。微妙な会議だった。本土決戦にこだわる陸軍の徹底抗戦派の総意が東條によって代弁され、それに近衛、岡田の宮中グループが抗するという構図が劈頭にあらわれたのである。

だがその点は曖昧にされたまま人選にはいった。平沼が推した鈴木貫太郎を、鈴木自身と東條をのぞいて全員が賛成した。鈴木は、「軍人が政治の前面にでるのは国を滅すもとだ」と固辞し、東條は陸軍大将の畑俊六を推した。推挙の理由がいかにも東條らしい感覚であった。

「戦争の推移を考えるときに予断は許されない。敵は焦っている。突飛な作戦をするかもしれない。本土の一角に手をかけることになるかもしれない。国内防衛が重点となるのだから、国務と統帥の一体となるのが望ましく、このためには陸軍を主体として人選を考えるべきだ」

むろん東條の陸軍至上主義の考え方は、各重臣の顔をしかめさせた。この戦争がこういう結末になっているのは、陸軍のためではないか——陸軍にたいする不満と東條にたいする侮蔑が一体となって、東條を孤立させようという雰囲気がこの会議には充ちていった。

国民の信頼をかちとるどっしりとした内閣をつくるために、この際鈴木を首班に……といって、木戸が会議をしめくくろうとしたとき、東條がひと言ことばを足した。

「国内が戦場になろうとする現在、よほど注意しないと陸軍がそっぽをむく恐れがある。陸軍がそっぽをむけば、内閣は崩壊するだろう」

東條のいつもの恫喝だといえたが、この発言は重臣たちを激怒させた。木戸が「そんな徴候があるのか」と語気をつよめると、東條は「ないこともない」と答えた。「こういう状態になったいま、反軍的空気も強い。国民がそっぽをむくことだってある」と木戸は強い調子でいい返し、岡田もことばを荒らげた。

「この重大時局困難にあたり、いやしくも大命を拝したる者にそっぽをむくとは何事か。国土防衛は陸海軍の責任ではないか」

東條は弁解気味のことばを吐いて、この場を逃れなければならなかった。彼は曖昧に口を動かした。東條の孤立は陸軍の孤立であり、東條の頑迷な見識はそのまま陸軍の意見と受けとられ、まったく論理もつうじぬ連中だという批判が、重臣たちの間で半ばあきれ顔で交された。

鈴木への大命降下は、むしろ重臣たちのつよい総意となって会議は終わったが、期せずして東條への反感が、彼らを繋げる役割を果たすこととなった。

鈴木はさっそく組閣に入った。その鈴木のもとに、杉山陸相が陸軍側の要望を三条件にまとめ伝えた。

「あくまで戦争完遂すること。陸海軍一体化の実現できる内閣を組閣すること。本土決戦必勝のため陸軍の企図する施策を実行すること」——。これを受けいれぬ限り陸相を推挙しないという含みが言外にあった。東條を露払いとした陸軍の首脳の恫喝ともいえた。鈴木はこれにうなずいた。そこで陸軍は航空総監の阿南惟幾を推してきた。四月七日、鈴木貫太郎内閣が成立したが、陸軍の意向をいれ聖戦完遂の声明を発表した。鈴木のために弁護すれば、これは彼自身の本来の考えとは反した。

日本の指導者たちは不思議な存在であった。心底では、彼らはこの戦争に勝利の可能性がないことを知っていた。首相推挙の重臣会議では、だからこそ東條へのとげとげしい態度となったのだ。それなのに実際の政治の側に立つと、彼らは〈聖戦完遂〉という、もっとも無難で勇気を必要としない政策を採るだけであった。状況の流れに身を任せるだけで、この局面では〈恥辱的〉といえる政策を表向き採用する勇気は示さなかった。

かわって東條へ憎悪をかきたてることで、彼らはかすかに自己満足をもった。それは陸軍の横暴への恨みを、東條という個人に転嫁することにすぎなかった。鈴木内閣が発足してまもなく、それを象徴するできごとがあった。

小磯内閣になってから、大本営政府連絡会議にかわって新たに最高戦争指導会議を発足させていたが、これは首相、外相、陸相、海相、参謀総長、軍令部総長の六人を構成員として、週二回定期的に会議を開き、国策の決定を行なった。

この会議で鈴木首相が、今後は重臣も出席させることにしようと言った。が、それには条件があると言った。

「ただし重臣のうち、新たに牧野伸顕・元内大臣を加え、東條大将には遠慮してもらうということではどうかという案が、平沼枢密院議長から提出されている」

東條を公式の席から外させようというのである。東條が加わると、会議は紛糾するし、彼の意見には建設的な含みがないというのが、出席を拒む理由だとにおわせた。ところがこの意見に阿南陸相が反撥し、怒気を含んで鈴木を難詰した。東條との間がそれほど円滑ではない阿南にも、この提案は残酷に映ったのである。

「東條大将だけを外すというのでは、死刑の宣告と同じである。初期の作戦のとき、誰が東條大将を恨んだか、誰が謗ったか。この期に及んでこのような言を吐くとはもってのほかだ」

米内海相もこの主張に同意した。そこまで東條を追いこんではいけないというのだった。結局、枢密院を代表して平沼議長だけが特例で御前会議に出席することになり、このやりとりは終わった。

しかし東條自身、こういう経緯——阿南の努力で自らの矜持が守られたことなど、知ってはいなかった。東條が陸軍の先達にたいしてとった態度、重臣にたいしての侮蔑的な対応、それがいまはねかえってきたのだが、阿南によって秘かに守られたことを、彼は知らなかったのだ。よしんば知ったとしても、いまの彼には唇をかむ余裕さえなかったであろう。

このころ彼のメモ帖には、依然として強気の論が書き綴られ、それによってしきりに自らを励ましていた。水戸光圀の「小事ニ分別セヨ、大事ニ驚クヘカラス」がなんども書かれ、その隣りにたったひと言、つぎのように書きのこしていた。

「一大事トハ今日唯今ノ事ナリ」

六月にはいっての戦闘は、すでに戦争の態をなしていなかった。日本軍は沖縄で局部的に抵抗をつづけていたが、六月下旬には圧倒的な物量を誇るアメリカ軍のまえに全滅した。陸軍は本土決戦に備えて、アメリカ軍の機動部隊に反撃を加えず、兵力を温存する方針をとった。

事態の終局は明らかだった。いまや枢軸側は、ムッソリーニがイタリアの民衆に処刑され、ローマの広場に逆さ吊りにされた。またヒトラーはベルリンの官邸地下で自殺し、五月七日にはドイツは無条件降伏をしていた。いまや連合軍の戦うべき相手は日本だけであり、圧倒的な物量が日本に向けて投入されつつあった。

東條が予言した四月二十五日がメドになるという見通しは、このころになると根拠のなかったことが誰の眼にも明らかだった。アメリカ軍の攻勢はさらに激化し、五月以来、東京、大阪への爆撃はかえって苛烈なものとなった。攻撃のやむ徴候などまったくなかったのである。

しかし東條は、見通しの悪さを天皇に詫びる意思表示を行なっていない。予測が外れても、それは自分の責任ではないという態度だった。重臣というのは、その程度の意味しかなかったのだろうか。

六月、七月、東條の生活は、B29の爆撃で防空壕にはいることと、天皇の身を案じることで終日が過ぎた。爆撃のあと用賀の住民は、元首相の消火作業をときおり見ることができた。

七月二十六日、アメリカの対日放送はトルーマン、チャーチル、蔣介石の日本の降伏条件を定めたポツダム宣言を発表した。十三項目から成るこの宣言は、日本の非軍事化、民主化を骨子にしたもので、そこには「……日本国領域内ノ諸地点ハ吾等ノ玆ニ指示スル基本的目的ノ達成ヲ確保スル為占領セラルベシ」「日本国軍隊ハ完全ニ武装ヲ解除セラレタル……」「吾等ハ日本人ヲ民族トシテ奴隷化セントシ又ハ国民トシテ滅亡セシメントスルノ意図ヲ有スルモノニ非ザルモ吾等ノ俘虜ヲ虐待セル者ヲ含ム一切ノ戦争犯罪人ニ対シテハ厳重ナル処罰ヲ加ヘラルベシ」——といった内容が含まれていた。

日本政府はこの声明を無視することにしたが、それを公表しないと士気が落ちるという陸軍の意向をいれて、二十八日、鈴木首相は「ポツダム宣言を黙殺する」と記者会見で言明した。それは改めて世界に戦争継続の意思を公表することでもあった。

八月六日以後、二つの新しい状況が生まれた。ひとつはソ連の参戦であり、もうひとつが広島、長崎への原爆投下だった。ここに至って天皇は、終戦の意思を東郷外相をつうじ鈴木首相に伝えた。それは鈴木にも渡りに舟だった。

……広島への新型爆弾投下を耳にしたとき、東條はすぐに原子爆弾であることを理解した。彼は昭和十八年半ばに、原子爆弾の早急な研究開発を陸軍省兵器本部に命じていたし、その折りにアメリカがかなり早くから原爆研究にのりだしているのを知っていたからである。しかしアメリカが開発した原子爆弾は、広島とつぎに投下された長崎への二発しかないと彼は考えていた。なにしろ一発を製造するのに十年は要するとの報告を受けていたからだ。事態はこれ以上悪化することはないと考えたが、彼の状況判断はいつもそうであった。

八月九日午後十一時四十五分から十日の午前二時半まで、宮中の防空壕で開かれた御前会議では、ポツダム宣言の受諾をめぐって激論が交された。阿南陸相は「一億玉砕して死中に活を求むべし」といい、梅津参謀総長も「無条件降伏は英霊に済まぬ」と本土決戦論にこだわったが、彼ら以外の指導者では、軍令部総長の豊田副武を除いて国体護持が受け入れられるなら宣言の受諾もやむをえないと考えていた。広島、長崎へ投下された新型爆弾のまえには、それしか道はないと考えたのである。二時間余の激論のあと、鈴木首相に求められて天皇が受諾の意向を明らかにし、ここにポツダム宣言受諾はきまった。

阿南も梅津も、この受諾がスイスをつうじて連合国に伝えられるという政府の処置を黙認した。だが不思議なことに、陸軍首脳は、政府の意思とは別の意を含む通達〈聖戦完遂の大臣告示〉を軍用の全部隊に伝えていた。これは陸軍の国策決定への困惑と未練を示すものであったが、本土決戦派はこれによって勢いづき、憲兵隊は和平を口にする指導者にいっそう威圧をかけはじめた。

この日（十日）午後一時から、宮中では重臣会議も開かれた。国策決定に重臣の意見も聞こうというのである。このとき集まった七人の重臣たちは、事態を受け入れるだけの認識はなく、呆然としながら御前会議の決定を追認した。ひとりずつ天皇に会い、自説を述べることになったが、彼らは細々と〈国体護持〉を死守する発言をくり返すだけだった。東條は、御前会議の決定が天皇の判断を基にしているのだから、一切の抗弁はしないと誓った。彼自身は陸軍の指導者たちと同様にポツダム宣言受諾に反対であったが、〈承詔必謹〉を口にする以上、彼はその考えを胸の中にしまい込んだ。それが臣下としてのありうべき姿だというのであった。

「自分には意見はありますが、ご聖断がありたる以上、やむを得ないと考えます」

天皇のまえで、彼はそう言った。そしてそのあと、「殻を失なった栄螺《さざえ》はその中身も死んでしまいます。それゆえ国体護持を可能にするには武装解除をしてはなりません」と彼はつけ加えた。武装こそが安全の基盤であり、軍隊を失なった国家など考えられぬという意味だった。しかしこの時、天皇が東條の意見にどのように答えたかは明らかではない。

この上奏のあと、東條は陸軍省の自動車で玉川用賀の自宅に送られた。そしてこの日をもって、彼は公式の立場で国策決定に携わることがなくなった。〈重臣、陸軍大将、軍事参議官〉といった彼の肩書きは機能しなくなったのである。

十日夜、日本の海外向け放送は、秘かに「ポツダム宣言受諾」を流した。

敗戦の日

政策決定の中枢である軍務課の佐官たちは、御前会議の決定を知っていたが、これまで一木一草に至るまで聖戦を完遂するといっていたのに、ここに至って戦争を終結させると決定すること自体に不満をもった。それゆえ陸軍省、参謀本部の責任者たちが、御前会議での決定を伏せて、さらに聖戦完遂に邁進せよという示達を流したことは、本土決戦派の中堅将校を勢いづけるものだった。

〈東條英機〉という名称は、そういう彼らの頼みの綱である。「あの東條なら、こんなたちで終熄させることなどあるまい」と彼らが考えても当然であった。なにしろ開戦以来、中堅将校たちは戦いをやめるなど寸分も考えたことはなかったからだ。

彼らの連絡が、東條のもとにはいった。そのルートがどのようなものであったかはわからないが、それは「和平派を監視してでもポツダム宣言受諾はすべきでありません」という内容だった。だがそれに対する東條の答は、「陛下のご命令にそむいてはならぬ」というものであった。

中堅将校たちの眼には、あれほど戦争継続を叫んでいた権力者が、〈ある時間〉を契機にあっさりと態度を一変させたことが不可解に映ったにちがいない。「もし天皇がポツダム宣言受諾を熱心に主張しているなら、それは君側の奸どもが天皇の志を曲げているためだ」と東條は自分たちの計画に同意を示すだろうと、彼らは考えていたのである。その志向をもった指導者は、東條しかいないことを彼らは知っていた。十一日の夜から、陸軍省軍務局の将校たちの間で秘かにクーデター計画が練られたが、そのうちの幾人かは、こうして東條に期待し、裏切られた者たちだった。

東條は将校たちの動きを見て、阿南陸相に会い、〈承詔必謹〉を説くことを決意した。陸軍省に連絡すると、阿南は十二日だけ三鷹の自宅に帰ることが判った。そこで東條は、護衛の警官畠山重人とふたりで、三鷹まで歩いていくことにした。至急阿南に会い、自らの意見を伝えなければ……という焦慮に、彼は捉われていた。

阿南がこの日の夕方、三鷹の自宅に帰ったのは久しぶりのことだった。のちに判ったことだが、阿南は終戦時の混乱の際は自決というかたちで責任をとるつもりでいたので、家族に別れを告げにきたのである。阿南が自宅に帰ってまもなく、松岡洋右が訪れ、阿南と松岡は一時間ほど話し合っている。なぜ松岡が訪ねてきたのか。これは陸軍省軍務局の中堅将校たちが、松岡に阿南を訪ねるよう依頼したからで、この段階で中堅将校たちは、松岡を首班とする徹底抗戦内閣を企図していたのである。しかし阿南は、松岡の説得を受けいれなかった。松岡が帰ってから陸軍省軍務局のふたりの佐官が阿南を訪れ、ポツダム宣言受諾反対を説いた。阿南夫人の阿南綾の証言では、彼らは夜中までいたという。

ところで東條が護衛とふたりで三鷹の阿南宅に着いたのは、すでに十三日に入っている時間だった。このときの模様を、阿南の義弟で陸軍省軍務課の中佐だった竹下正彦はつぎのように証言する。

「たしかに東條大将が訪れたということです。ところが時間がおそかったのと、たまたま応対に出た女中が東條大将を知らなくてふつうの人が会いに来たように思ったらしいのです。それで話のくいちがいがあり、東條大将は帰っていきました。これをしばらくしてから聞いた阿南綾（竹下の姉）が追いかけていきましたが、やっと三鷹の駅の付近で追いつき、自宅に来るよう言いましたが、東條大将は阿南さんがお休みになっているならよろしいです、といって帰られました」――。

　結局、東條はこの日、阿南には会わなかった。あるいは東條は、松岡内閣擁立を画策する中堅将校の意を受けて行ったという見方もできるが、それはこの一事によって否定されるだろう。東條が焼け跡の東京都内を歩き回り自宅に戻ったのは、十三日の明け方だった。「阿南はきっと判ってくれる」と、家人に話したという。

　十二日になって連合国の回答が外国放送、外国通信社によって伝えられてきた。「降伏時から天皇と日本国政府の国家統治は連合軍最高司令官の制限下に置かれる」とあり、「最終的な政府形態は日本国民の意思で決定する」とあった。邦訳にして五百字足らずのこの回答のなかに、日本の運命は凝縮されていた。

　午前八時半、鈴木首相、東郷外相、米内海相は、この回答に不満はあるが、これ以上交渉を延ばしても決裂するだけだと考え、受諾を決意した。しかし梅津と軍令部総長豊田副武は、天皇のまえに出て受諾反対を上奏した。その理由は、大本営が邦訳した訳文では「連合軍最高指揮官に従属されるべきものとす」となっていて、これでは日本が属国になるのを意味しているという理由をあげた。しかし天皇は鈴木、東郷、米内の側に立った。

閣議は揺れ、結論はでなかった。即時受諾派と再度照会派の激論はやまず、そこで正式回答があってから再び閣議を開き、態度をきめることになった。その回答が十三日に届くと、これを受けて最高戦争指導会議が官邸で開かれたが、首相、外相と陸相の対立はおさまらず結論はなかなかでない。アメリカの放送は、日本は故意に回答を遅らせていると批判し、さらに東京爆撃を加えると警告した。

そのいっぽうで米軍機は、ポツダム宣言と連合国軍の回答を日本語で書いたビラを、東京を中心に大量に撒き、日本国民と支配層を分離させる作戦を行なった。

これが陸軍内部の徹底抗戦派をいっそう刺激した。陸軍省軍務局軍事課長荒尾興功、軍務課の井田正孝、椎崎二郎、畑中健二ら佐官級が中心となっている徹底抗戦派の焦りは深まり、阿南に緊急非常措置としての具体的な兵力使用許可を求めた。彼らの計画は、東部方面軍と近衛師団で宮中と和平派を遮断し、国体護持の保証をとりつけるまで降伏しないというのである。阿南はこのクーデター計画に同意せず、梅津はまったく関心を示さなかった。そのため中堅将校たちの計画は、別な〝生き物〟として動きはじめた。

八月十四日午前十時。天皇は杉山元、畑俊六、永野修身の三人の元帥を宮中に呼び、終戦の決意を伝え、陸海軍ともこれに従うよう命じた。十一時半からは天皇が召集した御前会議が開かれ、ここでポツダム宣言受諾の聖断が下り、詔書の文案づくりが命じられた。すぐに閣議が開かれ、詔書の文案が検討された。阿南は御前会議の結論を省部に伝えるため、閣議を中断して陸軍省に戻り、首脳会議を開き、陸軍首脳部は一致して御前会議の決定に従うことを決めた。「陸軍ノ方針」と題されたこの決定は、わずか一行「皇軍ハ飽迄御聖断ニ従ヒ行動ス」と書かれてあるだけで、阿南陸軍大臣、梅津参謀総長、土肥原賢二教育総監が署名することにより全陸軍の意思となった。

八月十四日午後二時四十分は、陸軍が天皇の意思に従い、別な生き物として動かないと誓った瞬間である。

この決定は、東條のもとにも伝えられた。東條退陣後、参謀本部戦争指導班の参謀種村佐孝が、陸軍内部の様相をとき折り伝えていたが、このときも、たぶん戦争指導班の参謀が伝えたものと考えられる。あるいは東條のもとには、陸軍の諜報機関が常時情報をいれていたともいうが、そこのところは、いまとなっては定かな証はない。

皇軍は聖断に従い行動する――それは、東條自身にもうなずけるものだった。いや彼には独自の思想といったものはなく、行動のすべては聖断にしかよりどころはなかった。彼は身仕度をととのえると、市ヶ谷にある陸軍省に行くことにした。阿南陸相に会って承詔必謹の意を伝え、危急の時、いっそう奮闘するよう励ましてくるというのであった。

十四日夕刻から夜にかけて、東條は陸軍省に阿南陸相を訪ね、その足で近衛師団司令部に行って娘婿の古賀秀正大尉に会い、自重を求めたと、家族に話している。当時の陸軍省将校の記録や各種の著作をみれば、東條が陸軍省を訪ねたという記録はない。つまり、この期にあっては、東條の存在はポツダム宣言受諾をきめた陸軍首脳にはそれほど意味がなかったということができる。

夜おそく家に戻った東條は、家族に、阿南も訪問を喜んでくれたといっている。さらに古賀にも会って、承詔必謹を説いて自重するように言ったといい、「何も心配することはない」と伝えている。

この日、東條が古賀を訪ねたのは、東條に一抹の不安があったからだ。

前日午後、古賀が突然、東條家に戻ってきた。日ごろ師団に泊まり、家に戻ってくることがないのに、不意の帰宅に家族はいぶかった。古賀は、地下室（防空壕）で一歳の息子をだきあげ、妻と義妹に向かって、

「これからはいかなる風が吹いてこようとも前を見て歩くんだ。わかったな、何かあったらすぐに九州のおれの実家に行け」

と言った。そして「おれの髪と爪はあったか」とたしかめた。

ちょうどそのとき、東條のもとには来客があった。それで古賀は、東條に軽く会釈して再びサイドカーで司令部に戻っていったが、古賀の帰ったあと、東條は家族に、彼が「髪と爪があるか」といったときいて驚き、「なに！」と大声できき返した。「死を覚悟している」「軍内のクーデター計画に加担しているのではないか」と考えたのである。

近衛師団司令部を訪ねて古賀に会ったとき、ふたりの間にはつぎのような会話があった

と推測される。

「軍人はいかなることがあっても、陛下のご命令どおりに動くべきだぞ。承詔必謹でなければいかん」

「私もそのようにいたします。ご安心ください」

東條は執拗に承詔必謹を説き、古賀はそれにうなずく光景があったにちがいない。しかし皮肉なことに、この十時間後に古賀が自決することになろうとは、ふたりとも考えていなかっただろう。のちに、東條家に古賀の最期の様子を伝えにきた軍人は、以下のような説明をしたという（正史とはいくつかの異なる点もある）。

このとき古賀は複雑な立場にいた。前日、用賀の東條家から戻ったとき彼を待ち受けていたのは陸軍省軍務局の中堅将校たちだった。計画どおり近衛師団を動かすために、師団参謀の説得にやって来たのだ。参謀室には作戦命令の文書があり、古賀に脅迫まがいの説得がはじまった。

「陸軍の指導者は、大御心だからこれに従うだけだと言っているが、しかし降伏することは果たして大御心に添うものかどうか……。しかも宣言受諾は天皇のうえに新たな力が加えられることだ」

古賀は迷った。しかし悩んだあげく、彼は印をついたという。

十四日夜から十五日朝にかけて、天皇のポツダム宣言受諾の玉音放送用録音盤奪取を企図して、師団司令部、陸軍省軍務局の中堅将校が行動にでた。しかし彼らが考えたように東部方面軍の決起もなく、近衛師団参謀の命令書も連隊長に見破られ、陸軍内部に波及することなくあっけなく挫折した。

——この事件から五年後、東條家にかつての参謀本部の一軍人が秘かに手記『追憶の記録』を届けたという。そこには、古賀の遺言が記されてあった。この軍人は八月十四日夜に宿直として大本営にいたのだが、事件が起こるや侍従武官と大本営との連絡役をつとめ、決起将校の動静をこまかに見ていた。手記はつぎのような内容だった（原文は古賀の遺児が所蔵）。

「……御守衛隊本部の裏手の堤防上に登った。（古賀参謀は）振り返って静かな口調で『実は私は昨日用賀の父のところに行きました。父からは軍人はどんなことがあっても陛下のご命令どおりに動くべきものだぞと懇々と申されました。私もそのようにきっと致します、御安心下さいと答えて司令部に帰って参ったのであります（この間の事実関係は、手記の執筆者の記憶が少々ちがっている—保阪）。帰ってみると軍務課の課員との間の書類ができていて、師団命令が起案されていました。そこに私の連帯印だけがしてないのです。先輩参謀が連帯しているのに私だけがしないということはどうしても出来なかった。父の言にも背き悪かったと後悔いたしております。私に出来る責任の取り方はいかなることでも致しますが、この私の本当の心持を機会がありましたなら、私の妻に伝えて下さい』と語られた。涙が出ている。私も共に泣いた」

手記によれば、これが十五日の午前六時だったという。すでにクーデター計画は動いていた。失敗を願いながら、決起に加わっていた古賀は、自己の信条と裏腹の行動にでていて、その亀裂の深さに悩んでいたことになる。このとき彼は二十八歳だった。

十五日朝のラジオ放送は、全国民に、重大な発表があるから正午のラジオ放送をきくよう呼びかけた。

正午まえ、東條家の十畳間にあるラジオのまえに家族は座った。軍服を着て正座した東條の後ろにカツが座り、四人の娘とひとりの孫、それに女中、護衛の兵隊と、いまは東條の私設護衛でもある元警官の畠山重人が一団となった。やがて天皇の声が流れた。その声は数分で消え、アナウンサーが〈敗戦〉にいたる経過をたんたんと説明しはじめた。すすり泣きが洩れた。はじめそれは護衛の警官や憲兵から起こり、そして家人に広がった。東條はうつむいていた。五日まえに終戦を知っていたとはいえ、現実になると、すこしばかり落胆した。このあと東條はどんな行動をとったか。『文藝春秋』(昭和三十九年六月号)に『戦後の道は遠かった――東條家・嵐の中の二十年』と題してカツが書いている。「御詔勅をきいて、主人が、『終戦までは一死御奉公。これからは陛下のご命令で生き抜いて再建の御奉公。御奉公の方向が違っただけで意義は少しも違わない』と家族のものに教えさとした……」――。

もしこれを東條の本音とするなら、何と無責任かといわれても仕方あるまい。政治指導者としての自身の責任は、どうなるのであろうか。天皇に従うと称して、その実、天皇に一切の責任を押しつける意図を、彼は意識しないまでも、もっていたということになるではないか。

一時間後、近衛師団参謀長から東條のもとに電話があった。古賀が自殺したことを、この電話は告げていた。

「覚悟しておけ……秀正は自殺したらしい」

と、彼は二女に伝えた。

このとき東條は、古賀がクーデター計画に関与したとは思っていない。敗戦を認めることができない将校が、肉体の消滅をもって意思表示をしたと受けとめていた。古賀の遺体は、顔だけみえるようになっていて、全身は包帯でつつまれていた。師団の貴賓室で割腹し、咽喉に拳銃を打ちこみ絶命したという報告を、その死体は裏づけていた。自らの肉体を射た拳銃は、形見として東條のもとに届けられた。

遺体に付き添ってきた参謀のひとりが、前夜からの不穏な動きに加わり、その責任をとって自決したと遠慮がちに告げた瞬間、東條は応接間のソファに座りこんでしまった。彼の目は焦点を失なっていた。しばらくして彼は、「ご迷惑おかけしました」と参謀に丁重に詫びたが、これ以後、東條は人間としての古賀に言及することはあっても、軍人として語ることはなかったという。大権干犯はどうしても容認できなかったのである。その夜の仮葬儀は奇妙な静けさの伴ったものであった。

十五日夜から十六日、十七日、十八日と、東條のもとには来訪者が相次いだ。陸海軍の将校、民間右翼、学生たちで、彼らは激情を叩きつけるように、東條に申し出た。ある将校は、「宮城を枕にもう一戦交えなければなりません。本土防衛はいま整ったばかりです」といい、「決戦内閣をつくって最後まで闘いぬきましょう」という官僚もいた。

しかし彼らは、東條のすげない返事にあって帰っていくだけだった。

「大命を拝した以上は、大御心に沿ってご奉公しなければならない。天子様を離れては日本では力がでない。それが日本人というものだ。この際は心を新たにして国内の一致団結が必要だ」

血気にはやる軍人には、つぎのように言うこともあった。説得力をもったか否かは別にして、たしかに瞬間的なことばの美しさはあった。

「若い者が忍びがたい現状について血の気が多くなるのも当たりまえだ。その気持はわからぬでもないが、大命を拝したあとは、過去のゆきがかりを離れて天子様の大御心にそわなければならない。武装解除をされる武人の人情は察するにあまりある。心根があっての剣、そして銃だ。たとえ武装はなくなっても心の武装は永久に失なわない。自分の心の武装は決して解除されない」

また激情的なこれらの声とは別に、東條を弾劾する声が起こることを彼は予想していた。二十日前後からは、東條家に宛てて、自決を勧めたり殺してやる式の脅迫状が届くようになり、それはまたたくうちに山となった。彼はのちに巣鴨拘置所にいる折りに、ある人物に、イタリアのムッソリーニのように私刑にあうことを恐れたと告白したが、そういう空気はたしかにふくれあがっていた。

二十日近くなって、東條家の回りを十数人の憲兵が護衛した。表向きそれは、不穏な計画をもって訪ねてくる軍人を追い払うことにあったが、実際には東條自身へのテロを警戒してのものであったろう。東條もそれを感じたのか、応接間にとじこもったまま外に出ようとはしなかった。そして思いついたように、廊下の下に掘られている防空壕を砂土で埋めた。アメリカ軍が日本に来れば、当然この家にも訪ねてくるだろうが、そのとき自宅の防空壕を発見されるのは屈辱的であった。彼としては、泰然自若として彼らと応対したかったのである。

彼が熱中したもうひとつの作業は、陸大時代から綴っていたメモやノートを焼き捨てることだった。そのなかには歴史的な資料になるものが多く、とくに陸相、首相在任中の執務メモは一個人の備忘録ではなく、日本の歴史を継承していく重要な資料になるはずだった。それもすべて庭で焼却した。煙は三日間もつづき、四十年近い彼の膨大なメモ帖は、あっけなく灰になっていった。東條の目を盗んで家族が二、三冊ぬきとったのが残されただけだったが、そのメモ帖を本書では参考にしている。

またメモ帖だけでなく、交友録もこのとき焼かれた。「こちらから会うことはない。会いに来る者だけが本当の知人なんだ」と東條はカツに洩らしたりしたが、このふたつの仕事を終えたあと、東條は家族を集めてつぎのような心がまえを話した。

「自分は開戦時の首相だから、想像もできぬほどの波も襲ってこよう。自分は充分対応できるが、家族にはそれを被らせたくない。それにポツダム宣言には、戦争責任者の処罰も唱っている。自分はそれも甘受しよう。あるいはアメリカに連れていかれるかもしれぬ。それも覚悟のうえだ。そのときは堂々と出頭して意見を述べるつもりだ。おまえたちも東條の娘として苦労することもあろうが、前を向いて歩いてくれ……」

そして彼は、つぎのことばをなんどもくり返した。

「東條英機の功罪は、百年後の史家の判断を待つ。そこでわかってもらえるだろう。それを信じている……」

近衛も、また近親者にこれと同じことばを洩らしていた。つまるところ、日本の指導者たちが頼るべき世界は、百年後という抽象の世界でしかなかったのだ。

東條の自殺未遂

戦後初の内閣となった東久邇内閣のもとで、陸軍省は終戦業務を行なう行政組織になったが、その具体的方向はすこしも明らかではなかった。占領軍がどのような態度をとるのかをつかみかねていたからだ。

八月十五日を境に、政治、軍事の中枢にいた人物の自決が相次ぎ、たとえば東條内閣の文相橋田邦彦や軍事参議官篠塚義男などが、開戦の責任をとって自決した。陸相阿南惟幾は十五日未明に自決した。将官の自決は十数人に及んだ。

そして、そういったことが報じられるたびに、東條の自決も当然だという空気が生まれていった。外地から帰還した佐官クラスの将校が、敗戦の責任をとって自決するように勧めたこともある。しかし東條は、「死ぬことより生きることのほうが辛い。もうすこし考えさせてくれ」と答えている。実際、そのことばどおり、東條はこの期には死ぬつもりはなかった。

かつての側近で、最初に東條家を訪れ面倒をみたのは、秘書官だった広橋真光である。内務省の官吏にもどっていた彼は、東條の相談相手となった。東條家の刀剣や賜物の隠匿を指示し、家族の疎開も助言した。東條をとり囲む情勢が悪化しているのを知っていたからだ。

広橋は、『秘書官日記』につぎのように書いている。

「大詔を拝した上の大将の御気持はさっぱりしてゐる。最後の御奉公をなし、敵の出様如何によっては進退を決することとし、国家の為になる様に天子様の御徳を傷つけない様に機に応ずる決意ははっきりしてゐる。それ故家の心配をなくすこととし、次男以下分家することとし、次男は分家、三男は長女の養子とし、三女、四女だけを家族とし、九州の勝子夫人の郷里に帰されることとなった。東京には勝子夫人と二人きりで敵の出様を待たれることになった」

八月二十七日、東條は四人の娘を九州・田川のカツの実家に送った。家には憲兵と警官、それにカツと手伝いの女性がのこった。身軽になった東條は、これを機に胸中の一部を洩らすようになった。このころ盛んに報じられているドイツのニュールンベルク裁判を意識し、かつてのドイツ政府の要人が、連合軍の検事に糾弾され身を縮めているという記事を読むたびに、東條の不安は昂まっていき、つぎのようなことばをしばしば吐いた。

「戦争責任者というなら、自分が一身に引き受けて国家のために最後の御奉公をする。連合軍は戦争犯罪人というが、こんなことばはまったく受けいれられない」

しかし〈国家のために御奉公する〉ということは、具体的にどういうことだったろうか。それを八月の終わりから九月の初めにかけて、彼自身も決めかねていた。ポツダム宣言にあるとおり、戦争責任者の処罰が自分自身を対象にしていることは疑っていなかったが、それにどう応じるかは充分につかんでいなかった。

目前には、彼の意思で行なえる〈自決〉という責任のとり方がある。肉親からもこの声があがった。九月にはいってすぐ、二男が家族と一緒に訪ねてきて、「ともに自決を……」と詰めよったことがある。そのとき東條は、つぎのように言って制した。

「わしのことはわしに任せておけ。おまえたち若い者は、これからの日本の建設に必要なのだ。死んではいかん。もしそれでも……というなら三年待て。その間に考えが変わらないなら死んでいい」

「三年待て」ということばには、実は、自決を拒否する意味があった。二男と前後して三男も帰ってきた。陸軍士官学校に在学中のこの青年は、敗戦によって生きる支えを失ない、終日声を挙げて泣いた。遅れをとった青年の泣き声は口惜しさに満ちていた。「これからは日本建設のためにご奉公するのだ」と、東條はこの青年を慰めた。二男、三男の自失は、当時の日本の平均的な青年のそれと同じだった。東條はそれを必死に慰撫するのが役割でもあるかのように、慰めつづけた。

八月三十日、マッカーサーがパイプをくゆらせて厚木飛行場に降り、九月二日には東京湾上に停泊中のミズーリ号で降伏の調印式が行なわれた。降伏文書の調印によって、連合軍最高司令官による日本の占領、管理が開始され、天皇と日本国政府の権限は、この文書の枠内でのみ機能することが許されることになった。最高司令官つまりマッカーサーの間接的統治国家となったのである。

東條は、連合軍がどのような対応策をとるのか不安気に見守った。敵の出様如何——をさらに具体的に考えなければならなかったが、東條が考えている〈敵の出様〉というのは、つまるところ、かつて首相にあった者にたいする態度という意味のようであった。無礼で傲慢であれば、それに抗するというのである。彼が考えているプライドとは、そういうことであった。そしてムッソリーニの逆さ吊り死体が写真で報じられると、「醜悪な死体にはなりたくない」と、死後のことを気にする口ぶりにもなった。

マッカーサーの日本統治が報じられてから、東條家には庶民の怒りの投書はいっそう増えた。「おまえのために息子は死んだ」「切腹して国民に詫びろ」「早く自決しろ」——そういう投書を東條は気にした。とくに東條を恐れさせたのは、戦争未亡人の、「おまえには三人の息子がいてひとりも戦死しなかったではないか」という文面だった。長男は満州国の警官、二男は航空機の専門家だったため徴兵されなかったのに……と、東條は弱々しくつぶやいた。

もっとも戦時中にもこうした噂が囁かれた。東條はそれを気にして兵務局に「長男を徴兵しろ」と催促したという。この長男は東條にことごとく反撥し、終戦時にも「いまだかつて親父のおかげで役だったことはない。終戦後は東條の子だ、孫だ、といじめられた。何の因果で東條の子供などに生まれてきたのだろう」とぐちったという。その長男を東條もまた敬遠しつづけた。長男のなかに当時の日本人の冷たい視線を見ていたからだろうか。

連合軍は横浜に仮庁舎を置くと、日本統治の具体策を実施したが、日本側の公使鈴木九萬の著しているところでは、総司令部は日本人が考えている以上に戦犯問題を重視していることが判った。アメリカ国内の世論を静めるためにもそれは必要な事項だったというのである。総司令部が九月上旬に戦争責任者数十名を逮捕するかもしれないという噂を耳にした鈴木は、それを東久邇内閣の重光外相に伝えた。重光は総司令部に、占領政策や戦犯逮捕などは日本政府を通じて行なって欲しいと要望した。

重光のルートで、この情報は東條にも伝えられた。東條の名前がリストの最初にあるようなので了承しておくように……というのであった。来るべき時がきたと、東條は受けとめた。そして新たに、東條の胸中に葛藤が起こった。自らの名で布告した『戦陣訓』の一節「俘虜ノ辱メヲ受ケズ潔ク死ヲ選ブ」に、彼自身が拘束されはじめたのである。

九月五日ごろから十日までの間、東條の胸中は揺れ動いた。『戦陣訓』のとおり自決するか、それとも戦争責任者として潔く連合軍の裁きを受けるか。彼はどちらにも決しかねていた。だが連合軍が刑事犯を連行するような扱いをするときは、抵抗か自決を考えた。それは彼自身の面子と小心さが生みだした結論でもあった。かつて石原莞爾、尾崎行雄、中野正剛、そして重臣たちに傲慢な態度をとったのも、その面子と小心さのゆえであったが、彼はいまもその性格に振りまわされていた。すでに彼は、裁判で天皇に責任がないことを陳述できるのは自分しかいない、という考えを放棄しつつあった。

彼は秘かに遺書を書いた。人を介し徳富蘇峰に添削を頼み、机にしまいこんだ。遺書は「英米諸国人ニ告グ」(四百字)、「日本同胞国民諸君」(四百八十字)、「日本青年諸君ニ告グ」(四百字)の三通で、戦争責任はアメリカにあること、日本は神国であり不滅であること、という彼の考えが凝縮されていた。

つけ加えれば、この遺書は、のちにUPのホーブライト記者によって昭和二十七年の『中央公論』誌上で公表された。法学者の戒能通孝はこの誌上で、「東條的無責任論の内容は、彼が結果を言わずして『正理公道は我に存し』と力説するだけで、国民に命令し、『青年諸君』に教訓するがごとき心境を、敗戦後にいたるまでなお持ちつづけていることに十分以上に現れている」と批判している。それが当時の日本人の平均的な考えだった。

遺書とともに東條は、もうひとつ彼らしい周到な用意をした。隣家の医師をたずね、心臓の位置を確かめて、そこに墨で○印をつけた。そしてそれを、風呂にはいるたびに書きかえた。

〈東條が自決を覚悟している〉

どういうルートか不明だが、このことは陸軍省にも伝わった。むろんそこには、東條ほどの地位にいたなら自決すべきだという意味もこめられていた。いや歓迎の声さえあった。しかし省部の要職にある者は、この噂を不吉なものと受けとめた。天皇を免責するためにはこの男を殺してはならぬ、という共通の理解があったからだ。九月十日、下村定陸相が陸相官邸の貴賓室に東條を呼び、自決を思いとどまるよう説得したのもこのためだった。

「軍事裁判は戦争責任の所在を追及することになりましょうが、そうなればそれを語れるのはあなたしかいない。いやあなたがいなければ審理もきわめて不利なものになる」

東條の返事は曖昧だった。下村には、東條が態度を決めかねていると映った。そこで下村は切り札をだした。それが東條の弱味であることを知っていたのだ。

「万一、累を陛下に及ぼし奉るような事態にでもなったら、それこそ申し訳ないではありませんか」

東條は絶句し、しばらく考え込んだあげくに答えた。

「君の言うことはわかる。しかし、自分にはもうひとつ理由がある。それは戦陣訓だ。捕虜になるより潔く死を選べと自分は言ってきた。それが気持のうえで大きな位置を占めている」

しかし下村は、とにかく自決してはならないと説いた。天皇のためにあなたの命は必要なんだという論旨だったが、それに東條は充足感を覚え、「考え直してもいい」と答えて自宅に戻った。

この日、自宅にアメリカ人記者二人が初めて取材に訪れた。彼らは陸軍省の自動車から降りた東條を取り囲んだ。「敗軍の将、兵を語らずです」と東條は口をつぐんだが、しかし彼らは執拗につきまとい、あげくの果てに庭に椅子を持ちだして即席の記者会見を強要した。

彼ら新聞記者たちは、この二、三日中に総司令部が戦争責任者の逮捕にのりだすかもしれないという情報を握っていた。それに新聞記者の間では、マッカーサーがこの問題に積極的ではないとの不満があり、日本の戦争責任者の素顔を世界に知らせて、戦争責任者追及を行なわせようという含みももっていた。

「開戦の責任は誰にあると思うか――」

「諸君は勝利者であり、いまは諸君がその責任者を決めることができる。だがこれから五百年、千年を経たとき、歴史家はちがった判定を下すかもしれない……」

「あなたはアメリカで天皇の次によく知られた男だ」

「それはいい意味でですか、それとも悪い意味でですか……」

ときに記者たちは笑い、東條も笑った。こういう問答をくり返しているうちに、記者たちは「日本のヒトラー」「東洋のナポレオン」と考えていた先入観と異なる印象を受けたらしく、その印象を「あるときは鋼鉄のような冷たさ、あるときは心からの笑い、というように気分を変化させながら語った」と世界中に流した。アメリカ人記者たちも、東條に好感をもったというニュアンスを記事の中に盛りこんでいた。

しかしこれは、東條には名誉なことではなかった。開戦の責任を問われたなら、東條もルーズベルトのように自ら信じている不動の信念を卒直に語り、彼としては日本の立場を強調しなければならないはずだった。彼の書斎兼応接間の机の中には遺書があり、そこには戦争責任はルーズベルトにあるとも書かれていたが、そのことも彼の口からは出なかった。肩書きが外れたいま、彼は驚くほど小心で気弱な人間として、敵国の新聞記者のまえに立ちすくんでいるだけだったのだ。

翌十一日、いつものように午前五時に起きた東條は、応接間で書き物をしたり、新聞を熱心に読んだりの生活にはいった。昨日のアメリカ人記者の訪問や下村陸相からの呼びだしは、連合軍からのなんらかの動きの前触れのように思われ、それが東條を緊張させていた。

午前十時すぎ、ふたりの訪問者があった。赤柴八重蔵と小野打寛である。赤柴は本土防衛にあたる第五十三軍司令官で終戦を迎えた。小野打はフィンランド公使館駐在武官だったが、戦争末期に帰任し、そのころフィンランドがソ連に敗退したときの模様を東條に講じたことがあった。庭に椅子をもちだして三人は雑談にふけった。このときの模様を、昭和五十二年五月に赤柴はつぎのように証言している。

「語ることはもっぱら古賀君のことで、戦争のことはふれぬようにした。それがこのころの私たちの礼儀でした。私自身は陸士幹事をしていて古賀君とは師弟の間柄でもあったから、とくに東條さんと会話を交しましたが、この日の東條さんの表情にはかつての陸軍大臣のころの凄味がなくなっていて、悟りの境地にはいっているような和やかさがありました。古賀君の話をしているときも、涙を浮かべていた。正午が近づくと私たちは椅子を立ちました。当時は食事時間に他人の家を離れるのが礼儀でしたから……」

東條は門までふたりを送ったが、その時、細い道に三台のジープが駐車していて、そこに数人のアメリカ人記者らしい男が乗りこんでいるのを認めた。送る側も送られる側も、これが何を意味しているのか容易にわかった。

応接間に戻ると、東條は、この家の三人の住人を集めた。カツと女中には、かねてからの打ち合わせどおり親戚の家に行くよう命じ、東條自身は護衛の畠山重人とふたりでこの家にとじこもる準備をはじめた。東條は応接間に入り、畠山は家のすべてに鍵をかけて、奥の居間で事態の変化を待った。

午後一時すぎになると、ジープがつぎつぎと横づけされた。新聞記者と、銃を肩にしたMP三十人あまりが東條家の回りを徘徊し、ある者は邸内に入りこんで、ガラス戸越しに室内を覗きこんだ。

〈なぜ何も言ってこないのだろう〉

東條は首をひねった。彼は連合軍が逮捕に来たと思ったが、それよりも前に射殺されてしまうかもしれぬと恐れた。そのまえに自殺しようと心を決めた節がある。それで応接間を死に場所にふさわしいように最後の点検をした。長年つかっていた机、椅子、書類棚。ソファの後ろには等身大に近い肖像画があり、机には彼の心の拠り所である大東亜会議の写真を飾った。そして応接セットのテーブルに遺言状を置き、二挺の拳銃と短剣一刀を並べた。それから部屋の隅に大将の肩章と六個の勲章の略綬をつけた軍服をたたみ、その脇に軍刀三刀を立てた。それが帝国軍人の最後を見守る舞台装置であった。

動きがはじまったのは午後四時近くになってからである。二台の高級将校用のジープが玄関前に横づけになると、数人のMPが降り、これまで監視をしていた兵隊を指揮して玄関と応接間周辺をとりまいた。MP隊長ポール・クラウス中佐が玄関をノックした。と同時に、邸をとりまいていたアメリカ兵が一斉に銃をかまえた。彼らも銃撃戦を覚悟したのである。

ノックの音をきくと、東條は女婿の古賀の形見の拳銃をテーブルにのせた。たぶん彼は、軍服を最後の衣裳としたかったにちがいない。そうしておいて彼は、半袖開襟シャツにカーキ色の乗馬ズボンという服装で応接間の窓をあけ、「拘引の証明書をもっているか」とたずねた。するとMPのひとりが書類を見せたので、東條は「いま玄関の戸をあけさせよう」と言って窓を閉め、鍵をかけた。軍服に着がえる時間はなかった。のちに東條が巣鴨拘置所で語ったところでは、このあと彼はソファに座り、左手に拳銃を握り、○印の個所をシャツ越しに確かめて古賀の拳銃を発射させた。しかし彼が左利きだったことと、発射の瞬間に拳銃がもちあがったことで、弾丸は心臓から外れた。

一発の銃声はアメリカ兵たちを驚かせた。彼らは、東條とその護衛たちが絶望的な戦いを挑んできたと考えた。すぐに応射し、何条もの弾丸を家に射ちこんだ。しかし邸内からの応射はない。幾人かが玄関を破り、拳銃を手に応接間のドアを壊しにかかった。興奮した英語が応接間のなかに投げこまれた。

このときカツは、隣家の庭で農婦を装いながら様子をうかがっていた。邸内から一発の銃声が響き、それに応じてMPの乱射があり、あとは喧騒が自宅を支配しているのを知って覚悟をきめた。軍人らしい死に方であって欲しい……と合掌し、夫はそのように死んでいったであろうと確信して、彼女は庭から離れた。高台の道を降りていくと、あちこちにジープがとまり、待機しているMPが無線にとびついているのが眼についた。ジープのなかに機関銃が無造作に積みこまれてあり、もしもの場合にはアメリカ兵は射ちあいを覚悟していたのだと思った。それが夫への〈対応〉だったのかと、彼女は不快の念を押さえることはできなかった。

しかし、このとき、カツには夫に殉じるつもりはまったくなかった。その意味では、日本的な情緒をふりきったところにこの夫婦は立っていたのだった。

「戦争全責任ノ前ニ立ツコト」

民主主義への感嘆

数人のMPは応接間にかけこんだとき、アームチェアによりかかり、頭を垂れ、呼吸を荒らげている、かつての敵国の首相を見た。応接間のドアと対峙するように、彼のソファはあり、この元首相はまだ拳銃を手ににぎりしめ、侵入者にひき金をひくかのような意思をみせていた。隊長のポール・クラウス中佐が、「射つのはやめろ」と叫ぶと、その手から拳銃が落ちた。

その瞬間から、この応接間はひとりの病人が置かれた手術室とかわらなくなった。「医師を呼べ」と英語で叫ぶ者、東條の脈をとる者、手際よく包帯をとりだす者……。

この一連の光景を目撃した日本人が、たったひとりだけいる。朝日新聞出版局記者の長谷川幸雄であった。彼がここにいたのは、まったく偶然だった。外人記者に頼まれ、東條家に案内してきたところで、この事件にであった。彼は、クラウス中佐につづいて応接間にもぐりこんだ。記者特有の目で、すばやく室内を見わたした。質素な部屋だった。日本刀と軍刀が部屋の隅に置かれているのがわびしく映る。つぎに彼は、東條の傍にいき、かつて権勢をきわめた男の表情を見つめた。

皮膚は蒼白く、顔は汗でぬれ、血が湧き水のように胸部から吹きだして床に落ちている。死が迫っているように見える。東條の手は、脈をとろうとする者の手をなんども払いのけていた。

アメリカ人記者が、「東條が何かつぶやいている」と長谷川の肘をついた。長谷川は東條の口に耳をあててみた。

長谷川幸雄はそのときの状況を語る。「小さな声で聞きとりにくかったが、しきりに何かをくり返していた。それが、『一発で死にたかった』ということばだと気づいたので、私も反復するように『一発で死にたかった』とどなった。するとやはり彼も軍人のせいか、この応答が気にいったのか、とぎれとぎれに十五分ほど話しつづけた。私は新聞記者として東條という軍人が好きではなかったが、この現場に立ち会ったことに妙な因縁を覚えたものです」——。

長谷川はこのときの顚末を『文藝春秋』（昭和三十一年八月号）に「東條ハラキリ目撃記」として発表しているが、それによると東條の語ったのはつぎのようなことばだったという。「一発で死にたかった。時間を要したことを遺憾に思う。……大東亜戦争は正しき戦いであった。国民と大東亜民族にはまことに気の毒である」「法廷に立ち戦勝者のまえに裁判を受けるのは希望するところではない。むしろ歴史の正常な批判に俟つ。切腹は考えたが、ともすれば間違いがある」「天皇陛下萬歳。身は死しても護国の鬼となって最期をとげたい」――。

東條のこのことばは、長谷川のスクープとして世界に流れた。だが机の中の遺言を押収した総司令部は、「遺言の内容は裁判を拒否するので自決するというものだった」と簡単に発表しただけである。

東條家の応接間には、近くの荏原病院の医師が呼びだされた。この医師は「もう手遅れだ」といって診療に熱心にならなかった。本人が死ぬ覚悟でいる以上、その意思を尊重しようという心算だった。しかし連合軍は、「東條を死なせてはならぬ」という考えをもっていた。報告を受けたマッカーサーはすぐに医師を派遣して、自らの厳命を徹底させるようのぞんだ。彼は東京裁判の主役に東條を据えようと考えていたからである。

もっともこの期、マッカーサーは東條とその閣僚を捕虜虐待などの罪でB級戦犯とし、アメリカ独自で裁判を行なうべきだと執拗に本国に要請していた。が、この要請は拒否されている（「米国公立文書館文書」による）。

アメリカ人医師が駈けつけ応急処置をしたうえで、東條は、横浜・本牧にあるアメリカ陸軍の仮設病院に運ばれた。小学校の講堂を改造した病室には医師と看護婦がつきっきりで看病し、十一日深夜になると東條の様態は、弾丸が第六、第七肋骨の間をぬけ心臓からわずかに離れていたので致命傷にならないことがわかった。東條が流動食を拒んでいることも明らかにされたが、アメリカ兵の血が輸血され、身体は回復に向かっているとも発表された。

翌日からの新聞、ラジオは、東條の自決未遂を冷たい筆致で伝えた。そこには、やはりこのころに自殺した杉山元夫妻の見事な割腹自殺と比べて、「武士としての心がまえがない」「芝居であろう」と嘲笑、無視、愚弄があった。東條の周辺にいた者は、東條が日頃から「退き際と死に際が大事だ」と豪語するのを耳にしていただけに、この不徹底さは彼自身の意思の弱さにあると受け止め、行動の規範をもたぬ人間に共通の失態だとした。木戸幸一はこの自決未遂を日記に書かず、衆議院の事務局長だった大木操は『大木日記』に「未遂とは何事か」と書き、細川護貞に至っては「日本の面子をつぶした。こんな小心者に指導されていたとは……」となじった。マッカーサーのもとには「東條に死刑を」という感情の束が手紙の山となって積まれた。

近親者の家で身を細めながらこのニュースを聞いたカツは、周囲にいる者が東條に短刀を渡して死なせて欲しいと願った。自決未遂は彼女にも不満だったのだ。武士の情があるならそうしてほしいと願ったと、のちに話している。その不満を抱えて、彼女は九州の実家に帰った。

……つけ加えれば、いまだに東條英機はMPに射たれたと信じている者がいる。理由は簡単だ。軍人は自決の方法を日ごろから教えこまれていたし、本当に死ぬ気ならこめかみに射てば即死のはずだというのだ。東條ともあろう人が、最後に見苦しい自決未遂などするわけがないというのだ。だが結論は、この人たちは、いまだに東條英機を幻想のなかでとらえているにすぎない。東條は確かに自ら命を絶とうとし、それに失敗したのである。

東條の自決未遂は、日本政府を驚かせた。政府に通告なしにいきなりMPが逮捕に行くというのは困るということで、重光外相は総司令部と交渉し、今後は日本政府をつうじて身柄を拘束することを認めさせた。このとき連合軍は、三十九名の逮捕を考えていたのである。

戦争責任者の身柄拘束という面からも、東條の自決は新たな局面のなかで受けとめられた。強引な逮捕をつづけると、日本人は自決でそれにこたえるという教訓になったのだ。

東條の病室を最初に訪ねた日本人は、外務省の鈴木九萬だった。彼が政府の代表として見舞いに来たことを告げると、東條は、「自分はもう生きながらえる考えはない。……アイケルバーガー中将（第八軍司令官）が、自ら病院に来て、かゆいところに手の届くような手厚い待遇をしてくれて感謝に堪えない」と言った。その日から、十月七日に傷が癒え大森にある収容所に移されるまでの間に、鈴木は数回東條を訪問したが、東條の言動はしだいに変化したと証言している。二回目の訪問では、「死ぬのはやめにした。法廷で所信を述べ戦争責任をとりたい」と東條はいい、自分にたいする日本政府の無関心な態度にも不満を洩らした。かわって「アメリカの将校は徳操が高い」とか「わが陸軍からは誰も見舞いにこない」とまで、彼は洩らすようになっていた。

ここには、状況のなかで容易に思考を変質させてしまう東條独特の無定見さがあった。思想や世界観がないゆえに、ただ状況に反応するだけだったのだ。

アメリカにたいする素朴な共鳴は、大森の収容所に移っても彼の口から語られた。この収容所には、東條自決のあと拘束された三十二名の指導者たちがすでに居住していた。東條が戻ってきてもしばらくの間、かつての指導者たちは〝最高権力者〟に冷たい視線を向け、東條もまたその輪に入っていこうとしなかった。一足先に収容されていた橋本欣五郎は、そういう東條の姿を「病ゐえて東條元総理入所す、歩行たしかならず物のあはれを覚ゆ」と自らの歌集に記している。

この収容所には、占領直後、総司令部の命令に叛いたとして、現役の官僚、軍人も懲罰の意味で収容されていた。敗戦時に参謀本部総務課長だった大佐榊原主計《かずえ》もそうしたひとりだったが、彼が支那派遣軍時代に赤松の親友だったことを知ると、東條はもっぱら彼を話し相手とした。

このときの会話をメモしていた榊原は、巧妙に収容所からそのメモをもちだしたが、そこには東條の反省が刻まれていた。統帥権独立は結果的に誤りであり、これによって軍内の下剋上の思想がはびこったといい、それが陸軍の横暴につながったと自省している。さらに彼は、アメリカのデモクラシーについて感に耐えぬような意見を洩らしていた。「治療を受けるあいだつき添ってくれたアメリカのMPは立派だった。社会の動きにもそれなりの見識をもっていた。教育程度も高いからだろうが、国民に知らせ、自覚をもたせ、これを掌握すれば力となる。アメリカのデモクラシーはこの点にあったのだ」

将来は、日本もこの方向への改善が必要なのだと思うとつけ足している。それを敷衍《ふえん》して彼は、日米交渉にも反省を洩らした。

「日米両国はともに虚心坦懐に東亜安定の基礎確立のために、直接交渉して、和平の途を勇敢に講じてみるべきではなかったか」

指導者のこうした初歩的な自省の言を公表するには、当時はあまりにも波紋が大きすぎた。榊原が東條の諒解を得てもちだしたこのメモを公表したのは、実に二十九年後の昭和四十九年だった。東條のあまりにも素朴な自省は、開戦時の首相の言としては不謹慎すぎるからである。この程度の認識もなしに戦争に突入したとすれば、それはかなり由々しき問題と受けとめられてもしかたがなかったと、関係者は恐れたのだ。

大森収容所は戦時中の捕虜収容所だった建物で、皮肉なことに、日本の指導者たちはここに捕われの身となった。しかし彼らの生活はそれほど不自由だったわけではなく、昼は自由に鉄条網の中を歩くことが許された。

その折りに、かつての指導者たちはそこかしこで輪をつくり、談論するのが常だった。東條はそれらの輪に加わらず、ひとりで本を読んでいた。ほかの収容者も東條に話しかけようとはしなかった。東條が孤立しているのは、だれの眼にも明らかだったのである。

差し入れは自由だったので、東條の長女が九州から上京し、親戚に身を寄せ、差し入れにかよった。新聞、雑誌、それに日用品、衣類、ときには東條の好きな里芋の煮つけが届けられた。その差し入れを頒つことから、東條とかつての軍人との交流がすこしずつ再開した。政治家や官僚よりも、やはり軍人との交友がはじまったのである。「差し入れを我に頒ちて東條は自《おの》を慰む態度なりけり」——橋本欣五郎はそう日記に書いている。

収容所には十月、十一月と、ぞくぞく戦争責任者がはいってきた。十二月二日には各界の指導者五十九名に逮捕命令がだされ、六日には木戸幸一、近衛文麿ら九名にも出頭命令がだされた。出頭前夜、近衛は自殺したが、日本の指導者層は、総司令部が宮中グループを含め天皇の近くまで逮捕者を増やしていくことに衝撃を深めた。

総司令部は、最終的には千五百名以上の逮捕になるとにおわせた。そこで大森収容所は手狭なので、巣鴨にある刑務所を改良して新たに戦犯収容所とし、ここにA、B、C級戦犯を移すことを決めた。移送は十二月八日、真珠湾攻撃の日が選ばれた。

連合軍総司令部はこの種の厭がらせを好み、とくに東條には徹底して侮蔑的な態度をとった。

たとえば東條の部屋は四四号室だった。指紋を採取した時間は午後二時二十分。四年まえのこの日のワシントン時間に、駐米大使野村と来栖が最後通牒をハルに渡した時間であった。東條は歯の治療をしたが、技工士はその入れ歯に、「リメンバー・パール・ハーヴァー」の頭文字「R・P・H」の刻印を押した。食物を嚙むたびに、「R・P・H」は上下に動き、東條の生命はこの刻印によって保証される皮肉をこめていたのだ。むろん東條はこのことを知らない。

巣鴨拘置所は連合軍によって改造され、暖房設備を整え、採光をとりやすいようにガラス窓をふやし蛍光灯をつかうなどして、環境が整備された。そのため世間では「巣鴨ホテル」といわれたほどだった。しかし収容者への取り扱いは過酷だった。アメリカ人記者がしばしばこの拘置所を訪問し、待遇が良すぎると本国に打電したこともあって、その扱いから親切と思いやりは消えていった。この拘置所の運営はアメリカ軍に任されているため、他の連合国への配慮からも不祥事を恐れたことがそれに輪をかけた。いわば戦争犯罪者として扱われることになったのである。

差し入れの検査は厳重になった。毒物が混入されていないか調べられた。用便も監視された。東條の部屋は六〇ワットの裸電球が終日灯されていて、三十分ごとにMPが入ってきては毛布をかぶっている東條をつつき、反応を確かめた。家族からの手紙は写真撮影されて渡された。東條は、敵国の首相としてMPたちの人気の的であったが、それは悪名高き指導者の備品、石鹼、歯ブラシ、手拭いが記念品として盗まれることで証明された。持ち物検査、衣類検査がしばしば行なわれ、毒物の所持が調べられた。そのたびにかつての指導者たちは、若いMPに老いた裸体をさらさねばならなかった。また収容者たちには日記をつけることが許された。そこで東條は、人生のほとんどをそうしてきたように、毎夕その日のできごとを書いた。

……いま私の手元に、彼の自筆の日記（昭和二十年十二月から翌年十月まで）がある。彼はこの拘置所で、この十カ月間だけメモを書きつづけたが、その内容は身辺雑記にすぎない。日記の第一頁に「自然」と題して四つの心がまえが書いてあるが、それは彼自身が拘置所での言動の規範とすることを誓った内容だ。その内容は八月十五日以後、曲折してきた彼の心理もやっとひとつの方向を見出し、そこにむかって歩みはじめたことを物語っていた。東條は〈東條英機〉に戻ったのである。

「一、戦争全責任ノ前ニ立ツコト殊ニ聖上陛下ニ責任ノ帰セサルコトニ就テハ全能ヲ盡シ又他ノ閣僚其他ノ者ノ責任ヲ極力軽減スルコトニ努力スルコト。二、死生ヲ超越シ事ニ当ルコト、平素ノ言行斯キ始メテ世人ニ信ヲ受ク、死ハ生ノ完成タルコトヲ忘ルルナ。三、欧米人ノ前ニ堂々タレ、毫末モ退嬰ノ気分アル可ラス。四、裁判ヲ通シ東亜国民ニ対スル欧米人ノ専横、東亜国民ノ窮状帝国ノ之レニ対スル義心ヲ世界ニ明ニスル好機ナルコトヲ忘ルルナ、裁判ノ内容ノ如キハ開《ママ》スル処ニアラズ。」

東條調書の内幕

巣鴨拘置所に移ってから、東條はまた人と接しなくなった。食事どき、同じ棟の収容者と皿と茶碗をもって一列に並び、それにスープやパンがのせられると、そのままひとりで監房に帰った。午後には散歩の時間があり、列をつくって庭を歩くのであったが、なぜか東條は列を離れてひとりで歩いた。土肥原賢二や嶋田繁太郎が掛け声をだして歩いているのとは対照的に、無言で歩きまわった。

運動が終わると談笑の輪ができるが、彼はそれにも加わらず、かつての仲間から外れて、煙草を吸いながら長女の差し入れの書物、とくに夏目漱石の著作集を読みふけった。彼の人生で文学作品に目をとおすのは初めてのことで、それも文学好きの長女の勧めによるものだった。

雨の日、収容者は娯楽室でカルタやトランプ、将棋に興じた。この部屋に東條が顔をだすと、気まずい空気になるのが常で、それでも東條は、対局を遠慮深そうに見ていった。自らの内閣の書記官長星野直樹に勧められても、めったに加わらなかった。そして夜、彼は性来の几帳面さで、ノートにその日のできごとを綴った。そこには娘への思慕が露骨に綴られていた。二女、三女、四女が、〈東條英機〉という固有名詞が憎悪のなかにある時代に、苦痛を味わっているのではないかと案じた。娘たちに宛てての手紙には、「逆境の中で幸せを感じるように……」という文面が必ず挿入された。彼の自作の歌がいくつも日記には書かれている。

父なくも淋しく行くな吾が子等よ
　亦来ん春を母と待つらむ

此の世をは仮寝の宿と思へとも
　親子一世と誰がさだ見けん

娘への思いだけでなく、父英教も彼の思い出のなかによみがえった。

父逝き幾年経ぬる此の年を
　思ふて地下になんじ見るらん
神去りし父を思ふてためらふは
　如何にと問はば何と答へん

彼の日記帖には、新聞に報じられた記事への感想も書かれている。書くことによって彼の感情は整理された節もあった。

「十二月十七日（月）晴」には、つぎの記述がある。

「一、本日始メテ米軍某下士官ノ好意ニ依『トランク』一個丈下附セラル、幸ニ内ニ日本服、洋服一着、短袴、靴下、同カバー。煙草若干アリ、略ホ希望シタルモノヲ発見ス、何トナク家族ノ精神ガ宿テ居ル様ナ気カセリ、之レ丈アレハ当所ノ生活モ大体不自由ナカラン

二、本日ヨリ外部ヨリノ通信、新聞、雑誌ノ入手ヲ禁止セラル、家族ノ情況ヲ知ルヲ得サルハ困ルモ〇《不明》シカタナシ、但シ家族ヘノ発信ハ尚ホ従来ノ如シト

三、聞ク処ニ依レハ近衛公昨十六日自殺逝去セリト、余トシテハ其ノ心中ヲ解シ得寧ロ死ヲ全フセルコト羨望ニ不堪」

また翌十八日には、つぎのように書いている。

「本日ヨリ炊事分配掃除等軽キ労務ヲ課スル由ト昨日指示アリシカ本日朝食分配ニ当リ余ヨリ手始ニ之ニ当ル、人員ニ応シ適当ニ過不足ナク分ケルコトハ一ノ技術ニテ『コーヒ

ー』分配ニ当リシカ最初手加減シタルニ最後ニ余リヲ生セリ」

このように日記には、彼自身の戦争責任論からコーヒーの分配にいたるまで、緻密な性格をあらわすような記述で満ちている。ものの見方すべてを平面的に捉える東條の性格がここに集約されていた。

巣鴨拘置所に移ってまもなく、極東国際軍事裁判所検察局の検事が、ここの一室で収容者たちの取り調べをはじめた。彼らは、複雑な日本の政治形態の研究と尋問を平行して進めたが、東條を尋問したのは、アイルランド出身のジョン・W・フィヘリーだった。

十二月二十一日、フィヘリーは東條を初めて尋問している。このとき彼は、「あなたは回想録を書くか」とたずねているが、東條は「そのつもりはない」と答えた。検察局は東條に回想録を書かせ、それを裁判の資料として利用したいと考えていたのだ。

検察局は、対日理事国十一カ国の三十八名の検事によって構成されていた。そのチーフはアメリカのジョセフ・B・キーナンで、彼は十二月から有楽町の一角にあるビルに国際検事局の本部をかまえて活動をはじめた。しかしキーナンはなかなか日本の政治形態をのみこめなかった。そこで日本側から、政治の中枢にいた者を彼らの側に引きつける必要性を感じはじめた。

一月十四日から、収容者たちへの本格的で執拗な尋問がはじまった。この日の東條の日記には、「取調開始」とあり、その内容を「1、八紘一宇と侵略、2、満州事変、支那事変の発端、3、九カ国条約不戦条約との関係、4、田中大将の上奏」と書きのこした。尋問内容は昭和初期からはじまったのである。世間では新しい時代が躍動しはじめているとき、尋問室はいまいちど、日本の侵略の歴史の点検にはいっていた。

この年一月一日に天皇は神格否定宣言を発し、一月四日にはGHQは軍国主義者の官公職からの追放を明らかにし、国家主義的傾向のある二十七団体に解散を命じた。しかし年を越してしばらく新聞閲読が禁止となっていたため、東條はそうした動きを知らずに「天寿！　萬歳ト国家ノ幸寧ヲ祈ル」と、この年を迎えていた。

「取調開始」の日、彼が何を感じたかは書いていない。しかしフィヘリーの質問の順序を辿っていけば、彼がもっとも重視していたのは「田中大将の上奏」であったことが判ったであろう。

これは、ふつう『田中メモランダム』といわれているもので、昭和三年九月に汎太平洋会議が京都で開かれた際に、中国代表が、当時の首相田中義一が天皇へ上奏した文章だとして、討議するよう求めた資料である。そこでは、ヨーロッパから帰朝した田中が、日本は満州を勢力下におさめ、さらに蒙古を掌中に入れてシベリアに進出すべきだと説いたとされていた。しかしこのとき、中国側のもちだしたこの資料は偽物であったので、当時の有田八郎外務次官らが中国側を説得して会議にもちだすのを阻んだが、中国側はすでに英文に訳してイギリス、アメリカなどに配布し終えていた。そのため、この文章はその後も、日本を批判する際にしばしばもちだされていたのだった。

そしていま、検察局もこのメモに関心を示し、日本がすでに昭和に入ってから中国への武力進出を企図していたことへの例証として、これを示した。

この質問に東條はどう答えたか。彼の日記は明らかにしていない。

フィヘリーの東條尋問は、二世の通訳が間に入って行なわれたが、たとえばつぎのような問答が交された。

「あなたが首相、陸相になる以前の歴代内閣の政策にたいし、当時の首相としてこれを是認するのか、それとも否認するのか」

「帝国の制度として、前内閣の政策については、その責任者がそれぞれあるだろう。私としては是認しうるものもあれば、是認しえないものもある」

「太平洋戦争は不戦条約違反ではないか。満州事変、支那事変にしてもそうである。これを事変と称するのは、不戦条約の拘束を受けないようにする意思が、日本政府にはあったのではないか」

「そうではない。大東亜戦争は英米側の挑戦により帝国の生存が脅かされた点に原因がある。従って自衛権の当然の発動である。なんら条約の拘束を受けるものではない。満州事変、支那事変は支那側の不正行為に共に発するもので、これもまた自衛行為なので拘束は受けない」

二月の十回近くに及ぶ尋問で、フィヘリーがもっとも熱心にたずねたのは、『田中メモランダム』に次いで真珠湾攻撃である。日本の奇襲攻撃の責任を、東條に負わせようという露骨な意図があった。つぎのようなやりとりが交されている。

「最後通牒の交付が遅延したことを明確に知っていたのか」

「当時は正しく交付せられたと考えていた。ところが終戦後、そうでなかったことを最近の新聞をとおしてはじめてこれを知った。しかし私は責任をとらないというのではない。その責任は充分とるつもりである」

「野村大使から遅れたことをまったくきかなかったのか」

「当初は確実に定められたとおり渡したと思っていた。ところが外務省や海軍の話をきいて必ずしもそうでないらしいと思った。しかし野村大使一行が交換船で帰ってきて、報告を受けたときには、やはり確実に手渡されたのだと思った。ところが終戦後、政府の新聞発表を見て時間的な経過を知ったのだ」

フィヘリーは不満そうに東條の答弁を聞いた。もし東條の言うことが事実なら、東條への情報回路はきわめて曖昧だったことになる。東條はそれほど弱い立場だったのか。フィヘリーは首をひねった。ふたりの間に思惑のちがいが交錯しながら尋問はつづき、御前会議の模様、第二次・第三次近衛内閣での近衛との意見対立と、質問は徐々に本質に関わる部分にさしかかった。

三月五日には、つぎのようなやりとりがあった。

「天皇は暴力の使用、あるいは自己の意見を他に押しつけることをしないように、日頃からいっていたというが、この点はどうか」

「陛下の平和愛好のお考えの強いこと、そして事を行なうのに協調、中庸を尊ばれること

「はよく承知していた」

「では大東亜建設に暴力を使用したというのは、天皇の意に反したではないか」

「われわれは陛下の平和ご愛好の精神をよく理解し、これを体して政治にあたるべきと考えていた。戦争は英米が帝国の生命を脅かしたから発したのだ。本来、大東亜建設は暴力で行なおうとするのではなかった。しかし戦争開始後は、戦争に勝つことを目標にした。それが東亜から英米を追いだし、東亜の民族を幸福にすると思ったからである」

この尋問内容は、すべて『東條メモ』からの引用である。そこにこめられている東條の思惑を割り引いても、その回答には一本の芯がとおっている。

十二月八日の日記に綴った「自戒」を守り、彼は天皇の権限を問われる質問がだされると、頑なに自らの責任にひきもどした回答をつづけた。彼はすでに気持のうえでは諦観をもち、宗教書を読みはじめ頭の中に〈別な世界〉を構築しはじめていたのだが、天皇に責任をもたせないように回答することそれ自体に新たな陶酔をもち、それを〈別な世界〉と現実との掛け橋にしていた。

二月中旬から再び新聞の差し入れは認められていたのだが、三月二十三日の欄にはつぎのようにあり、ときに彼の気持が揺れ動いているのを裏づけている。「本間中将（雅晴）ノ死刑確定『マ』司令官ヨリ其ノ執行ヲ命シタリト、同中将ニ対シ愛惜ノ情ニ不堪ス、漱石ノ左ノ句ヲ想出ス。凩に聞けいずれが先に散る木の葉」――。

三月中旬にはフィヘリーの質問は、大東亜省の設置、東亜共栄圏建設、インド独立援助に及んだ。それと他の収容者の発言のなかから、東條に関する部分の感想をも求めた。「他の収容者たちは、東條は閣議で武力に訴えてでも政策を実行すべきだと強硬に主張したと証言しているが、それは事実か」。これにどう答えたか、東條は何も書いていない。しかしこの質問のあった日、彼は医務室から薬をもらって飲んでいる。かつての閣僚の裏切りに、相当の衝撃を受けたためであろう。

三月下旬になると、国務と統帥のやりとりにはいった。統帥権独立の定義がふたりの間で応酬されたが、最後にフィヘリーは、同情の意を込めてたずねている。

「するといわゆる統帥権独立というのは、国政の運用上の障害になるだろうとは、総理になるまえは考えたことがなかったのか」

「総理になってみて国政全体の責任を負うようになってから痛感した。それが第一点。もう一点は、私はもともと政治家ではなくて軍人であり、それゆえに軍人の立場で統帥権の独立を必要なるものと考えてきた。この点はいまもかわりはない。ただしその調整については困難を感ずるに及び三省すべき点を見出している」

そう答えたときの東條には、大日本帝国憲法がもっていた最大の欠陥〈統帥権独立〉にたいする苛立たしさがあったろう。巣鴨拘置所での東條の発言には、しきりにこの部分がくり返されているからだ。

そのあと三国同盟、国家総動員体制にふれてから、四月にはいると捕虜虐待の事実が示された。日中戦争からはじまる捕虜への虐待、虐殺の事実がつぎつぎに示され、その責任が誰にあるのかとつきつけられた。その事実のまえに、東條は頭をかかえ考えこむだけで、一言もなかった。かろうじて、軍人勅諭や戦陣訓の精神はそれを容認するものでなかった、となんどもつぶやいた。

フィヘリーも東條自身の困惑を見て、捕虜虐待の事実を知らなかったのだろうと認めた。ちょうどこのころ、新聞は「ぼけたか東條、重要記憶を喪失」と大きく報じたが、このニュースソースは検事局からではないとフィヘリーは東條を慰め、外務省からだとにおわせた。フィヘリーは、当時の日本社会では、官民あげて東條への憎悪がかきたてられていることを断片的に語ったが、そこには、東條はむしろ拘置所にいるほうが身の安全だというニュアンスもこめられていた。もっとも東條は、このニュアンスを理解しなかった。彼は、国民が自分をどう思っているかよりも、もっぱら自らの心理のなかに閉じこもっていたのである。

もし東條が、拘置所ではなく自宅にいたなら、彼はたぶん殺害されていただろう。実際のところ、東條への憎しみは昭和二十一年の春にはピークに達していたのである。ラジオ番組「真相はこうだ」が、これまで伏せられていた戦前、戦時下の事実を半ば誇大に、軍人が悪者で、その頂点に東條がいたといったかたちで放送した。東條役を演じた声優には脅迫状が束になって届き、そのために配役はしばしば変わらなければならなかった。

人民裁判を模した戦犯糾弾大会が日比谷で開かれ、かつての指導者の名前がつぎつぎに読みあげられた。むろん東條とカツの名は先頭にあった。

玉川・用賀の東條家には、厭がらせがつづいていた。東條の自決未遂のあとしばらくは、この家は無人であった。それをよいことに空巣がはいり、備品は消えた。一大学生は、街で、アメリカ兵に〈東條家見学コース〉を案内するといってここにつれこみ、観光料をせしめたが、観光団が帰るたびに東條家の家具調度品は失なわれた。敵国の首相の品を記念品にもっていくのである。しかも厭がらせを目的にこの家に侵入した者は、調度品を壊すことで憂さを晴らした。

三月にはいってカツと三男だけが東京に戻ったが、この家は住める状態にはなかった。かつての部下がこの家に交互に泊まりこんで、不意の闖入者から守ることになった。部下の中核は中国戦線から戻った赤松貞雄で、彼は土井という変名をつかい東條を支える人を求めて歩いたが、彼の東條援助要請にこたえたのは、代議士津雲国利、静岡新聞社長大石光之助、右翼活動家三浦義一ら数人で、彼らが経済援助を申し出たにすぎなかった。東條は長女からこういった経過を聞いても無関心で、もっぱら家族の安泰を願って懸念を洩らすだけだった。

四月上旬、五十一回に及んだフィヘリーの尋問のあと、二十二日になって、ソ連の検事から対ソ戦の作戦と方針、それに三国同盟を克明に質され、それですべての尋問は終わった。東條はこの日、長女の依頼で揮毫したが、彼はその心中をあらわすように、「則天無私」とだけ綴った。夏目漱石の「則天去私」をもじったのである。

「天に則り私を無にする——それが自分の心境だ」

そのとき長女に洩らしている。そこには世間での自分への悪感情を考えまいとする気持がこもっていた。彼は少しずつ、己れの役割を理解していったのである。

被告としての東條

敗戦から初の天皇誕生日を迎えると、収容者たちは広間に集まって宮城に最敬礼し、「君が代」を斉唱して聖寿萬歳を三唱した。天皇が人間宣言を発し、彼らが支えていた神格化は否定されている。しかし収容所のなかでは、そのことはタブーになっていた。この日の夕食を終えたあと、収容所の中から二十八名が一室に集まるよう命じられた。その二十八名とはつぎの人物だった。

〔陸軍軍人〕荒木貞夫、土肥原賢二、橋本欣五郎、畑俊六、板垣征四郎、木村兵太郎、小磯国昭、松井石根、南次郎、武藤章、大島浩、佐藤賢了、鈴木貞一、東條英機、梅津美治郎、〔海軍軍人〕永野修身、岡敬純、嶋田繁太郎、〔外交官〕広田弘毅、重光葵、白鳥敏夫、東郷茂徳、〔官僚〕星野直樹、賀屋興宣、松岡洋右、〔内大臣〕木戸幸一、〔重臣〕平沼騏一郎、〔民間右翼〕大川周明

彼らがいま軍服や背広に代わって身につけているのは汚れた囚人服だった。一室に集められて、それぞれ何カ月ぶりかの対面であることに気づいたが、初めのうち互いの囚人服を見て固い表情であった。が、やがて東條には、武藤や佐藤がなつかしげに話しかけてき

た。しかしすぐに、彼らはMPに制され整列させられた。そして将校のつぎのことばを聞かされた。

「極東国際軍事裁判所検察局は、このたび貴下等をA級戦争犯罪人として起訴することに決定し、ここに命によって起訴状を各自に手交する」

ひとりずつ日本文と英文の部厚い起訴状が渡された。なかには学生が卒業証書を受けとるような姿勢で頭を下げる者もあった。

「本起訴状の言及せる期間（昭和三年から二十年までの十八年間）に於て、日本の対内対外政策は、犯罪的軍閥に依り支配せられ且指導せられたり」ではじまる起訴状は、二十八名の被告が軍閥そのものか、あるいは軍閥の共同謀議に加わった者ばかりと決めつけ、さらに五十五項目の訴因をあげて、各被告の責任によって三十項目から四十項目で起訴するとあった。

東條は五十項目で起訴されていた。張鼓峰事件（訴因二十五）、ノモンハン事変（同三十五）、南京事件（同四十五）、広東攻撃（同四十六）、漢口攻撃（同四十七）の五項目では責任は問われていない。つまり昭和十二、十三年のソ連、中国での戦闘をのぞいて、すべての訴因が彼に抵触しているというのである。

独房に戻って起訴状を読んだ東條は、〈検事側の意図は露骨であり、反論の多い起訴状だ〉と思った。たぶん検事側は、国務と統帥を充分理解していないにちがいない。武藤章や佐藤賢了がここにいるのなら、開戦時の参謀本部次長田辺盛武、作戦部長田中新一も巣鴨拘置所にいなければならない。それに日本の陸軍内部をすこしでも知っていれば、陸軍次官の木村兵太郎は、政策決定にはいささかも関与していないことが見ぬけるはずだった。

こういう疑念は、起訴状を読む者すべてが気づくはずであった。

起訴状から統帥部門の責任者が免責されているのは、大統領のもとに一切の権限が集中しているアメリカの政治形態を、そのまま日本に当てはめてみているからにちがいなかった。しかも中堅幕僚が起訴された裏に、開戦時の陸軍省兵務局長田中隆吉を協力者としてかかえることに成功したキーナンの作戦があった。

田中は私怨がらみで、起訴名簿の作成に手を貸したのである。彼はすでにこのとき、軍閥を批判すると称して新聞記者に口述筆記させた著作を相次いで刊行し、陸軍の内部告発者として人気を集めていた。

キーナンが田中に注目したのは、昭和十七年九月に東條と衝突して予備役になったこと、武藤に個人的反感をもっていたことの二点だった。半ば恫喝で田中を検察側証人に仕立てあげたキーナンは、田中を含めて日本人指導者の無節操と無定見にあきれていた。彼らは疑心暗鬼になり、責任をなすりあっているだけなのだ。キーナンは田中を利用しつつも、彼に心を許さなかったが、のちに述懐しているように、ふたりの被告だけは評価した。「広田と東條。彼らふたりは徒らに弁明しない。つまり死を覚悟しているのだ。しかも質問しない限り決して答えようとしない」――。このふたりを起訴状どおりに裁けるかどうか、キーナンはいささか不安だったのである。

東京裁判が、市ヶ谷台にある旧陸軍省の建物ではじまったのは、昭和二十一年五月三日からである。法廷には五十カ国の新聞記者、カメラマンがつめかけた。世界注視の法廷だった。法廷の正面に判事団席、右側に検事団席、左側に弁護人席。判事団席と向かいあって被告席。それを取り囲むように貴賓席、記者席があり、二階は傍聴人席となっていた。暗かった講堂にはシャンデリアが架設され、床にはじゅうたんが敷かれていた。いわば芝居の舞台のような装置に満ちていた。

二十八名の被告が法廷にはいったのは、午前十一時十五分だった。彼らはあまりの明るさに目をしばたき、ゆっくりと指定された席に座った。カメラマンのフラッシュは東條を狙っていた。前列中央に座った東條の右隣りに南次郎、左隣りが岡敬純、うしろに大川周明が座ったが、東條に向けられるフラッシュに彼らはまぶしそうに視線を伏せていた。東條はこの日の人気者だった。前年九月の自殺未遂以来、公式にははじめて姿を見せたのである。ＪＯＡＫの「真相はこうだ」と題するラジオ放送は、「東條大将は狂言自殺をはかったのですか」という国民の問に、「大将は本当に死ぬつもりでいたのです。ただそれがうまくいかなかったというにすぎません」と嘲笑気味に国民に伝えていた。その嘲笑が、いま東條の姿を射たのである。

重光葵の『巣鴨日記』には、いくぶん皮肉的に、「東條大将は常に人気を呼び、出発前已に写真班のねらふ所となる。バス陸軍省建物に到着するや、米日新聞写真班の猛襲撃を受く」とある。

被告が着席すると、ウエッブ裁判長が開廷のことばを述べた。そのあとキーナンが検事を裁判官に紹介した。そして休憩になった。午後二時半から再開され、検事団の起訴状が読みあげられたが、まもなく異様な光景が演じられた。東條のうしろに座っている大川は、パジャマ姿で出廷し、合掌をつづけていたのだが、彼は平手で東條の頭を叩いたのだ。東條は不快気にふりむいたが、大川の挙動に精神のバランスが崩れているのをみてとったのか、無視した。すると大川は再び東條の頭を叩いたのである。大川は法廷から連れだされていった。そして彼はこの日以後、二度と出廷しなかった。

それにしても、あれほどの権力者が頭を叩かれるというのは、格好の話題であった。東條を揶揄するニュースが世界をかけめぐった。しかし東條の日記には、この不快なできごとは一行も書かれていない。

五月六日、罪状認否が行なわれる。東條は他の被告と同様に、「訴因全部に対し……わたくしは無罪を申し立てます」と答えた。東條独特の高い声、「わ…た…く…し…は」という具合にひっぱるような調子だったと、新聞は伝えている。このあと弁護団団長清瀬一郎とキーナンの間で、法廷の合法性をめぐって応酬があった。

清瀬は言った。「日本はポツダム宣言という条件によって降伏したのであり、連合国もこれを守らねばならぬ。法廷は平和に対する罪、人道に対する罪については裁く権限はない。第二に大東亜戦争前はここでは裁くことはできぬ。第三は日本はタイ国との間に戦争

できる」

キーナンが即座に反論した。「日本の降伏は無条件なものである。……特別宣言、降伏文書は明確に連合軍司令官が降伏条件を有効ならしめるために彼が適当と思うことをする権限をもっていると述べているではないか」

結局、弁護側の動議は却下され、六月二十四日から検事側の論告がはじまった。

こうしたやりとりの間、被告席のかつての指導者たちは、さまざまな態度をとった。なにやらスケッチする者、腕を組み黙想する者、まったく関心がない様子で隣席の者と談笑する者、そういうなかで、東條の姿は傍聴席の目を奪った。どんな小さなことでも聞きもらすまいと、ときに耳に手をあて、休むことなくメモを書きとっているからだ。このメモがあまりにも克明なので、のちに清瀬は、「あなたは道をまちがえましたな。軍人になるより法律家になったほうがよかったようだ」と言ったが、たしかに法廷は、几帳面な彼の性格をよみがえらせたのである。

記者席では律義な東條の姿に失笑がもれたが、そのうち「東條は決して傍聴席をふりむかない」といわれるようになった。他の被告は法廷にはいるや傍聴席に肉親を捜し求め、そして手を振る。が、東條は、どんなときにも傍聴席を見ようとしない。つねに前を向いているだけだった。死を覚悟しているのだから情緒的な感情は失なわれているのだろうとか、国民の憎悪の目が恐ろしいのだろうとの声もあった。だがいずれもあたっていない。

状況が設定されると、がむしゃらに努力する生来の性格があらわれていたのだ。それに被告席に座っている者は老齢である。結審まで体力がつづくかどうかわからない。松岡は杖にすがって歩いているし、永野も梅津も元気がない。東條の日記には「松岡ノ病気余リ良カラス、長クナカルヘシト、又大川ノ病気モ精神分裂症ト決定シ之レ亦良カラサル由、気ノ毒ナリ」とあり、心身ともに健康な自分が率先して反論しなければ、という気負いにあふれてもいたのである。

「一切の責任は私にあるということにして欲しいが、検事側の言い分にも納得できぬ点もあり、それには私が逐一反論したい」

巣鴨拘置所の面会室で金網越しに向かいあった清瀬に、東條は頼みこんだ。しかし、そういう論理は裁判では通用しないことをきかされて、彼はしぶしぶと自説をひきさげた。こういう東條の言い方のなかには屈折した権力者意識があり、あえて殉教者になることで何らかの政治的取り引きをして、裁判を形骸化できると見とおしたと説く論者もいる。

清瀬と東條は、戦時下では特別の交友はなかった。革新倶楽部の代議士だった清瀬は、むしろ陸軍とは距離を置いていた。しかし東京裁判の法廷が開廷されることになると、清瀬は弁護団の一員に入り、とくに陸軍関係の被告の弁護人となった。その後、各被告とその家族がつぎつぎ新たに弁護人を指定して、清瀬の弁護人届けをとり下げていくのだが、東條の弁護を引き受ける者はいないままだった。それでそのまま、清瀬が東條の弁護人になったのである。

その後開廷してまもなく、アメリカ人弁護人を専任してもいいことになり、総司令部から何人かが紹介されてきたが、東條はこれを拒んだ。そこで清瀬が東條を説得すると、東條は「自衛戦争であり、天皇には一切の責任がなく、この戦争は東亜民族の解放戦争であることを認めてくれるのが条件だ」と注文をだした。それを受けいれたのがジョージ・ブルーウェットだった。

この陽気なアメリカ人弁護士は、東條の申し出にうなずき、「その線に沿って弁護はつづけよう。でも刑の軽減はできないでしょうね」とはっきり言ったが、「それはこちらも望んでいませんよ」という東條の答が気にいったといって、彼は握手を求めた。こうして東條の弁護は、清瀬が主任弁護人、それをブルーウェットが補佐するという布陣になった。

キーナンの論告がつづいている間、ふたりの弁護人と東條の間には、つぎのような打ち合わせが行なわれた。

「検事側は、満州事変からにしぼって具体的に追及してくるようだ。そこであなたの考え方をいまいちど確かめておきたい……」

「いやあ私のほうでも文章にまとめてあなたに提出しますよ。すこしずつ書いてはあなたに渡して、それで口供書のようなものをつくりたい。これまで検事の尋問を受けて、彼らの認識もわかりましたから」

「この裁判を全部で十六幕ぐらいの芝居にたとえると、あなたの出番は大体十幕ていどです。前半、中間、後半とあるうちの後半の冒頭というところですから、じっくり弁論の内容を吟味したほうがいい」

「そうしますと時間はまだたっぷりある。赤松や井本らがなにかと自分のために骨を折ってくれているのも家族からきいているが、先生のほうでも不明な点は彼らにたずねてみてください」――。

その赤松貞雄や井本熊男は、麴町の清瀬の事務所に泊まりこみ、東條の弁護資料作成に努力していた。これは相当の資金を要する仕事だった。ふたりは東條内閣時代の閣僚や側近の間を走り回って資金カンパを求めた。だが東條の名前をだしただけで顔をそむける者が多く、彼らは改めて人の世の移りかわりを知らされていた。


キーナンの冒頭論告についで各国の検事団は、日本の政策の侵略性を俎上にのせた。証人が数多く呼ばれ、多くの資料が提出された。満州国皇帝溥儀、アメリカ人宣教師ペギーが日本軍国主義を罵倒した。軍国主義教育が施され、軍部がいかに学問に関与したか、報道機関がいかに政府の宣伝機関だったかということが証人の口からつぶさに語られた。国民にはじめて知らされる事実も多かった。昭和六年の三月事件、十月事件がそうである。

国民の怒りの対象は〈陸軍〉と〈東條英機〉に凝縮された。憎悪、怨嗟、罵倒が彼に投げつけられた。ウエッブ裁判長の裁判の進め方もそれを意識していた。それが東條には不満で、彼は日記に「普通ノ裁判ノ如キ頭ニテナスハ遺憾ナリ」と書いて憂さを晴らした。

七月五日、法廷にはざわめきが起こった。身体を丸め、伏し目がちに証人席に座ったのは田中隆吉だった。彼は、満州国は日本の傀儡であったと断言し、被告と満州国の関係を真偽とりまぜて証言した。そして東條については、つぎのように語った。

「当時、東條中将が満州国の参謀長になってから、開発五カ年計画が急速に進んだ。それに匪賊は一万以下となり、治安は安定し、満州国の政治、経済、国防は急速に発展をとげた。むろん満州国の人事は、東條参謀長の承諾を受けることなく決定はできなかったほどだった」

田中の証言は三日間にわたってつづき、実は有能な官吏こそ悪質な植民地主義者であったと糾弾したのである。東條は、かつての自分の忠実な部下、甘言と追従で自分にとりいった軍人、兵務局長にまで据えたのに裏切った田中に対して、「恩知らずな奴め」と、法廷の休憩時間に何度もつぶやいた。そしてこの日の日記には、太字で「田中証言真ニ論外」と書きなぐった。

しかし東條の田中への怒りは、あまりにも利己的だった。彼の能力を評価してその地位に就けたのではなく、東條のまえでは面をあげることができぬほどのこの男を利用しようと、その職に就けたのである。田中への怒りは、そういう人物を重用した自らの無能を間接的に認めていることだった。

田中の証言は東條だけでなく、被告たちを驚かせた。重光は日記に、「田中隆吉少将証言台に立ち、センセーションを起す」と書き、「証人が被告の席を指さして、犯人は彼なりと云ふも浅まし」と書いている。

のちに東條は、拘置所の運動場で佐藤賢了に、「田中と富永恭次（注・彼は第十四航空軍司令官であったにもかかわらず戦線を離脱した）は見損なった」と洩らして怒りを隠さなかったという。

七月末には、南京虐殺が法廷に出された。証人が洩らす事実は、聞く者に戦慄を与えた。強姦、殺人、放火、略奪。あまりの凄じさに法廷は静まりかえった。被告たちは顔を伏せ、なかには身震いする者もあった。東條はメモをとる手を止め、視線を天井に向け一点を凝視していた。「醜態耳を蔽はしむ」「其の叙述残酷を極む。嗚呼聖戦」、これが重光の日記の文字だった。しかしこのころの東條の日記には、日常雑事が書かれているだけであるが、明らかに彼には動揺があり、彼の日記は断続的になっていった。

南京虐殺についで、九月、十月には捕虜虐待もしばしばもちだされた。そのたびに被告たちは面を伏せたが、このころから東條は、法廷の推移からみて死刑になることを覚悟した節がある。彼が綴っていた身辺雑記は、十月初めを最後にペンがとまった。そういう〈私〉の時間の余裕がないことに気づいていったからであろう。

法廷のない日、拘置所では午後から運動の時間があったが、そういうときも東條は巻煙草のホルダーを手から離さず、素足に下駄をはき、ポケットに片手をいれて歩きまわった。それは彼の心理的葛藤をよくあらわしていた。その姿をもじって、被告たちの間では「寺小僧」と仇名をつけられた。また彼は談笑の渦に入ると、「早くやってもらいたいくらいだ」と首筋をさすって、他の被告たちに覚悟の深さをあらわしたりもした。

口供書の冒頭

法廷のある日、被告は午前六時半には起き、軽い食事をとり、それから拘置所の入り口に勢揃いして市ヶ谷行きのバスに乗る。巣鴨から目白をとおり市ヶ谷に行った。法廷で暴露される事実のなかには良心の苦しみに責められることが多かったが、被告たちはふたつの面で、この法廷のある日を楽しみにするようになった。

ひとつは、とにかく法廷に行くまでのバスの中から、復興していく街を見ることができることだった。それが単調な拘置所生活にかわる刺激となった。そしてもうひとつは、法廷の建物の右側にある控室で、家族との面会ができることだった。ケンワージー憲兵隊長は控室の応接室に家族をいれ、直接被告たちと面談させたのである。だから被告の家族は裁判の傍聴ではなく、休憩時間の対面を期待して法廷にやってくるようになった。

九月にはいって東條は、カツと長女にこの控室で面談した。東條は「自分は元気だから安心しろ」と言い、福岡から東京の女学校に転校した二人の娘が厭がらせを受けていないか心配しつづけた。そしてカツから、二女の子供が「おじいちゃん」といえるようになったと聞いて喜び、三女（十六歳）と四女（十四歳）が苦学して女学校に通っているときいて涙を流した。

この面談は、新聞記者の知るところとなり、カツと長女はひんぱんには市ヶ谷に通えなくなった。ふたりにとって新聞記者は恐ろしい存在で、会ったこともないのに会見記がのったり、話したことばは曲解されて報道されるのが常だったからだ。東條の家族のことばは、すべて詫びる意味をもたされた。人びとの気持がそれで軽減されるなら、それは天が与えた運命だといいつつ、しかしそこには感情の限界もあったのだ。

法廷での論戦は、三国同盟、日米交渉、そして太平洋戦争へと進んだ。東條の尋問調書は、しばしば起訴状にも盛りこまれていたが、検事側は一体に軍部に責任を転嫁するためにその調書を利用した。

十一月にはいると日米交渉の経緯が洗われ、法廷は緊迫した。検事側は、太平洋戦争が被告たちによってどのように計画されたかを立証するために、広範囲な証人と資料をもちだした。とくにアメリカの検事は、共同謀議を裏づけようと「長年に亘り計画的に企図した」に見合う事実を選択して示した。スチムソン、グルー、ハルの口供書も提出されたが、いずれも日本の侵略史を綴り、ハルのはとくに日本陸軍の好戦性を批判していた。

東條は、共同謀議は荒唐無稽だとして、四点の反論をメモ用紙に書いている。「我国ニハ戦争開始ノタメノ計画又ハ陰謀ヲ目的トスル秘密結社ナルモノナシ、戦争ハ当局カ開始スルコトヲ決断スルコトニ依リ開始セラルルモノニシテ此ノ点我国ト独逸トノ間ニ基本的ノ相違ナリ」という、あまり意味のとおらぬ一項もあった。

法廷には年末も年始もなかった。しいて年の暮れと思わせたのは、昭和二十一年の最後の法廷だというので、被告全員が法廷の玄関で記念撮影したことと、翌日の朝食に雑煮が出て元日を思わせたにすぎなかった。

年を越して五日、軍令部総長だった永野修身が肺炎で急死した。前年の六月に松岡洋右が死亡しているので、二十八名のうち二名が欠け、ひとり（大川周明）が入院したままだった。

一月二十四日、二百日にわたった検事側の論告は終わった。第一幕の幕はおりたのである。

ついで二十七日から弁護団の弁論にはいった。法廷の違法性を衝き公訴却下の動議、被告の釈放を求める動議が相次いで提出されたが、いずれも却下された。二月二十四日、弁護団を代表して清瀬一郎が、一般問題、満州及び満州国、中華民国、ソ連邦、太平洋戦争に関する五つの部門から三時間にわたる冒頭弁論を行ない、日本の歴史は一貫して自存自衛だったことを強調した。

たとえば彼は、共同謀議などなかったことを、「元来被告等は年齢も相違すれば、境遇も相違いたしまするし、ある者は外交官、他の者は著述家でありまして、その全部が特殊の目的をもって会合する機会をもったことはありませぬ。……陰謀団を作って、かかる手段（武力行動）によって全世界、東亜、太平洋とか印度洋とか、支那、満州を制覇するために共同謀議《コンスピラシー》したという事実はありませぬ」といい、太平洋戦争の原因については、「その第一は経済的な圧迫でありました。その第二はわが国が死活の争いをしておる相手方蔣介石政権への援助であります。その第三はアメリカ、イギリス及び蘭印が中国と提携してわが国の周辺に包囲的体形をとることでありました」と、陸軍軍人の考え方をそのままなぞった。

この陳述の間、被告席の空気は微妙だった。東條は誰の目にも喜色にあふれているように見え、ロイドメガネをライトに照らして天井の一点を凝視していた。日本の政策に侵略性はなかったという段になると、笑顔が洩れ、合点がいったときの癖である顎をひいてうなずくポーズをとった。そしてメモ帖に鉛筆を走らせ、一言一句逃すまいと手を動かした。しかし重光葵、広田弘毅、東郷茂徳ら外務省出身の被告は眉をひそめた。彼らは満州事変以来の戦争政策に反対か消極的で、それを押さえるべく努力をしたのであり、清瀬の弁論のなかにそれが含まれていないのはおかしいというのであった。

清瀬は陳述のあと記者団に、「この陳述をとおして日本精神の正しさを裁判長や全世界の人びとに納得してもらいたい。それはわれわれの義務である」といったが、外国では反感が、日本国内では反感と共鳴が錯綜した。

このあと被告側からの反証証拠が出され、証人も数多く出廷した。二月下旬から八月までの半年間、弁護団はあらゆる証人を集めてきて証言させようと試みた。軍人、官僚、学者、一般の庶民が証言台に立った。しかしほとんどが被告の周囲にいた者で、仲間うちのかばいあいをするため、弁護人の意図に反して、信憑性に欠けると受けとめられた。法廷が弛緩状態になるほど、追従だけの無味乾燥な証言さえあった。

日中戦争、対ソ関係、三国同盟と証言がつづき、昭和二十二年八月に入ってから、太平洋戦争への反証に入った。この段階まで進むと、東條は異常なほど張り切り、清瀬につぎのようなことばさえ吐いた。

「太平洋戦争以外の戦争で裁くのはおかしい。わが国は太平洋戦争で降伏したのであって、満州事変、張鼓峰事件、ノモンハン事件、さらにタイ、ポルトガル、仏領インドシナの戦争犯罪は該当しないのではないか」

清瀬はあわててたしなめた。東條の張り切りは、清瀬にも重荷だったのだ。しかも東條は、一般弁論の最後に証人台に立ちたいといいだすに及んで、清瀬は東條にブレーキをかけはじめた。もし東條が証人台に立てば、被告間に亀裂が生まれることが予想された。東條は国家弁護にこだわっているが、外務省出身の被告たちは個人弁護をのぞんでいるからだ。すでに法廷では、陸軍省と外務省、海軍省と外務省、参謀本部と陸軍省の対立が生まれていた。真珠湾攻撃は騙し討ちでなく、電報解読に手間どったためだと弁護団側はもっていきたいのに、外務省は軍令部が電報発信を意図的に遅らせたからだと主張して対立したのは、その典型だった。

これ以上対立を深めないために、東條に全被告を代表する弁論の場を与えてはならぬというのが、清瀬の考えであった。清瀬は東條の弁護人でありながら、その実、制禦役を果たさなければならないと自覚していた。

東條は一般弁論に立つのはあきらめたが、その分、口供書の執筆にいっそう熱をこめた。

口供書をもって検事団の全訴因に反論を加えようというのである。彼はなんども口供書の前文を書いては消していたが、結局その初めは、「余ハ曩ニ終戦後自決ヲ決意セル及其後ノ心境ニツキ弁明ノ機会ヲ得タルヲ感謝ス」とするつもりでいた。つづいて、辛酸をなめたにもかかわらず敗戦になり、「三千年」の歴史を汚したのは「恐レ多キコトナカラ常ニ平和ヲ愛好セラルル陛下ノ御責任ニモアラズ、又政府ノ指導ノ下ニ愛国ノ熱誠ニ燃エ、挙国一体、犠牲ニ耐ヘ活動セル国民ノ罪ニモアラズ又余ノ指導ノ下ニ立テル同僚各位ノ責ニモアラズ、一ニ開戦当時ノ最高責任者タリシ余ノ全責任ニ帰ス」ということばを中心に据えようとしていた。全文にあふれた自虐さは、むしろ戦時下の絶頂さにつうじるニュアンスがこもっているかのようであった。

一般弁論から個人反証に移ったのは、法廷から夏姿が消えたころだった。九月十一日、ABC順に荒木貞夫からはじまったが、法廷は久し振りに緊張し、各被告が起訴された事実にどのような証人、証拠をくりだして反論するかに関心は集まった。もっともこの九月十一日だけは、荒木よりも東條のほうに記者席、傍聴席の目がそそがれた。この日の朝日新聞が、コラム欄ですでに東條の戒名は決まっていると報じたからで、それは東條が死を覚悟していることの裏づけと理解されたからである。

しかし東條は、いつものように傍聴席には目を向けず、正面か天井に視線を投げるかメモをとるかしていた。東條の憔悴を見ようという好奇の目は裏切られた。

荒木につづき土肥原賢二、橋本欣五郎、畑俊六と進んだ。用紙不足で二頁建ての朝刊はしだいに関心を失なっていき、よほどの衝撃的事実でもない限り裁判を記事にしなかった。しかし法廷に詰めている記者の間では、個人反証にはいってから被告たちの態度が微妙に分かれていくことが噂になった。朝日新聞法廷記者団がのちにまとめた著作では、被告の三つのタイプが分析されている。

㈠自分の生涯に道徳的な信念をもっていて、それを法廷で吐露し、責任もまた甘受するタイプ。荒木貞夫、松井石根、嶋田繁太郎、橋本欣五郎、岡敬純らがそうだった。㈡日本の政策と自己の信念を合致させ、検察側と対立しつづけた被告。板垣征四郎、武藤章、そして東條もそうだった。㈢は一切を弁護人に任せて、自らは意欲を示さないタイプ。責任感を洩らすだけの広田弘毅、裁判に関心を示さない平沼騏一郎、法廷作戦上発言する必要なしとする重光葵、運命を甘受するだけという南次郎がこのグループに属した。そのほか星野直樹、賀屋興宣、木村兵太郎、白鳥敏夫、佐藤賢了、木戸幸一はまったく独自の立場をとり、それぞれの人生観にもとづいて弁護を行なった。なかには責任逃れに終始する者もあった。しかし彼らに共通している自覚があった。

このころの日本の社会情勢は、連合軍の占領政策が非軍事化と民主化に集中していたこともあって、日本に初の社会党政権が誕生していた。四月二十五日の衆議院議員選挙では、社会党百四十三名、自由党百三十一名、民主党百二十六名の勢力分布となり、片山哲が吉田茂内閣にかわって組閣を行なっていたのである。しかも五月三日には武力放棄を謳った新憲法が施行され、天皇は象徴として国事行為を行なうだけになった。こういう情勢に、被告たちは無縁であった。彼らは新聞を読むたびに日本が「左傾化」していることを知って仲間うちで憂えたが、しかしそのことに気をつかうよりも、目先の法廷でのやりとりに己れの生の燃焼をはからねばならぬことを自覚していたのである。

東條に関していえば、彼はまったく社会情勢の推移に関心をもたなかった。そのことよりも、巣鴨拘置所と市ヶ谷法廷の二つの世界にしか、彼の存在理由がないことを知っていたかのようである。

個人弁護が板垣部門を終わり、賀屋部門に入ろうとするころ、キーナンがアメリカ人記者に向けて、天皇には戦争責任がないと発言した。このニュースが世界各国に打電され、それがまた日本にはねかえってきた。日本の新聞は一面で大きくこのニュースを扱った。キーナンはつぎのように言ったのである。

「天皇および主要実業家を戦犯として裁判にかけるべきとの意見もあったが、長期にわたる調査の結果、これらの議論には正当な理由がないことがはっきりした」

むろんこれは、キーナンの意図的な発言だった。法廷がはじまってからキーナンはしばしばアメリカに帰り、本国政府と打ち合わせをつづけていた。ニュールンベルク裁判と東京裁判に矛盾が生じないようにすることと、アメリカ政府が太平洋戦争後の米ソ冷戦構造下で日本を傘下に置くことを企図しての打ち合わせだった。アメリカ政府は天皇を法廷にひきだしたり、その責任を問うのは日本国民を刺激するという方針をマッカーサーに伝え、キーナンにもその方向に法廷をもっていくべきことを要請した。キーナンはその方針に沿って忠実に動いた。

彼自身とアメリカの最大の関心は、天皇を免責して新たに象徴という地位に置き、それを利用して日本統治を容易にするという国務省の知日派グループの意向を現実化することであったのだ。

しかしオーストラリア人の裁判長ウエッブは、その見解と異なる立場に立っていた。「終戦を決定、実行した天皇は、開戦にあたっても同じ役割をはたせたのではないか。とすれば天皇の戦争責任は免れない」と考え、天皇の責任を法廷で論じる機会を狙っていた。この考えは、イギリス、フランス、ソ連の判事にも共通のものだったが、キーナンはそれを制する必要を感じていた。それが、アメリカ人記者に向けての巧妙な発言となったのである。しかもこの発言の時期は、賀屋のあとにはじまる木戸幸一と東條英機を意識したものだった。キーナンの真意は、木戸と東條に戦争責任を負わせたいと意図していたのだ。ふたりの責任のなかに、天皇の責任を盛りこませてしまおうというのである。

この記事を新聞で読んだとき、皮肉なことに東條の心は和んだ。彼はこの発言を一言一句メモ帖に筆写し、週に一度許されている外部への手紙には、「これで安心して裁判に望める」と書いて家族に送った。すでにこのころ、法廷に提出する口供書はつくりあげていた。なんどかの書き直しでまとめたものだったが、そこでは〈天皇には責任はない〉という表現が執拗にくり返されていた。

私の手元には、東條が口供書をまとめるまでに書き綴ったメモ類があるが、それにはつぎのようなことばが氾濫している。「光輝アル三千年ノ歴史ヲ汚シタルコトハ開戦当時ノ最高責任者トシテ其ノ責任ヲ痛感スル処ナリ」「而シテ終戦ニ当リ喚発セラレタル大詔ヲ拝シ又敗戦ノ次第ヲ　御神霊ニ御奉答被遊ルル至尊ノ御胸中ヲ拝察シ奉リ　カツテ屢々玉音ニ接スル光栄ヲ担ヘル余トシテ真ニ恐懼身ノ置ク所ヲ知ラサリキ」――。

この文脈に流れている感情こそが、キーナンの〈政治〉と邂逅するものだった。

重光葵の観察によれば、キーナン発言のあと、東條はめだって笑顔を出すことが多くなったとある。そして重光の日記には、つぎのような記述があった。

「キーナンが、木戸に対する反対訊問で、開戦当時の木戸と東條との関係を追及して着席して東條を見上げた。その質問応答が終った時に東條は何か可笑しくて笑った。キーナンが之を見付けて両者の顔は向き合ったが、互にニコニコ笑った。之が解顔と云ふことである」

ふたりとも自らの回路が相手の回路と出会ったのを知ったのである。首席検事と被告の解顔――裁判はそれを現実に変えていくための舞台にすぎないことを、彼らは心底で理解していたといいうる。

象徴としての死

キーナン検事の焦り

木戸幸一は経歴が示すように、几帳面で平凡な官僚である。昭和六年から二十年十二月まで、彼は一日も欠かさず日記をつけた。官僚特有の生真面目さのためである。法廷に提出されたこの日記は、天皇が誰に会ったか、誰が政治の中枢にいたかを克明に示した。

天皇の責任を問う立場にいたイギリスのアーサー・コミンズ・カー検事は、この日記をもとに木戸に尋問をはじめた。彼が問題にしたのは、ルーズベルトの親電の取り扱いをめぐって、天皇に和平の意思があったか否かを確認しようという点にあった。

この尋問が進むのを恐れたキーナンは、カーに代って、強引に検事席に座って木戸を尋問しはじめた。誰が見ても不自然な法廷だった。しかも木戸の弁論のなかに天皇への責任につながる部分が浮かびあがると、質問を保留して、「一晩考えるように……」と謎をかけた。こうなると法廷に立ちあうすべての人びとが、連合国が〈天皇を裁かず〉という立場にあることを知らされた。法廷は複雑な思惑で動きはじめたのである。

キーナンは、マッカーサーに命じられたとおり強引な法廷戦術をとる一方で、裏でも必死に画策をはじめた。彼の懸念は、さしあたり東條がどのような発言をするかにあった。重光のいう解顔の意味を東條は知っているか——その不安が昂じて清瀬に面会を求め、東條の弁護内容をさぐった。そして東條の口供書が、一切は自らの責任にあると断言しているときくと安堵し、法廷でもそのとおり発言することを願った。

だが彼は、もう一点確とした保証が欲しかった。それは検事らしい性格のためでもあったろうし、彼自身の栄達の意味もあった。そこで彼は、米内光政をつうじて東條の気持を確かめようとはかった。米内は、東條の弁護人助手である塩原時三郎に、天皇へ迷惑をかけぬように証言させよと伝えると約束した。キーナンはその約束を、なんども頷きながら聞いた。

木戸幸一、嶋田繁太郎、白鳥敏夫と個人反証がつづくころ、東條は口供書の原稿を、法廷控室で清瀬に渡しつづけた。清瀬はそれを事務所にもって帰り、赤松貞雄と共に点検し、こんどは英文にするために丸の内ホテルに仮り住まいしている外務省翻訳課の課員に届けた。それが連日くり返された。この仕事が終わりに近づいたころ、東條は塩原から米内の依頼をきいた。むろん東條は、これがキーナンの依頼だとは知らない。

「米内は判ってくれぬのか。自分が恥を忍んでこうして生きているのは、お上に責任を押しつけぬ、そのためだけなのだ。それが判ってくれぬのか」

そう言って東條は怒り、その無念さを家族への手紙のなかで何度もくり返した。

東郷の個人反証も終わりに近づくと、また法廷は緊張してきた。東條がいよいよ検事団に反証するということが、世界各国の注目を集めたのである。新聞記者は清瀬に東條の心境を執拗に聞き、「人に迷惑はかけない。証人はいらぬ。自分ひとりで証言する」と意気ごんでいる東條のことばをひきだし、それをかなりのスペースで報じた。その報道は東條自身の気持も昂揚させた。

ところが東條の個人反証のはじまる二日前、塩原が東條をたずねてきて、「天皇に責任を押しつけぬように配慮した模擬問答をしたい」と申し出た。東條は不満気にそれに応じたが、その後も拘置所の面会室で、塩原が検事役になって何度も模擬応答がくり返された。

「開戦の決定は天皇が命令したのか」

「ちがう、天皇の命令ではない」

「では開戦の決定はおまえが決めたのか」

「そのとおり」

「〝そのとおり〟というのではまずい。一人でひき受けるのはいいが、一人だけ悪者になるのはよくない」

塩原はその言い回しに注意した。開戦についても、「内閣や軍部の最高機関が開戦のやむなきを決した」「天皇は、そうかといわれた」という答弁のほうがいいとも打ち合わせをした。塩原は、まるでこの答弁を行なうために弁護人の末端に名を列ねたかのようであった。

東條とのリハーサルが成功したことは、すぐに米内に伝えられ、そこからキーナンに連絡がいった。

十二月二十六日の午後から、東條の個人反証がはじまった。この日は父英教の命日である。その因縁に彼は身をふるわせていた。数日前のカツとの面会で、自分の弁護をはじめる日はたぶん二十六日だろうから、明治神宮と靖国神社に参拝してきて欲しいと依頼していたのだが、期せずして父の命日の参拝にもなったと彼は喜んだ。

午後の法廷は超満員だった。午後二時半、ブルーウェットが「これより東條部門にはいり、清瀬弁護人が冒頭陳述を行ないます」と宣言した。清瀬は弁護の大綱を、東條自らが証人となって他の証人をわずらわせないこと、その口供書は、日本が計画的に英米蘭に対し戦争を進めたわけではないこと、など七つのポイントに分かれていると述べた。基調は国家弁護に立脚しているのだと示唆したのである。ついでブルーウェットが東條口供書を読みはじめた。一週間前に刷りあがった口供書は五万字もあり、タイプでも二百二十頁あった。それが三十日午後までの四回の法廷で読みつづけられた。

この日、東條はさっぱりした国民服に着替え、証人席に座ってブルーウェットの朗読に何度もうなずき、聞いていた。それをカメラマンが執拗に追った。

東條口供書はタイプされ、検事団、記者団に配布された。そして二十七日、二十八日と日本の新聞やアメリカの通信社にその内容が紹介され、批評の対象となった。

が、「天皇に責任なし、あくまで〝自衛戦〟主張」、朝日新聞は一面のトップでこう伝えたが、これがもっとも口供書の内容を適確にあらわしていた。しかしこの論理内容を受け入れる土壌は、当時の日本にはなかった。むしろ、いまもっとも否定されなければならぬ事実として国民のまえに示され、反面教師の役割を担わされる宿命にあった。

朝日新聞の社説のしめくくりは、「……平和な民主的な国民として再起するには、過去のわが軍閥が惹起した戦争が、如何に世界平和に大きな罪悪を流したかという自覚が、個人個人の胸に銘記されなければならない。東條口供書はこのためにのみ読まるべきである」とあった。

外国の新聞は「強盗論理の主張」「血に狂った愛国主義」と酷評し、ニューヨーク・タイムスは、東條の論法でいけば、中国も朝鮮も台湾も攻撃したことのない哀れな日本が、ハル長官の強硬通告により真珠湾を攻撃しなければならなくなったことになると批判した。それは連合国各国の平均的な意見でもあった。

しかし東條自身は、こうした批判にさほど動じなかった。日本の新聞が口供書を大きく報じたことに満足していたし、海外の評判も自衛権について批判するのならさして恐しくはないと考えていた。天皇の責任が蒸しかえされなければ、あとはどんな批判も平気だと彼は他の被告たちに言った。

十二月三十日午後二時半、口供書の朗読は終わった。このあとわずかな休憩時間があったが、その際、東條は塩原と最後の打ち合わせをした。リハーサルどおりの証言をすることを確認したのだ。そして求められるままに「古道新照色」という意味深い揮毫をした。

再開された法廷では、各被告の弁護人が自らが引き受けている被告の責任を軽減するために、東條から有利な発言をひきだそうと尋問をはじめた。ところが東條は、彼らの期待以上の答弁をした。星野直樹の弁護人には、書記官長というのは助手のようなもので、大事なことは私ひとりでやったといい、嶋田の弁護人には、嶋田は必ずしも私の政策の積極的な支持者ではなかったと平静に弁明した。しかし質問が天皇にふれると東條は興奮を隠さず、木戸の弁護人ローガンから大命降下時の天皇のことばの意味を問われ、改めて近衛内閣時の及川海相との考え方の違いを指摘されるや、彼は激昂した。

「私には、陛下の御気持は、ようく（力をこめて）解っております。日米交渉を成立させたいという御気持は、ようッく（再び力をこめて）解っております。私は陛下の御気持を正しく解釈していると思います」

声はいっそう高い調子になり、水を飲む手もふるえた。天皇の真意を理解しているのは自分だけであり、自分の理解こそもっとも正しいのだと発言し、だから他人の理解を追認するような質問には耐えられないとにおわせたのだ。

もっともこういう東條の性格を懸念している者はいた。〈私だけが理解する天皇〉であっては、無意識に天皇へ責任を押しつけることになる。政治性に欠ける人物であり、自らの発言が政治的にどのような波紋を与えるかより、自らの発言が自らを充足させうるかどうかという尺度だけしかもっていないこの男――。そこに思い至るとキーナンは、この男がリハーサルどおり演じるか否か、再び不安になってきた。そしてその不安は適中した。

十二月三十一日、午前中の尋問でローガンが、「天皇の平和の希望に反して、木戸が行動したり進言したりしたことがあるのか」という質問を東條にぶつけた。

じつはこの質問には深い意味があった。つまり木戸の言動は、すべて天皇の意思ではないかというのである。これに対して東條は、つぎのように答えた。

「そういう事例はない。日本国の臣民が陛下のご意志に反して、あれこれすることはありえない。よもや日本の文官においてをや……」

東條はあっさりとローガンの詐術にはまったのである。法廷はざわついた。ウエッブ裁判長が「ただいまの回答には大きな意味があります」と強調した。記者席にも驚きの声が洩れ、日本の行動はすべて天皇の意志のもとに行なわれたと、すぐさま世界に打電した。

キーナンは蒼白になった。休憩に入ると、これで天皇を訴追する条件ができたと検事団のなかからも報告が届き、彼の表情はますます蒼くなった。日本人秘書山崎晴一に向かってキーナンは、この発言を取り消させるために対策をたてなければならぬといい、「田中隆吉を呼べ」とわめいた。リハーサルが失敗したことに、キーナンは舌打ちしつづけたのである。

午後からの法廷でキーナンは、自身で東條への挑発的な質問をくり返した。まるで〈日本の戦争責任はおまえさんひとりが負うべきだ〉といわんばかりの質問内容で、法廷にいる者は、主席検事としてのプライドから東條に高飛車に出ているのだろうと受けとめたほどだった。

「被告東條、私はあなたに対し大将とは呼びません。日本にはすでに陸軍はないからです。……いったいあなたの証言というか、議論というか、過去三、四日にわたって証言台に立ち、あなたの弁護人をつうじて述べた宣誓口供書の目的は、あなたが自分の無罪を主張し、それを明白にせんとする意図であったのか、それとも日本の国民に向かってかつての帝国主義、軍国主義を宣伝する意図のもとに行なわれたのか、いずれなのか」

この質問にはブルーウェット弁護人が異議を申し立て、ウェッブ裁判長もそれを認めた。キーナンの焦立ちと東條の困惑で、この日の法廷は終わったが、一見、キーナンの質問に東條が見事に反駁したかのように見えた。事情を知らない者は、東條の論のまえに裁く側が生彩を欠いていると得意になった。だが実は、キーナンは天皇の責任にふれる質問を避け、ひたすらこの日の法廷の終わるのを待っていたのだ。まったく彼にとっては憂鬱な昭和二十二年の大晦日であった。

東條の個人反証

小石川にある旧華族の豪邸に主席検事キーナンは住んでいた。田中隆吉がこの邸に呼びだされたのは、元日の夜だった。のちに彼自身が書いている手記によれば、このときキーナンはつぎのようにいったという。

「昨日の法廷での東條の答は、天皇が有罪であることを証拠だてるものだ。法廷の終了後にはソ連のゴルンスキー検事が、天皇を直ちに裁判に付すべしと強硬な要求をだしている。私はクリスマスの日に、高松宮をここに呼んで、たぶん天皇は無罪になるであろうと天皇に告げるようにいったばかりだ。これではマッカーサー元帥の意思に反し、私の意思にも反するから、あなたはすぐに東條に面会してこの答弁を取り消してもらいたい」

田中は手記のなかで、その後の行動をつぎのように説明している。「そこで私は二日に裁判所におもむき、東條被告に面会して、その旨を申し入れた。しかし東條は頑として応じなかった。『あの事は、自分の皇室に対する信念であるから、取消すわけにいかん』というのであった」——。田中はあっさりと書いているが、このとき東條は田中の話にまったく耳を傾けず、「裏切者が何をいうか」と口走り、田中の口から天皇ということばがでるたびに憎々しげに見つめたと、のちに佐藤賢了は東條の家族に語っている。

田中とキーナンの秘書山崎は、宮内大臣だった松平恒雄をたずねてキーナンの苦悩を伝えた。そこで松平は、木戸幸一の息子で、木戸の弁護も引き受けている弁護士木戸孝彦に東條説得を依頼することにした。それを受けて木戸は一月五日の休憩時間に東條を訪ね、前言を取り消すように頼みこんだが、はじめは渋っていた東條もキーナンの意向や天皇有罪論に傾斜している検事の多いのを知って、結局受けいれた。

もっともこのへんの事情は、田中や木戸の資料によるもので、東條自身は自分の発言がなぜ咎められねばならないかを自覚してはいなかった。田中隆吉はこの顛末を、自分の手柄話として得意気にキーナンに報告している。

一月六日の法廷で、キーナンははじめから鋭い質問をした。東條の発言がうまくいくのを確認していたからだ。二日、五日の尋問は、さして重要でもない事実を確かめたり矛盾だらけの質問をしていて、キーナンは予想外に不勉強だという記者席の声にキーナン自身がいささかうんざりしていたのだが、その印象を破るかのように、キーナンのこの日の質問は鋭く日本の政治機構の中枢をつきはじめたのである。その部分のやりとりは、『キーナン検事と東條被告』という書によればつぎのとおりである。

「さて一九四一年すなわち昭和十六年の十二月当時において、戦争を遂行するという問題に関しまして、日本天皇の立場及びあなた自身の立場の問題、この二人の立場の関係の問題、あなたはすでに法廷に対して、日本天皇は平和を愛する人であるということを、前もってあなた方に知らしめてあったということを申しました。これは正しいですね」

「もちろん正しいです」

「そしてまたさらに、二、三日前にあなたは、日本臣民たるものは何人たりとも、天皇の命令に従わないというようなことを考えるものはないということを言いましたが、それも正しいですか」

「それは私の国民としての感情を申し上げておったのです。責任問題とは別です。天皇の御責任とは別の問題」

「しかしあなたは実際合衆国、英国及びオランダに対して戦争をしたのではありませんか」

「私の内閣において戦争を決意しました」

「その戦争を行なわなければならないというのは――行なえというのは裕仁天皇の意思でありましたか」

「意思と反しましたか知れませんが、とにかく私の進言――統帥部その他責任者の進言によって、しぶしぶ御同意になったというのが事実でしょう。しかして平和の御愛好の御精神は、最後の一瞬に至るまで陛下は御希望をもっておられました。なお戦争になってからにおいてもしかりです。その御意思の明確になっておりますのは、昭和十六年十二月八日の御詔勅の中に、明確にその文句が付け加えられております。しかもそれは陛下の御希望によって、政府の責任において入れた言葉です。それはまことにやむを得ざるものなり、朕の意思にあらざるなりというふうな御意味の御言葉があります」

この言質を得ると、キーナンは「ハルノート」についての質問に移った。彼はさして重要でもない文句をひいてきては東條と応答した。自らが天皇を説き伏せ戦争にもっていったということが、東條の口からはっきり語られた以上、キーナンの質問はまた尻すぼみとなったのである。彼はもういつ質問を打ちきってもよかったのだ。

一月七日、東條の弁論が終わるにあたって、判事団を代表してウエッブ裁判長がいくつかの疑問を質したが、そのなかにはつぎのような質問があった。

「証人以外の何人が天皇に対し、米国並びに英国に対して宣戦するようにということを進言したか――」

この質問に一瞬東條はたじろいだが、慎重に答えなければという思いを確認して、彼はことばを選ぶように答えはじめた。この慎重さは聞く者に不審な感じを起こさせたが、そこに作為的な意味があったからかもしれない。

「……日本が開戦に決定したのは、連絡会議、御前会議ならびに重臣会議、軍事参議官会議で慎重審議した結果、自衛上やむを得ず戦争しなければならぬ、こういう結論に達したのである。そこで最後の決定について、陛下に直接お目にかかって申しあげたのは私と両総長であった。私と両総長は、日本の自存を全うするため、平たくいうならば、生きるためにはもう戦争しか道はありませんということを申し上げた。しかして御嘉納をいただいたのです。……」

ウエッブはそれ以上追及しなかった。天皇を法廷にひきだすのは不可能と知ったからである。それを裏づけるように、この日の尋問のあとウエッブとキーナンは秘かにマッカーサーに呼ばれ、東條証言で明らかなように天皇に責任はない、したがって天皇を起訴しないと告げられた。ウエッブは苦虫をかみつぶした表情なのに、キーナンは喜色を隠さず、そのことばになんども頷いた。

いっぽう東條も、尋問の結果に充足感を味わっていた。胸中のわだかまりを吐きだしたし、天皇に責任がかからぬように応答もできたし、巣鴨に帰るバスの指定席、二列目の内側に座っても、笑みを浮かべていたほどだった。

新聞記者の執拗な求めで、清瀬をつうじて、「靖国神社の祭霊と戦火をこうむられた方々の心になって述べたつもりです。もし希望が許されるなら二つの望みがあった。この戦争は三十年まえにさかのぼって論じられるべきだ。相手の政府も審理の対象とすべきと思う」と答えたが、彼の本音はまったくここに尽きていた。

　肩軽し　これで通すか　閻魔大王

この日の日記に、彼は俳句とも川柳ともつかぬ句を書きこんでいるが、「この日で自分の役目は終わった」と、以後、彼は毎日何首もの歌を詠みつづけた。

　東條が退場したあとの法廷は、また弛緩状態にもどった。東條のあとは梅津美治郎の反証に入り、ついで法廷に提出された資料の正当性をめぐって検事と弁護人の応酬がつづいた。老いた被告たちのなかには、緊張が解けたためか、居眠りをする者もめだった。

とはいえ、法廷に出てくるのが苦痛だったのではない。法廷の控室は、昭和二十三年にはいってからケンワージーの処置に批判が集まって金網が張られるようになっていたが、それでも家族に会える楽しみは残されていた。それに巣鴨拘置所の監視が厳しくなっていた。検事論告のはじまるときに不祥事が起きてはと、毒薬の所持を神経質なまでに調べると称して口腔、耳、陰茎、肛門と徹底的に検査されるのである。弁護人との直接の書類のやりとりも禁じられた。しかし法廷に出てきている間は、そういう苦痛から免れることができた。

巣鴨拘置所のアメリカ人将校には緊張が支配し、東條の部屋だけは数名の将校が終日監視した。

二月十九日からはじまった検事の論告は、各被告の責任を罵倒のことばで羅列していった。三月三日からは弁護側がこの論告を反駁した。各被告の弁護人は、それぞれの訴因に真っ向からくいさがった。東條だけは自ら弁論に立ち、大東亜政策は世界平和の政策であり、大東亜宣言は大西洋宣言と相並ぶものだといい、日本に軍閥が存在した事実はなかったと、語気を強めて言った。重光は日記に「死を前にして戦ふ勇者の風あり」と書いている。

四月十六日、法廷は一切の審理を終え、判決言い渡しの日まで休廷が宣言された。安堵と落胆の被告を乗せ、雨のなかを巣鴨に帰ったバスは、いつもの正面玄関ではなく裏側の入口に止まった。それは拘置所の生活がさらに厳しくなる予兆だった。被告たちは素裸にされ、レントゲン検査や肛門検査を受け、これまでとは異なって奥の第一棟の二階に移された。部屋の割り当てもかわった。中央に東條、そして木戸、嶋田、東郷とつづいた。東條から遠のくに従い、要職から遠かった者だったので、神経質な被告は刑期の重さの順だろうと噂した。

この日以後の監視は、中央に収容されている被告にはいっそう厳しくなった。東條に好感をもたぬアメリカ人将校のなかには、毛布をかぶっている東條を苛立たしげに蹴る者すらいた。法廷での東條の弁論に好感をもたぬ兵士もいて、彼らは東條に侮蔑のこもった態度で接することにより、憂さを晴らした。

「こんな扱いを受けるなら、早く首をしめてもらいたいものだ」と東條は重光につぶやいている。自尊心を傷つけられる日々に、彼の怒りは内向していった。

巣鴨拘置所の運営にあたっているのはアメリカ軍であったが、もしこの期にA級戦犯の被告が自殺すれば、それはアメリカが他の十カ国から責任を問われることを意味する。しかも彼らには苦い経験があった。前年十月にニュールンベルク裁判で死刑の判決を受けたゲーリングは、監視の隙をついてカプセル入りの青酸カリを飲んで自殺した。肛門や靴の下に隠してもちつづけていたのである。これが教訓となった。それに彼らは、日本人は自殺を美化する民族だと考えていたから、監視もまた強迫観念に裏打ちされていた。煙草は与えてもマッチを与えない。一週間に一度か二度の中庭の散歩も、中央に板を並べ、そこを歩き回るだけに限った。板から外れると注意を与えるのは、釘やガラスを拾って凶器にされるからという配慮のためだった。

被告たちは、自らの生死を定める判決言い渡しの日をさまざまに噂した。五月下旬には七月ごろ、六月にはいると八月以後だろうと、根拠もないままに脅えつづけた。七月中旬になると、十一月だろうと拘置所のアメリカ人将校が洩らしたことばを、そのまま信じたりした。

彼らの楽しみは、一日に一時間ほど許される相互訪問と、家族との月一回の四十五分間の面会であった。家族の面会をだれもが月のはじめに指定するので、面会室はごった返したが、面会日が終わると、あとは手紙の交換だけが家族とのきずなだった。被告は週に一回しか手紙をだせぬのだが、外部からの手紙はなんどでも許されていたので、被告の家族のなかには毎日手紙を書いた者もいた。

東條家では四人の娘がしばしば手紙を書いた。日常生活、将来の抱負、そして父親への思慕がその主な内容だったが、東條からはきわめて現実的な手紙が届いた。遠回しに自分の死んだあとの家族の生活を案じ、娘には「自活の道を選ぶように……」「これからは英語が必要な時代だから英語を勉強するように……」といったことである。それは東條の気持の底に、アメリカを見る好意的な眼が育ったことを裏づけていた。

また一日一時間ほど許される相互訪問は、陸軍を中心とするグループと外務省を中心とするグループに分かれ、東條を訪ねてくるのは、かつての部下の武藤章や佐藤賢了が多かった。ここで彼らがどのような話をしたかは、資料がないのではっきりしない。だが裁判の進行や内容に不満を語りあっただろうし、予想される刑期を噂したであろう。東條に関していえば、新聞で報じられる政治情勢には、あまり関心をもたなかったと考えられる。死刑を覚悟している東條は、巣鴨拘置所は未来を見つめる場ではなく、過去をふり返り、幽冥界への旅立ちの場であったからだ。このころから東條は、急激に宗教的な目ざめをもちはじめていたのである。

巣鴨拘置所教誨師花山信勝は、四十代半ばの仏教徒であり、東大文学部の教授であった。彼は、東條が初めて仏間に顔を見せた日のことをはっきり覚えている。東條のメモによるなら、この日は昭和二十一年三月十六日の土曜日である。「帝大文学部教授花山博士ノ法話ヲ聞ク」とあり、東條のほうは特別の感慨は綴っていない。

「この日、私が仏間に入っていくと、東條さんは最前列にロイドメガネをかけ囚人服を着て座っていました。やはりかつての指導者ですから、集まったBC級の戦犯の人たちもちらりちらりと東條さんをうかがっていましたね。しかしその視線は特別の意味があるのではなく、東條さんとはどんな人なのかという興味の視線でした。私の法話をうなずきながら聞いていましたが、それを見たとき私は真面目に聞いてくれる、法はわかってくれそうな人だという印象をもちました。最初のその印象は最後までかわりませんでした」

学徒出陣にあたって東條が東大に講演にきたとき、教授仲間では、特別の才能をもった人物ではない、平凡な軍人だと話し合ったが、仏間での東條は、その先入観が誤りではないかと思われるほど悠々としていたと、花山はいま証言している。

その後東條は、法廷に時間を割かれたのと、口供書の草稿をまとめるために仏間に顔を出すことはなかったが、しかし昭和二十三年の春を過ぎてからは、しばしば仏間に顔をだした。花山が初めて見たときの悠然とした姿がそこにあった。そして六月を過ぎると東條は、仏教書を差し入れてもらいたいといい、『正信偈講讃』や花山の著作『白道に生きて』を熱心に読んだ。

仏教書を精読するにつれ、東條は花山に心を開いた。

「私の母も小倉の寺の出なんです。子どものころには、母に教えられて手を合わせることもありましたよ」

そう語る東條の口ぶりには、政治への関心はなかった。自らの家族への思いと、死を超越するだけの世界を求めているにすぎないと花山は思った。権勢を誇った指導者も、彼のままでは悩めるひとりの人間でしかない。そういう人間の素朴な姿を、東條はありのままにあらわしていると、花山には思えたのである。

判決言い渡しが近づくにつれ、花山は新たな危惧をもった。二十五名の被告たちが動揺し精神状態を混乱させたとあっては、宗教家の彼自身の恥辱であり、しいては世界各国の嘲笑を浴びることになりかねないと思ったのだ。連合軍総司令部が、八月二日から判決文の翻訳にあたるアメリカ人九名、日本人二十六名が芝のハットリハウスで翻訳作業に入ると発表したとき、花山は極刑が予想される被告に集中的に法話を講じなければならないと考えたが、とくに東條には宗教的な境地に入って判決を受けて欲しいと願った。そうさせることが彼の役割であることを強く自覚したのだった。

花山が教誨師を志願したのは、同僚教授から、連合軍が巣鴨拘置所の死刑囚に対する仏教僧を捜していると聞いていたためだった。三十代か四十代であること、特定の宗派に関係なくあらゆる宗教の教義を理解していること、英語に堪能なこと——の三条件が必要で、むろん戦争に加担した宗教家は除かれるという。条件のすべてが花山のために用意されていた。

彼は躊躇なく教誨師になろうと決めた。巣鴨拘置所に履歴書をもって訪ねた日、所長のハーディ大佐とキリスト教教誨師クレーメンス中尉は、収容戦犯の九割は仏教徒であるので日本政府に人選を求めても誰も推薦してこないと不満を示していた。そしてアメリカ留学の経験もあり、アメリカ人の宗教心を評価している花山は、すぐにでも巣鴨に通ってくるように頼まれたが、教誨師の存在を軽視する日本政府の態度に、改めて花山は赤面した。明治以来、宗教政策をもってなかった日本の積年の弊があらわれていると思えたのである。

国家に従属させられた宗教は、国民を慰撫するだけのものでしかなかったのだ。A級戦犯たちは宗教を凌辱し、その意味を知ろうともせず弾圧しつづけたのだから、死を目前にした人間として相応に宗教からの復讐を存分に受けるべきでもあった。彼らが発狂するのなら、それはそれでいい。とり乱すのならそれでもいい。それがその人間の軌跡を象徴する。花山は意識していなかっただろうが、花山が被告たちを宗教的な境地に達するように説教しようと考えれば考えるほど、皮肉なことに、日本仏教が万感の想いを込めて復讐していく構図ができあがっていくのである。A級戦犯たちは自らの精神世界を人生の終焉で再構築しなければならなくなったのである。

八月下旬、A級戦犯二十五名だけを集めての法話が仏間でもたれた。花山が法衣をまとって入室すると、二十五名は私語も交さず座っていて、疲労の濃い視線を投げてきた。彼らは判決を気に病んで脅えているのである。読経からはじまり、B級、C級の戦犯の話、そして仏法僧の求道的な生活について花山は話した。黙想している者、考えごとをしている者、無表情の者、熱心に聞いている者。じっと花山の目を見つづける東條は熱心なひとりだった。

法話が終わると、東條は「申し訳ないですが、吉川英治の『親鸞』を差し入れてもらえませんか」と申しこんできた。『親鸞』を読みたい——それは彼の中に苦悩が定着しはじめていることを物語っている。花山には歓迎すべき状態だった。花山の手元にこの本が戻ってきたとき、東條を筆頭に十五名のサインがあったが、東條が彼らに勧めて読ませたようでもあった。署名の文字は、被告たちの精神が生死の間を揺れ動き、中途半端な状態から抜けだしたいという焦りの中にあるようにみえた。

判決宣告の日はいっこうに明らかにならなかった。ハットリハウスの翻訳作業が遅れているらしく、九月が過ぎ、十月に入っても法廷再開の徴候はない。時間を経るにつれ、拘置所の警戒だけは厳重になっていったが、それも被告の神経を疲れさせた。彼らを癒すため花山は法話の回数をふやすことを所長に提案し、それを認めさせた。

十月に入ってからは、法話は週に二回ほどのペースでつづけられた。十月下旬の法話で花山は、つぎのように説いた。「最後の瞬間まで生命を惜しんで、与えられた限りの時間を利用し、いうべきことをいい、書くべきことを書いて大往生をとげることこそ、すなわち永遠に生きる道である。……一身は死んでも、その精神は永遠に生きる」——。
するると被告たちは、これまでと異なった反応を示した。法話が終わると仏間から退出するだけだったのに、この日は全員が仏壇のまえに進みでて、合掌してから退出したのである。とくに東條は大仰なまでに合掌をつづけ、仏壇のまえを離れなかった。花山の法話が彼の精神世界へかなりの勢いで入りこんでいったのだ。

十一月四日、法廷が再開された。この日の新聞記事は「被告は心の準備をしている」という花山の談話を掲載した。確かに被告たちは、従来の市ケ谷行きとは異なった感慨をもっていた。重光はその日記に、「途上処々菊の満開を見る。路傍の光景前と変りなきも気自ら新なるものあり」と書いているほどだ。午前九時半からウエッブ裁判長が判決の朗読に入ったが、被告たちは自らの名前が出てくるたびにレシーバーを押さえ、その意味を確かめようとした。

ウエッブの朗読は、この日は五分の一ほど終えた段階で閉廷になった。「本裁判所の設立及び審理」から「太平洋戦争」「起訴状の訴因についての認定」「判決」など十項目からなる判決文は、千二百十二頁に及ぶ膨大なものだったのである。五日、八日、九日、十日と朗読はつづいたが、日を経るにつれ、被告たちは絶望感を味わっていった。日本の侵略政策が世界平和に罪業を与えたという論を基調に、日本陸軍を軸に政府がその共謀者となっていったと捉え、その過程で各被告がどのようにその政策を支え実行してきたかを論難していたからだ。検察側の論告を全面的に採用していたのである。

六日と七日は法廷は休みだったが、独房を相互訪問した被告たちは、陸軍の関係者への極刑を声をひそめて予想した。東條の死刑を疑う者はなく、そのためか東條の部屋を訪れた者はなかった。東條もまた部屋に閉じこもったままだった。拘置所のMPは、陸軍の被告のなかでも木村兵太郎、佐藤賢了らは開戦時の一幕僚で、さして実権をもたなかったから刑は軽いだろうといい、外務省出身の広田弘毅、東郷茂徳、重光葵らはさらにそれより軽いのではないかと、気休めのことばを吐いた。が、それは被告たちの精神状態を柔らげはしなかった。七日午後の散歩では誰もが黙々と定められた板の上を歩くだけであった。東條だけが立ちどまって空を仰ぎつぶやいた。

「青空を見るのもこれが見おさめかなあ……」

しかしそのことばに、相槌を打つ者はいなかった。

ウエッブ裁判長の朗読は十一日いっぱいで終わった。この日の休憩時間には特別に家族との面会が許された。被告の家族が大挙して法廷控室にやってきて、金網越しに会話を交した。無罪を信じている被告の対面は明るく、極刑を覚悟している面会には涙があった。

東條にはカツと四女が面会した。東條は「第一点は裁判が順調にいき、天皇陛下にご迷惑をおかけしなかったこと、第二点は健康で生きてこれたこと、第三点は巣鴨で宗教に触れたことを嬉しく思っている」といい、さらにつぎのようにつけ加えた。

「アメリカに連れて行かれ、そこで処刑されると思ったが、とにかく日本で処刑されるようなのでよかったと思う。それにアメリカの手によって処刑されるのは望外の喜びでもある……」

ここには、軍人として敵国に処刑されるのは喜びであり、指導者としてはムッソリーニのような死に方をしなくてすむのはよかったという含みがあった。東條の声は調子が高く、「処刑」ということばがでるたびに周囲の目は一斉に東條に走った。

法廷が終わったあとの帰りのバスは沈痛だった。平均年齢が六十代後半に達する被告たちは、明日の判決に不安を感じながら、しかしこの不安定な生活に結着がつくのを喜びとも恐れともつかぬ複雑な想いで待つことになった。この日のウエッブの判決文は、東條内閣の成立を共同謀議の総仕上げととらえ、東條が開戦の決意をしたことがくり返し強調された。そして捕虜虐待の事実が執拗に批判されていた。それは東條の極刑を予想させたが、その他の被告にはどのような判決が下るのかは窺わせはしなかった。それが彼らには不安だったのだ。

バスが巣鴨に着くと、その不安はいっそう深まった。自室の壁、布団、毛布そして石鹼にいたるまで、すべてが新しいものにとりかえられていた。私物の書籍もノートも新聞も持ち去られていて、最低限の生を充足するものしか置かれていなかった。この夜、ある独房からは奇声があがり、嗚咽が洩れたともいう。

十一月十二日は朝から陽射しの強い日だった。市ヶ谷台の坂をあがった法廷の玄関口には、裁判の判決を直接目で確かめようとする者が並んでいた。傍聴人の七割は学生で、彼らは自らの価値観を逆転させることになったこの戦争の結着を見届けておこうというのであった。

傍聴席は被告の家族で埋まり、一日も欠かさず傍聴に来た広田弘毅の娘も、松井石根の妻も武藤章の妻もいた。東條の二男と三男もはじめて傍聴席にすわっていた。記者席には東京裁判のはじまった日と同じように各国の記者が顔を見せていた。

午前中の法廷では、判決文の最後の部分が朗読された。昼の休憩時間、応接室の控室で被告と家族の面会が許されたが、どの家族も被告の顔を見つめて泣いていた。東條は、妻とふたりの娘が泣き崩れるのを、他の被告と同じように困惑したように見つめるだけだった。

午後一時半からの法廷では、ウエッブ裁判長が各被告の判決文を朗読したが、「侵略戦争を遂行する共同謀議は最高度の犯罪」「共同謀議の参加者、加担者は有罪」と二十五名の被告全員を有罪と決めつけていった。松井石根と重光葵をのぞいては、全員が共同謀議に加わったとも断じた。午後三時半、判決文の朗読は終わり、被告は控室に戻された。あとはひとりずつＡＢＣ順に呼びだされて判決を言い渡される。

最初に荒木貞夫が控室からＭＰに連れていかれた。彼は数分で戻ってきたが、そのまま控室の隅の椅子に座らされ、護衛のＭＰがその傍に立った。彼の表情はいつもと変らなかった。ついで土肥原賢二が連れだされたが、彼は一度控室に戻ると、つき添っていたＭＰが入り口近くにある外套掛けから土肥原のオーバーをとり、それを着せるようにして隣室に連れていった。室内の者は容易にその意味を理解した。死刑の者は別室に移されるのだ。
橋本、畑、平沼は控室の隅に護衛のMPに守られるように座った。しかし広田は別室に消えた。そして星野直樹が呼ばれたのだが、彼は、東條のもとに行って挨拶した。東條の番頭役は両手を膝に、ふかぶかと頭を下げつづけたのである。

「ながながお世話になりました。お別れですね」

「君までこんな所に連れてきてしまって相すまぬ」

星野は控室に残る側だった。そのあと板垣、松井、武藤、木村が控室から消えていった。東郷が戻ってきて、東條の番となった。しかし彼が二度とこの部屋に戻らぬだろうということは、誰もが知っていた。背筋を伸ばした東條は、日頃とかわりなく、彼らの視野から消えた。東條は両手を後ろに組み、ゆっくりと法廷にはいった。四十人近いカメラマンが一斉に立ちあがり、東條を追いかけた。

東條は席に着くとヘッドホーンをあて、首を軽く左に曲げて天井を見あげた。ウエッブが「絞首刑《デス・バイ・ハンギング》」と叫んだ。東條は軽くうなずき、表情を和らげた。そしてホーンをはずすと、顔をあげて傍聴席に目を走らせた。最初にして最後の傍聴席への視線だった。二階の一隅に二男と三男を見出したのか、そこで視線を止めたが、二、三度うなずくと法廷から消えていった。その瞬間、法廷には形容のつかないどよめきが起こった。

身体の具合が悪くて出廷できない賀屋、白鳥、梅津は、欠席のまま終身刑を言い渡された。全員の刑の宣告が終わると、再び法廷に喧騒が起きた。それが二年六カ月の終幕のべルであった。その空気にうながされたようにウエッブ裁判長が最後の台詞を吐いた。

「これをもって極東国際軍事裁判所を閉廷する」

昭和二十三年十一月十二日午後四時十二分、報復に満ちた儀式の終焉であった。

宗教的境地への到達

七人が欠けた控室には安堵の空気があったが、絞首刑を宣告された七人の部屋もまたそうであった。梅津の弁護人だったブレークニーは、弁護の力が足りなかったことを詫びるためこの部屋にはいったが、彼らが特別に興奮した様子もなく、車座になって談笑していることに驚いた。しかもブレークニーを認めると、東條が七人を代表して、と前置きして、「アメリカ人弁護士の尽力に感謝します」と頭を下げたのである。つづいて清瀬もこの部屋にはいったが、そのとき東條は、つぎのように言った。

「この裁判で天皇陛下にご迷惑がかからないことが明白になり非常に安心した。戦争責任は自分が全責任を負うつもりだったが、当時の閣僚諸君にまで迷惑がおよんでまことに相すまないと思っている……」

清瀬は、東條がこの判決に満足していることを知った。実際、東條は悲嘆にくれてもいなかったし、憎悪ももっていなかった。他の六人はどうあれ、彼にとっては死を当然のものと覚悟していたことを確認したにすぎなかったのだ。

七人は特別に用意されたバスで巣鴨に帰った。この日から彼らの監房は、第一棟三階の七号室から十三号室となった。二階の被告たちは第三棟に移されたので、この棟の住人は七人だけになった。処刑の日までに自殺されてはかなわぬということで、監視はいっそう厳重になった。殺す日まで殺させぬという奇妙な時間を共有することになったのである。それでも翌日から午後と夜の二回、わずかの時間ならＭＰの監視つきで相互訪問が許された。東條が最初にしたことは、木村と武藤の房をたずね、詫びることだった。

「まきぞえにしてすまん。君らが死刑になるとは思わなかった」

このことばに彼らは、裁判所が陸軍省で共同謀議が練られたと邪推して、陸相、次官、軍務局長をその張本人に仕立てあげたのだろうと言って、東條をなぐさめた。しかし、ひとしきりそうした話がつづいたあとは、あまりそのことにはふれなくなり、花山の差し入れた仏教書を読み、自省する時間を大切にするようになった。

死刑宣告を受けた者が、自らの肉体を大義の代償としてさしだす心境になっていく徴候であった。それは自らの死を歴史の中に位置づけたい、つまり殉教者でありたいと願う気持の昂まりが招いた儀式であったというべきかもしれない。

この判決が宣告されるまでに判事団の間ではどのような葛藤があったのか、そのことに触れておかねばならない。つまりこの裁判は〈アメリカの、アメリカによる、アメリカのための〉裁判であったからだ。

ところで、死刑囚たちが殉教者たらんという精神状態におちこんでいくのを恐れていたのは、実は判事団の側にもあった。ウエッブは「天皇が免責になったうえに東條を死刑にするのは、いわば君主のために臣下が死ぬという点だけが強調されかねない」といって、死刑囚が死んでも組織は温存されたままであり、新たな復讐しか生まれないと強調した。この裁判には勝者の復讐の論理があり、それには生贄《いけにえ》が必要で、その生贄は敗者の目で見れば〈殉教者〉として定着し、再び果てしない憎悪がはじまるというのであった。だがこの意見は抹殺された。

しかしウエッブは、自身の意見と、オランダ、インド、フランス、フィリッピンの少数意見を法廷記録のなかに書き込むことだけは認めさせた。その結果、法廷記録が弁護側に回ってきたときから、少数意見も少しずつ世間に知られることになった。

少数意見はさまざまであった。多数意見よりも強硬なフィリッピンのハラニーヨ判事もいれば、オランダのローリング判事やフランスのベルナール判事のように裁判所の適法性に疑問を投げかけ、法廷がマッカーサーの道具ではなかったか、それに裁判内容もあまりに恣意的な証拠提出が行なわれたと批判して、返す刀で天皇の免責にも批判を加えているものもあった。検事側提出の資料三千二百八十点のなかには、資料の名に値しないものさえあったから、この論は説得力をもっていた。だがこういう声は、すべてアメリカの意向によって無視された。

いっぽうでインドのパル判事の判決書があった。日本文訳千二百十九頁の判決書は、それらの意見とも異なっていた。戦争がいつ国際法上の犯罪とされたのか、個人責任はどこまで問えるのかを軸にして、法廷のあり方、裁判技術、日本近代史を分析して、格調高い字句を並べての戦争不可避論を詳しく訴えていた。「……執念深い報復の追跡を長びかせるために、正義の名に訴えることは許されるべきではない。世界は真に、寛大な雅量と理解ある慈悲心とを必要としている」。彼もまた〈生贄〉をつくってはならぬといい、戦勝国の度量を要求していた。

このパル判決書は人類普遍の原則に満ちていたが、しかし、日本の実情については正確に理解していない面もあった。「輿論は非常に活発だった。社会はその意思を効果的にするための手段を少しも奪われていなかった」「彼らは終始輿論に服し、戦時中においてさえも輿論は真実にかつ活発に役割をはたしたのである」――多くの資料を読破し、多くの証人とも会ったとパルは言ったが、資料はすべて公刊されたもの、証人は時代の指導者とあっては、時代状況を見失うのも当たりまえだった。彼は日本の世論が閉鎖されていた面をまったく見ていなかったのだ。したがってパル判決書は、本人の意思とは別にひとつの生き物として動いていく危険性があった。それはいまに至るも消えていない。いや逆にその危険性は巧妙に悪用されているとさえいえる。

パル判決書は、弁護人をとおして七人の戦犯にも伝えられた。むろん七人とも喜色を浮かべ、自らの意思が充分理解されているといった。とくに東條は、「いつかこの論が世界に認められることになりましょう。私はそのための礎です」とくり返した。皮肉にもパル判決書は、東條の死に新たな〈殉教者〉として肉付けを行なうことにもなったのである。

花山信勝が、拘置所側からの諒解をとって七人に個別に会ったのは、判決宣告から五日後の十一月十七日午後だった。最後に仏間にはいって来た東條は、アメリカ軍の作業服を着せられ、三人の将校の付き添いを受けていたが、その左手は将校の右手と手錠でつながっていた。それまでの六人はふたりの将校だけだったのに、東條だけは特別扱いだった。

花山が家族からの伝言を一言ずつかみしめるように伝えると、東條は右手をあげ、諒解の合図をした。その手に数珠がはめられていた。そしてポケットからメモをとりだし、家族に伝えてほしいといって、終生かわることのない彼の特徴ある声で、箇条書きどおり読みあげた。

「ひとおーつー」彼は長く声をはりあげた。

「ひとつ、健康状態至極良好なること、また精神状態も平静であること。ふたつ、花山先生の教導を受けていること。三つ、二男に花山先生が最期を見届けてくれるのを感謝すること。四つ、判決後第一信を出したが到着したかどうか。五つ、十六日に面会許可願をだせとのことであったからカツと四人の娘の名をだしておいた。これは数に制限があったからである。六つ、過日の判決には財産没収の言い渡しはなし、したがって唯一の財産である用賀の家は引きつづき使用し得べし」――。

花山は、この元首相の神経の細かさを改めて感じた。

「このほかに、死刑にあたっての感慨を文章にしたので、受け取って欲しい」

そういって東條が手渡した書面には、「花山師ニ述ブル要件」と題して四項目が書かれてあった。

「唯責ヲ一身ニ負ヒ得ズ僚友多数重罪ニ処セラレタルコトヲ心苦シク思フ、本裁判上累ヲ陛下ニ及ボスコトナカリシハセメテモノコトナリ」「唯敗戦及ビ戦禍ニ泣ク同胞ニ思ヒヲ馳スルトキ刑死スルモ其ノ責ノ償ヒ得ザルヲ歎ゼズレバアラズ」「裁判判決ソノモノニ就キテハ此ノ際言ヲ避ケタシ何レ冷静ナル世界識者ノ批判ニヨリ日本ノ真意ノアリシ処ヲ諒解セラルル時代モアラン」「ケダシ之等ノ者（戦死、戦傷死者、戦災者等及ビ其遺家族）ハ赤誠国ニ殉ジ国ニ盡セルモノニシテ戦争ニ対シテ罪アリトセバソレハ吾々指導者ノ罪ニシテ彼等ニハ毫末モ罪ナキ……」

そのほかに、捕虜虐待のような皇軍兵士の行為も最終的には自らの責任であり、巣鴨に収容されているB級、C級の戦犯とその家族にも配慮を加えてもらいたいと彼は訴えて、末尾には「今ヤ刑死セントスルニ臨ミ心残ナル苦衷ヲ訴フ／英機」と署名してあった。

しかし東條のこの訴えが、国民に受けいれられる時代でないことを花山は知っていた。とはいえ、何らかのかたちで公表すると約束すると、東條は安堵の色を浮かべて急に饒舌になった。

東條のこの遺書は、〈花山〉に代表される宗教世界の勝利と大日本帝国指導者の無惨な敗北を意味している。もし彼らが不動の信念をもって大日本帝国の帰趨を担ったというのなら、安易に宗教的境地に達するべきではなかったはずだ。最後の瞬間まで矜持をもって

〝抵抗〟し、死刑の宣告を受けたにしても、たとえばつぎのようなことばを叫ぶべきであった。

〈私の刑死は、私の国家が他の国家に挑んだ理念の敗北を意味しない。これは歴史の断面における負の清算でしかない。私を裁いた君らも、いつかまた裁かれることになるだろう〉――

彼らに誇りがあるならば、こういうことばを残していくべきだったのだ。〈私〉に戻っての死は、大日本帝国への冒瀆であったといえるかもしれない。

いまや東條は、政治、軍事から離れて宗教の世界を徘徊しているだけであった。だからこそ彼は、政治、軍事にはことばをもつべきではなかったのだ。宗教の境地を理解したといった瞬間から、彼はひとりの臆病な死刑囚になってしまったといえた。

たとえば彼は、花山から借りた経典のなかに「信」という字が十三回つかわれているといったが、そのことは東條が〈十三階段〉を意識しているように花山には受けとられたのだった。ふたりの会話は奈良の大仏にも及んだ。大仏のもとに無限の世界があるという花山の言にうなずいて、東條は何気なくつぶやいた。

「地球上の帝王などは実に小さなものですなあ」

この会話は、その後、東條周辺の人びとの間で問題になった。天皇に忠誠を誓っていたはずの東條が、それを放棄したのではないかというのである。結局、花山が「これは宗教上のことばで、仏にたいしては大ならずという意味です。天皇陛下の地位を軽く見る意味では毛頭ありません」と釈明して落ち着いたが、家族や側近には、宗教への傾斜を深めている東條が、残されたわずかの時間に自らの軌跡を否定するのではないかという恐れとなって、花山との間に微妙な亀裂を生む因となっていったのである。

十一月二十日に、家族との面会が特別に許された。判決宣告のあとすぐに処刑されるという噂が流れていたので、カツと四人の娘はこれが最後の面会になるだろうと考えていた。再審申し立ては前日までだったし、一部の被告の弁護士がそれを申請したが、東條は事実関係の誤りを訂正する申し立てに同意しただけであったからだ。

この日の面会では、家族は東條に〈帝王論〉を確かめようと考えていた。しかし実際に対面するとそれを忘れてしまい、泣くだけであった。むしろ東條のほうが、お国の再建のために力を投げだすようにと、家族たちを励ましつづけた。そして、この年の春からつくっていた和歌二百首とは別に、次の四首を辞世の歌としたいと言って朗じた。

君思ふ心いかでか変るべき
　千代に守らむ魂となりても
時に遇はで散るよ吉野の山桜
　延文陵下之恨しのびて
続くものを信じて散りしをのこらに
　なんと答へむ言の葉もな志
国民の痛む心を偲びては

散りても足らぬ我か思ひかな

この四首は判決宣告後に詠ったもののようであった。

「自分の心境はこの歌のとおりだ。幸せに暮らせよ」

彼はそういってから、MPにひきたてられて獄舎に消えていった。

――この面会の数日後、新聞はきわめて簡単に、十一カ国の対日理事会が開かれ、再審要求に応じようというインドとオランダの意見を却下し、判決は公式に支持されたと伝えた。併せてマッカーサーが、十一月中に死刑を執行するよう命じたともつけ加えていた。

〈私〉への沈潜

この記事は花山を緊張させた。彼は、巣鴨拘置所の将校たちの勤務配置や処刑場の設営をそれとなく追ってみて、処刑が二十九日の月曜日に照準が合わされていることに気づいた。

この日、花山はモーニングをもって拘置所の門をくぐった。そして仏間に二人ずつ呼び、執行をそれとなくにおわせることにした。東條と武藤を仏間に招いたのは午後二時だった。武藤は東條に遠慮しているようで、東條の後ろに座って花山の話を聞いていた。

ふたりは死後の希望を語った。東條は「眼鏡、入れ歯、数珠を家族に渡して欲しい」と言い、武藤は遺髪を家族に渡してほしいと花山に託した。しかし夕方になって花山は、M

Pから今日は帰ってもいいと命じられた。処刑中止という意味だった。

花山が巣鴨から池袋に出て、西武線に乗りかえようとしたとき、新聞記者が彼を取り囲んだ。「今日は執行の日ではなかったんですね」。彼が自宅に帰るときは死刑執行がない。新聞記者はそれを目安にしていたのであったが、そのとき新聞記者の蔭で東條の娘が涙をふいているのを、花山は認めた。

翌三十日、マッカーサーは刑の執行を延期すると発表した。その理由は明らかにしなかったが、東京裁判のアメリカ人弁護人がアメリカに帰るや、連邦最高裁判所に「連合軍最高司令官の命令で設けられた極東国際軍事裁判所はアメリカの立法府によって設置されたのではない」と異議申し立てをしたのである。この審理がつづく間は執行は行なわないというアメリカ政府の意向が、マッカーサー声明の裏にあった。

申し立ては、十二月六日になって受理された。だが七人の家族はそういう事情は知らなかった。あと三週間は処刑はない——それだけが救いだった。しかしその間に事態の急変があるかもしれない、救いはたちまち不安と交錯した。一方、七人の処刑囚はこれを喜ばなかった。彼らの精神状態は極限にまで昂まっていたからだ。延期をきかされた東條は、手をふりあげて、「早くやって欲しい。こんな状態はもうたくさんだ」と大声をあげた。

十二月の面会日は七人とも一日を希望したが、七人もその家族も、この日が最後の面会になることを疑っていなかった。しかしその割りに涙はなく、たんたんとした対面がつづいた。東條にはカツと四人の娘が会いに来たが、そこで交されたのは信仰の話ばかりだった。翌二日に花山が東條と対話したとき、東條は「昨日は娘たちと信仰の話をゆっくりしましたが、若い者は神仏の区別をはっきり理解できないんですね。妻はわかってくれましたが……」と言った。そして、「ずるずると執行が延びるのは厭なんですが、これも考え方の問題ですね」と、感情を制しながら自らの生死を何の抵抗もなく話した。

「私は感謝しているんです。仏様がまだ信心が足らぬといっているのでしょう。『正信偈』とともに『三部経』も読んでいるんですが、これはなんべん読んでもいい。政治家も人生を考えるうえで読んでおくべきですね。……結局、欲、欲ですね。国の欲が戦争になる。欲の解決のため釈迦がでてきて説いたわけです。巣鴨に入ってから、はじめて、このことを発見しました」

東條の表情からは闘争心が消えていた。緊張したときにぴくぴく痙攣する癖はなくなって、笑顔だけが浮かんでいたのだ。もう新聞も読んでいないらしく、社会情勢にはまったく関心を示していなかった。自らの内面にひたすら沈潜していたのだ。「先生、自分の遺書には二つあります。ひとつは公事、もうひとつは家族へのものです」と前置きして、彼は書きかけている遺書の内容を洩らすのが楽しみでもあるかのように話しつづけた。

「いろいろ考えましたが、私のような幸せ者はいないと思いました。ひとつは高位高官を全うしたこと、ふたつにはいまこうして宗教の信仰をもったこと、三つにはなんでも自由にものがいえることです。まもなく死ぬのですから、なにはばかることなくいえることです。そんなわけでなんでもいえる立場なので、軍事上のこともつけ加えて書いています。

公事に関する遺言浄書はあなた宛てにしておきましたが、清瀬君とブルーウェット君と三人で読んでください。できればこれを識者の参考にしていただきたく思います。家族への遺言は、葬式のこと、家事のことを示し、とくに信仰に関することは充分書いておきました」

宗教家として花山は、東條のなかで煩悩が最後の闘いをしていることを見ぬいた。東條の価値観はまだ古い時代のままであったが、それが否定されたいま、彼はしきりに新しい使命感をさがしているのであった。そして十二月半ばの面会で、東條が「こんな歌をつくりました」といって和歌を朗じたとき、花山は東條の胸中の闘いをさらに確認することができた。

今ははや心にかかる雲もなし
　心ゆたかに西へぞ急ぐ

目を閉じて朗じる東條の表情には、宗教の世界に入りこんだ人間に特有の喜悦があったが、そのあとに彼がつぶやいたのはつぎのことばだった。

「人間は無常に死んでいく生物ですねえ……」

直截なことばだった。直截であるがゆえに胸中は混乱していたのだ。七人の死刑囚のうち短期間に急激に信仰上の境地へ傾斜したのは東條英機だと、アメリカのチャップリンもいったが、それはむしろ、使命感をさがす彼の意思の力が強いことをものがたっていた。花山の立場からすれば、「こんな歌がつぎつぎと口をついてでてくるんです」といって朗じる土肥原賢二のほうが、より一歩魂の世界へ入りこんでいるように映っていた。

十二月二十一日午後十時すぎ、七人の死刑囚は、チャプレン・オフィスに二人一組ずつ呼びだされた。房から出るときはいつもそうであるように、彼らは護衛の将校と手錠でつながっていた。オフィスの中央に拘置所長ハンドワーク大佐がいて、左に副官、右に通訳がいた。マッカーサーからの通知書だと前置きして、ハンドワークは「マッカーサー元帥によって刑の執行が命じられ、それを本人に伝達する。右執行は一九四八年十二月二十三日午前零時一分に行なわれる」と事務的に伝えた。

この日早朝、本国政府からマッカーサーのもとに届いた通知書は、連邦最高裁法廷が申し立てを却下し、東京法廷の合法性を追認したという内容だった。事態は旧に復した。マッカーサーは対日理事会を招集して、死刑執行確認のためにアメリカ、オーストラリア、ソ連、中国の代表が立ち会うことを求めた。それがすぐに巣鴨拘置所での通達となったのである。

通訳が訳していく間、東條は一語ずつうなずいていた。訳が終わると左手をあげ「OK、OK」といったが、それには感謝の意がこもっているようにきこえた。ハンドワークが「なにか願い出はないか」とたずねると、東條はすこし考えこんだ。これまでの六人は「とくにない」と答えていただけに、その動作はこの部屋にいる者に奇異な感を与えた。

しばらくして東條は、「あとわずかの時間だから大きな気持で監視してもらいたい」と、監視の将校の侮辱的な態度に不満を述べた。それから「日本食をいちど食べてみたい。一回ぐらいは飲みたい心境ですなあ」と言ったが、彼がこのとき本当に言いたかったことはそうしたことではなかったらしく、身をひしきめてつぎのことばを口早に訴えた。

「所長、とくにあなたにお願いしたいが、BC級の収容者の家族は非常に気の毒である。これらの人たちが生活していけるように便宜をはかってもらいたい。たとえば賃金をドルより円に換算して家族に送るということも考えて欲しい」

アメリカでは受刑者の労働は罰の構成要因であって、賃金は払われない。だから東條の提案はこの場ではだれにも理解されなかった。逆に東條の申し出は、彼らに軽侮の念を与えた。「東條というのはつまらぬことを言う。まるでスクールボーイのようなことを言っている」。立ち会っていた副官はよほど腹をたてたらしく、のちに花山にそれをくりかえした。

「閣下は自分が戦争責任者だと考えるにつけ、戦争犠牲者の家族のことも気にしているのです」

花山の答に副官はしきりに首をひねった。指導者ならもっと大きなことを言えないのかというのである。東條の性格は彼らには理解できまいと、花山は思った。

十二月二十二日は、花山にはその人生でもっとも時間的にも精神的にも多忙な日となった。彼は朝から仏間に座っていた。土肥原、広田と、ABC順に一時間ずつ面談をつづけることになったからである。午後になって東條が入ってきたとき、彼の疲労は頂点に達していた。

「いまは心が洗われるような心境です」

一方的に東條は言い、遺品を花山に託したあと、自分の最後の様子を家族に伝えて欲しい、刑の執行後は二男が明治神宮、靖国神社に自分の代表として参拝して欲しいと頼んだ。そのあとまた和歌を朗じた。

「われ往くも　またこの土地にかへりこむ　国に報ゆることの足らなば……還相回向の歌です。いつかまた仏様になって帰ってくるつもりです」

花山はメモをとりつづけた。この人も信仰をもてばよかったのに──そんな感慨を、彼は感じつつあった。

「私の父の命日は十二月二十六日でした」

突然、東條は話題を変えた。

「妻の父の命日は十二月二十九日でした。そしてこんど自分が二十三日に執行を受ければ三日おきに命日がくることになります。これも因縁というものでしょうね」

そう言ったとたんに、心に句がうかんだらしく、目を閉じて朗じた。彼も句が自然に口をついてでてくるようになったのだ。

父の命日や　呼ぶ声近し　暮るる秋
花山はあわててそれを筆記したが、東條は、「ただいまは自分が死んでいくのにもっともよい時期だと思います」と再び話を変え、つづいて「一に国民への謝罪、二に日本再建の捨て石になる、三に陛下に累を及ぼさず安心して死んでいける、四に絞首刑で死ねること、五に自分の身体はすでに老化している、六に金銭上の不名誉な疑いが晴れた、七は一瞬のうちに死ねる、終身刑だったら一生煩悩につきまとわれそうだ」と箇条書きふうにのべたてた。

「八番目はいちばん大切なことですが、弥陀の浄土に信仰によって往生させていただけること――この八つのためです」

花山は忙しくメモをとった。視線をあげると東條がじっとメモをとる彼の手を見つめていた。こうして一時間の面会時間は終わり、東條は仏前に合掌して退出しかかったが、このときなにげない様子で聞いた。

「刑場はどこですかね」

七人のなかで刑場の位置をきいたのは東條だけだった。彼は第一棟から百メートルほど中庭寄り、表門に近い刑場を窓ごしにしばらく見つめ退出していったが、なにからなにまで知っておきたいという彼の性格をあらわしているように、花山には思えた。

午後五時、七人の独房に夕食がはこばれた。米飯に味噌汁、焼魚、肉というのが最後の献立てだった。東條の望んだ日本酒はなかった。

そして午後七時からまた個人面会がはじまった。独房のなかに何枚もの毛布を重ねて席がつくられ、そこに被告が座る。傍にMPが立つ。鉄の扉を開けたままにしておいて、外側に椅子があり、そこに花山が座る、やはりMPが彼の隣りにも立った。最終段階での不祥事を恐れて、手の届くところでは会わせないのだ。

広田、松井、武藤と面談し、東條の房に移ったときは午後九時半になっていた。彼は二十枚ほどの罫紙を渡そうとしたが、MPがそれを阻み、司令部で検討ののち渡すといった。そこで東條が罫紙の内容を読み、花山がメモをとることになった。

十二月にはいってから書きはじめたという遺書は、東條自身の政治的な自省のことばで満ちていたが、しかしそれは、むろんこの時代に即応する発想ではない。そのことを知りつつも、しかし彼の生を支える芯というのはその自省にあると、彼は考えこみたかったにちがいない。十二項目にわかれた「公事用の遺書」には矛盾した部分もあったが、しいて時代とかみあった一節をさがせば、つぎのような点であった。

「日本は米国の指導に基き、その武力を全面的に抛棄した。これは賢明なことであった。但し世界全国家が全面的に武力を除却するならばそれでよい、然らざれば、盗人が跋扈することとなろう。私は戦争を根絶するためには慾心を人間から取り去らねばならぬと思う」「最後に軍事的問題について一言する。我国従来の統帥権は間違っていた。あれでは陸海空軍一本の行動はとれない。兵役制については、徴兵制度がよいか傭兵制がよいかは、よく考えなければならない」……

なぜ統帥権が間違いなのか、どこがどう間違っていたのか、自らの考えはどうなのか、そうしたことには触れずに統帥権が誤りだと指摘するだけではあまりにも傍観者にすぎたが、しかし東條には、これ以上の深い追求をするゆとりは失なわれていたにちがいなかった。

花山は、東條につづいて板垣、木村、土肥原と面会を終えた。そのあと彼は、モーニングの上に法衣をまとい、第一棟の一階一号室に駈けつけた。そこが仮りの仏間であった。

花山が水を入れたコップ七つとブドウ酒のコップ七つを準備してまもなく、土肥原、松井、武藤、東條が二階から降りてきた。午後十一時四十分だった。四人の姿を見た花山は絶句した。彼らの姿はあまりにも異様だったからだ。両手に手錠がかけられ、その手錠は両股と結ばれ固定してあった。正装して死にたいという彼らの望みはかなえられず、アメリカ軍の作業衣のままで、背中と肩のところにはプリズンの略である「P」の字が刷りこんである。それが彼らの最後の衣裳だった。靴はアメリカ陸軍の兵隊たちが履いている編みあげ靴、両足には鎖がついていた。彼らの誇りは一顧だにされていない。

両側に立つ将校は、いつもとちがって身体の大きな者にかわっていた。連合軍の警戒が厳重なのは、ニュールンベルクでの教訓のためである。処刑場にカメラマンをいれて処刑の様子を撮影させたために、被告は興奮状態になり、あばれる姿がそのまま世界に報じられた。これは死者への冒瀆であるとして花山は総司令部に訴えていたが、巣鴨ではカメラマンを入れないことになった。しかし七人が錯乱状態になって暴れることを想定し、がんじがらめにすることだけは忘れていなかった。四人には暴れる徴候はなかった。

仮りの仏間での最後の儀式が行なわれた。花山が線香に火をつけ四人に渡し、四人はそれを香炉にいれた。辞世の句を書いてもらおうと用意していた筆と硯をさしだし、せめて名前だけでもと花山が言うと、四人は動かぬ右手に筆を握り、土肥原、松井、東條、武藤の順で署名した。

つぎに花山はブドウ酒のコップを手にして、四人の口にあてた。アメリカ人将校の差し入れのブドウ酒だった。彼らはぐいぐい飲んだ。「うまいなあ」東條だけが声を発した。花山が『三誓偈』の一部を読経した。

護衛の将校が処刑場にむかうよう促した。そのとき誰いうともなく、「萬歳を……」ということになり、武藤が「東條さんに」と名ざしした。すると東條は「松井さんに」と答えた。松井は彼の先輩にあたる。松井が音頭をとり「天皇陛下萬歳」を三唱した。ついで「大日本帝国萬歳」を三唱した。両手を下げたままの萬歳だった。

このころ「萬歳」は、アメリカ人が嫌うというので、あまり聞かれることばではない。しかし四人の将軍は、アメリカ人のまえで三唱できたことに充足を覚えたようであった。大日本帝国の「大」も「帝国」も消滅したのに、彼らは死の瞬間まで大日本帝国でしかものを考えられないことに、花山はいささかの違和感をもった。

萬歳三唱のあと四人は、両隣りの兵士に「ご苦労さん、ありがとう」と言った。それから花山の手を握り、期せずして同じことばを吐いた。

「先生、いろいろお世話になりました。どうか国民の皆さんによろしく。家族もよろしく導いてください。先生もお身体をお大事に……」

入口の扉が開いた。将校が先導し、そのあとを花山とアメリカ人教誨師が並び、土肥原、松井、東條、武藤とつづいた。そしてその後ろにさらに数人の将校がつづいた。「南無阿弥陀仏」と花山が唱えると、四人は唱和した。花山は空を見た。星が無数に散っている夜で、それはいかにも彼らの葬送にふさわしく思えた。

処刑場の窓からは電灯の光が洩れていた。が、厚手のカーテンがかかっていて内部は窺えなかった。ドアが開いたが、花山と教誨師の入場は許されない。だが室内には明るいライトがあり、四つの階段が中央にできあがっているのが垣間みえた。四人はもういちど花山の手を握った。東條は数珠をはずし、花山に渡した。そして身をかがめるようにして処刑場にはいっていった。

そのあと花山と教誨師は、いま来た道を戻った。つぎの組の準備をしなければならなかったからだ。三、四十メートルほど歩きかけて星空をみた。そのとき処刑場からガタンという音がきこえた。反射的に時計を見た。午前零時一分だった。

板垣、広田、木村も同じような儀式を終え、たんたんと刑場に消えていった。

総司令部の発表では、四人の死亡時間は午前零時七分から十三分までと分かれているが、それは六分間から十分間、彼らが仮死状態にあったことを意味している。

そのあと花山は、処刑場内部へ招じられた。七人は七つの寝棺に横たわっていた。彼はひとりずつ念仏をとなえ、回向をつづけたが、どの顔にも苦痛はなかった。平常心そのままに死に就いた七人に、花山自身は感銘にも似た気持を味わった。

しかし、彼らは思想家でも政治家でもなく、明治からの近代日本が生んだ小心で脈絡のない官僚にすぎないことが、死の直前に至ってはからずも露呈したのだった。

彼ら七人は処刑場ではどのような態度をとったか。アメリカ側の立会人だったマッカーサーの補佐官ウイリアム・シーボルトは、自著『マッカーサーとともに』のなかで、彼らは低い声で祈りを唱えていたと書いている。死の寸前まで『南無阿弥陀仏』と言っていたのである。

〈東條英機〉の再度の死

午前二時五分、拘置所から二台のトラックがフルスピードで西へ向けて走り去った。七つの棺を横浜の市営久保山火葬場へ運ぶためだった。連合国軍総司令部報道部は、午前一時にすでに処刑が行なわれたことを簡単に発表したが、午前四時の臨時ニュースでは詳しくその内容を伝えた。東條家では前夜から仏壇のまえで家族と赤松貞雄、広橋真光らが供養をつづけていたが、この臨時ニュースではじめて処刑を知った。

仏壇には東條の戒名「光寿無量院釈英機」が掲げられていた。生前に花山信勝が与えたもので、東條も了承していた。光は智恵、寿は命を意味するものだが、智恵と命は無量ということをあらわし、釈というのは釈尊の教えを受けた者の意味である。

二十三日明け方から、かつての部下や弁護人が東條家を訪れ焼香していった。夕方になって、他の遺族を回ってきた花山が東條家に駈けつけた。疲労と興奮で、彼は震えていた。

それが東條の最期を語るのにはふさわしく、集まっている者の悲嘆に拍車をかけた。嗚咽や号泣がその部屋を支配した。花山も涙を浮かべて東條の最期を報告し、そして遺書を伝えていった。

「閣下は言っておられました。裁判に就ては、清瀬君の献身的御努力に対し深く感謝している。またブルーウェット君の好意にも感謝している。清瀬君には日本の立場より御尽力を願い、ブルーウェット君には弁護士の義務として充分に御尽力を蒙り、家庭のことまでも世話になった。花山先生には人生問題に就ての理解も教えられ、真如の世界をみることができたし、仏道をつなぐことができました。家族は精神的打撃は大きいだろうが、仏の慈悲をいただき、天寿を全うするように……。仏道は、結局、最後は御称名と『歎異抄』第一章だけで充分尽きるものだと教えられました」――。

処刑の翌日、連合国軍総司令部はA級戦犯容疑者十九名の釈放を発表し、以後は軍事裁判を中止すると約束した。

その十九名とは、安倍源基、安藤紀三郎、天羽英二、青木一男、後藤文夫、本多熊太郎、石原広一郎、岩村通世、岸信介、児玉誉士夫、葛生能久、西尾寿造、大川周明、笹川良一、順磨弥吉郎、多田駿、高橋三吉、谷正之、寺島健である。

多田と本多は獄中で病死しているので十七名が巣鴨拘置所から出所した。彼らの出所はそれほど大きく取りあげられたわけではなかったが、彼らの社会復帰が先の七人の処刑と交換に行なわれたものであることに違いはなかった。彼らのなかには連合国軍総司令部との間で、戦後日本の政治面で親米路線を受け継ぐと誓った者すらいたというし、東條と陸軍に一切の責任を押しつける発言をして自らを免罪にしたり、東條との部分的な対立をあたかも全体の対立であるかのように粉飾してその政治的立場を補完した者もあった。人間性の疑われるみにくい責任転嫁だった。

新聞もラジオも七人の処刑を伝えたが、そのことによって軍国主義が一掃されたかのようなとりあげ方であった。憎悪と侮蔑で七人を謗れば自己証明ができるかのような無節操な論もあった。彼ら七人を謗ることが一切を免罪するかのような意図的論調は、無反省で無自覚な国民心理を培養するだけであった。やがて七人のなかの東條だけが〈普通名詞〉に転化していったのは、その培養の結果といえた。

東條英機の名誉も基本的人権も踏みつけであった。

ひとつの例をあげれば、ある有力な新聞が二十四日の朝刊に、「幼児の心持つ東條——満足し死の旅に、夜通し祈った勝子夫人」と題してセンセーショナルに報じた記事が指摘できる。それは「この日勝子夫人は一切の面会をさけ独り静かに冥福を祈っていたが、特に本社記者に次のような談話を発表した」と前置きして、東條はすでに幼児の心境になっていたとか、これからの時代に東條の遺族として負けずに生きていこうとか書かれていたが、この記事を書いた婦人記者松田某は、その日の夕方、この新聞をもって謝罪にかけつけたという。また彼女は、判決宣告の翌日にも東條夫人の手記として、「主人の精神的な命は敗戦と同時に終りました。今は肉体的生命の有無は問題ではありません。主人として死は願うところでしょうし、私共家族といたしましても主人の願うところはつまり家族の願うところであり……」といったような記事を捏造していた。この日も訂正を求める家族に、「男性に伍していくには、こういうことでスクープする以外にないんです」と得手勝手をいいつつ、問題を大きくしないように懇願して帰っていったという。

この種の記事がいたるところで見られた。東條と舞踊家某との情事、連日の豪遊といった根拠もない話が氾濫し、外地のある捕虜収容所では、思想改造の手っとりばやい方法として、東條が酒色と金銭を目的に日本人民を欺いていたと、彼を卑劣な無頼漢にしたてあげた。

昭和二十三年十二月二十九日。処刑から一週間を経た師走の一日、東條家を自由党の大麻唯男が訪ねている。彼は大政翼賛会の幹部で、東條の意を受けて議会を動かした議員だった。仏前に合掌したあと、彼は声をひそめて言った。そのとき東條家で綴ったメモが残っている。

大麻唯男氏来訪談

吉田首相「東條ノ事ヲ聞キタシ」（大麻氏ニ）ト言フ、僕賞メル。吉田「悪口ハ聞イタガ賞メルノヲ聞イタコトナシ、ソレヲ聞キタカツタ」ト。大麻「何故」。吉田「陛下ガ私ニ斯ク言ハレタ『東條ハ真直ナ人間デアル、某（或先輩ノ名ナルモ御想像ニマカスト大麻氏言フ）ハ贋物デアル《ママ》』ト。此言葉ヲ聞イテ、東條氏ノコトヲモツトヨク聞キ度イト思ツタ」ト。依テ色々御話セリ。

むろん天皇は、東條をどうみていたかを直接語ったことはない。しかし大命降下、首相在任時の実態から推測すると、東條を決して軽く見ていたとはいえない。一説では、絞首刑の判決が下された日、天皇は執務室で目に涙をためていたともいわれている。それが家族には救いのように思えたのだ。

ところで処刑後まもなく、総司令部は、七人の死体は他のBC級死刑囚と同じように、荼毘《だび》に附されたあとその灰は太平洋に撒き散らされるだろうと発表した。この発表は予想されたことだった。十一月下旬のことだが、東條カツはブルーウェットとともに総司令部に赴き、マッカーサー宛てに処刑後の遺体を返して欲しいとの嘆願書を提出していたが、それは無視されたらしく返事はなかった。また処刑当日、花山は総司令部の将校に遺灰返還を要求したが、このときも「日本側に戻すとすぐに神社をつくって英雄扱いするから困る」といわれ、その点にアメリカ政府が神経質になっているのをうかがい知ることができたという。

したがって遺灰がどのように処理されたかは明らかでないが、東京湾に米軍機によって撒かれたという説が有力だ。だが遺灰の一部は秘かに掘り起こされていた。東京裁判の弁護士のひとり三文字正平と横浜の興禅寺住職市川伊雄、それに久保山火葬場場長飛田美善の三人が、処刑の翌日、焼却場を掘り起こし遺灰を集め、それを静岡県熱海市伊豆山にある興亜観音に秘匿したという。興亜観音は松井石根が音頭をとって建てたもので、中国人への贖罪をあらわしたものである。

昭和二十七年四月、講和条約が発効して日本が〝独立国〟となると、この遺灰は遺族にも少量ずつ分けられた。その後昭和三十四年九月、伊豆に「七士の碑」が建てられた。碑にはかつての首相吉田茂が署名し、裏には死の直前に署名した七人の署名が刻まれているが、ここを管理している住職の話では、ここには参拝する者もいるかわりに、いまも定期的に七人を恨む無署名の脅迫状が届くという。

昭和三十五年には、やはり東京裁判の弁護士だった三文字正平、林逸郎、清瀬一郎らによって愛知県幡豆町の三ヶ根山国定公園の尖端に「殉国七士の碑」が建てられ、遺灰の一部はここにも移された。この地は一方に知多半島、一方に三河湾をのぞみ、太平洋に撒き散らされた灰を呼び戻すという意味がこめられている。これにも吉田茂が尽力した。

昭和五十三年の秋、彼ら七人は秘かに靖国神社に合祀された。この事実は昭和五十四年にはいって初めて明らかにされたが、国民感情はこの期にきていっそう二分された形になってきている。一連の動きをとおして、彼ら七人はまた時代にふり回されることになったといいうるだろう。いや着実にそんな時代が近づいているといってもいい。

東條英機が一軍人として生きたならば、彼はアッツ島で、ガダルカナル島で、サイパン島で、硫黄島で、沖縄で、広島・長崎で、そして本土爆撃で死んでいった三百十万人の一人として死をむかえるはずだった。あるいは彼自身もそれを希望していただろう。だが結局、彼は処刑まで待たなければならなかった。軍人であり政治家であったがゆえの当然の帰結であった。それは東條にとっても不幸なことであったが、東條を指導者として仰いだ国民にとっては、それ以上の不幸な事態だったといえる。

昭和二十三年十二月二十三日午前零時一分、東條は六十四歳の生を閉じた。しかし、いつの日か〈東條英機〉はもういちど死ぬであろう。彼に象徴される時代とその理念が次代によってのりこえられるときにこそ、〈彼〉はほんとうに死ぬのだ。

東條英機をねんごろに葬るのは、つまり功罪をつきつけて葬るのは、次代の者に与えられた権利と義務である。しかし、それがいつか、そのためにどれほどの時間を要するのか……むろん私にも確かめることができないし、それは私の時代でもありえないだろう。

（完）

参考文献資料

●東條英機伝

伊藤峻一郎『至誠・鉄の人、東條英機伝』（天祐書房・昭和十七年） 小田俊与『戦ふ東條首相』（博文館・昭和十八年） 篁東陽『世界の英傑 東條英機』（皇道世界維新研究所・昭和十八年） 佐藤賢了『東條英機と大東亜戦争』（文藝春秋新社・昭和三十五年） ロバート・J・C・ビュートー／木下秀夫訳『東條英機』上・下（時事通信社・昭和三十六年） 秋定鶴造『東條英機』（経済往来社・昭和四十二年） 東條英機伝記刊行会編『東條英機』（芙蓉書房・昭和四十九年）

●日記・伝記・回顧録・個人全集

岡田啓介述『岡田啓介回顧録』（毎日新聞社） 若槻礼次郎『古風庵回顧録』（読売新聞社） 重光葵『巣鴨日記』（文藝春秋新社） 小磯国昭『葛山鴻爪』（丸の内出版会） 矢部貞治『近衛文麿』（読売新聞社） 参謀本部編『杉山メモ』上・下（原書房） 宇垣一成『宇垣日記』（みすず書房） 荒木貞夫『風雪五十年』（芙蓉書房） 原敬『原敬日記』（みすず書房） ロバート・シャーウッド／村上光彦訳『ルーズヴェルトとホプキンズ』（みすず書房） ジョセフ・C・グル

ー／石川欣一訳『滞日十年』（毎日新聞社）『失はれし政治（近衛文麿公の手記）』（朝日新聞社）　細川護貞『情報天皇に達せず』上・下（磯部書房）　塩原時三郎『東條メモ——かくて天皇は救はれた』（東京ハンドブック社）　藤田尚徳『侍従長の回想』（講談社）　木戸幸一『木戸幸一日記』『木戸幸一関係文書』（東京大学出版会）　東久邇稔彦『東久邇日記』（徳間書店）　有馬頼寧『七十年の回想』（創元社）　種村佐孝『大本営機密日誌』（ダイヤモンド社）　東郷茂徳『東郷茂徳外交手記——時代の一面』（原書房）　毎日新聞社図書編集部編『太平洋戦争秘史——米戦時指導者の回想』（毎日新聞社）　コーデル・ハル『ハル回顧録』（朝日新聞社）　村田省蔵『比島日記』（原書房）　佐藤賢了『大東亜戦争回顧録』（徳間書店）　津久井龍雄『私の昭和史』（創元社）　永田刊行会編『秘録永田鉄山』（芙蓉書房）　板垣刊行会編『秘録板垣征四郎』（芙蓉書房）　梅津美治郎刊行会編『最後の参謀総長梅津美治郎』（芙蓉書房）　河辺虎四郎『市ケ谷台から市ケ谷台へ』（時事通信社）　高木清寿『東亜の父石原莞爾』（金剛書院）　塚本誠『或る情報将校の記録』（中央公論事業出版）　東久邇稔彦『一皇族の戦争日記』（日本週報社）　松前重義『二等兵記』（東海大学出版会）　正木ひろし『近きより』（弘文堂）　前田米蔵伝記刊行会編『前田米蔵伝』（前田米蔵伝記刊行会）　マーク・ゲイン『ニッポン日記』（筑摩書房）　石原莞爾全集刊行会編『石原莞爾全集』（石原莞爾全集刊行会）　高木惣吉『自伝的日本海軍始末記』（光人社）　遠藤三郎『日中十五年戦争と私』（日中書林）　藤原銀次郎述『藤原銀次郎回顧八十年』（講談社）　西春彦『回想の日本外交』（岩波新書）　大木操『大木日記』（朝日新聞社）　松岡洋右伝記刊行会編『松岡洋右（その人と生涯）』（講談社）　牛島辰熊伝刊

行会編『志士牛島辰熊伝』（私家版） 大谷敬二郎『憲兵――自伝的回想』（新人物往来社） 山田風太郎『戦中派不戦日記』（講談社） 岡義武『山県有朋』『近衛文麿』（いずれも岩波新書） 今村均『私記一軍人六十年の哀歓』（芙蓉書房） 実松譲『新版米内光政』（光人社） 星野直樹『時代と自分』（ダイヤモンド社） 佐藤賢了『佐藤賢了の証言』（芙蓉書房） 矢次一夫『昭和動乱私史』上・中・下（経済往来社） 武藤富男『社説三十年――わが戦後史』（キリスト新聞社） 片倉衷『戦陣随録』（経済往来社） J・ボッター／江崎伸夫訳『マレーの虎（山下奉文の生涯）』（恒文社） 平沼騏一郎回顧録編纂委員会編『平沼騏一郎回顧録』（学陽書房）

●日本陸軍（史）・軍人関係

鵜崎鷺城『陸軍の五大閥』（軍事研究社・大正四年） 東條英教『陸軍応用例』（兵事雑誌社・明治四十一年） 帝国飛行協会編『航空年鑑』（帝国飛行協会・昭和十四年） 『陸軍成規類聚』（大正五年） 陸軍士官学校編『陸軍士官学校写真帖』（明治四十四年） 今村文英『陸軍幼年学校の生活』（青年図書出版・昭和十八年） 永島不二男『国防の先覚者物語』（若い人社・昭和十八年） 桑木宗明『陸軍五十年史』（鱒書房・昭和十八年） 和田亀治『陸軍魂』（東水社・昭和十七年） 帝国在郷軍人会編『帝国在郷軍人会三十年史』（帝国在郷軍人会本部・昭和十九年） 竹田敏彦『日本陸軍名将伝』（室戸書房・昭和十八年） 下村定『八・一五事件』（弘文堂） 日本近代史料研究会編『日本陸海軍の制度・組織・人事』（東京大学出版会） 谷寿夫『機密日露戦史』（原書房 高橋正衛『昭和の軍閥』（中公新書） 『統帥綱領』（建帛社） 伊藤正徳『軍閥興亡史』（文藝春

秋新社）　伊藤正徳『帝国陸軍の最後』（文藝春秋新社）　中村菊男編『日本陸軍秘史』（番町書房）　大谷敬二郎『軍閥』（図書出版社）　今西英造『昭和陸軍派閥抗争史』（伝統と現代社）　馬場健『軍閥暗闘秘史』（協同出版社）　松下芳男『日本軍制と政治』（くろしお出版）　松下芳男『近代日本軍人伝』（柏書房）『追悼録』（陸士第二十四期生会）　飯塚浩二『日本の軍隊』（東京大学協同組合出版部）　高山信武『参謀本部作戦課』（芙蓉書房）　畠山清行『東京兵団』上・下（光風社書店）　高宮太平『昭和の将帥』（図書出版社）　全国憲友会連合会編纂委員会編『日本憲兵正史』（全国憲友会連合会本部）

●太平洋戦争関係

陸軍省報道部編『大東亜戦争』（陸軍省・昭和十六年）　大東亜戦争年史編纂室編『大東亜戦争第一年』（昭和十八年）　同盟通信政経部編『必勝の大道』（同盟通信社・昭和十八年）　朝日新聞社編『米公文書に見る対日謀略をあばく米国への判決』（朝日新聞社・昭和十八年）　朝日新聞社調査部編『大東亜戦争展望』一～七（朝日新聞社・昭和十七～十九年）　内務省編『昭和十七年全国に対する侍従御差遣と銃後国民の感激の状況』（内務省・昭和十七年）　大川正士『大東亜建設史（世界は日本の大戦果をどう見たか）』（三崎書房・昭和十七年）　大日本言論報国会編『世界観の戦ひ』（同盟通信社出版部・昭和十八年）　米国戦略爆撃調査団編『証言記録太平洋戦争史』一～五（日本出版共同）　伊藤正徳『人物太平洋戦争』（文藝春秋社）　外務省編『終戦史録』（新聞月鑑社）　高木惣吉『太平洋海戦史』（岩波新書）　林克次郎『太平洋戦争日誌（米

国側発表）』（共同出版社）　日本外交学会編『太平洋戦争原因論』（新聞月鑑社）『太平洋戦争への道』一〜七・別巻（朝日新聞社）　大鷹正次郎『奇襲か謀略か』（時事通信社）　歴史学研究会編『太平洋戦争史』（東洋経済新報社）　石川信吾『真珠湾までの経緯』（時事通信社）　史料調査会編『太平洋戦争と富岡定俊』（軍事研究社）　田中隆吉『日本の敗因を衝く』（静和堂）　田中新一『大戦突入の真相』（元々社）　服部卓四郎『大東亜戦争全史』（原書房）　奥村房夫『日米交渉と太平洋戦争』（前野書店）　重光葵『昭和の動乱』上・下（中央公論社）　読売新聞社編『昭和史の天皇』一〜三〇（読売新聞社）　参謀本部編『敗戦の記録』（原書房）　妹尾正彦『日本商船隊の崩壊』（損害保険事業所）　ウインストン・チャーチル／毎日新聞翻訳委員会訳『日本の勝利と悲劇』（毎日新聞社）　児島襄『太平洋戦争』上・下（中央公論社）　ウィリアム・クレイブ／浦松佐美太郎訳『大日本帝国の崩壊』（河出書房）　長文連『敗戦秘史――戦争責任覚え書』（自由書房）　中野五郎『かくて玉砕せり』（日本弘報社）　ロバート・A・シオボールド／中野五郎訳『真珠湾の審判』（講談社）　防衛庁戦史室編『大本営陸軍部・大東亜戦争開戦経緯』（朝雲新聞社）　宇垣纏『戦藻録』（原書房）　新名丈夫編『海軍戦争検討会議記録』（毎日新聞社）　富岡定俊『開戦と終戦』（毎日新聞社）　松村透逸『大本営発表』（日本週報社）　富永謙吾『大本営発表の真相史』（自由国民社）　保科善四郎『大東亜戦争秘史』（原書房）　林三郎『太平洋戦争陸戦概史』（岩波新書）　伊藤正徳・富岡定俊・稲田正純『実録太平洋戦争』一〜七（中央公論社）

●昭和史関係

『現代史資料』一～四五（みすず書房）　安藤良雄編著『昭和政治経済史への証言』（毎日新聞社）　明石博隆・松浦総三編『昭和特高弾圧史（庶民にたいする弾圧）』（太平出版社）　ねずまさし『天皇と昭和史』上・下（三一書房）　黒田秀俊『昭和言論史への証言』（弘文堂）　中谷武世『戦時議会史』（民族と政治社）　田中申一『日本戦争経済秘史』（田中申一日本戦争経済秘史刊行会）　高宮太平『順逆の日本史』（原書房）　富田健治『敗戦日本の内側』（古今書院）　池田純久『日本の曲り角』（千城出版）　星野直樹『満州国概史』（ダイヤモンド社）　藤本弘道『踊らした者——大本営報道秘史』（北信書房）　満州帝国政府編『満州建国十年史』（原書房）ハーバート・ファイス／赤羽竜夫訳『ニッポン占領秘史』（読売新聞社）　田中隆吉『日本軍閥暗闘史』（静和堂）　野村正男『平和宣言第一章』（日南書房）　花山信勝『平和の発見』（朝日新聞社）　作田高太郎『天皇と木戸』（平凡社）　岩淵辰雄『現代日本の政治論』（東洋経済新報社）　馬場恒吾『近衛内閣史論——戦争開始の真相』（高山書院）　金沢誠編著『華族』（講談社）　来栖三郎『日米外交秘話』（創元社）　山本勝之助『日本を亡ぼしたもの』（評論社）　平泉澄『日本の悲劇と理想』（原書房）　大森実『戦後秘史——禁じられた政治』（講談社）　藤樫準二『天皇とともに五十年』（毎日新聞社）

●極東国際軍事裁判関係

朝日新聞法廷記者団編『東京裁判』上・下（東京裁判刊行会）　東京裁判研究会編『共同研

究・パール判決書』（東京裁判研究会・昭和四十一年） 児島襄『東京裁判』上・下（中央公論社） 近藤書店出版部編『キーナン検事と東條被告（極東国際軍事裁判法廷に於ける一問一答全文）』（近藤書店） 林克郎『闘魂——橋本欣五郎』（私家版） 清瀬一郎『秘録東京裁判』（読売新聞社） 菅原裕『東京裁判の正体』（時事通信社） 滝川政次郎『東京裁判を裁く』（東和社）

●その他の関係文献

岩手県編『岩手県史』（昭和三十八年） 『南部史要（全）』（明治四十四年） 『日本地理年鑑』（国勢社・昭和十七年） 盛岡市編『盛岡市史』（昭和二十五年） 衆議院編『議会制度七十年史』『七十八帝国議会衆議院委員会議録』ほか戦時議会、委員会議事録 徳富蘇峰『日本を知れ』（東京日日新聞社・昭和十六年） 吉野山荘『郷土を出でし岩手の人々』（野山荘） 連合国最高司令部民間情報教育局編『真相箱』（コスモ出版社） 春原昭彦『日本新聞通史』（現代ジャーナリズム出版会） 『日本外交史の諸問題』1（日本国際政治学会） 三宅正一『激動期の日本社会運動史』（現代評論社） 松浦総三『占領下の言論弾圧』（現代ジャーナリズム出版会） 三神良三『丸の内夜話』（新文明社） エリ・エヌ・フタコフ／ソビエト外交研究会訳『日ソ外交関係史』（西田書店） 石原莞爾研究会編『石原莞爾はこう語った』（石原莞爾研究所） 米国務省編『大戦の記録（独外務省の機密文書より）』（読売新聞社） 大串兎代夫『臣民の道精講・戦陣訓精講』（欧文社・昭和十七年） 千葉京樹『南部藩能楽史』（盛岡宝生会） 大宅壮一編『日本のいちばん長い日（運命の八月十五日）』（文藝春秋新社） 山本有三『濁流』（毎日新聞社）

●雑誌資料

加藤周一「東條将軍の狂言」（『文藝春秋』昭和二十三年四月号）　中野三郎「首相東條英機伝」（『日本』昭和十六年十二月号）　阿部真之助「東條英機伝」（『文藝春秋』昭和二十七年十二月号）　長谷川幸雄「東條ハラキリ目撃記」（『文藝春秋』昭和三十一年八月号）　星野直樹「憲兵司令官東條英機」（『人物読本』昭和三十年六月号）　高宮太平「東條対天皇」（『文藝春秋』昭和三十一年十月号）「天高く大将は肥ゆ」（『朝日グラフ』昭和二十年十一月十一日号）「東條元首相の横顔」（『労働文化』昭和二十九年二月号）　小島謙太郎「独裁者東條英機の暗殺計画」（『人物往来』昭和三十二年一月号）塩原時三郎「東條英機の死刑——悪夢の記録」（『日本週報』昭和三十一年八月号）　東條勝子「東條家嵐の二十年」（『文藝春秋』昭和三十九年六月号）　平野素邦「初めてあかす東條家の終戦から処刑の日まで」（『現代』昭和四十四年九月号）　佐藤賢了「東條英機と東京裁判」（『民族と政治』昭和四十五年一月号）　青野季吉「東京裁判を目にいれる」（『前進』昭和二十三年二月号）　高松棟一郎「東條、裁きの脚光にたつ」（『サンデー毎日』昭和二十三年一月二十五日号）　柳井恒夫・ファーネス・清瀬一郎「東京裁判の舞台裏（座談会）」（『文藝春秋』昭和二十七年五月号）　荒畑寒村「帝国主義・日本の断罪」（『前進』昭和二十三年十二月号）　B・ブレイクニー「戦犯裁判と世界平和」（『改造』昭和二十九年十二月号）　田中隆吉「かくて天皇は無罪となった」（『文藝春秋』昭和四十年八月号）　横田喜三郎「東京裁判にみる国際的反省」（『中央公論』昭和二十三年九月号）　鈴木貞一「東京裁判への疑問」（『経済往来』昭和三十五年一月号）　田々宮英太郎「東條英

機のロヤリズム」（『経済往来』昭和三十八年二月号）

●その他の雑誌・新聞資料

〔筆者名・タイトルは略〕『歴史と人物』（昭和四十七年六月号、四十八年四月号、四十八年八月号、五十三年八月号、五十四年八月号）『日本の告白』（昭和二十八年臨時増刊号）『日本の悲劇』（昭和二十七年臨時増刊号）『偕行』（昭和三十四年二月号、四十七年一月号ほか）『丸』（昭和三十五年一月号、五十年二月号ほか）『新聞研究』（昭和三十二年七月号、五十年一月〜三月号）『中央公論』（昭和十三年七月号）『文藝春秋』（昭和十三年七月号、二十七年五月号、四十年八月号）『サンデー毎日』（昭和二十七年中秋特別号）『政経指針』（昭和三十年七月号）『*Collier's*』（昭和二十五年五号、六号）『予算』（昭和三十一年四月号）『日本春秋』（昭和五十一年六月号、七月号）『人物往来』（昭和三十一年十二月号）『日本週報』（昭和三十四年臨時増刊号）『中央公論』（昭和二十二年十二月号、二十七年五月号、三十一年一月号、四十年八月号）『アサヒグラフ』（昭和二十年十二月十七日号、二十三年一月二十八日号、二十三年十二月一日号）『流動』（昭和五十年一月号）「東京朝日新聞」「東京日日新聞」（昭和十三年十二月〜二十三年十二月分）

●未発表史料

『東條メモ』（昭和十八年、十九年首相在任時の東條の手帖）『東條口供書の下書きメモ』（巣鴨拘置所で書きあげたもの）『東條日記』（昭和二十年十二月八日から二十一年十月十五日まで、巣鴨拘置所で綴

った日記）＝以上東條英機関係の未発表資料　赤松貞雄・広橋真光・鹿岡円平『秘書官日記』　泉可畏翁『東條将軍資料』　佐々木清『佐々木清手記』　谷田勇『日本陸軍の派閥と其の抗争』

●取材対象者

〔アイウエオ順〕　赤柴八重蔵　赤松貞雄　石井秋穂　泉可畏翁　今沢栄三郎　今西英造　井本熊男　牛島辰熊　遠藤三郎　大谷敬二郎　岡忠男　岡部長章　金子智一　川島虎之輔　木戸幸一　佐々木清　実松譲　鈴木貞一　瀬能醇一　高木清寿　竹下正彦　谷田勇　東條カツほか東條家関係者　中谷武世　中野雅夫　西春彦　長谷川幸雄　花山信勝　塙三郎　林秀澄　原四郎　春原昭彦　広橋真光　松崎陽　三国直福　美作太郎　三宅正一　武藤富男　藪本正義　山田玉哉　吉田仁作　岩手県立図書館　国会図書館憲政資料室　大宅文庫

このほか取材対象者としては、かつての東條英機の側近や当時要職にあった人たち二十人近くの匿名希望者も含まれている。

文献資料も、執筆の際に直接参考にしなかったものは省略した。また原則として、戦前、戦時に刊行された文献に限ってのみ刊行年を記すこととした。

あとがき

東條英機は、個性のない凡庸な帝国軍人の域を出ず、政治家として思想も理念も定見もなかったという論は、戦後多くの論者が指摘するところだ。こうした平凡な人物が、あの難局の指導にあたらねばならなかったところに、日本の悲劇はあった、とこの論者たちはつづける。

だがはたしてそうか。

この論者たちに欠落しているのは、東條を生みだした歴史的土壌に目をつぶっていることである。あたかも東條を徒花のように咲いた指導者として片づけることで、他の指導者の経綸やその政策に目を伏せる。本書でなんどもくり返したが、東條は、〈大日本帝国という御輿〉をかついだ最終走者なのだ。最終走者は、所詮、前走者の投影であり、しいては近代日本の制度的矛盾を映す〈鏡〉であった。その点を、私はいまいちどつよく訴えておきたい。

さて筆を止めるにあたって、まだいくつか書き足らぬ点があるようにも思う。東條にまつわる挿話のいくつかは、充分裏づけがとれぬので削らねばならなかった。上巻上梓後（注・単行本は上巻の刊行から一カ月遅れて下巻が刊行された）、東條に関する史料があると連絡を寄こした人もいる。あれやこれや気にかかることがあるにしても、私の意図はかなりの部分網羅していると考え、ひとまず筆を置く。

五年余、私は、東條英機を追い求めたが、その間さまざまなことに出会った。何の肩書きもコネも紹介もないがゆえに、取材は困難をきわめた。関係者を捜し求め、取材申し込みの手紙をだしても、なしのつぶてということもあった。しかしなんどかの手紙交換のあとに、やっと取材に応じてくれる人たちがふえていった。そしてすこしずつ東條の実像に近づいていくことができた。

別記の取材対象者には、改めて感謝の意を表明したい。このうちのいくにんかの人びとには、なんども面談させてもらい、当時の様相を教示していただいた。延べ六十時間も割いてくれた人もいる。このほか匿名を条件に、取材に応じてくれた人たちの好意を、私は忘れていない。そうした協力がなければ、とうてい本書を書きあげることはできなかった。

取材対象者のなかには、その後、幽明界を異にした人びともいる。心からご冥福をお祈りしたい。

もとより私と基本的な認識が異なるのを前提に、取材に応じてくれた人たちの度量にも感謝を捧げておきたい。

本書刊行までに、いくつかの不快な出来事もあった。そうした壁をのりこえて、とにかく出版にこぎつけることができたのは、伝統と現代社の巌浩、大野雅夫、林利幸、村野薫の四氏の激励と助言があったからだ。幾重にも謝意を表したい。

最後に私的なことをつけ加えたい。私が、東條英機を書こうと思い、その資料リストをつくり、東條の年譜をつくるという基礎作業をはじめたころ、私の長女は幼稚園を卒園し、小学校に入学するころだった。その長女が、今春六年生になる。本書の最後の仕事である〈人名索引〉を編むときに、長女も一部分を協力してくれた。うたた時間の流れを感じつつ、この世代は私の時代をどのように受けとめるのか、しばし感慨に捉われた。

昭和五十五年一月九日　早暁

保阪正康

文庫版のためのあとがき

平成十七年の六月、七月に幾つかのメディアから、東條英機の人物像について話を聞きたいとの取材申し込みを受けた。この年は、「戦後六十年」という節目にあたるためか、昭和史への関心が高まったように思う。とはいえ、その関心もきわめて表面的で昭和史の実相を確かめるという次元ではなかった。

七月のことだが、ある新聞社から、やはり東條についての話を聞きたいといわれたが、私は表面的な問いには答えたくないので断わった。その折りに、その記者の「東條英機の再評価の動きもありますし……」という言を聞いて、私は不気味な感がした。近年、日本社会の軸がぶれているとの感も受けているし、史実を確かめるよりも安直な大状況を語る認識（たとえば、自虐史観といった語の氾濫などをさすのだが）が大手を振っている。その潮流に乗って、「東條は東京裁判で日本正当化論を主張した」とか「日本は侵略戦争を行ったのではない」などというあやしげな論が堂々と前面に出てきたりしている。そのような構図の中で、東條英機再評価論などという錯誤が幅をきかしているのだろう。

このような錯誤自体、この国の歴史継承の姿勢がいかに胡散くさいかを裏づけているように思う。どこをどのように再評価するというのだろう。僭越な言い方になるが、ぜひ本書を一読してほしいと思う。

本書を著してから二十五年の時日が経過した。この書を書いたときの私は、四十歳であった。昭和という時代を語り継ごうと思い、それには私の世代（昭和二十一年四月に小学校に入学した戦後民主主義世代の第一期生ということになるが）でもっとも悪名高く記憶されている東條英機の実像をさぐってみようと考えて、関係者を訪ね歩いて書きあげた。本書が刊行されたときに、最初に私を訪ねてきたのは、ドイツの通信社の記者であった。「あなたはトウジョウを知らない世代なのに、よくこの人物を書こうと思いましたね」とこの記者は言い、ドイツの次の世代がヒトラーを書くことはありえないと洩らしたのが印象にのこっている。私は、「東條は嫌いだが、そして六年近くにわたって調べてきてなおのこと嫌いになったが、しかし彼を通して近代日本の実像をさぐって教訓を得たかったのだ」と答えたことを記憶している。

東條英機は日本でもさることながら、欧米でもひときわ関心がもたれているようであった。この二十五年間、アメリカのコーネル大学をはじめ幾つかの大学図書館や研究機関が本書を購入したと聞いたし、ときおり海外のメディアからも、東條について次の世代としてどう考えているかという取材も受けたしアンケート用紙が送られてくることもあった。日本の侵略の対象になったアジアの国々でも、東條は日本軍国主義と一体化して受け止められていて、フイリッピンのジャーナリストからもその複雑な感情を聞かされた。中国でも同様である。

本書を著してからも、私は東條英機という指導者に依然として関心をもちつづけてきた。その後も多くの旧軍人や官僚、それに皇族、東條家周辺の人々に話を聞いてきた。本書には記述していない新しい事実――たとえば、東條はサイパン失陥直前にしきりに新型兵器(原子爆弾のことだが)の開発を理化学研究所の仁科芳雄研究室に督促していたこと、マッカーサーは東條をA級戦犯で裁いた場合、死刑の判決がでなかったら困るというのでアメリカ軍独自でB級戦犯として裁く意志があったこと、そのマッカーサーのもとには多数の日本人から投書が届いたが、改めてその投書にふれると大半は東條に対する怨嗟であること、戦後すぐに私と同じ世代の東條家の孫たちが学校や地域社会で極端な迫害を受けたこと、などもわかった。

さらに昭和から平成に移行してまもなく、昭和天皇の独白録が公開、そして刊行されたが、この書によると、天皇は「東條と云ふ人物」について、比較的好意の目で見ていることもわかった。しかし、「憲兵を余りに使ひ過ぎた」とか「兎角評判のよくない」部下を使ったことなどが評判を落としたとも見ていた。多くの職務を兼職したのもよくなかったとも指摘している。同時期の軍事指導者のなかでは、東條は秀れているほうだったと見ているのではないか、と私には思える。やはり平成にはいってからのことだが、ある月刊誌の編集部から、昭和十三、十四年ごろに東條自身がつくっていた大学ノート五冊を入手したので、それを読んで分析してほしいとの依頼を受けたこともある。

東條が陸軍次官や航空本部長の時代だが、確かに東條は新聞の切り抜き帖をつくり、それに自らの感想を記すなどその性格をあらわすようなスクラップをつくっていた。ヒトラー、ルーズベルト、チャーチルの演説（新聞に紹介されているもの）はすべて切り抜いて大学ノートに貼っている。自らの共鳴する箇所には傍線を引いている。たとえば、昭和十四年四月二十八日のヒトラーの国会演説（東京朝日新聞の一面の半分を使って紹介されている）では、次の部分に太い傍線が引かれているといった具合だ。

「ドイツ政府の最高目標は日独伊三国間に益々緊密な関係を樹立するにあるが、それはドイツがこの三国間の自由と独立の維持を以て文化の保有を一層正しい世界秩序の建設に対して最も強力な要素と見做してゐるからに他ならぬ」

一連のスクラップを解析して、私なりに気づいたことは、まず東條は「日英同盟乎、日独伊同盟乎」とか「支那人の分析」「アメリカの太平洋侵略史」といった反英米中国の連載記事に強い関心を示していることだ。英国のスパイが東京にいるといったような諜報に対する関心が強いことも窺えてくる。東條にとって、関東軍憲兵司令官という体験は、諜報や謀略への歪んだ関心をつくりあげたといってもいいのではないだろうか。

私自身の体験もつけ加えておく。この十年来、東條と巣鴨プリズンで同房だったと自称する老人が、幾つかの新聞の地方版などで「敬老の日」にとりあげられてきたが、その折りに私もコメントを求められたことがある。この老人は、BC級戦犯のひとりだといい、東條と同房だったので直接その心境を聞いたというのだが、要は東條礼賛を口にしているらしい。私は、巣鴨プリズンで東條がいかにMPによって監視されていたか、同房の者などいるわけがないと一笑に付すが、それでも幾つかの新聞社の地方版には掲載されたらしい。とくに平成十七年は、戦後六十年ということもあって、意図的にこの種の話が一人歩きしている。

その同房の老人が書いたという巣鴨プリズンの房の図面なるものを見せてもらったが、電話が付設されているのを見て、私は唖然とした。こういう処置はマッカーサーの温情だったというのだ。

こうした笑止ともいえるエピソードが、近年意図的に捏造されている。どうやらそのような〝勢力〟が存在するようにも、私には思える。

本書を著してから二十五年の間、前述のような新しい事実もでてきたし、あるいは偽りのエピソードなどが流されているが、本書の骨格や記述内容にはまったく影響はない。むしろ私が本書で訴えた観点や発見した史実などはより強固になったと思う。東條を見つめる視点は、東條を直接に知らない次の世代の者としてこのようなものであると私はなおのこと主張したい。歴史的に東條を見つめることに執筆当時は気を配っていたが、現在なお私の視点はこの執筆時と同じ地点に立っていることを付記しておきたい。

文庫化にあたって明らかにするが、本書は単行本刊行からいちど文春文庫に収められた。

昭和六十三年である。しかし現在は絶版になっている。
文春文庫に収められた折りに、軍人の階級、その経歴、戦闘状況等々を改めて点検したが、そこで幾つかの誤りがあった。その間、作家の半藤一利氏をはじめ戦史にくわしい研究者から意見をうかがったり、確認することができた。本書はもとよりその訂正のうえに、再度検証を行ない、精密に確認作業を行なった。史実はひとつ、しかし解釈については多様であるという私の考えで本書は編まれている。私なりに本書は完全版であるとの思いをもっている。

前述の文春文庫でもふれたが、実は本書執筆にあたって東條カツ夫人には膨大な時間、取材に応じてもらった。カツ夫人は、夫東條英機と歴史上の東條英機との間に明確な線を引いていた。本書の視点は、カツ夫人には納得しがたかったろうが、それを許容する度量はもっていたように思う。昭和五十七年五月二十九日、カツ夫人は眠るがごとく生を終えた。九十一歳であった。カツ夫人は、もともとは文学書が好きな日本女子大の国文科の学生だった。東條と結婚することによって歴史の裏側を見ることになったのだろうが、史実の証言そのものはきわめて正確だったことが印象深い。

また内大臣の木戸幸一氏には、体調がよければ取材に応じてもよいとの回答をもらっていたが、結局は会えなかった。しかし側近（日常的に木戸氏と接していた人物）に質問項目をわたすよう言われ、その項目について詳細な回答メモを受け取った。本書にはそうしたメモを一部用いていることも付記しておきたい。こうした歴史上の人物になんにんか会って話を聞いたり、資料の提供を受けたのは私にとって幸運であった。本書の末尾に挙げた取材対象者は大半が死亡されている。匿名を希望した人たち全員とも幽明境を異にしている。この書を編むために協力していただいた多くの人たちに改めて感謝したい。

もうひとつ私的な感想をつけ加えておきたい。本書の「あとがき」で記した長女が、いまは三十代半ばになっている。「東條英機なんか知らないよ」という世代であり、昭和史そのものを肌で自覚しているわけではない。しかし「知識」として東條英機を知る年齢にさしかかった二十代前半に、その友人たちが本書に目を通していると聞いて、私はひとしわ嬉しさを味わった。

そして子供の世代から孫の世代へ、と本書が読み継がれるのならば望外の喜びである。

文庫版としてそのような機会をつくっていただいた筑摩書房文庫編集部の青木真次氏に謝意を表したい。同社の伊藤正明氏、湯原法史氏のご協力にあわせて感謝したい。

平成十七（二〇〇五）年九月

保阪正康

本書は伝統と現代社より一九七九年十二月に上巻が、一九八〇年一月に下巻が刊行され、その後、一九八八年十二月に文春文庫に収録された。

日本の村・海をひらいた人々　宮本常一

民俗学者宮本常一が、日本の山村と海、それぞれに暮らす人々の、生活の知恵と工夫をまとめた貴重な記録。フィールドワークの原点。（松山巖）

広島第二県女二年西組　関千枝子

8月6日、級友たちは勤労動員先で被爆した。突然に逝った39名それぞれの足跡をたどり、彼女らの生を鮮やかに切り取った鎮魂の書。（山中恒）

誘拐　本田靖春

戦後最大の誘拐事件。残された被害者家族の絶望、犯人を生んだ貧困、刑事達の執念を描くノンフィクションの金字塔！（佐野眞一）

責任　ラバウルの将軍今村均　角田房子

ラバウルの軍司令官・今村均。軍部内の複雑な関係、戦地、そして戦犯としての服役。戦争の時代を生きた人間の苦悩を描き出す。（保阪正康）

田中清玄自伝　田中清玄／大須賀瑞夫

戦前は武装共産党の指導者、戦後は国際石油戦争に関わるなど、激動の昭和を侍の末裔として多彩な人脈を操りながら駆け抜けた男の「夢と真実」。

戦場体験者　保阪正康

終戦から70年が過ぎ、戦地を体験した人々が少なくなる中、戦場の記録と記憶をどう受け継ぎ歴史に刻んでゆくのか。力作ノンフィクション。（清水潔）

東京の戦争　吉村昭

東京初空襲の米軍機に遭遇した話、寄席に通った話。少年の目に映った戦時下・戦後の庶民生活を活き活きと描く珠玉の回想記。（小林信彦）

私たちはどこから来て、どこへ行くのか　森達也

自称「圧倒的文系」の著者が、第一線の科学者に「いのち」の根源を尋ねて回る。科学者たちの真摯な応答に息を呑む、傑作科学ノンフィクション。

富岡日記　和田英

ついに世界遺産登録。明治政府の威信を懸けた官営模範器械製糸場たる富岡製糸場。その工女となった「武士の娘」の貴重な記録。（斎藤美奈子／今井幹夫）

ブルースだってただの唄　藤本和子

アメリカで黒人女性はどのように差別と闘い、生きてきたか。名翻訳者が女性達のもとへ出かけ、耳をすまして聞く。新たに一篇を増補。（斎藤真理子）

アフガニスタンの診療所から　中村哲
戦争、宗教対立、難民。アフガニスタン、パキスタンでハンセン病治療、農村医療に力を尽くす医師と支援団体の活動。（阿部謹也）

アイヌの世界に生きる　茅辺かのう
アイヌの養母に育てられた開拓農民の子が大切に覚えてきた、言葉、暮らし。明治末から昭和の時代をアイヌの人々と生き抜いてきた軌跡。（本田優子）

本土の人間は知らないが、沖縄の人はみんな知っていること　矢部宏治
普天間、辺野古、嘉手納など沖縄の全米軍基地を探訪し、この島に隠された謎に迫る痛快無比なデビュー作。カラー写真と地図満載。（白井聡）

女と刀　中村きい子
明治時代の鹿児島で士族の家に生まれ、男尊女卑や家の厳しい規律など逆境の中で、独立して生き抜いた一人の女性の物語。（鶴見俊輔・斎藤真理子）

新編 おんなの戦後史　もろさわようこ　河原千春編
フェミニズムの必読書！　女性史先駆者の代表作。古代から現代までの女性の地位の変遷を、底辺の視点から描く。（斎藤真理子）

被差別部落の伝承と生活　柴田道子
半世紀前に五十余の被差別部落、百人を超える人々から行った聞き書き集。暮らしや民俗、差別との闘い。語りに込められた人々の思いとは。（横田雄一）

証言集 関東大震災の直後 朝鮮人と日本人　西崎雅夫編
大震災の直後に多発した朝鮮人への暴行・殺害。芥川龍之介、竹久夢二、折口信夫ら文化人、子供や市井の人々が残した貴重な記録を集大成する。

遺言　石牟礼道子　志村ふくみ
未曾有の大災害の後、言葉を交わしあうことを強く望んだ作家と染織家。新しいよみがえりを祈って紡いだ次世代へのメッセージ。（志村洋子／志村昌司）

独居老人スタイル　都築響一
〈高齢者の一人暮し＝惨めな晩年？〉いわれなき偏見をぶっ壊す16人の大先輩たちのマイクロ・ニルヴァーナ。話題のノンフィクション待望の文庫化。

へろへろ　鹿子裕文
最期まで自分らしく生きる。そんな場がないのなら、自分たちで作ろう。知恵と笑顔で困難を乗り越え、新しい老人介護施設を作った人々の話。（田尻久子）

ちくま文庫

東條英機《とうじょうひでき》と天皇《てんのう》の時代《じだい》

二〇〇五年十一月十日 第一刷発行
二〇二五年 二 月五日 第十一刷発行

著　者　保阪正康（ほさか・まさやす）

発行者　増田健史
発行所　株式会社 筑摩書房
東京都台東区蔵前二―五―三　〒一一一―八七五五
電話番号　〇三―五六八七―二六〇一（代表）
装幀者　安野光雅
印刷所　中央精版印刷株式会社
製本所　中央精版印刷株式会社

ISBN978-4-480-42163-0 C0131